"十三五"国家重点图书出版规划项目

新版《列国志》编辑委员会

列国志 新版

GUIDE TO
THE WORLD
NATIONS

徐世澄 贺钦

编著

CUBA

古巴

社会科学文献出版社
SOCIAL SCIENCES ACADEMIC PRESS (CHINA)

古巴国旗

古巴国徽

国会大厦（古巴驻华大使馆　供图）

菲德尔·卡斯特罗墓（古巴驻华大使馆　供图）

哈瓦那革命广场何塞·马蒂纪念碑

格瓦拉纪念碑

圣地亚哥马塞奥纪念碑（古巴驻华大使馆　供图）

哈瓦那革命广场内政部大楼的切·格瓦拉像（古巴驻华大使馆　供图）

哈瓦那革命广场邮政部大楼的卡米洛·西恩富戈斯像（古巴驻华大使馆　供图）

哈瓦那大教堂

圣弗朗西斯科教堂

哈瓦那大剧院

哈瓦那大学（古巴驻华大使馆　供图）

古巴民众在哈瓦那革命广场参加庆祝五一国际劳动节游行活动
（古巴驻华大使馆　供图）

古巴民间舞蹈
（古巴驻华大使馆　供图）

古巴儿童剧院的演出
（古巴驻华大使馆　供图）

哈瓦那

圣地亚哥

出版说明

　　《列国志》编撰出版工作自 1999 年正式启动，截至目前，已出版 144 卷，涵盖世界五大洲 163 个国家和国际组织，成为中国出版史上第一套百科全书式的大型国际知识参考书。该套丛书自出版以来，受到社会各界的广泛好评，被誉为"21 世纪的《海国图志》"，中国人了解外部世界的全景式"窗口"。

　　这项凝聚着近千学人、出版人心血与期盼的工程，前后历时十多年，作为此项工作的组织实施者，我们为这皇皇 144 卷《列国志》的出版深感欣慰。与此同时，我们也深刻认识到当今国际形势风云变幻，国家发展日新月异，人们了解世界各国最新动态的需要也更为迫切。鉴于此，为使《列国志》丛书能够不断补充最新资料，更好地服务于社会各界，我们决定启动新版《列国志》编撰出版工作。

　　与已出版的 144 卷《列国志》相比，新版《列国志》无论是形式还是内容都有新的调整。国际组织卷次将单独作为一个系列编撰出版，原来合并出版的国家将独立成书，而之前尚未出版的国家都将增补齐全。新版《列国志》的封面设计、版面设计更加新颖，力求带给读者更好的阅读享受。内容上的调整主要体现在数据的更新、最新情况的增补以及章节设置的变化等方面，目的在于进一步加强该套丛书将基础研究和应用对策研究相结合，将基础研究成果应用于实践的特色。例如，增加了各国有关资源开发、环境治理的内容；特设"社会"一章，介绍各国的国民生活情况、社会管理经验以及存在的社会问题，等等；增设"大事纪年"，方便读者在短时间内熟悉各国的发展线索；增设"索引"，便于读者根据人名、地名、关键词查找所需相关信息。

顺应时代发展的要求，新版《列国志》将以纸质书为基础，全面整合国别国际问题研究资源，构建列国志数据库。这是《列国志》在新时期发展的一个重大突破，由此形成的国别国际问题研究与知识服务平台，必将更好地服务于中央和地方政府部门应对日益繁杂的国际事务的决策需要，促进国别国际问题研究领域的学术交流，拓宽中国民众的国际视野。

新版《列国志》的编撰出版工作得到了各方的支持：国家主管部门高度重视，将其列入"'十二五'国家重点图书出版规划项目"；中国社会科学院将其列为创新工程学术出版资助项目，王伟光院长亲自担任编辑委员会主任，指导相关工作的开展；国内各高校和研究机构鼎力相助，国别国际问题研究领域的知名学者相继加入编辑委员会，提供优质的学术指导。相信在各方的通力合作之下，新版《列国志》必将更上一层楼，以崭新的面貌呈现给读者，在中国改革开放的新征程中更好地发挥其作为"知识向导"、"资政参考"和"文化桥梁"的作用！

新版《列国志》编辑委员会
2013 年 9 月

前　　言

　　自 1840 年前后中国被迫开关、步入世界以来，对外国舆地政情的了解即应时而起。还在第一次鸦片战争期间，受林则徐之托，1842 年魏源编辑刊刻了近代中国首部介绍当时世界主要国家舆地政情的大型志书《海国图志》。林、魏之目的是为长期生活在闭关锁国之中、对外部世界知之甚少的国人"睁眼看世界"，提供一部基本的参考资料，尤其是让当时中国的各级统治者知道"天朝上国"之外的天地，学习西方的科学技术，"师夷之长技以制夷"。这部著作，在当时乃至其后相当长一段时间内，产生过巨大影响，对国人了解外部世界起到了积极的作用。

　　自那时起中国认识世界、融入世界的步伐就再也没有停止过。中华人民共和国成立以后，尤其是 1978 年改革开放以来，中国更以主动的自信自强的积极姿态，加速融入世界的步伐。与之相适应，不同时期先后出版过相当数量的不同层次的有关国际问题、列国政情、异域风俗等方面的著作，数量之多，可谓汗牛充栋。它们对时人了解外部世界起到了积极的作用。

　　当今世界，资本与现代科技正以前所未有的速度与广度在国际流动和传播，"全球化"浪潮席卷世界各地，极大地影响着世界历史进程，对中国的发展也产生极其深刻的影响。面临不同以往的"大变局"，中国已经并将继续以更开放的姿态、更快的步伐全面步入世界，迎接时代的挑战。不同的是，我们所面临的已不是林则徐、魏源时代要不要"睁眼看世界"、要不要"开放"的问题，而是在新的历史条件下，在新的世界发展大势下，如何更好地步入世界，如何在融入世界的进程中更好地维护民族国家的主权与独立，积极参与国际事务，为维护世界和平，促进世界与人类共同发展做出贡献。这就要求我们对外部世界有比以往更深切、全面的了解，我们只有更全面、更深入地了解世界，才能在更高的层次上融入世界，也才能在融入世界的进程中不迷失方向，保持自我。

与此时代要求相比，已有的种种有关介绍、论述各国史地政情的著述，无论就规模还是内容来看，已远远不能适应我们了解外部世界的要求。人们期盼有更新、更系统、更权威的著作问世。

中国社会科学院作为国家哲学社会科学的最高研究机构和国际问题综合研究中心，有11个专门研究国际问题和外国问题的研究所，学科门类齐全，研究力量雄厚，有能力也有责任担当这一重任。早在20世纪90年代初，中国社会科学院的领导和中国社会科学出版社就提出编撰"简明国际百科全书"的设想。1993年3月11日，时任中国社会科学院院长的胡绳先生在科研局的一份报告上批示："我想，国际片各所可考虑出一套列国志，体例类似几年前出的《简明中国百科全书》，以一国（美、日、英、法等）或几个国家（北欧各国、印支各国）为一册，请考虑可行否。"

中国社会科学院科研局根据胡绳院长的批示，在调查研究的基础上，于1994年2月28日发出《关于编纂〈简明国际百科全书〉和〈列国志〉立项的通报》。《列国志》和《简明国际百科全书》一起被列为中国社会科学院重点项目。按照当时的计划，首先编写《简明国际百科全书》，待这一项目完成后，再着手编写《列国志》。

1998 年，率先完成《简明国际百科全书》有关卷编写任务的研究所开始了《列国志》的编写工作。随后，其他研究所也陆续启动这一项目。为了保证《列国志》这套大型丛书的高质量，科研局和社会科学文献出版社于 1999 年 1 月 27 日召开国际学科片各研究所及世界历史研究所负责人会议，讨论了这套大型丛书的编写大纲及基本要求。根据会议精神，科研局随后印发了《关于〈列国志〉编写工作有关事项的通知》，陆续为启动项目拨付研究经费。

为了加强对《列国志》项目编撰出版工作的组织协调，根据时任中国社会科学院院长的李铁映同志的提议，2002 年 8 月，成立了由分管国际学科片的陈佳贵副院长为主任的《列国志》编辑委员会。编委会成员包括国际片各研究所、科研局、研究生院及社会科学文献出版社等部门的主要领导及有关同志。科研局和社会科学文献出版社组成《列国志》项目工作组，社会科学文献出版社成立了《列国志》工作室。同年，《列国志》项目被批准为中国社会科学院重大课题，新闻出版总署将《列国志》项目列入国家重点图书出版计划。

在《列国志》编辑委员会的领导下，《列国志》各承担单位尤其是各位学者加快了编撰进度。作为一项大型研究项目和大型丛书，编委会对《列国志》提出的基本要求是：资料翔实、准确、最新，文笔流畅，学术性和可读性兼备。《列国志》之所以强调学术性，是因为这套丛书不是一般的"手册""概览"，而是在尽可能吸收前人成果的基础上，体现专家学者们的研究所得和个人见解。正因为如此，《列国志》在强调基本要求的同时，本着文责自负的原则，没有对各卷的具体内容及学术观点强行统一。应当指出，参加这一浩繁工程的，除了中国社会科学院的专业科研人员以外，还有院外的一些在该领域颇有研究的专家学者。

现在凝聚着数百位专家学者心血，共计141卷，涵盖了当今世界151个国家和地区以及数十个主要国际组织的《列国志》丛书，将陆续出版与广大读者见面。我们希望这样一套大型丛书，能为各级干部了解、认识当代世界各国及主要国际组织的情况，了解世界发展趋势，把握时代发展脉络，提供有益的帮助；希望它能成为我国外交外事工作者、国际经贸企业及日渐增多的广大出国公民和旅游者走向世界的忠实"向导"，引领其步入更广阔的世界；希望它在帮助中国人民认识世界的同时，也能够架起世界各国人民认识中国的一座"桥梁"，一座中国走向世界、世界走向中国的"桥梁"。

《列国志》编辑委员会
2003 年 6 月

CONTENTS

目 录

CONTENTS

目 录

CONTENTS

目 录

CONTENTS

目 录

CONTENTS

目 录

CONTENTS

目 录

CONTENTS
目　录

CONTENTS

目　录

CONTENTS

目 录

古巴驻华大使序（第一版）

　　对作者来说，撰写一个国家的志书需要付出艰巨的劳动。要想深刻阐述一个国家的历史、文化、社会特征、民族特性形成的过程，是一项更为复杂的任务。要想深刻阐述在古巴这样一个国家里，1959 年至今所发生的一场深入的革命是如何使古巴人民首次获得完全的民族独立，古巴人民是如何克服各种障碍和不利的国际环境影响，建设有古巴特色的社会主义社会，这对作者来说，是一个巨大的挑战。

　　徐世澄教授耐心和执著地接受了这一挑战，他决心撰写这部著作，为我们提供了他精心选择和加工后的大量有关资料，使中国读者能够更好地了解古巴共和国的共性和特征，了解古巴革命的现实和古巴在当今世界上的地位。

　　作者没有回避责任，作者在书中叙述了哥伦布到达前、西班牙征服和殖民、美国统治下的新殖民地共和国、取得完全独立以及自 1959 年 1 月 1 日起至今的深刻变化的古巴历史的所有阶段的经济、政治、社会的复杂进程及其主要人物。

　　本书也以翔实的资料介绍了古巴的地理、自然资源、居民、宗教信仰、民族、文化和古巴人的民族特性和性格特征。

　　本书详细介绍了古巴的政治制度和政府机构、经济和社会发展，介绍古巴人民在古巴共产党及其领袖菲德尔·卡斯特罗总司令的领导下，在革命阶段所取得的伟大成就。

　　读者在本书中还可以了解古巴的外交政策和国际关系。不了解古巴的外交，对古巴的了解是不全面的。不能不看到 40 年来美国为摧毁古巴革命对古巴进行的各种侵略和持续不断的、日益强化的经济封锁及其对古巴生活的影响，以及古巴的国际声望和国际社会对古巴的声援对古巴人民发展高度政治文明所起的作用。

徐世澄教授在这本书的最后章节，谈到了目前处在最好状态的中古两国关系，今天中古关系是富有成效的、不断加强的合作的典范，中古的合作是建立在使两国人民根据本国特点沿着社会主义道路取得发展和富强的共同意愿的基础之上的，两国人民都渴望在尊重各国主权和发展权的基础上的世界和平。

值得一提的是，徐世澄教授年轻时曾同古巴人民共同生活了几年，这使他具有得天独厚的有利条件，了解古巴人民的生活和斗争，这在本书的质量方面得到充分的体现。

这是在中国出版的第一部关于古巴的完备的志书，这本书的出版是中国社会科学院拉丁美洲研究所为传播拉美国家知识，为加深中国与古巴之间的历史联系和增进对两国关系光辉未来的极大信任所做的努力的体现。

古巴共和国驻中华人民共和国大使

阿尔韦托·罗德里格斯·阿鲁菲

2003 年 6 月

古巴驻华大使序（第二版）

撰写一本关于古巴的书，在书中包括古巴的历史、文化、经济和社会特征是一项困难的任务。古巴的好朋友、尊敬的徐世澄教授2003年出版了列国志《古巴》一书，这本书是中国人民了解古巴的指南，他在撰写这本书时一定会有这个体会。徐教授在该书365页中精湛地概括了古巴民族特性形成的全部进程、古巴主要的历史事件和1959年古巴革命胜利后所取得的成就。

这本新版列国志《古巴》力图向中国读者介绍古巴社会、经济和文化变革进程的新情况，使他们能更好地了解今日古巴的现实和古巴革命胜利将近60年来所取得的成就。

作者依据丰富的信息和完整的统计数据论述了古巴的地理特征、自然资源、宗教信仰和种族特点，展示了古巴多彩的文化。与此同时，也详细地介绍了古巴的政治制度和2011年古巴共产党第六次代表大会通过《党和革命的经济社会政策纲要》后，古巴社会经济模式的更新。

作者对古巴的历史，从西班牙殖民统治、美国新殖民时期到菲德尔·卡斯特罗总司令领导的革命取得最终胜利的古巴独立斗争不同阶段的分析十分有意思。在书中，徐教授还描述了古巴革命初期为了古巴人民的需要所采取的革命措施，以及后来与时俱进所采取的措施和变革，特别强调获得国际广泛赞誉的古巴在生物工程方面取得的发展。

在经济方面，作者在书中述及了我国的战略部门和主要出口产品。此外，还描写了古巴的工业部门和劳务经济，特别介绍了旅游业。2016年从世界各地到古巴旅游的人数已达到创纪录的470万人次，这证明古巴是一个吸引人的、能确保旅游者安全的目的地。

同样值得称赞的是徐教授对古巴外交政策和国际关系主要里程碑的广泛了解，他展现了我国在国际社会中的声望和在外交方面取得的巨大成就。他谈及了古巴与美国的关系，2015年古美关系进入了一个新阶段，两国恢复了外交关系，开始了关系正常化。然而，尽管奥巴马总统采取了这一政策，但美国仍继续对古巴发动进攻，主要是美国仍继续对古巴进行经济、贸易和金融封锁，这对古巴经济和社会产生很大的影响。特朗普上台后，这一封锁有所加剧。

我为有幸为这本好书写序感到非常高兴，本书的作者是古巴的亲密朋友。徐世澄教授在20世纪60年代曾在古巴留学，他杰出的西班牙语水平和政治敏锐力使他在研究中正确地选择了资料来源。徐教授曾在古巴生活多年，与古巴人民有过近距离的接触，这使他能深刻、客观地了解和理解古巴的现实，他懂得需要让年青的一代认真和正确地接近古巴革命和拉美的现实。值得一提的是，中国社会科学院马克思主义研究院当代世界社会主义研究室副研究员贺钦为本书的修订工作提供了一些帮助。

新版列国志《古巴》的出版将促进中国读者对古巴的深入了解，同时将加强我们两国之间传统的友好关系。许多中国人用"海内存知己，天涯若比邻"的诗句来描绘古巴和中国的友谊，本书的出版就是这一友谊的体现。尽管我们两国地理相隔遥远，但是，我们的传统友谊和两国文化的共同联系使我们紧密相连。

我请中国读者通过新版列国志《古巴》这个窗口更加接近我们国家，古巴从加勒比海张开双臂一直期待朋友们的到来，尽管古巴与中国地理距离遥远，但她与中国都共同憧憬一个公正的世界，古巴人民的血管里流淌着中国人的血液，与中国人民都乐观地向往未来，社会主义是古中两国政府、两国共产党和两国人民发展和友谊的桥梁。

祝徐世澄教授取得成绩，古巴感谢这一礼物。

古巴驻中华人民共和国大使

米格尔·安赫尔·拉米雷斯·拉莫斯

2018 年 2 月 12 日

自　序

　　在烟波浩渺的加勒比海，有一个美丽的岛国，它就是素有"加勒比海明珠"之称的古巴。古巴一年四季气候温暖，有着碧空万里的蓝天、蔚蓝清澈的海水、柔软细白的沙滩、充足的阳光和清爽的海风，被誉为"人间的伊甸园"。古巴有着生意盎然的大自然和丰富多样的植被，那逶迤起伏、连绵不断的山峦，那高大挺拔、婀娜多姿的大王棕榈；那迎风摇曳、婆娑多姿的椰林；那绚丽多彩、姹紫嫣红的鲜花……真是美不胜收。

　　古巴有着丰富的物产，它是蔗糖大国，号称世界的"糖罐"；古巴的朗姆酒、哈瓦那雪茄闻名世界。古巴的镍、铬、镁、大理石、铁矿藏量丰富。

　　古巴民族是一个独特的民族。五百多年的腥风血雨，印第安文化、欧洲文化、非洲文化、亚洲文化不断地撞击、冲突、调和、交会，形成了富有浓郁加勒比热带国家特色的古巴文化。古巴的民间歌舞热情奔放、欢快轻松，既具有西班牙人的浪漫和抒情，又具有非洲黑人的纵情和奔放。而印第安人、西班牙人、非洲黑人和其他种族互相通婚、混血，相互同化、融合，形成了既具有古老传统，又充满活力的独特的古巴民族。古巴人聚合了各个人种的优点：身体素质好，身材匀称、健壮、弹跳力强；古巴人性格乐观、快活、外向、奔放，豪爽、豁达、热情好客、乐于助人，能歌善舞；无种族歧视和偏见，有强烈的爱国心和民族自豪感。

　　古巴是一个英雄辈出的国度。在古巴历史的长河中，涌现出无数为争取和捍卫民族独立、抗击外国入侵、维护祖国尊严而英勇战斗、奋不顾身、视死如归的英雄人物，如宁死不屈的印第安人酋长阿图埃伊，独立战争领袖、杰出诗人马蒂和"青铜巨人"马塞奥，共产党创始人梅利亚，不朽的革命烈士埃切维里亚、帕伊斯、西恩富戈斯，"英雄的游击战士"格瓦拉，以及古巴人民的卓越领袖菲德尔·卡斯特罗主席等。半个多世纪以来，卡斯特罗领导古巴人民开展武装斗争，推翻了巴蒂斯塔独裁统治，建立了革命政权；领导古巴人民奋力抵御美国的经济封锁、抗击雇佣军入侵；沉着应对苏联东欧剧变，克服一个又一个困难，越过一道又一道的暗礁险滩，沿着社会主义道路，勇往直前。

笔者曾于1964年1月~1967年2月在古巴哈瓦那大学文学历史学院进修。当时古巴革命刚胜利不久，百废待兴。在古巴进修的3年中，笔者及其他中国留学生与古巴大学生一起，除在学习上相互切磋外，还手持步枪、站岗放哨；拿着砍刀，三去农村砍甘蔗；下过兵营，挖过战壕；乘上火车，周游了古巴全国各省；参加过1966年初在哈瓦那举行的亚非拉三大洲会议；在革命广场或在工业部，无数次聆听过卡斯特罗、格瓦拉等古巴革命领导人激动人心的演讲……青年时代在古巴的种种经历，笔者至今仍历历在目、终生难忘。冷战结束后，应古巴马蒂研究中心、古巴党中央国际部和古中友协先后邀请，笔者又有幸于1992年、1995年、1996年、1997年四次访问古巴，有机会拜会了古巴一些领导人，走访了几个主要的部委，参加了有关马蒂等问题的国际研讨会，参观了工厂、合作社和农场、生物科学和医疗研究中心、大学、商店、农牧产品和手工业品自由市场，目睹并了解古巴人民在卡斯特罗主席领导下，如何通过改革开放，坚持社会主义，克服美国封锁和苏联解体等所造成的巨大困难，取得了举世瞩目的成就。我由衷地钦佩古巴人民这种不畏强暴、不怕艰险和坚强不屈的英雄主义精神，我为古巴人民所取得的每一项成就感到高兴。

2003年2月27日晚，笔者有幸在古巴驻华使馆会见了正在中国进行国事访问的古巴国务委员会菲·卡斯特罗主席，并将笔者所著的《冲撞：卡斯特罗与美国总统》一书送给菲·卡斯特罗主席，并请他在另一本书上签名。笔者还向卡斯特罗主席介绍了已完成初稿的《古巴》（"列国志"中的一本）一书，卡斯特罗主席对此很感兴趣，并预祝此书早日出版。

　　迄今为止，我国尚无一部比较全面地介绍古巴的专著。随着中国和古巴两国友好往来的不断加强，中国读者渴望了解古巴各方面的情况，迫切需要一本介绍古巴概况的书。为了让更多的中国人了解古巴，作为一名曾在古巴留学、从事古巴和拉美研究多年的学者，在花甲之年，我感到自己应该义不容辞地承担起这一艰巨的任务。我从收集材料、构思、执笔到完成初稿，花了将近两年时间。我放弃了许多假日和休息，夜以继日，努力使本书能利用古巴本国、联合国拉美经委会、西班牙、美国、苏联等国权威的、最新的原文资料，客观、系统、比较全面地介绍古巴的概貌。然而，由于本人才疏学浅，能力有限，加上时间仓促，疏漏不当甚至错误之处在所难免，恳请读者不吝指正。

　　在本书写作过程中，笔者得到了中国社会科学院有关领导、科研局，拉美研究所领导、所科研处、图书馆的同事和其他单位的同行们，特别是苏振兴、李明德、江时学、宋晓平、毛相麟、张宝宇、吴国平等研究员的指导和帮助。对此，谨表示衷心感谢。

　　我要特别感谢古巴驻华使馆阿尔韦托·罗德里格斯·阿鲁菲大使，他在百忙之中为本书写了序，我十分感谢何塞·路易斯·罗瓦伊纳公使衔参赞、J. 塞嫩·布埃戈参赞等使馆外交官员对我的大力支持和帮助，感谢他们经常不断地向我提供有关古巴的宝贵资料。

　　最后，我十分感谢社会科学文献出版社的领导和编辑，感谢他们为本书所付出的辛勤劳动。

　　本书付梓之际，恰逢古巴即将迎来它革命胜利的 45 周年。这本书是笔者对培养和教育过自己的古巴的回报和感谢，是表达对勤劳勇敢的古巴人民的一份敬意。

徐世澄

2003 年 6 月于中国社会科学院拉丁美洲研究所

第一章
概　览

第一节　国土与人口

一　地理位置

古巴位于加勒比海西北部，西经 74°08′～84°58′、北纬 19°48′～23°12′之间。东隔向风海峡距海地 77 公里；南连加勒比海，距牙买加 140 公里；西临墨西哥湾，距墨西哥 210 公里；北隔佛罗里达海峡距美国 217 公里。

二　国土面积

古巴是加勒比海中最大的岛国，总面积为 110860 平方公里，约占西印度群岛面积的一半。它由 4195 个大小不等的岛屿组成，其中最大的两个岛是古巴岛和青年岛。古巴岛面积 104945 平方公里，形状狭长，从西到东全长 1250 公里，最宽处 191 公里，最窄处 31 公里。青年岛（又名松树岛）位于巴塔瓦诺湾，面积 2200 平方公里。

三　行政区划

革命胜利后至 1975 年，古巴在行政上划分为 6 个省，即比那尔德里奥省、哈瓦那省、马坦萨斯省、拉斯维亚斯省、卡马圭省和奥连特省（东方省）。1975 年，古巴在行政上划分为 14 个省和 1 个特区，省下设

169 个市（municipio）。14 个省是（从西向东）：比那尔德里奥、哈瓦那、哈瓦那市、马坦萨斯、比亚克拉拉、西恩富戈斯、圣斯皮里图斯、谢戈德阿维拉、卡马圭、拉斯图纳斯、奥尔金、格拉玛、圣地亚哥和关塔那摩；1 个特区是青年岛特区。首都哈瓦那市在行政上是一个省级单位。2010 年 8 月 1 日，古巴全国人民政权代表大会通过决议，决定自 2011 年 1 月 1 日起，将原哈瓦那省划分为两个省，即玛雅贝克省和阿特米萨省；将原哈瓦那市改称哈瓦那（省）；将原青年岛特区改为青年岛特别市。因此，自 2011 年起，古巴共有 15 个省、168 个市和 1 个特别市。①

四　地形与气候

地形　古巴大部分是平坦或略呈波状的平原，山地只占总面积的1/4。古巴有三大山脉：西部的罗萨里奥山脉，中部的特立尼达山脉，东南部的马埃斯特腊山脉（又译马埃斯特拉山）。后者是古巴最高的山脉，平均高度为 1300 多米，其中图尔基诺峰海拔 1974 米，是古巴的第一高峰。古巴的低平原大部分由石灰岩构成，地形比较单一，但覆盖着黑色和红色的黏土，如马坦萨斯一带的红色土壤适于种植甘蔗。由于长年雨水和溪流的冲刷，石灰岩的地下形成了各种岩溶现象。

河流　古巴共有 200 多条河流和数以千计的溪流，大都是南北或北南走向，河流水量充足，但是流程都较短，水流湍急，不宜航行。位于东部格拉玛省的考托河是古巴最大的河流，长 370 公里，发源于马埃斯特腊山，由孔特拉马埃斯特雷河、考蒂略河和巴亚莫河等支流汇合而成，是唯一可以通航的河流。其他长度超过 100 公里、较重要的河流有：比那尔德里奥省的库亚瓜特赫河（112 公里）、翁多河（107 公里）；比亚克拉拉省的大萨瓜河（163 公里）；圣斯皮里图斯省的萨萨河（155 公里）、南哈蒂玻尼科河（119 公里）、马纳蒂河（105 公里）；谢戈德阿维拉省的卡奥纳奥河（133 公里）；卡马圭省的圣佩德罗河（124 公里）、拉斯雅瓜斯河

---

① http://www.cubadebate.cu/noticias/2011/01/09/constituyen - parlamentos - provinciales - de - mayabeque - y - artemisa/.

（117 公里）；奥尔金省的马亚里河（106 公里）；关塔那摩省的托阿河（100 公里）；等等。古巴有不少潟湖，如西部的因蒂奥斯湖、萨帕塔地区的特索罗湖等。古巴海岸线绵延曲折，总长 6073 公里，一般北岸陡峭，南岸平坦，有许多优良的港湾，如哈瓦那湾、尼佩湾、关塔那摩湾、圣地亚哥湾、翁达湾、西恩富戈斯湾和马坦萨斯湾等。

气候 古巴虽地处热带，但由于四周有海水和热带风的调节，所以气温并不太高，平均温度为 25.5℃。古巴大部分地区属于热带雨林气候，仅西南部沿岸背风坡为热带草原气候。古巴的年温差不大，最冷月 2 月平均气温在 22.2℃ 左右，最热月 7 月和 8 月为 27.4℃。古巴四季常青，气候宜人，终年不受霜冻之害。地处西北部的首都哈瓦那地区，由于受来自美国的冷气团的侵袭，冬季最低气温为 10℃ 左右。

古巴雨水非常充足，除少数地区外，大部分地区年降雨量在 1300 ~ 1400 毫米之间，最多的地方（在向风的山坡上）达 1900 毫米。雨水同来自东北和东方的信风有关，每年 5 月至 10 月为雨季，降雨量占全年雨量的 75%；其余各月即 11 月至第二年 4 月为旱季，降雨较少。一般来说，古巴西部的雨量比东部多。西部比那尔德里奥省年降雨量为 1600 毫米；中部的卡马圭省为 1400 毫米；南部的加勒比海沿岸，位于马埃斯特腊山脉的北风坡降雨量较少，但也有 1100 毫米左右；关塔那摩湾附近地区的降雨量最少，只有 600 毫米。每年 6 月至 11 月，特别是 9 月和 10 月是飓风季节。

古巴的湿度比较大，雨季的平均湿度为 82%，旱季的平均湿度为 77%，全国年平均相对湿度为 79%。

五 人口、民族、语言

人口 古巴岛原来是印第安人瓜纳哈塔贝伊人（Guanajatabey）、西波涅人（Siboney）和泰诺人（Taino）聚居的地方。据西班牙传教士巴托洛梅·德拉斯卡萨斯（Bartolome de las Casas, 1477 – 1566）估计，在西班牙殖民者到达前，在古巴的印第安人曾达 30 万人，但这一估计可能有些偏高。另一种估计是 10 万 ~ 50 万人。1492 年 10 月 27 日，哥伦布到达古巴。1509 年，迭戈·贝拉斯克斯（Diego Velázquez）受西班牙王室之托，开始对古巴实行殖民统治。西班牙殖民者无情地剥夺印第安人，他们的残暴行为使印第安人几乎被杀绝。1537 年，古巴人口总数是 5800 人，其中印第安人 5000 人，黑人 500 人，西班牙人只有 300 人。1774 年古巴进行了第一次人口普查，古巴人口增加到 171620 人。由于甘蔗种植业的发展，古巴人口迅速增长，1861 年达 1396530 人。1887 年，增加到 1631687 人。由于战争和魏勒尔都督实行的残暴统治，1899 年，古巴人口减少到 1572797 人。

1902 年，古巴成立共和国。1907 年，古巴进行了独立后的第一次人口普查，古巴人口达 2048980 人。据历次人口普查，1919 年古巴人口为 2289004 人，1931 年为 3962344 人，1953 年为 5829029 人。① 在古巴共和国成立后的头 50 年间，古巴人口增加了 2 倍。

1959 年古巴革命胜利后，据古巴中央计划委员会统计，1959 年 1 月，古巴人口总数为 6637569 人。1970 年 9 月和 1981 年 9 月，古巴进行了人口和住房普查，1970 年人口为 8569121 人，1981 年为 9723605 人。② 1984 年 8 月 28 日，古巴人口达 1000 万人。③ 另据历年年底人口估计数，1990 年人口总数为 10694465 人，1995 年为 10998532 人，1999 年为 11180099 人。④ 据 2002 年古巴人口和住房普查，古巴人口总数为 11177743 人，自 1981 年以来人口年均增长率为 6.7‰。据 2012 年古巴人口和住房普查，古巴人口总数为 11167325 人，自 2002 年以来人口年均增长率为 -0.1‰。2015 年年底，古巴人口总数为 11239004 人，比上年底增长 0.1‰。老龄人口比例为 19.4%，创历史最高值。14 岁以下人口仅占 16.5%。从地区分布看，首都哈瓦那人口数量为 212 万人，占全国人口总数的 18.9%。⑤

① 〔古巴〕希门尼斯：《古巴地理》，黄鸿森等译，商务印书馆，1962，第 141～146 页。

② Oficina Nacional de Estadisticas, Cuba en cifras 1999, septiembre del 2000, p. 19.

③ Alberto Salazar Gutierrez y Victor Perez Galdos, Vision de Cuba, Editora Politica, La Habana, Cuba, 1987, p. 47.

④ 〔古巴〕希门尼斯：《古巴地理》，黄鸿森等译，商务印书馆，1962，第 141～146 页。

⑤ http：//www.onei.cu/aec2015/03%20Poblacion.pdf.

古巴人口中，白人约占 66%，黑人约占 11%，混血种人〔穆拉托人（Mulatos）和梅斯蒂索人（Mestizos）〕约占 22%，亚裔约占 1%。①

民族 古巴是世界上种族最复杂的国家之一。16 世纪初，西班牙殖民者到达古巴后不久，西班牙人就开始同印第安人通婚。由于西班牙殖民者的残酷统治和大量屠杀，再加上疾病的流行，很快印第安人几乎灭绝。据曾任古巴科学院院长的希门尼斯称，在 20 世纪 50 年代，在古巴"能看到的印第安人，人数很少，血统已经不纯，他们住在马埃斯特腊山的偏僻地区和巴拉科阿地区的山中"。② 随着甘蔗种植园经济的发展，古巴劳动力非常缺乏，从 16 世纪起，西班牙殖民者开始从非洲输入黑人奴隶。据估计，从 16 世纪到 1887 年奴隶制被废除的 300 多年中，共有 100 万左右的非洲黑人作为奴隶被运入古巴。他们大多数来自现加纳、几内亚、马里等非洲中部和南部国家，主要有曼丁加人、卡拉巴里人、刚果人、米纳人和卢库米人等。现代古巴民族主要由西班牙人的后裔土生白人即克里奥尔人（Criollo）人、非洲人及其后裔和他们之间的混血种人所组成。非洲人同西班牙人一样，对现代古巴民族的形成起了很大作用，并且构成古巴人口的基础。西班牙人同黑人大量混血，形成穆拉托人，即黑白混血种人。19 世纪中叶，大量中国苦力作为契约劳工来到古巴从事奴隶般的廉价劳动。据清朝政府派驻古巴的总领事谭乾初的统计，从 1847 年到 1874 年，被贩卖到古巴的华工共达 126008 人。③ 在古巴还有一些法兰西人，他们有的是 17 世纪来到古巴的商人或海盗，有的是 1790 ～ 1804 年海地革命时期从海地逃到古巴的。他们集中在古巴东部从事咖啡种植。到古巴的还有来自尤卡坦半岛和拉美其他地区的印第安人，来自海地和牙买加的小工。1889 年以后，大量美国移民涌入古巴。在两次世界大战期间及战后，从欧洲各国也来了大量移民，其中有不少是犹太人。

如此众多的人种，在漫长的几个世纪经济文化的发展进程和为摆脱殖

---

① 中国外交部网站，http：//www.cubagob.cu/otras_info/censo/tablas_html/ii_3.htm，2018 年 2 月。
② 〔古巴〕希门尼斯：《古巴地理》，黄鸿森等译，商务印书馆，1962，第 143 页。
③ 李春辉、杨生茂主编《美洲华侨华人史》，东方出版社，1990，第 479 ～ 480 页。

民桎梏的斗争熔炉中，他们一代又一代地互相通婚，相互同化，形成了一个既具有古老传统，又充满活力的独特的古巴民族。

古巴人汇合了上述各种人种的优点：身体素质好，身材高大、匀称、健壮，弹跳力强；性格乐观、快活、外向、奔放、豪爽，豁达、友好、乐于助人、热情好客，能歌善舞；无种族歧视和偏见，有强烈的爱国心和民族自豪感。

语言 古巴的官方语言是西班牙语，但英语、法语、俄语用得也较多。一般古巴人在日常对话时"吃音"比较普遍，如"para adelante"（向前），说成"pa'lante"。古巴城市居民和农村居民、东部居民和西部居民所说的西班牙语发音和词语略有不同。此外，同西班牙和拉美其他国家所说的西班牙语相比较，古巴人所说的西班牙语中有一些词语有特定含义，如古巴人把公共汽车、大轿车称为"guagua"，把汽车称为"máquina"等。

六　国旗、国徽、国歌

国旗 旗面为长方形，长与宽之比为2∶1。旗杆一边为红色等边三角形，中间有一颗白色五角星。右边旗面由3条并行的蓝宽条和相间的2条白宽条组成。三角形和星是古巴历史上秘密革命组织的标志，象征自由、平等、博爱和爱国者的鲜血。五角星象征古巴是一个独立的民族。3条蓝色宽条表示古巴人民在独立战争中怀着纯洁的目的。

国徽 国徽盾面上部的蓝色部分表示加勒比海，两旁的小山为岛屿，一把钥匙横置于盾面上部，象征古巴是墨西哥湾的一把钥匙（古巴岛形似钥匙），表示其地理位置的重要性，上方一轮红日从海上冉冉升起，金光四射。盾面的左下角部分为斜置的蓝3道、白2道相间的条纹，表示古巴的国旗。盾面的右下角部分为美丽的田园风景：一棵高大的大王棕榈树挺立在草地上，代表古巴人民坚强不屈的性格。盾徽两旁由叶形各异的绿枝装饰，后面是束棒。束棒是法国大革命时期采用的标志之一，是权威的象征。束棒的上端有一顶"自由之帽"，它是一些美洲国家的人民常用以表示为自由而斗争的标志。

国歌 古巴的国歌是《巴亚莫颂》（*La Bayamesa*）。词曲作者佩德罗·菲格雷多（Pedro Figueredo，1818 – 1870）参加了 1868 年 10 月 10 日爆发的第二次古巴独立战争，于同年 10 月 20 日创作并发表了这首歌曲。两年后，1870 年 8 月 17 日，菲格雷多在与西班牙人的战斗中被杀害。1902 年这首歌曲正式成为古巴国歌。1959 年古巴革命胜利后，仍然保留其作为国歌。

《巴亚莫颂》的歌词大意是：

> 快起来，上战场，
> 巴亚莫的勇士们！
> 祖国正骄傲地注视着你们，
> 不要惧怕光荣的牺牲，
> 为了祖国献身，就是永生！
>
> 偷生在枷锁下不如死，
> 谁愿在耻辱中忍气吞声？
> 听，那嘹亮的号角已吹响，
> 拿起武器，勇敢的人们，冲啊！

第二节　宗教与民俗

一　宗教

据古巴科技和环境部心理与宗教社会研究中心的研究成果，目前古巴主要有天主教（catolicismo）、基督教新教（protestantismo）、起源于非洲的教派（expresiones religiosas de origen africano）、唯灵论（espiritismo）、犹太教（judaismo）、民众信教（religiosidad popular）等。古巴国内外对古巴居民信奉宗教情况的统计差别很大。上述中心所做的抽样调查表明，截至 2003 年，古巴居民中，15% 的居民信奉某一种有组织的宗教，15% 的居民不信仰任何宗教，有 20% 的居民介于上述两者之间，有 20% 的居民信奉自发的、神话 - 巫术性质的、低水平的教派，另有 30% 的居民信奉以某些非正统神灵为特征的自发性教派。① 我国有的学者认为，古巴"约有 85% 的居民信奉天主教。此外，有少数人信奉基督教新教。在黑人中有些人信奉源于非洲的宗教如圣特里亚教等"。② 另一些学者认为，古巴"居民中约有 32% 的人信奉天主教，信奉基督教新教的人只占总人口的 0.8%"。③

1959 年 1 月古巴革命胜利后，同年 2 月 7 日颁布的根本法规定，公民有宗教信仰自由。1976 年 2 月 16 日颁布的宪法第 54 条规定，"公民有权信仰任何宗教，有权在尊重法律的情况下开展宗教信仰活动。宗教团体的活动由法律规定。以信仰或宗教信仰反对革命，反对教育、反对履行劳动、反对武力保卫国家、反对尊重国家标志和宪法规定的其它义务是非法的，应受到惩处"。④ 1991 年 10 月召开的古巴共产党第四次代表大会修改了党章，首次允许教徒加入共产党。1992 年 7 月，古巴全国人民政权代表大会对 1976 年宪法做了重要修改，修改后的宪法有关宗教信仰的第 55 条规定，"国家承认、尊重和保障信仰与宗教自由，同时也承认、尊重和保障每个公民有改变宗教信仰或不信仰任何宗教的自由，有在遵守法律的前提下，信仰自己所喜欢的宗教的自由"。⑤ 20 世纪 90 年代以来，古巴信教人数明显增加。

天主教 1512 年多明我会传教士来到古巴，1517 年古巴第一个天主教教区在圣地亚哥成立。1580 年多明我会在哈瓦那创立了圣胡安·德列

① Centro de Investigaciones Psicologicas y Sociorreligiosos del Ministerio de Ciencias, Tecnologia y Medio Ambiente, *Panorama de la Religion en Cuba*, Editora Politica, La Habana, 1998, pp. 1 - 18.

② 李明德主编《简明拉丁美洲百科全书》，中国社会科学出版社，2001，第 647 页。

③ 宗教研究中心编《世界宗教总览》，东方出版社，1993，第 350 页。

④ 姜士林等主编《世界宪法大全》，青岛出版社，1997，第 1522 页。

⑤ Constitucion de la Republica de Cuba（Actualizada segun la Ley de Reforma Constitucional aprobada el 12 de Julio de 1992），Editorial de Ciencias Sociales, La Habana, Cuba, 1996, p. 31.

特兰修道院和一些学校。同其他拉美国家相比，天主教在古巴流传最早，占统治地位时间最长。然而，天主教在古巴的影响和在古巴的信徒人数却不如其他拉美国家。古巴天主教会中虽不乏像哲学家和教育家费利克斯·巴雷拉－莫拉莱斯（Felix Varela y Morales，1787－1853）那样主张并宣传古巴独立的教士，但在1868～1878年和1895～1898年两次独立战争中，天主教会站在殖民当局一边，反对古巴人民争取独立的斗争。因此，1901年古巴宪法宣布政教分离。1940年宪法承认公民有宗教信仰的自由。20世纪50年代末，有一批天主教徒投身于反对巴蒂斯塔独裁统治的斗争。

古巴革命胜利后不久，一些天主教教士曾参加了反革命暴乱，后被政府镇压。1959年11月，全国天主教主教大会召开会议。1960年8月，古巴一些天主教主教发表致教民们的信，公开指责政府。同年12月，政府下令禁止教会使用一切传媒。1969年4月，古巴天主教会发表一封牧函，表示拥护政府并强烈谴责美国加大对古巴的经济封锁。1971年初，天主教会举行了自1961年以来的第一次圣职授任活动。1986年2月，古巴天主教会在哈瓦那召开了全国会议。自1935年来，古巴和梵蒂冈一直有外交关系，古巴革命胜利后，双方关系呈波浪形发展。20世纪90年代以来，由于苏联的解体和美国对古巴加强封锁，古巴同梵蒂冈的关系有了进一步的发展。1996年11月，古巴国务委员会主席菲德尔·卡斯特罗访问了梵蒂冈并同教宗若望·保禄二世（又译约翰·保罗二世）会晤；1998年1月，若望·保禄二世应邀访古。2012年3月，教宗本笃十六世访问古巴。2015年5月，劳尔·卡斯特罗访问梵蒂冈；同年9月，教宗方济各访问古巴。2016年2月12日，罗马天主教教宗方济各和俄罗斯东正教大牧首基里尔在古巴哈瓦那国际机场举行历史性会晤。方济各在前往墨西哥访问的途中作停留，同时基里尔也正好在2月11日至12日在古巴开始其拉美之行的第一站。这是自11世纪基督教分裂后，东西两个分支领导人的首次会面。

目前，古巴有600多座教堂，还有其他一些可以进行宗教活动的场所。古巴现设10个教区，其中哈瓦那和圣地亚哥教区为大主教区。有红衣主教 1 人，主教 13 人，均为古巴人；有神父 250 人、修女 500 人，其中有一半是外国人，他（她）们来自 29 个国家。

基督教新教 在古巴第一次举行的非天主教礼拜活动是 1741 年由来自英国的圣公会（Episcopal）牧师主持的。1871 年，美国圣公会派来第一位住堂牧师，但当时主要还是为在古巴的英、美教徒的宗教活动服务。19 世纪下半叶，一些侨居美国的古巴人信奉了圣公会，其中有的人回到古巴，成为第一代当地的圣公会传教士。其中一些教士积极投身于 1895～1898 年的第二次独立战争，被称为 "爱国传教士"。1906 年新教向古巴派驻了第一位主教。古巴革命胜利后，在 20 世纪六七十年代，信新教的信徒明显减少，80 年代特别是 90 年代以来，新教教徒迅速增加。据统计，古巴全国共有 70 多座新教教堂，900 多座圣堂，500 多所圣所，8 所神学院，1100 多名传教士，绝大多数是古巴人。古巴的新教分为传统派即早期新教和后期新教。早期新教主要教派有长老会（Rebiteriana）、卫理公会（Metodista）、圣公会、路德教（Luterana）、浸礼会（Bautista）、公谊会（Sociedad de Amigos）或贵格会（Cuaqueros）等；后期新教主要教派有五旬节派（pentecostalismo），其他教派还有救世军（el Ejercito de Salvacion）、基督再临派（Adventistas del Septimo Dia）、拿撒勒派（Nararelos）、新松树教（Iglesia Pinos Nuevos）和赫德昂福音派（Bando Evangelico de Gedeon）等，后两种教派是古巴特有的。

起源于非洲的教派 又称非洲宗教（Cultos Africanos）、古巴非洲教（Religiones Afrocubanas）。主要分为 4 个教派：奥查教（Regla Ocha）即圣特里亚教（Santeria），起源于今尼日利亚的约鲁巴族人，主要崇拜奥里查（Oricha），其信徒遍布全国，主要分布在哈瓦那、马坦萨斯和西恩富戈斯等省。刚果教（Regla Conga）又称山木棍教（Palo Monte），起源于今刚果和安哥拉的班图人，主要崇拜自然力量，分为马约姆贝（Mayombe）、布里约姆巴（Briyumba）和金姆比萨（Kimbisa）等分支教派，其信徒大多分布在古巴东部几省。阿拉拉教（Arara）起源于今贝宁共和国，其信徒主要分布在古巴西部。阿巴库亚教（Abakua）起源于今尼日利亚，具有互济会性质，仅限男子参加，信徒主要分布在哈瓦那、马坦萨斯和西部港口地区。

唯灵论 唯灵论自 19 世纪下半叶起从欧洲和美国传入古巴。主要分成两派，一派是"科学唯灵论"，崇尚阿兰·卡尔德克的原始理论；另一派已同起源于非洲的教派及基督教混合在一起，被称作科尔东（Cordon）或克鲁萨多（Cruzado）唯灵论。主要流行于关塔那摩、圣地亚哥、格拉玛、奥尔金、卡马圭和哈瓦那等省。

犹太教 目前古巴有 6 个犹太教社团，其中哈瓦那有 3 个，圣地亚哥、卡马圭和比亚克拉拉省各 1 个，共有信徒 1000 多人。

民众信教 在古巴有不少人不属于任何教派，他们崇拜的不是耶稣和圣母玛利亚，而是本地化的拉卡里达特（la Caridad）、雷格拉（Regla）、拉梅尔塞特（la Merced）、拉科布雷（la Cobre）、圣拉萨洛（San Lazaro）和圣芭芭拉（Santa Barbara）等。

二 节日

很难精确统计古巴一年中大大小小、形形色色的节日到底有多少个。古巴的节日，大体可分为以下几种。第一种是与历史事件有关的节日，如 1 月 1 日解放日；第二种是与英雄人物有关的节日，如 10 月 18 日格瓦拉逝世纪念日；第三种是与宗教有关的节日，如圣诞节、狂欢节等，以及三八妇女节、五一劳动节等国际节日；第四种，以馈赠礼物为主要活动的儿童节（4 月 4 日）、情人节（2 月 14 日）、母亲节（5 月的第二个星期日）、父亲节（6 月的第三个星期日）；第五种，以文化交流为宗旨的音乐节、戏剧节、电影节、芭蕾舞节等；第六种，与收获季节有关的节日，如每年 10～11 月青年岛的柚子节等。古巴有法定的全国性的节日，也有一个地区、一个省、一个市镇、一个村或一所学校的节日。各种节日庆祝方式五花八门、各具特色，通过这些节日及其不尽相同的庆祝方式，可以了解古巴悠久的历史和灿烂的文化，体察古巴人的民族性格和丰富多彩的生活方式。

下面按照时间的顺序，介绍一下古巴的主要节日。

解放日（1 月 1 日，Día de la Liberación） 法定全国节假日。1956

年 11 月 25 日，卡斯特罗率领 81 名战友乘"格拉玛号"游艇驶离墨西哥，并于 12 月 2 日在古巴东方省即奥连特省南岸登陆，与政府军激战后，转入马埃斯特腊山开展游击战。1957 年，卡斯特罗领导的起义军不断取得军事胜利。到 1958 年初，起义军完全解放了马埃斯特腊山区的西部，并向东部地区扩展。同年 8 月，起义军粉碎了巴蒂斯塔军队对马埃斯特腊山解放区的最后一次大规模的围剿，起义军分成四个纵队，向独裁政权发起总攻。到同年年底，起义军已解放了东部和中部的大片地区，巴蒂斯塔军队士气涣散，独裁政权岌岌可危。巴蒂斯塔于 1959 年 1 月 1 日凌晨 3 点 15 分乘飞机逃亡国外。同一天晚上，卡斯特罗在圣地亚哥市市政府的阳台上，向全世界人民宣告了古巴革命的胜利。

胜利日（1 月 2 日，Día de la Victoria） 法定全国节假日。1959 年 1 月 1 日，格瓦拉率领的第八纵队攻克并解放了中部拉斯维亚斯省省会圣克拉拉市。1 月 2 日下午 5 点 15 分，卡米洛·西恩富戈斯率领第二纵队抵达哈瓦那。同一天深夜，格瓦拉也抵达哈瓦那卡瓦尼亚要塞。通常古巴在这一天举行阅兵式。

独立先驱何塞·马蒂诞辰（1 月 28 日，natalicio del Apóstol de la Independencia，José Martí） 官方纪念日。1853 年 1 月 28 日，古巴独立运动领袖、民族英雄和诗人何塞·马蒂诞生于哈瓦那市一个西班牙下级军官家庭。在这一天，古巴全国各地举行各种纪念活动。

独立战争开始日（2 月 24 日，inicio de la Guerra de Independencia） 官方纪念日。1895 年 2 月 24 日，在古巴奥连特省的巴依雷、圣地亚哥、关塔那摩、希瓜尼等地同时发生了起义。在巴依雷镇，一名名叫萨图尼诺·洛拉（Saturnino Lora）的下级军官同其亲友发动起义，宣告第二次独立战争开始，史称"巴依雷呼声"（Grito de Baire）。①

革命攻打总统府日（3 月 13 日，ataque revolucionario al Palacio Presidencial） 官方纪念日。1957 年 3 月 13 日，以 1955 年成立的革命

---

① Fernando Portuondo del Prado, *Historia de Cuba*, Editorial Nacional de Cuba, 1965, pp. 516 – 519.

青年组织革命指导委员会总书记何塞·安东尼奥·埃切维里亚（José Antonio Echeverría）为首的一批青年学生攻打总统府未遂，埃切维里亚等30多人英勇牺牲，另有几名青年被捕。为纪念这一事件，革命指导委员会更名为"三·一三革命指导委员会"，并于1958年年初转入山区进行游击斗争。革命胜利后，"三·一三革命指导委员会"同"七·二六运动"、人民社会党先后合并组成古巴革命统一组织（1961）、古巴社会主义革命统一党（1962）、古巴共产党（1965）。

吉隆滩胜利日（4月19日，Victoria de Playa Girón） 全国纪念日。1961年4月17日凌晨，1000多名美国雇佣军在美国飞机和军舰的掩护下，在古巴拉斯维亚斯省南部科奇诺斯湾（Bahia de Cochinos，即猪湾）附近的吉隆滩登陆，对古巴进行武装侵略，企图颠覆和扼杀古巴革命。面对美国的侵略，英勇的古巴人民在卡斯特罗亲临第一线直接指挥下，经过72小时的激战，全歼入侵者，胜利地保卫了革命的成果。

劳动节（5月1日，Día de los Trabajadores） 法定全国节日。全国各地劳动者白天举行游行或集会，晚上参加各种文艺活动。

狂欢节（Carnaval） 从7月中旬开始，古巴各地举行盛大的狂欢节，狂欢节长达10天左右，到7月26日前夕，狂欢节达到高潮。艳丽的彩车，热情的歌舞，明快的节奏，奔放的乐章，使古巴这个岛国一片欢腾。

全国起义日（7月26日，Día de la Rebeldía Nacional） 法定全国节假日，7月25日、26日、27日共放假3天。1953年7月26日，26岁的菲德尔·卡斯特罗率领154名爱国青年攻打圣地亚哥市的蒙卡达兵营等要塞，旨在夺取武器，在全国掀起反独裁的武装斗争。由于双方力量对比悬殊，起义失败。这次起义揭开了古巴武装夺取政权的序幕。全国起义日是一年中最重要的节日。当天要举行盛大群众集会，古巴最高领导人在会上发表重要的政策性讲话。

革命烈士纪念日（7月30日，Día de los Mártires de la Revolución） 官方纪念日。1957年7月30日，"七·二六运动"全国领导人之一、该运动在平原地区（指游击队活动的山区之外的地区，包括城镇）的负责人弗朗克・帕伊斯・加西亚（Frank País García，1934 – 1957）在圣地亚哥市大街上被独裁政府的警察杀害，年仅 23 岁。帕伊斯 1934 年 12 月 7 日生于圣地亚哥市。先后在马蒂中学、师范学校和奥连特大学师范系学习。参与创建人民大学，并给工人讲课。作为学生运动领导人，他参与组建东部革命行动组织，参加并领导了攻打埃尔卡内伊警察局等反独裁统治的行动。后加入"七・二六运动"，成为该运动的全国领导人之一和平原地区的负责人。1956 年 11 月 30 日，为配合"格拉玛号"游艇在奥连特省登陆，他领导了圣地亚哥市起义等一系列革命行动。他组织公民抵抗行动和城市民兵反对独裁统治，在奥连特省开辟第二战线，从而减轻了独裁政府军队对山区游击队的压力。他还源源不断地向山区游击队输送物资、武器和人员。帕伊斯的牺牲是古巴革命运动的重大损失，卡斯特罗在评价帕伊斯时说，"弗朗克是我们战士中最可贵、最有用、最杰出的一位"①。为纪念帕伊斯和其他在古巴革命斗争中牺牲的烈士，古巴政府把帕伊斯牺牲的日子 7 月 30 日定名为革命烈士纪念日。

保卫革命委员会成立日（9 月 28 日，aniversario de la fundación de los Comites de Defensa de la Revolución） 官方纪念日。1960 年 9 月 28 日保卫革命委员会正式成立，在成立初期的主要任务是配合政府安全部门监视敌人和同敌人做斗争。后来，随着形势的变化，保卫革命委员会还承担了广泛的社会工作，为社区基层服务。保卫革命委员会在维护革命秩序、保持社会稳定方面发挥了重要作用。

格瓦拉遇难日（10 月 8 日，aniversario de la Muerte de Che Guevara） 官方纪念日。埃内斯托・切・格瓦拉（Ernesto Che Guevara，1928 – 1967）是古巴革命领导人之一，生于阿根廷罗萨里奥市。1953 年毕业于布宜诺斯艾利斯大学医学系。同年到危地马拉。1954 年到墨西哥，后参加古巴卡斯特罗领导的革命组织"七・二六运动"。1956 年底与卡斯特罗

---

① 〔古巴〕何塞・坎东・纳瓦罗：《古巴历史——枷锁与星辰的挑战》，王玫译，当代世界出版社，1999，第 206 页。Instituto de Historia del Movimiento Comunista y de la Revolucion Socialista de Cuba anexo al Comite Central del PCC，*El Pensamiento de Fidel Castro*，seleccion tematica，Tomo Ⅰ，Vol. 2，Editora Politica，La Habana，Cuba，1983，pp. 801 – 802.

等同乘"格拉玛号"游艇远征古巴。后转入马埃斯特腊山区开展武装斗争，指挥过重要的圣克拉拉战役。古巴革命胜利后，先后任国家银行行长、工业部部长、古巴社会主义革命统一党全国领导委员会委员、书记处书记。1965年他辞去在古巴党和政府中的职务。他先后到刚果（利）和玻利维亚开展游击斗争。1967年10月8日，格瓦拉在玻利维亚的伊格拉地区尤罗山谷战斗中受伤被俘，10月9日在伊格拉村被杀害。1997年格瓦拉的遗骨在玻利维亚被发现后，被运回古巴国内。古巴政府在格瓦拉战斗过的圣克拉拉市修建了格瓦拉陵墓和高大的格瓦拉青铜雕塑像。同年10月8日，在圣克拉拉市革命广场举行了隆重的格瓦拉遗骨安放仪式，卡斯特罗发表了充满深情的讲话，他说：古巴是切的国度，古巴人民是切的战士，切是永远不可战胜的！

古巴文化日（10月10日，Día de la Cultura de Cuba） 官方纪念日。1868年10月10日，奥连特省甘蔗种植园园主卡洛斯·曼努埃尔·德塞斯佩德斯（Carlos Manuel de Céspedes，1819－1874）在他的"拉德马哈瓜"（La Demajagua）种植园发动起义，他高喊"自由古巴万岁！"并发表了一个宣言，宣告古巴独立。10月11日，他率领200多人到达亚拉镇，在亚拉发表著名的《亚拉呼声》（Grito de Yara）。从此，长达10年之久的古巴第一次独立战争正式开始。为纪念这个具有历史意义的日子，古巴政府将它定名为古巴文化日。

卡米洛·西恩富戈斯遇难日（10月28日，aniversario de la Muerte de Camilo Cienfuegos） 官方纪念日。卡米洛·西恩富戈斯·戈里亚兰（Camilo Cienfuegos Gorriarán，1932－1959）是古巴革命领导人之一，生于哈瓦那省比博拉市。1953年移居美国，1955年回国。同年，在一次反对巴蒂斯塔独裁政权的示威游行中受伤。1956年他被捕遭受拷打。后他经美国到墨西哥。同年11月25日，他同卡斯特罗兄弟、格瓦拉等一起，乘"格拉玛号"游艇离开墨西哥，12月2日在奥连特省红滩登陆。随后，他来到马埃斯特腊山打游击，参加了所有重要的战斗。1958年4月，他被晋升为少校（当时的最高军衔）。同年5～8月，他参加了粉碎独裁政权对游击区最后一次进攻的激战。8月下旬，卡斯特罗总司令授予他一项光荣的使命，命令他率领第二纵队向西部拉斯维亚斯省挺进。10 月 7 日，第二纵队到达拉斯维亚斯省。他接到命令，留在该省配合格瓦拉战斗。他率领第二纵队解放了亚瓜哈伊市。1959 年 1 月 1 日，根据卡斯特罗的命令，他率领纵队到达哈瓦那，攻占了"哥伦比亚"军营，为解放哈瓦那做出了重要贡献。1959 年 1 月，他被任命为起义军总参谋长。同年 10 月，他奉命前往卡马圭省去镇压乌贝托·马托斯（Hubert Matos）的叛乱。10 月 28 日，在返回哈瓦那途中，因乘坐的飞机失事遇难。他的去世是古巴革命的重大损失之 。

大学生哀悼日（11 月 27 日，Día de Duelo Estudiantil） 官方纪念日。在西班牙殖民统治时期，1871 年 11 月的一天，由于老师没来上课，哈瓦那大学医学系一年级的一群学生就到附近的墓地上用车拉尸体玩。殖民当局的爪牙志愿团团员看见后，就无中生有地污蔑他们亵渎了西班牙记者贡萨洛·卡斯塔尼翁的坟墓，这位记者在生前曾极为仇视古巴主张独立的人士，在一次与古巴人的决斗中丧生。当时的司法机构战时委员会一开始就判处监禁学生，以为能取悦志愿团。后来，又进行了第二次审判，加重了对学生的判决，但仍未能使志愿团满意。战时委员会又对学生进行了第三次审判，8 名学生被判死刑、30 多名学生被判监禁。具有讽刺意义的是，这 8 名学生中有一人在事发那天根本没在哈瓦那。同年 11 月 27 日，这 8 名无辜的学生被枪决了。几年后，卡斯塔尼翁的儿子宣称，他父亲的墓穴是完好的，并没有被打开过，也没有被侮辱过。① 于是真相大白，大家正式承认这些学生是无辜的。这一事件充分暴露了西班牙殖民统治的残酷。这一事件促使古巴人民为争取独立而斗争。

"格拉玛号"登陆日（12 月 2 日，aniversario del desembarco del Granma） 官方纪念日。1953 年 7 月 26 日卡斯特罗攻打蒙卡达兵营失败后，卡斯特罗等被捕入狱，卡斯特罗被判 15 年徒刑。1955 年 5 月，卡

---

① 〔古巴〕何塞·坎东·纳瓦罗：《古巴历史——枷锁与星辰的挑战》，王玫译，当代世界出版社，1999，第 54～56 页。

斯特罗等在大赦中获释，同年 6 月 12 日创建"七·二六运动"。7 月 7 日，卡斯特罗流亡墨西哥。卡斯特罗在墨西哥集结革命力量，1956 年 11 月 25 日，卡斯特罗率领 81 名战友乘"格拉玛号"游艇离开墨西哥的图斯潘港，于 12 月 2 日在奥连特省红滩登陆。登陆后不久，卡斯特罗及其战友遭到政府军袭击，不少战友英勇牺牲，后卡斯特罗率余部转入马埃斯特腊山区开展游击战。

安东尼奥·马塞奥阵亡日（12 月 7 日，aniversario de la Muerte de Antonio Maceo） 官方纪念日。安东尼奥·马塞奥（1845～1896）是古巴独立战争领导人之一。出生于圣地亚哥市一个农民家庭，穆拉托人。在古巴第一次独立战争（1868～1878）中，他战功卓著。1872 年晋升为将军，1876 年任奥连特省起义军司令。1878 年他反对同西班牙签订的《桑洪条约》，在同西班牙殖民军司令谈判时，提出著名的《巴拉瓜抗议书》，要求古巴完全独立，并率部坚持斗争。后他被迫流亡国外，从事起义的准备工作。1895 年 4 月，率起义军在东部都阿瓦登陆，后同马蒂、戈麦斯会师，任起义军副司令。同年 10 月，他与戈麦斯率军开展"突进战役"，从东部向西横贯全岛，给殖民军以沉重打击。1896 年 12 月 7 日，在离哈瓦那大约 20 公里的地方，马塞奥遭到殖民军的袭击，在进行反击时，马塞奥中弹身亡。他牺牲时身上有 26 处伤痕。他一生共打过 900 多次仗，被誉为"青铜巨人"。

圣诞节（12 月 25 日，Navidad） 圣诞节原为基督徒为庆贺耶稣诞辰而定的一个节日，公元 354 年由罗马天主教会规定设立。然而，后来圣诞节已不再只是宗教节日，它已成为全社会的节日。古巴政府曾于 1969 年取消圣诞节，理由是每年年底正是甘蔗收获季节，如放圣诞节假，会影响收成。1997 年在罗马教皇访问古巴前夕，古巴政府又宣布恢复圣诞节为公众节日。圣诞节的庆祝活动从 12 月 24 日夜间开始，午夜时分达到最高潮，这一夜就是圣诞之夜。古巴圣诞之夜的传统食品有火鸡、烤小猪、花生糖（turrón）和苹果等。吃完丰盛的晚餐后，大家一起唱歌跳舞，共叙天伦之乐。而教徒们则在灯火通明的天主教堂里，参加纪念耶稣降临的午夜礼拜。

古巴

三 民俗

服饰 古巴地处热带，一年四季气候温暖。总的来说，古巴人的穿着比较随便。但不同身份的人，在不同的场合，对穿着的要求也有所不同。古巴人的衣着有两个比较明显的特点。一是衣着无种族的区别。无论是白人、黑人、各种混血种人，还是华人，穿衣的标准和流行的款式，大体差不多。二是对男人的要求比对女人严格，不管天气多热，男人绝不能穿短裤，也不能穿凉鞋，而且必须穿袜子，否则会被人瞧不起。而女人则不然，可以光着脚穿着拖鞋，在大街上行走，或出入公共场合，也不伤大雅。

古巴男人常穿长袖衬衫或短袖衬衫，但里面从不穿背心。天气较冷时，穿各种夹克。在正式场合下穿西服。古巴女人多穿裙子，不少人喜欢穿连衣裙，古巴女人上身穿着比较袒露。古巴少女还特别爱穿牛仔裤。近一二十年来，不少年轻姑娘时兴穿短裤。

在正式场合下，古巴男人除穿西服外，也穿猎装，但更多的是穿古巴的国服——瓜亚维拉（guayabera）。瓜亚维拉流行于加勒比海、中美洲、墨西哥和菲律宾一带，有较悠久的历史。它是一种衬衫，颜色以白色为主，也有蓝色、绿色、紫红色等颜色。瓜亚维拉的主要特点是在胸前和胸后各扎两排并行的竖道，竖道通过左右两个衣兜，有的在胸前再加上不同的花纹。与其他国家的瓜亚维拉不同，古巴的瓜亚维拉一般掐点腰。2010年10月，古巴政府通过外交部在《官方公报》上宣布，瓜亚维拉是古巴的正式服装，穿瓜亚维拉可参加各种官方正式活动。[①]

古巴人去影院、剧场时，很注意衣着。古巴在校中小学生一律穿校服。

饮食 古巴人的主食离不开大米。据说，古巴人这种饮食结构与习惯是华侨带来的。然而，古巴人的吃法同中国人不同。他们一般是吃黑豆米饭，又名"摩尔人和基督徒"（moros y cristianos），或吃红豆米饭，即

---

① http://www.cubadebate.cu/noticias/2010/10/06/cuba - establece - la - guayabera.

"孔格利"（congri）。古巴人做米饭时一般先用油炒，放点盐，再加水煮。古巴人常吃的主食还有木薯（yuca 或 mandioca）、芋艿（malanga）、白薯（boniato）、玉米、马铃薯和面包等。

古巴的名贵佳肴是烤小猪，烤小猪在古巴已有几个世纪的历史了。据说，最早也是祖籍广东的华侨传到古巴的。其制作过程十分讲究。首先是烤制的小猪必须经过严格的挑选。其重量一般不超过 80 磅（约 36 公斤），饲养时间一般不超过半年。这样精心挑选，是为了保证烤制出的肉质鲜嫩。传统的烤法通常是用番石榴枝条和叶子熏烤，用这种方法烤制的肉味道更鲜美，但现在在大城市，常常用现代的烤箱来烤了。

不管哪种烤法，其调料的制作过程大体一致：先用小茴香粉、蒜泥、辣椒面、食盐、牛至（oregano）粉，加上酸橘汁，调成糊状物。然后将这种糊状物调料均匀地涂抹在加工好的小猪身上，等调料慢慢渗透进去以后，即可烤制。在烤制过程中，要不断地加以翻动。待猪肉呈红亮色时，即可食用。烤出的小猪外皮香酥，油而不腻，美味可口。

古巴最有代表性的菜肴要算烤猪肉加黑豆米饭和香蕉了。古巴人也爱吃牛排、烧牛肉、鸡肉、火鸡肉、兔肉。古巴人还喜欢吃油炸肉皮、油炸牛肉和油炸香蕉片等。古巴的海产品十分丰富，有龙虾、对虾、海蟹、海贝、鳟鱼、鳜鱼、鲑鱼等。20 世纪 70 年代以前，古巴人很少吃鱼。后来，由于肉类供应比较困难，古巴人只好改变习惯，开始吃鱼。

古巴人常喝的汤是一种叫阿希亚科（ajiaco）的蔬菜肉汤。这是一种杂烩汤，通常有胡萝卜、马铃薯、洋葱、猪肉或鸡肉。此外，古巴人还爱喝鸡汤、豆汤（potaje）等。

古巴的饭后甜食种类丰富多样，有科贝利亚（Coppelia）各种风味的冰激凌、糖渍番石榴（guayaba）、糖渍柚子（toronja）皮、香子兰布丁（natilla）、牛奶布丁（flan）等。

古巴人通常爱喝杯小、很浓并加糖的咖啡，即"古巴咖啡"（café cubano）或"小咖啡"（cafecito）。早晨，一般喝牛奶咖啡，古巴人把杯大、比较淡的咖啡称作"美式咖啡"（café americano）。古巴人喝茶时常常加柠檬。在农贸市场可喝到当场用甘蔗榨出的甘蔗汁（guarapo）。

古巴人特别嗜好啤酒，不分男女老少，不管什么节庆，或外出旅游，或朋友聚会，都不能缺少啤酒。但古巴人只喝冰镇的啤酒。

古巴的朗姆酒（ron，又译作龙酒）即甘蔗酒是古巴的一种独特的饮料。它同雪茄一样，驰名世界。古巴最有名的朗姆酒是"哈瓦那俱乐部"牌。根据储存时间的长短，朗姆酒一般分为"白牌"（carta blanca，3年）、"金牌"（carta de oro，5年）和"陈酒"（añejo，7年）。"哈瓦那俱乐部"牌酒最早于1878年生产于卡德纳斯市，但现在主要工厂是在哈瓦那东的北圣克鲁斯市。古巴最早的朗姆酒还有"巴卡第"牌（Bacardi），也是于1878年开始生产的，酒厂设在圣地亚哥市。但因1960年"巴卡第"牌商标在波多黎各被注册，原生产"巴卡第"牌朗姆酒的工厂现在生产"卡乃依"牌（Caney）等品牌的朗姆酒。喝朗姆酒时可以加入蜂蜜、酸橙汁、柠檬汁和冰块，其风味很别致。其中一种饮料被称为"自由古巴"（Cuba libre），在可乐中兑入一点朗姆酒，加一点柠檬汁和冰块，很受欢迎。

居住 古巴居民住宅的建筑风格多种多样。不同的风格反映出不同的文明来源和历史的变迁。在哈瓦那、圣地亚哥等大城市，至今仍可以看到西班牙殖民时期古典主义式、新古典主义式、巴洛克式、安达卢西亚式的建筑；此外还有20世纪50年代的美国和西欧现代风格的摩天大厦和豪华别墅以及古巴革命胜利后所兴建的住宅区。在古巴不少中小市镇，至今仍然保存着西班牙殖民时期兴建的住宅，有大片洁白的墙面，两面坡或四面坡的赭色屋顶。窗户特别大，窗户外普遍罩有花色多样的铁窗棂。每个城镇都有一个中心广场，广场中央有亭子、花坛、铁椅、林荫道和一个雕像。广场周围排列着教堂、市政府、市法院、市议会及商店，广场是城镇居民政治、宗教、文化娱乐和商业活动的中心。

古巴革命胜利后，为了解决广大居民的住房困难，革命政府于1959年3月10日颁布了第155号法，将房租下调了50%。1960年10月14日，又颁布了城市改革法，承认每个家庭都有拥有一处住房的权利，使古巴所有的居民在5～20年内通过支付房租成为所住房子的主人。古巴政府在哈瓦那市东部兴建了大片居民住宅，在圣地亚哥市兴建了"新美景"

住宅区，大大改善了居民的住房条件。然而，自 20 世纪 90 年代初以来，由于经济方面的困难，新建住房的数量减少，再加上飓风的破坏，居民住房缺乏的状况加剧。在哈瓦那等市的旧城区，一些旧的建筑已年久失修，亟待维修。在大城市，由于社会地位和收入的不同，各社会阶层的住房也有所不同：有的住别墅，有的住公寓，有的住大杂院（solar）。但是，在古巴，看不到其他拉美国家大城市都有的贫民窟。

革命胜利后，古巴农村也盖起了不少新住宅，广大农民的居住条件也有了明显改善。然而，在农村，依然保存着古代印第安人所居住的圆形尖顶的、原始的茅屋（bohío）。古巴农村的住宅以及不少城市的住宅一般有门廊。这种门廊比较宽敞，既可以遮阳，也可以避雨。门廊里一般放有几把木制或铁制的摇椅，无论男女老少，一有空就半躺在上面，一边前后摇动，一边聊天，悠然自得。

称谓 古巴人的姓名同其他讲西班牙语国家的人民一样，通常由三节或四节组成，其排列顺序一般是：名—父姓—母姓。但有不少人的名字为复名，由两个或两个以上的名字组成。人们通常只使用复名中的第一个名字，其余的名字只写第一个字母，如 José María Alvarez Bravo（何塞·马利亚·阿尔瓦雷斯·布拉沃）中 José María 为复名，通常写成 José M. Alvarez Bravo。与其他讲西班牙语国家不同的是，古巴女子在结婚后，仍保持原来的姓名。而其他讲西班牙语国家的女子，在结婚后，一般要将婚前全名中最后一节的母姓去掉，改用夫姓。华侨一般取一个西班牙文的名字，放在姓的前面，如 Antonio Li（安东尼奥·李）。在一般场合通常用名—姓，在朋友、亲属之间，习惯以名字或名字的昵称相称。如已故的古巴革命领袖菲德尔·卡斯特罗·鲁斯（Fidel Castro Ruz），中国报刊和中国人一般简称为卡斯特罗，但是古巴人则亲切地称他为菲德尔。古巴多数名字的昵称是在名字后面加上指小后缀，如路易斯（Luis），其昵称为路易西托（Luisito）。少数名字的昵称为固定的变体，如何塞的昵称是佩佩（Pepe），曼努埃尔（Manuel）的昵称是马诺洛（Manolo），帕特里西亚（Patricia）的昵称是帕蒂（Paty），瓜达卢佩的昵称是卢佩（Lupe）等。

同其他拉美国家不同，古巴人普遍互称同志（compañero）。无论在机关、工厂、农场，还是在学校、街道，不管是否认识，不管年龄大小、社会地位高低，互相都称同志，老百姓对国家领导人也称同志。

随着古巴经济的对外开放，到古巴做买卖和旅游的外国人越来越多，古巴人也慢慢习惯称来访的外国人为先生（señor）、太太（señora）或小姐（señorita）了。但是，在古巴人之间，有时候先生这个称呼往往表示不满。如当某人在前面挡住了路，古巴人可能会说："先生（Señor）!"

当你同古巴人打了几次交道后，古巴人很可能会称你为"朋友"（amigo）或"兄弟"（hermano），但这往往只是表示认识，并无深交意义。古巴的女性，在交往中常常称不太熟悉的男性为"亲爱的"（querido），这种称呼并没有爱情之意，只是一种称呼而已。

在血统关系中，晚辈对长辈相应地称爷爷、奶奶、爸爸、妈妈、叔叔、婶婶等，但平辈之间或长辈对晚辈，直呼其名者居多。

中国人到古巴访问，古巴人常常友好地称中国人为"契诺!"（chino）或"契尼托!"（chinito），意即"中国人!"

礼仪 古巴人热情好客，比较讲究礼仪和礼节，但并不苛求。古巴人重视日常问候，不管是朋友、亲人之间，还是互不相识的人之间，都要打招呼。常用的问候语是"你好!""早晨好!""下午好!""晚上好!"或"你怎么样?"等。在分别时，古巴人一般都要话别："再见!""很高兴认识你（您）""我们还会见面的"。

古巴人的见面礼节与其他拉美国家相似，一般采取打招呼、握手、拥抱和亲吻四种方式。在邻居、同事之间，如果只是一般认识，关系不是太密切，见面时可点头说声"你好"，不一定要握手。但是，在正式社交场合，不管有没有第三者介绍，两人初次见面相识，要边握手边问候，必要时，还可以相互交换名片。在宾主之间，由主人先伸手；在男女之间，女子先伸手，握手时，男子不要太使劲；如果女子无握手之意，男子可点头致意或说声"你好"；在熟人、朋友、亲属之间，根据关系的深度，可以相互拥抱、亲吻。拥抱时可以正面贴身拥抱或搂肩拥抱，后者比较随便，亲吻时根据关系的不同，亲吻的具体部位也不同，夫妻或情人之间可亲嘴，长辈与晚辈之间可吻前额，亲友之间可以吻面颊。

古巴人交往，常常是一见如故。见过几次面后，古巴人常常会把自己的经历、爱好、家庭等情况滔滔不绝地向你诉说，甚至个人的婚变、隐私、烦恼等，也会一股脑儿端出来。

在古巴，每逢节日、生日、婚礼、探视病人时，或应邀去人家家里做客时，免不了要送礼物。根据不同的情况，可以送盒蛋糕、送瓶酒、送束鲜花或送件衣服等。在古巴送礼物，一般讲究包装。有时候花在包装上的钱可能超过礼品本身的价值。

到古巴人家里做客或同古巴人约会，无论是官方还是私人约会，须事先约定。做客或赴约时，应注意仪表和衣着。男子最好刮一下胡子，换一套干净整洁的服装。做客时，不必过于拘泥，既要彬彬有礼，又要落落大方。到人家家里，不要随便翻阅主人的书籍和材料，也不要随意去抚摸主人家的摆设。另外，要善于掌握时间，做客的时间不宜太长，但也不能在吃完饭后立即就走。一般在饭后应同主人交谈一会儿后再走。

婚姻　古巴实行一夫一妻制。古巴的《家庭法》规定，男女双方在家庭中享受同等的权利和义务。古巴革命胜利后，古巴妇女的社会地位明显提高。然而，实际上，大男子主义依然相当普遍，男子很少做家务活。

古巴地处热带，热带人成熟早，谈恋爱早，结婚也早。对于少女来说，过完 15 岁生日，就可以独立地走向社会去找心上人了。家长一般不干涉子女的恋爱和婚姻。古巴男女青年往往同时有好几个异性朋友。古巴青年从谈恋爱到结婚常常是速战速决，一般不超过一年。在城市，男女青年一般在十七八岁结婚；在农村，还更早些。婚前发生性关系相当普遍。

古巴人的婚姻分成两类：世俗婚姻和宗教婚姻。世俗婚姻是指不采取宗教仪式的婚礼。世俗婚姻的婚礼比较简单，男女青年先到民政部门登记结婚并领取结婚证书。双方向民政部门有关官员表明愿意结为夫妇以后，这位官员向他们宣读《家庭法》中的有关条文。最后，双方在结婚证上签字，即确认夫妻关系。然后，双方在亲友的簇拥下，回到男方家或女方家。大家为他们举杯祝福。新婚夫妇喝交杯酒，并向前来祝贺的人们分发蛋糕和糖果。在一片祝贺声中，众人和新婚夫妇一起跳舞，直至深夜。自

20世纪七八十年代以来，古巴不少食品一直实行定量凭本供应，糖果、蛋糕也不例外。但是，古巴政府对登记结婚的新婚夫妇，专门配给一定数量的平价糖果、蛋糕和其他食品。当然，经济条件好的家庭会到饭店为子女举办婚礼。

古巴不少人信教，因此，宗教婚姻仍是古巴人比较普遍采用的婚礼形式。天主教的婚礼通常在当地的教堂举行。在管风琴奏出的婚礼曲声中，新郎、新娘在男女傧相和亲友的陪同下，慢慢地通过教堂的走廊走向祭坛。这时，负责撒花的女孩走在前面，把一把把花瓣撒在走廊上。接着，新郎在左，新娘在右，面向牧师站好，由牧师为其举行传统的仪式。牧师分别询问新郎和新娘愿不愿意同对方结为夫妻，等新郎、新娘分别回答"愿意"后，牧师郑重其事地说："现在，我宣布你们两人正式结为夫妻。"随后，新郎、新娘回到走廊上，手挽手在音乐声中步出教堂，参加婚礼的亲友纷纷向他们抛撒玫瑰花瓣或五色纸屑，向他们表示祝福。在婚礼上，新郎穿黑色礼服、白色衬衫，新娘一般穿白色婚纱，披白头巾，戴白手套，手捧花束。婚礼仪式结束后，通常要举办婚宴招待亲友。其规模大小及丰盛程度取决于新婚夫妇家庭的经济状况。

在农村，结婚时常常要杀猪（牛、羊）宰鸡，以丰盛的酒肉和各种自制的糕点款待宾客。

丧葬　古巴人死后，通常实行土葬。不管在城市还是在农村，很少实行火化。葬礼比较简单，城市的葬礼在殡仪馆举行。死者的亲友们到殡仪馆向死者的遗体告别，然后，一部分亲友将死者的遗体送到公墓安葬。如死者是教徒，葬礼则按死者所信仰的宗教的习俗举行。农村的葬礼仪式在死者的家中举行，最后死者的遗体也在公墓安葬。

第三节　特色资源

一　名胜古迹

兵器广场　兵器广场（Plaza de Armas）位于老哈瓦那中央，广场上耸立着古巴独立战争领导人塞斯佩德斯的塑像。广场的西侧是城市博物馆（Museo de la Ciudad），即原都督府（Palacio de los Capitanes Generales），建于 1776 年，1776～1791 年这里是西班牙殖民当局都督府。1899～1902 年古巴被美军占领期间，曾是军事执政官的官府。1902～1920 年曾是总统府。这是一幢典型的安达卢西亚风格的回廊庭院式建筑，现在陈列的是古巴被殖民统治时期和独立战争时期的历史文物，实际上是一个古巴历史博物馆。一进博物馆，就可以看到一座哥伦布的塑像，建于 1862 年。在广场的东北面是神龛亭（Templete），这是一座新古典式的小建筑，建于 1828 年。在亭子里有一棵木棉树，据说当年在这棵树下，举行了圣克里斯托瓦尔·德拉哈瓦那第一个市政府成立仪式和第一次弥撒。圣克里斯托瓦尔是哈瓦那市的保护神，前来做弥撒的人环绕木棉树树干转 3 圈，以祈求圣克里斯托瓦尔神的保护和恩赐。如今来这里游玩的人也饶有兴趣地绕木棉树树干转 3 圈。在亭内墙上有 3 幅壁画，上面画着当年市政府成立仪式和第一次弥撒的情景，作者是法国著名画家让·巴蒂斯特·韦尔梅耶（Jean Baptiste Vermay）。

哈瓦那大教堂 哈瓦那大教堂（La Catedral de La Habana）位于离兵器广场不远的大教堂广场上。初建于 1704 年，这是一座西班牙和美洲风格浑然一体的古建筑。教堂的正面为巴洛克式，有一扇主门和两扇边门。教堂正面两旁有两座四方形高塔，东塔上有两口著名的大钟，其中较大的一口是 1698 年在西班牙铸成的，较小的一口于 1664 年在古巴铸造。教堂内装饰为新古典式，地面用大理石铺成，有三座殿堂，还有曾存放过哥伦布遗骸的哥伦布墓穴。大教堂前的广场是旅游工艺品市场，个体摊贩在这里向旅游者兜售琳琅满目、绚丽多彩的工艺美术品。

拉富埃尔萨、莫罗和卡瓦尼亚城堡 拉富埃尔萨（La Fuerza）、莫罗（Morro）和卡瓦尼亚（Cabaña）城堡位于哈瓦那湾。哈瓦那湾水深浪平、湾大口小，像一只大肚的葫芦。海湾两边陡峭的悬崖是哈瓦那城天然的屏障。西班牙殖民者侵占古巴后，把从古巴和其他美洲殖民地掠夺来的金银财宝集中在哈瓦那装船运往欧洲。为了防止海盗袭击和其他列强的侵扰，从 16 世纪起，西班牙国王便下令在哈瓦那两边修建城堡。最早的是 1558～

1577 年修建的拉雷亚尔富埃尔萨城堡，简称拉富埃尔萨城堡，位于兵器广场的北面，城堡呈四方形，每个角落都有一垛角堡。特别值得参观的是西边角堡，这里有一尊手持神杖的哈瓦那的象征希拉尔迪娅（La Giraldilla）铜像，这座铜像是模仿西班牙塞维利亚希拉尔多的一座像而建的。关于这尊铜像的含义，有两种说法。一种认为希拉尔迪娅象征胜利；另一种说法是希拉尔迪娅就是古代西班牙都督埃尔南多·德索托（Hernando de Soto）的爱妻堂娜·伊内斯·希拉尔迪娅，她的目光凝视着前方，盼望着远征佛罗里达的丈夫早日归来。希拉尔迪娅铜像最早是一座风标，1926 年在一次飓风中被毁坏，现在人们所见到的是复制品，原件现存放在城市博物馆中。古巴名牌甘蔗酒"哈瓦那俱乐部"的商标上就印有希拉尔迪娅的像。

在哈瓦那湾入口处，哈瓦那旧城对岸有两座毗邻的古碉堡，一座是莫罗城堡，另一座是卡瓦尼亚城堡。莫罗城堡建于 1587～1630 年，城墙高大宽厚，建在山岩上，城墙外有一条 20 多米长的护城河，进出城堡需通过吊桥。一条幽深的隧道将城堡内部各部分连通起来。1762 年古城堡曾被英军占领，至今城堡的墙上依然可见当年留下的累累弹痕。1845 年城堡旁修建了一座高耸入云的灯塔，在几十公里外都可以看到灯塔耀眼的光芒。莫罗城堡及其灯塔已成为哈瓦那的标志性建筑。从 19 世纪中叶起，莫罗城堡一度成为西班牙殖民者囚禁古巴革命志士的牢狱，现在是海洋博物馆，供人们游览参观。与莫罗城堡相邻的是卡瓦尼亚城堡，建于 1763～1774 年，城堡面向海湾，是一座利用囚徒劳力修建的、美洲最大的城堡之一。城堡周围有一条深 12 米的护城河，出入城堡需经过吊桥。城堡内有一排排火炮。在西班牙殖民统治时期和独裁统治期间，这里一直是要塞兼监狱。古巴革命胜利后初期，这里曾是古巴革命领导人格瓦拉率领的起义军司令部。20 世纪 90 年代初，成为武器和城堡博物馆。原格瓦拉的指挥部和卧室现也成为纪念馆。至今，卡瓦尼亚城堡还保留着殖民时期传下来的晚上 9 点整打炮的习惯。在殖民时期，晚上 9 点打炮是关闭港口的信号，炮声一响，哈瓦那港狭窄的入口处就拉起锁链，禁止船只通航。如今，港口的锁链已经没有了，来往船只在深夜都可以自由进出哈瓦那港。

卡瓦尼亚城堡的炮声就像一口时钟，告诉人们已是晚上 9 点整了。此外，身穿 19 世纪卫兵服的士兵点炮的仪式已成为哈瓦那一个旅游项目，吸引着众多的游客。

何塞·马蒂故居 古巴民族英雄、诗人何塞·马蒂的故居位于老哈瓦那保罗（Paula）街 41 号，现为莱奥诺尔·佩莱斯（Leonor Pérez）街 314 号。莱奥诺尔·佩莱斯是马蒂母亲的名字，为纪念马蒂母亲，保罗街改为现名。这里原属圣依西德罗旧区，是哈瓦那最穷的区之一。这是一栋老哈瓦那典型的两层的楼房。1853 年 1 月 28 日，这位古巴民族英雄、诗人就诞生在这里。马蒂在这里一直居住到 5 岁。1907 年，一直居住在此的马蒂母亲去世后，这栋楼房改成了马蒂故居博物馆。

海明威故居 在哈瓦那东南郊离市区约 15 公里处的圣弗朗西斯科·德保拉的一个小丘上，有 3 间平房和一座 3 层的小塔楼。这就是美国著名作家、1954 年诺贝尔文学奖得主海明威（Ernest Miller Hemingway，1899 - 1961）的故居比希亚（Vigia）庄园，现为海明威博物馆。1940 年海明威买下了这座建于 1888 年的小楼，并进行了修建和扩建。他在此一直住到 1960 年，后因身患绝症才回故里。故居中的书房和卧室一切都按原样陈列。海明威在古巴还买下了一艘"皮拉尔号"游艇，在柯希玛尔港湾钓鱼，他在小楼的书房里用打字机完成了名著《老人与海》。《老人与海》主人公老桑提亚哥的原型格里高利·富恩特斯老人于 2002 年 1 月 13 日辞世，享年 104 岁。

国会大厦 国会大厦（El Palacio Capitolio）位于普拉多大道西侧特拉贡内斯街和圣马丁街交界处，是一幢酷似美国国会大厦的白色大理石建筑，始建于 1929 年独裁者马查多统治时期，1932 年落成，面积 4.3 万平方米，共动用了 5000 名劳动力，花了 3 年 2 个月 20 天时间、耗资 1700 万美元建成。在 1959 年初以前，一直是古巴众、参两院所在地。古巴革命胜利后至 1994 年是古巴科学院的总部，1994 ~ 2011 年是科技和环境部办公楼。2011 年大厦关闭，2013 年开始修复，2015 年 7 月大厦部分修复后，开始对旅游者开放。大厦修复后，将成为古巴全国人民政权代表大会（国会）的所在地。大厦正面台阶上两侧有两座铁铸的雕像，一座名为

"劳动"，另一座名为"人民维护的美德"，由意大利著名的雕塑家安赫洛·赞内利（Angello Zanelli）创作完成。一进门，便是富丽堂皇的"消逝的脚步大厅"（El Salon de los Pasos Perdidos），大厅面积为 1655 平方米，厅内有一座名为"共和国"的塑像，高 17 米，重 49 吨，是世界第三大室内塑像，作者也是赞内利。厅中央与穹隆屋顶对应之处的地板上有一颗钻石，这标志着古巴中央公路的零起点。

中央公园　中央公园（El Parque Central）位于国会大厦的西北面，公园内椰树林立，鲜花盛开。公园中央有一座用白色大埋石制作的何塞·马蒂在发表演说的雕像，建于 1905 年。公园西南角是哈瓦那市民通常谈论国内外大事和举行古巴人最喜欢的棒球赛事的场所。

加利西亚中心宫和哈瓦那大剧院　加利西亚中心宫（El Palacio del Centro Gallego）位于国会大厦北面，建于 20 世纪初，主要建筑师是德国人保罗·贝劳（Paul Belau），在修建时使用了当时最新的钢筋混凝土技术。这幢建筑融合了新巴洛克、新古典主义和西班牙洛可可的建筑风格。在古巴的西班牙移民大部分来自西班牙加利西亚地区，古巴革命领袖卡斯特罗的父亲就是加利西亚的移民。这幢建筑的下面是哈瓦那大剧院（Gran Teatro de La Habana），它是西半球最早的歌剧院。这里是古巴芭蕾舞的创始人、杰出的芭蕾舞艺术家阿莉西娅·阿隆索领导的古巴芭蕾舞团的所在地。2015 年 9 月，为表彰阿莉西娅·阿隆索对古巴芭蕾舞艺术的杰出贡献，古巴国务委员会颁布法令，将哈瓦那大剧院命名为"阿莉西娅·阿隆索"哈瓦那大剧院。在大剧院金碧辉煌的"加西亚·洛尔迦"剧场，来自世界各国的第一流的歌舞团和交响乐队经常在这里演出。2016 年 3 月，美国总统奥巴马访问古巴时，曾在该剧院发表演说。

哈瓦那华人区　华人区（Barrio Chino，即唐人街）位于哈瓦那市古奇约德桑哈（Cuchillo de Zanja）街和圣尼科拉斯（San Nicolás）街交叉处，建立于 19 世纪末。在 20 世纪前半期鼎盛时期，华人区曾一度覆盖了40 多个街段，总人口达 10 多万人，当时为西半球最大的华人区。古巴革命胜利后，由于政策的变化，在古巴的华人不断减少，华人区面积也不断缩小，只剩几条街。为发展经济和旅游业，古巴政府于 1989 年决定帮助修复和扩建华人区，2007 年和 2017 在华人区举行了华人抵达古巴 160 周年和 170 周年的纪念活动。1997 年中国天津市政府向哈瓦那唐人街赠送了一个写着"华人街"的大牌楼，这一牌楼已成为哈瓦那华人区复兴的标志。现在华人区有几家中餐馆、出售中国商品的商店和中国小吃店，还有出售韭菜、绿豆芽等中国菜蔬的农贸市场。

旅古华侨协助古巴独立纪功碑（Monumento a los Chinos Libertadores） 位于哈瓦那市贝达多区利内亚街与 L 街交界处，为黑色大理石碑，建于 1931 年。经功碑底座的一边用中文和西班牙文分别写着"旅古华侨协助古巴独立纪功碑"和"Este monumento es erigido a la memoria de los chinos que combatieron por la independencia de Cuba"。在底座的另一边用西班牙文写着"No hubo un chino cubano desertor. No hubo un chino cubano traidor. Gonzalo de Quesada"（"在古巴的中国人没有一个是逃兵，在古巴的中国人没有一个是叛徒。冈萨洛·克萨达"）。冈萨洛·克萨达是古巴民族英雄何塞·马蒂的亲密助手和古巴革命党的秘书，他的这句话是对参加古巴独立战争的华侨所建丰功伟绩的最好的评价。

圣地亚哥圣佩德罗·德尔·莫罗城堡 在圣地亚哥城西南圣地亚哥湾入口处东岸 60 米高的峭壁上，有一个城堡，叫圣佩德罗·德尔·莫罗（San Pedro del Morro）城堡，建于 1587 年，它像一个忠于职守的高大哨兵，几百年如一日，守卫着圣地亚哥的门户。登上城堡平台，可以鸟瞰圣地亚哥市和海湾的全貌。城堡内现有一个海盗博物馆，馆内陈列着从 16 世纪到当代偷袭圣地亚哥的海盗的图片和武器，其中有臭名远扬的大海盗亨利·摩根使用过的铁锚和当代美国中央情报局派遣的特务乘坐的橡皮筏等。

"埃尔科夫雷"圣母教堂 在圣地亚哥城西北 20 公里处有一座古巴最著名的教堂，即"埃尔科夫雷"圣母教堂（La Basílica de la Virgen del Cobre），埃尔科夫雷是市郊小镇的名称，在西班牙语中意即"铜"。这里有丰富的铜矿。教堂初建于 1608 年。教堂内安放着一尊"拉卡里达特"（La Caridad，意为"仁慈"）圣母像。1916 年 5 月 10 日，罗马教皇宣布"拉卡里达特"圣母为古巴保护神。与天主教圣母玛利亚不同的是，

"拉卡里达特"圣母的肤色呈棕色，是典型的穆拉托人（黑白混血人）的肤色。信仰"拉卡里达特"圣母是天主教与古巴黑人和穆拉托人信奉的奥丘、尤鲁巴教融合的产物。1998 年 1 月和 2015 年 9 月，罗马教宗约翰·保罗二世和圣方济各先后访问古巴时，专门到此举行宗教仪式。

二　著名城市及地区

首都哈瓦那市（La Ciudad de La Habana）　　哈瓦那是加勒比地区的一座名城，它坐落在古巴岛西北部的墨西哥湾沿岸，同美国佛罗里达半岛隔海相望。哈瓦那扼守着墨西哥湾通往大西洋的通道，又是加勒比海进出大西洋的北部门户，战略地位十分重要，被称为"美洲大陆的钥匙"。哈瓦那地处一口窄内宽的港湾的西侧。一条与海岸平行、高 60 米的石灰岩山岗穿过市内。阿尔门达雷斯河流经市区入海。气候冬暖夏热，年平均气温 26℃，年降水量 1160 毫米，5～10 月为雨季。

关于"哈瓦那"这一名称的来历，有几种说法。一些史学家认为，这一词在当地原始印第安人语言中，意即"大草原"或"大牧场"，也有的说意即"小海港"或"停泊处"；还有人说，"哈瓦那"是一位美丽的印第安姑娘的名字；但是，更为普遍的看法是"哈瓦那"源自古代印第安西波涅部落一位酋长的名字，他叫哈瓦瓜内克斯（Habaguanex）。

哈瓦那历史悠久。哈瓦那于 1515 年由西班牙殖民者初建在现哈瓦那西南部沿岸，1519 年 11 月 16 日正式迁至今址，取名为"圣克里斯托瓦尔·德拉哈瓦那"（San Cristobal de La Habana），简称哈瓦那。由于它得天独厚的地理位置，很快便成为西班牙在西半球殖民地的一个重要战略据点，成为欧洲和美洲、"旧世界"和"新世界"之间通商和航运的中转站和必经之地。西班牙建立双船队制后，每年到美洲殖民地贸易的西班牙船队都在哈瓦那会集一起返回西班牙。16 世纪中期，哈瓦那取代圣多明各成为西印度群岛的第一大港。法国、英国、荷兰等国海盗不断袭击哈瓦那，1555 年哈瓦那一度被法国人占领。16 世纪下半期起兴建大规模防御工程，著名的有拉富埃尔萨城堡、莫罗城堡、拉蓬塔城堡（La Punta）、卡瓦尼亚城堡等。1589 年，哈瓦那取代圣地亚哥成为古巴的首府。

1762 ~ 1763 年哈瓦那曾被英军占领。1898 年美西战争后，哈瓦那又落入美国之手。1902 年古巴共和国成立后被定为首都。在漫长的岁月里，哈瓦那饱受殖民主义、帝国主义的蹂躏，西班牙、英国、美国等列强曾先后霸占过它。英勇的哈瓦那市民同古巴人民一道，为反对外来侵略，争取民族独立和解放进行了长期英勇不屈的斗争。1959 年初古巴革命胜利后，革命政府仍定都于此。

哈瓦那是古巴的政治、经济、文化教育、科学技术和旅游中心。它是古巴第一大城市，面积 720 平方公里，2015 年人口为 212 万人。哈瓦那是古巴党中央、全国人民政权代表大会和政府的所在地，是古巴全国的政治中心。哈瓦那是全国经济中心，这里除传统的制糖、烟草、纺织、食品等工业外，还有革命胜利后新建的造船、机器制造、汽车、制药、医疗器材、钢铁、炼油、化肥等工业。所产的哈瓦那雪茄驰名世界。从哈瓦那进口的商品占全国进口总额的 80%，从哈瓦那出口的商品占全国出口总额的 25%。哈瓦那是全国的交通枢纽，有公路、铁路和国内国际航班通往全国各地和世界各国。哈瓦那是全国最大的文化教育和科学技术中心。建于 1728 年的哈瓦那大学是全国的最高学府，哈瓦那集中了全国最主要的文化设施和科研机构，这里共有 33 家博物馆、10 家画廊和 25 家剧院。

哈瓦那分老哈瓦那和现代哈瓦那即新哈瓦那。老哈瓦那保存着不少西班牙殖民时期的古建筑，人们可以到大教堂前的工艺品市场去购物，到当年美国作家海明威常去的"深巷小酒家"（Bodeguita de Medio）品尝"莫希托"（Mojito）鸡尾酒。老哈瓦那的一切无不激发人们思古之幽情。老哈瓦那占地面积不大，哈瓦那的大部分地区是新哈瓦那。新哈瓦那各区成立的时间也有先有后，不同的区往往代表某一特定的时期。老哈瓦那 17 世纪兴建的城墙于 1863 年被推倒后，城市首先向西扩展，这就是如今的中哈瓦那。中哈瓦那区内重要的历史建筑和名胜有：国会大厦、中央公园、哈瓦那大剧院和加利西亚中心、革命博物馆（原总统府）、国家美术馆和华人区（唐人街）等。20 世纪，哈瓦那继续发展。向西，兴建了"贝达多"（Vedado，意为"禁区"，现属革命广场区）、"米拉马尔"

(Miramar，意为"观海")区（现属普拉亚区），革命前这里是中产阶级和富人居住区。20世纪50年代，在贝达多区南面，建立了共和国广场（后改名为革命广场）和一批政府办公大楼。而东哈瓦那区是革命胜利后发展起来的，主要为工业区和居民住宅区。

新哈瓦那呈现一派现代化大都会的景象，那一块块方方正正的街区，一栋栋错落有致的高层建筑，一座座精美绝伦的艺术雕塑和纪念碑，使人们感受到哈瓦那前进的步伐。在著名的贝达多区，以繁华的23街（又称"兰帕"，Rampa）为界，一边是绿树掩映的别墅群，另一边是豪华旅馆、商店、银行、影剧院、餐厅、酒吧。"兰帕"是贝达多的中枢，哈瓦那人所说的"兰帕"，不光指23街，同时也包括周围地区。贝达多区的主要建筑和名胜有：自由哈瓦那饭店（Hotel Habana Libre）、古巴展览馆、哈瓦那大学、拿破仑博物馆、革命博物馆、"何塞·马蒂"国家图书馆、国家剧院、革命宫、"何塞·马蒂"革命广场等。在广场中央矗立着一座17米高的白色大理石的何塞·马蒂雕像，雕像后面是一座高142米的白色五角形塔楼。自1996年起，塔楼改为"何塞·马蒂"纪念堂（Memorial José Martí），在塔楼底座两个大厅里陈列着有关古巴伟大的民族英雄、卓越的诗人何塞·马蒂的生平事迹介绍、遗物、作品和手迹，人们在参观完展览后，可以乘电梯到138.5米高的观望台鸟瞰哈瓦那市全景。革命广场是古巴人民举行盛大集会的地方，每年5月1日、7月26日等重大节庆，这里都要举行游行和集会。1960年9月2日和1962年2月4日，古巴革命领袖卡斯特罗就是在革命广场有百万人参加的群众集会上先后宣读了震撼世界的第一个《哈瓦那宣言》和《第二个哈瓦那宣言》。

哈瓦那有一条濒临大海的海滨大道，叫"马莱孔"（Malecón），意即防波堤。马莱孔东起哈瓦那湾入口处，西到阿尔门达雷斯河，全长约12公里。沿马莱孔大道有许多纪念碑、不同时期的建筑：国家饭店（Hotel Nacional）、马塞奥青铜塑像和马塞奥广场、国立阿梅赫拉斯兄弟医院（Hospital Nacional Hermanos Ameijeiras）、加利斯托·加西亚塑像、"缅因号"遇难者纪念碑、美国利益代表处（自2015年7月古美复交后成为美国驻古巴大使馆）、里维拉（Riviera）饭店、梅里亚科西瓦

（Meliá Cohiba）饭店等。人们漫步在马莱孔大街，那滔天的白浪、婆娑的椰林令人流连忘返。每到夕阳西下、夜幕降临时，年轻的母亲推着婴儿车，一对对恋人坐在防波堤上，相互依偎着；一些年轻人弹着吉他，唱起名曲《鸽子》："当我离开可爱的故乡哈瓦那，你可知道我是多么忧伤？……"

在贝达多以西，穿过阿尔门达雷斯河底下的隧道，便来到普拉亚区，沿着秀丽宽阔的林荫大道——第 5 大街（Quinta Avenida），两边一幢幢风格各异、精致豪华的别墅掩映在绿树荫中，这是著名的米拉马尔、古巴纳坎区，是外国使馆、外国公司、会议中心、重要科研机构和艺术团体、高级宾馆、招待所、饭馆、夜总会最集中的地方。主要的建筑和景点有：大会堂（Palacio de las Convenciones）、展览馆（Pabexpo）、小湖国宾馆、热带歌舞夜总会（Tropicana）、高等艺术学院、遗传工程和生物技术中心、植物园等。

哈瓦那大会堂是古巴最大的会议中心，位于哈瓦那西部古巴纳坎区，距市中心约 15 分钟车程。占地面积共 8 万平方米，有 12 个大小会议厅，厅内有现代化的同声传译和音响等设备。其最大的会议厅是古巴全国人民政权代表大会召开会议的场所。2000 年 4 月，首届南方国家首脑会议就在这里举行。

古巴展览馆即古巴经济和社会发展成就展览馆位于哈瓦那南郊，占地面积 60 公顷。展览馆完全由古巴自行设计，于 1987 年开工，经过 20 个月的日夜奋战，于 1989 年 1 月 4 日正式落成。展览馆共有 25 个展厅，中央大厅展示古巴在各个方面的成就，其余各展厅展示古巴各行业和部门以及各省和地区所取得的成就。除展厅外，还有会议厅、游乐场、露天剧场、商店、餐厅、酒吧等设施。一年一度的古巴国际博览会就在此举行。在展览馆的附近是古巴国家植物园，该植物园于 1989 年 1 月正式落成，占地 600 公顷。

在哈瓦那西南郊马里亚纳奥区有一个在拉美地区最著名的"热带歌舞"夜总会。夜总会建于 1939 年。自那时起，不少世界著名演员曾在此演出过。夜总会演出的都是拉美的民间歌舞，富有浓郁的加勒比热带国家热情奔放、欢快轻松的特色。其中最令人陶醉的是"星空下的天堂"系列节目，上百名演员同台表演，真是群星灿烂。

圣地亚哥（Santiago de Cuba） 古巴第二大城市，位于东部圣地亚哥省，是该省的省会，2015 年人口为 51 万。圣地亚哥市距首都哈瓦那 856 公里，游客可乘飞机（1.5 小时）、汽车或火车（14.5 小时）从哈瓦那抵达这里。圣地亚哥海拔 35 米，面临圣地亚哥湾。年平均降水量 1112 毫米。年平均气温 26℃。

圣地亚哥是古巴最古老的城市之一。1514 年，随哥伦布一起到达古巴的西班牙殖民者贝拉斯克斯在帕拉达斯河口建立了圣地亚哥市镇。它的首任市长是埃尔南·科尔特斯（Hernán Cortés），科尔特斯于 1518 年离开古巴，率殖民军远征墨西哥。1522 年圣地亚哥迁今址，并取代巴拉科阿成为古巴首府至 1589 年。1589 年后至今，哈瓦那成为古巴首都。

圣地亚哥市郊有丰富的金矿和铜矿。16 世纪，由于殖民者对印第安居民的杀戮，印第安人大批死亡。16 世纪末和 17 世纪初，西班牙殖民者不得不输入非洲黑人从事矿山和庄园繁重的劳动。1791 年海地革命爆发后，不少原在海地的法国殖民者移居圣地亚哥一带，他们带来了种植咖啡、棉花、甘蔗的技术以及法国的文化。

圣地亚哥是一座英雄的城市。古巴两次独立战争的许多重要战役都曾在该市进行。古巴独立战争领袖、民族英雄马塞奥就出生在此。1953 年 7 月 26 日，古巴革命领袖卡斯特罗率领 154 名爱国青年攻打圣地亚哥的蒙卡达兵营等要塞。1956 年 11 月 30 日，为配合卡斯特罗等乘坐的"格拉玛号"游艇登陆，弗朗克·帕伊斯领导的圣地亚哥"七·二六运动"组织成员在此举行起义。1959 年 1 月 1 日巴蒂斯塔独裁政权倒台，当晚，卡斯特罗在圣地亚哥市中心塞斯佩德斯广场市政府二楼阳台上向民众宣布古巴革命取得胜利。

塞斯佩德斯广场中央有一座塞斯佩德斯的铜像。塞斯佩德斯是古巴独立战争的领导人，1868 年 10 月 10 日，他在拉德马哈瓜种植园发动起义，发表著名的《亚拉呼声》，吹响了古巴第一次独立战争（1868～1878）的号角。广场北面是原市政府，现为圣地亚哥市人民政权代表大会所在地，相当于市政府。这是一幢新古典主义西班牙式建筑,初建于 1783 年,后多次重建。1999 年 1 月 1 日古巴革命胜利 40 周年之际,卡斯特罗又回到这里,在市政府二楼阳台上重复了 40 年前说过的一句意味深长的话:"革命刚刚开始。"

广场西北是殖民者贝拉斯克斯的都督府(Casa de Velázquez),建于 1522 年,是古巴保存至今最古老的建筑之一,现为古巴历史环境博物馆(Museo de Ambiente Histórico Cubano)。广场南侧是拉亚松森大教堂(Catedral de Nuestra Señora de la Asunción),东南角是圣地亚哥历史最悠久的旅馆"格兰达之家"(Hotel Casa Granda)。往东过一条街,是古巴著名诗人埃雷迪亚(1803 ~ 1839)的故居(Casa Natal de José María de Heredia)。再往东走一条街,有两个博物馆,一个是狂欢节博物馆(Museo del Carnaval),另一个是古巴朗姆酒创始人、圣地亚哥市前市长埃米利奥·巴卡迪博物馆(Museo Municipal Emilio Bacardí Moreau)。圣地亚哥的狂欢节以它的多姿多彩、热情奔放著称,圣地亚哥的朗姆酒则是古巴的国酒,驰名世界。

从市中心向北走几个街区,有两个博物馆。一个是弗朗克·帕伊斯和何塞·帕伊斯故居博物馆,帕伊斯兄弟俩是圣地亚哥"七·二六运动"组织的负责人,1957 年 7 月 30 日,两人在从事革命活动时同时被警察杀害。另一个是马塞奥故居博物馆。1845 年 6 月 14 日,这位被称作"青铜巨人"的民族英雄就诞生在这里。

从市中心向北走几个街区,便是原来的蒙卡达兵营(Cuartel Moncada)。现 1/3 的建筑是"七·二六"历史博物馆,主要展示 1953 年 7 月 26 日卡斯特罗率领起义者攻打兵营的丰功伟绩以及古巴革命的历史进程;其余 2/3 的建筑现为学校,校名叫"七·二六"学校。

在城西北角有古巴第二大公墓圣伊菲赫尼亚公墓(Cementerio Santa Ifigenia),这里埋葬着古巴民族英雄何塞·马蒂的遗骸。马蒂的陵墓分为两层,建于 1951 年。除马蒂墓外,公墓里还有塞斯佩德斯、弗朗克·帕伊斯以及攻打蒙卡达兵营牺牲的 30 多位烈士的墓。2016 年 11 月 25 日,古巴革命领袖卡斯特罗逝世,同年 12 月 4 日,卡斯特罗的遗骸被安葬在圣伊菲赫尼亚公墓。

在圣地亚哥城东北有一片 20 世纪 90 年代初新建的建筑群,主要有埃雷迪亚剧场、美洲大道、古巴圣地亚哥饭店、马塞奥纪念碑、"马塞奥"国际机场主楼、长途汽车总站等。其中最突出的是马塞奥纪念碑:民族英雄马塞奥骑着战马、叱咤风云的青铜塑像以及旁边十几根斜插着的、象征砍刀(当时的主要武器)的巨型钢柱。圣地亚哥市又被称为马塞奥城,它为自己有这样的英雄感到无比自豪。

巴拉德罗(Varadero) 举世闻名的旅游胜地,素有"人间伊甸园"之称。位于马坦萨斯省北部伊卡科斯(Icacos)半岛,距离哈瓦那仅 140 公里。年平均气温 25℃,年平均降水量 1100 毫米。巴拉德罗海滩连绵 20 余公里,享受阳光沐浴的沙滩宽 22 米。巴拉德罗是集大海、沙滩、阳光、蓝色和绿色为一体的最美丽的海滩,又叫蓝色海滩(Playa Azul)。蓝天白云、碧蓝清澈的海水、柔软细白的沙滩、充足的阳光和舒适的海风,使游客感到心旷神怡、流连忘返。

在西班牙殖民者到达伊卡科斯半岛之前,这里居住着印第安人。至今一些洞穴里还保留着他们居住和活动的痕迹,如在重要的考古遗址安布罗西奥洞穴的壁上,至今还保留有象形文字。西班牙殖民者到达伊卡科斯半岛后,印第安人遭到屠杀,殖民者在这里从事制盐和伐木等经济活动。1887 年,殖民者在半岛上建立了巴拉德罗镇。由于来这里游泳的人日益增多,1895 年开始建立旅馆。20 世纪初,首批美国人来到巴拉德罗旅游,他们十分欣赏这里优美的自然环境。1914 年,这里建立了第一家现代化的饭店巴拉德罗饭店。1926 年,美国百万富翁杜邦以每平方米 4 美分的极低廉的价格在巴拉德罗购买了 512 公顷土地,并于 1930 年在此建造了耗资 33.8 万美元的拥有高尔夫球场和私人机场的豪华别墅。如今,这里已成为一个景点,有一家名为美洲的餐馆和巴拉德罗海湾俱乐部。

巴拉德罗既指小镇,又指沿海滩陆续建起的现代化旅游区。2010 年时人口只有 2.7 万人,镇上居民大多以从事旅游服务业为生。20 世纪 80 年代中期以来,古巴政府加大了对巴拉德罗旅游业的资金投入,并大力吸引外资,1990 年,这里建成了古巴同外国(西班牙)第一家合资饭店——索尔帕尔梅拉斯饭店，卡斯特罗亲自参加了饭店开业仪式。经过多年的建设，巴拉德罗已成为世界一流的现代化的旅游度假区。

卡马圭（Camagüey） 古巴第三大城市，2015 年人口约 32.76 万人，是中东部卡马圭省省会。离海岸 60 公里。海拔 121 米，年平均气温 25℃，年平均降水量 1342 毫米。始建于 1514 年，是殖民者贝拉斯克斯于 16 世纪初在古巴建立的最早的 7 个城镇之一。原名圣母玛利亚太子港（Santa María del Puerto Principe）。该城曾两次迁移。1668 年被以亨利·摩根为首的海盗洗劫一空。后该城又重建，为了防止海盗再次袭击和便于消灭入侵者，市内街道修建得曲曲弯弯，并故意设置了不少死胡同。卡马圭有"大缸之城"（Ciudad de los Tinajones）的称号，在许多保存至今的殖民时期建筑的庭院里还可以看到当初用来盛雨水的大陶缸，现在已成为装饰品。卡马圭不少建筑仍保持典型的西班牙风格：一般居民住房只有一二层，墙壁厚实，底层有高大的落地窗，窗棂的细铁条构成各种图案；第二层阳台全是木制栏杆，上面雕刻着各种精美的花纹。几乎每家门口都挂着一盏古色古香的路灯。

卡马圭是古巴独立战争时期起义军将领伊格纳西奥·阿格拉蒙特（Ignacio Agramonte，1841－1873）的故乡。市中心伊格纳西奥·阿格拉蒙特大街与独立大街交界处是阿格拉蒙特故居博物馆，城北有伊格纳西奥·阿格拉蒙特省级博物馆，城南有伊格纳西奥·阿格拉蒙特公园。在阿格拉蒙特故居博物馆不远处有古巴著名现代诗人尼古拉斯·纪廉（Nicolás Guillén，1902－1989）的故居。在纪廉故居北面是卡马圭市大剧院，全国闻名的卡马圭芭蕾舞团和市交响乐团经常在这里演出。卡马圭有好几座富有特色的教堂：大教堂（Catedral）、拉梅塞特教堂（Iglesia de la Merced）、圣胡安德迪奥斯教堂（Iglesia de San Juan de Dios）、卡门教堂（Iglesia de Carmen）和"一路平安"基督教堂（Iglesia del Santo Cristo del Buen Viaje）等。革命前，卡马圭是制糖业中心。革命胜利后，这里建立了化肥厂、水泥厂、啤酒厂和食品加工厂等。卡马圭交通十分便利，它拥有一个国际机场，它是铁路和公路的交通枢纽。全市有十多家旅馆，共有 1200 多间房间。

圣克拉拉（Santa Clara） 中部比亚克拉拉省省会，古巴第六大城市。2015 年人口为 24.43 万人，距哈瓦那 276 公里。海拔 181 米，年平均气温 22.9℃，年平均降水量 1398 毫米。1689 年，来自东北沿海城市雷梅迪奥斯的 50 多户居民为躲避海盗的袭击，移居于此，并在此建城。1692 年雷梅迪奥斯发生一场火灾，不少居民移居到圣克拉拉。1867 年圣克拉拉成为拉斯维亚斯省的省会，1873 年铁路从哈瓦那通到这里。1958 年 12 月底，原籍阿根廷的古巴革命领导人切·格瓦拉率领 300 多名起义军战士在圣克拉拉进行了古巴革命战争最关键的、具有决定意义的一场战役，摧毁了巴蒂斯塔政府军的主力部队，迫使独裁者巴蒂斯塔于 1959 年 1 月 1 日凌晨逃亡国外。当天中午，圣克拉拉获得解放。1 月 2 日，格瓦拉率领起义军离开圣克拉拉，并于当晚抵达哈瓦那。圣克拉拉居民对格瓦拉怀有深厚的感情。1967 年 10 月，格瓦拉在玻利维亚开展游击战时被杀害。1997 年格瓦拉遗骸被运回古巴，现存放在圣克拉拉市革命广场格瓦拉纪念堂基座内。正因如此，圣克拉拉又被称为"切·格瓦拉城"。

圣克拉拉是比亚克拉拉省的政治、经济、文化和教育中心。在市郊有卷烟厂、纺织厂、家用电器厂和工农业重型机器配件厂等。在离市区 8 公里处有著名的拉斯维亚斯中央大学，建立于 1948 年。

市中心是比达尔广场，广场上有一座独立战争英雄莱昂西奥·比达尔纪念碑，1896 年 3 月 23 日比达尔在此被杀害。广场四周有一些 19 世纪末和 20 世纪初的带有圆柱的建筑，如诗歌之家（Casa de la Trova）、省旅游办事处、自由圣克拉拉饭店等。在自由圣克拉拉饭店大门上至今还保留着 1958 年解放圣克拉拉战役时留下的弹痕。在广场北面是装饰艺术博物馆，这是圣克拉拉市最豪华和精致的殖民时期的建筑。在博物馆附近是博爱剧院（Teatro La Caridad）。剧院北面是圣克拉拉步行街，街道砖铺的路面、路两边的殖民时期的建筑都带有落地窗，铁窗棂展现出各种优美的图案。步行街西头是城市之家（Casa de la Ciudad）和工艺品市场。步行街往北是卡门教堂，再往西北是阿贝尔·圣塔玛丽娅学校（Escuela Abel Santamaría），现为省博物馆。阿贝尔·圣塔玛丽娅（1927～1953）是攻打蒙卡达兵营的勇士之一，攻打行动失败后被捕，后被杀害，牺牲时年仅 25 岁。

从装饰艺术博物馆沿独立街向东，快到头的地方是铁甲列车博物馆（Museo del Tren Blindado），博物馆里陈列着一列有 22 节车厢的铁甲列车和一辆铲路机。1958 年 12 月 28 日，这辆巴蒂斯塔独裁政府独一无二的铁甲列车从哈瓦那开到圣克拉拉郊区，车上装着 400 多名官兵、各种武器装备和战略物资。当天深夜至 29 日凌晨，格瓦拉在铁甲列车停放附近约 4 公里处找到一个合适的地段，他下令用大学农学系的一辆铲路机，把一段 20 米长的铁轨破坏。29 日下午 3 点，不断遭到起义军袭击的铁甲列车，慌忙向市区行驶。不一会儿，列车就出了轨。在起义军和市民的围攻下，几小时后，铁甲列车里的 400 多名敌军全部缴械投降，这一胜利大大地鼓舞了起义军的士气，对敌人是一个致命的打击。

在城西头中央公路交会处是革命广场，这里通常是圣克拉拉市举行群众集会的地方。1987 年在格瓦拉遇害 20 周年之际，广场上落成了一座高大的格瓦拉的铜像。1997 年 10 月 8 日，在格瓦拉遇害 30 周年之际，古巴在革命广场举行了隆重的仪式，将格瓦拉的遗骸安放在新建的格瓦拉纪念堂底座，古巴革命领袖卡斯特罗参加了这一仪式并讲话。

特立尼达（Trinidad）　位于古巴中南部圣斯皮里图斯省阿里马奥河河口附近，建于 1514 年，是西班牙殖民者贝拉斯克斯在古巴兴建的最早的 7 个城镇之一。2015 年人口为 7.56 万人。海拔 400 米，年平均气温 26℃，年平均降水量 1000 毫米。特立尼达的最大特点是它完好地保存了殖民时期的建筑和氛围。正因如此，1988 年联合国教科文组织宣布将特立尼达及附近的"蔗糖厂山谷"（El Valle de los Ingenios）列入《世界文化遗产名录》。

特立尼达城分旧城和新城。旧城以马约尔广场（Plaza Mayor）为中心，方圆只有五六平方公里，街道整齐，市内无高大的现代化建筑，一般的建筑最多只有 3 层，市内最高的建筑是一座钟楼和一座塔楼，有二三十米高。旧城的街道用石头铺成，建筑具有巴洛克和新古典主义风格，精雕细刻的木窗和图案优美的木制或铁制窗棂，用珍贵木材制作的大门，饰有浮雕的阳台，赭色的瓦片，房前屋后花团锦簇，绿树成荫，令人心旷神怡。

在旧城参观最好步行，旧城的街道比较狭窄，而且不少街道是斜坡。特立尼达有"博物馆之都"的称号。在马约尔广场的西南是市历史博物馆，原是德国一个名叫坎德罗大庄园主的住宅，因此称作坎德罗宫（Palacio Cantero）。博物馆里陈列着与殖民时期奴隶制有关的物品。广场的西面是瓜穆哈亚考古和自然博物馆（Museo de Arqueología y Ciencias Naturales Guamuhaya），北面是浪漫博物馆（Museo Romántico）和反匪帮斗争国家博物馆（Museo Nacional de la Lucha contra los Bandidos）。反匪帮斗争国家博物馆的馆址原是一个修道院，后又成为西班牙殖民军的兵营，1984 年古巴政府在此设立了这一博物馆，主要介绍古巴革命胜利后初期在附近埃斯坎布拉伊山区消灭反革命匪帮的斗争。广场东北面是圣特立尼达教堂（Iglesia de la Santísima Trinidad）和音乐之家（Casa de la Música），南面是殖民时期建筑博物馆（Museo de Arquitectura Colonial）和特立尼达文化之家（Casa de la Cultura Trinitaria）。在文化之家，可以欣赏到节奏鲜明、动感强烈的特立尼达民间歌舞。

新城在旧城的南面，以中央公园为中心。这里的建筑无多大特色，主要是居民住宅区和生活区，游客很少光顾这里。在特立尼达市东北面 12 公里处是被列入《世界文化遗产名录》的蔗糖厂山谷。在 19 世纪相当长的一段时期，这里是古巴最主要的制糖业中心，蔗糖厂最多时达 75 家，"蔗糖厂山谷"的名称由此而来。1880 年，由于国际市场上糖价急剧下跌，这里以蔗糖业为主的经济开始衰退。后来，糖价虽然回升，但由于其他地区建立了现代化的糖厂，这里的小规模的糖厂在激烈的竞争中逐渐被淘汰。但这里一些当时的建筑和景致仍完好地保存至今，如当时用来监视农奴劳动的马纳卡斯·伊斯纳加瞭望塔（La Torre de Manacas-Iznaga）。该塔建于 1816 年，高 45 米，现已成为山谷遗址的象征。在特立尼达南面 12 公里处是安孔海滩（Playa Ancón），这里白色的细沙、清澈的海水、随风摇曳的椰子树是旅游者憩息的理想之处。

奥尔金（Holguín） 古巴第四大城市，2015 年人口为 35.26 万人，是东部奥尔金省的省会。海拔 150 米，年平均气温 25℃，年平均降水量 1500 毫米。初建于 1525 年，1752 年 1 月 18 日正式建城。古巴东部重要的农产品集散中心，有"古巴的谷仓"之称。市内有制糖、烟草、食品加工、纺织、建材、有色金属冶炼、机器制造等工厂。主要名胜古迹有加利斯托·加西亚故居博物馆、加利斯托·加西亚广场、十字架山、圣何塞教堂等。交通便利，铁路和公路四通八达。

青年岛（Isla de la Juventud） 古巴第二大岛，原名松树岛（Isla de Pinos，又译皮诺斯岛），1975 年改现称。原属于哈瓦那省，1976 年成为特区（省级）。位于古巴西南部、巴塔瓦诺湾外，在首都哈瓦那以南 138 公里处。面积 2398 平方公里，2015 年人口为 84.652 万人。平均海拔 50 米，年平均气温 25.5℃，年降水量 1300 毫米。首府为新赫罗纳（Nueva Gerona）。1494 年哥伦布在第二次美洲航行时登岛。在长达 4 个多世纪的殖民统治期间，这里是加勒比海海盗的天堂，是走私犯和逃犯活动的场所，海盗和走私犯常常把掠夺来的金银财宝藏在岛上的山洞里，因此，该岛又被称为"金银岛"。英国作家罗伯特·路易斯·史蒂文森（Robert Louis Stevenson，1850－1894）的成名小说《金银岛》，就是取材于此。民族英雄、诗人何塞·马蒂曾被流放到此。巴蒂斯塔独裁统治期间，这里专门用于关押政治犯和革命者。1953～1955 年古巴革命领导人卡斯特罗兄弟等曾被关押在岛内的莫德罗（意即"模范"）监狱。岛内有丰富的大理石矿，茂密的松林，故被称为松树岛。在革命胜利前，这里丰富的资源未能得到开发和利用。革命胜利后，岛上建立许多学校，大批本国和亚非拉国家的青年学生在这里边学习，边开发，种植了大量酸性水果，兴建了各种基础设施，故被改称为青年岛。

马埃斯特腊山（Sierra Maestra） 古巴最高山脉，位于古巴岛的东南部格拉玛省和圣地亚哥省内。从关塔那摩湾延伸到克鲁斯角，长达 250 公里，宽 30 公里，平均海拔 1300 多米，其中图尔基诺峰海拔 1974 米，是古巴第一高峰。山区气温较低，但从不低于 0℃，因此无积雪。山区大部分河流向北流，其中许多河流是考托河的支流。动植物种类丰富。这里是古巴革命的发源地。1956～1958 年菲德尔·卡斯特罗及其战友在此建立革命根据地和建立起义军，并最终解放全国，推翻巴蒂斯塔独裁政权，于 1959 年年初取得革命胜利。因此，这里被视为古巴革命圣地。现山区设立国家公园，成为自然保护区并正在发展旅游业。

关塔那摩（Guantánamo） 古巴东南部关塔那摩省省会。位于加勒比海沿岸关塔那摩盆地中，南距关塔那摩湾 20 公里。2015 年，人口 22.8957 万人。海拔 23 米，年平均气温 27℃，年平均降水量 587 毫米，是全国气温最高、降水量最少的城市之一。建于 1819 年，是关塔那摩省所盛产的咖啡、可可、甘蔗等农产品的加工工业中心。交通便利，铁路西通圣地亚哥，南通凯马内拉港，公路东通巴拉科阿。

关塔那摩湾（Bahía de Guantánamo） 古巴重要海湾。位丁古巴岛东南部关塔那摩省南部、省会关塔那摩市区南 20 公里处，是世界最大、屏障最佳的海湾之一，可供巨轮出入。海湾长 20.3 公里，宽 9.2 公里，出海口是一条狭窄的水道，扼大西洋进入加勒比海主要通道之一向风海峡的西南出口，战略地位重要。1903 年美国根据《普拉特修正案》，迫使古巴同美国签订《煤站及海军基地协议》，租让关塔那摩湾部分地区（水面 70 平方公里，沿岸陆地 47 平方公里，占地面积共 117 平方公里），建立海军基地。革命胜利后，古巴政府多次要求美国归还基地，均遭拒绝，至今仍被美国占领。

比那尔德里奥（Pinar del Río） 西部比那尔德里奥省省会。位于哈瓦那市西南 186 公里南比萨罗萨斯山麓、瓜马河畔，海拔 60 米。年平均气温 24℃，年平均降水量 1500 毫米。2015 年，人口 19.13 万人。始建于 1669 年。1761 年建立第一家雪茄烟厂，是古巴重要的烟草加工业中心。革命胜利后，中央公路延伸到这里，城市获得真正的发展。这里建立了制糖、酿酒、食品加工、建材、纺织等工厂。

巴亚莫（Bayamo） 东南部格拉玛省省会。2015 年，人口 23.81 万人。海拔 60 米，年平均气温 24℃，年平均降水量 1300 毫米。历史名城，始建于 1513 年。1819 年古巴独立战争领导人之一塞斯佩德斯诞生于此。1868 年 10 月 20 日，塞斯佩德斯在发动独立战争 10 天后，率起义军一度解放巴亚莫，并在此签署废除奴隶制的法令。1868 年 10 月 17 日，当地诗人和音乐家佩德罗·菲格雷多创作的《巴亚莫颂》首次在此奏响。这首歌唱道："快起来，上战场，巴亚莫的勇士们！祖国正骄傲地注视着你们，不要惧怕光荣的牺牲，为了祖国献身，就是永生！偷生在枷锁下不如死，谁愿在耻辱中忍气吞声？听，那嘹亮的号角已吹响，拿起武器，勇敢的人们，冲啊！"这首歌后来被确定为古巴国歌。这里有制糖厂、卷烟厂、食品加工厂、建材厂、轻纺加工厂、发电厂，是蔗糖、咖啡、烟叶、畜牧业产品的集散地和加工中心。城西的巴亚莫河与考托河相连，中央公路和铁路延伸到这里，还有机场，水陆空交通便利。

拉斯图纳斯（Las Tunas）　东部拉斯图纳斯省省会。2015 年，人口 20.76 万人。海拔 100 米，年平均降水量 1039 毫米，年平均气温 25℃。始建于 1752 年。在第二次独立战争期间，城市被烧毁。1975 年前是一个小城镇，四周为农牧业产品的集散地。同年成为省会后，市政建设和经济发展较快。现有制糖、食品加工、轻纺、卷烟、建材等各类工厂。公路和铁路交通便利。

西恩富戈斯（Cienfuegos）　中南部西恩富戈斯省省会。位于西恩富戈斯湾东部，是古巴南部少有的深水港。有"南方明珠"之称。2015 年，人口 17.4769 万人。海拔 50 米，年平均降水量 1406 毫米，年平均气温 26℃。1819 年由来自美国路易斯安那的法国移民创建。革命胜利后，政府在此进行了大量投资，使之成为古巴重要的工业中心和商埠之一。主要工业有制糖、化肥、水泥、炼油、发电、造船等。市内还保存着多处 19 世纪新古典主义风格的建筑，如康塞普西翁大教堂、托马斯特利剧院、瓦列宫等，市中心还有唐人街。海陆空交通方便。

曼萨尼略（Manzanillo）　东南部格拉玛省第二大城市，位于该省西部、瓜卡纳亚沃湾东岸。2015 年，人口 13.0262 万人。海拔 50 米，年平均降水量 1100 毫米，年平均气温 26℃。古巴东南部主要渔港、商埠和工业城市。有蔗糖厂、稻米加工厂、鱼产品加工厂、造船厂。历史名城，始建于 1784 年。20 世纪 20 年代古巴第一个共产主义小组在此成立。1940 年通过民选，帕基托·罗萨莱斯（Paquito Rosales）当选为古巴第一位共产党员市长。20 世纪四五十年代，这里工人运动蓬勃发展。50 年代后期，以塞莉娅·桑切斯（Celia Sánchez）为代表的当地革命者积极支持并参加卡斯特罗领导的游击斗争。城南 10 公里处是拉德马哈瓜历史博物馆，1868 年

10 月 10 日，古巴国父卡洛斯·曼努埃尔·德塞斯佩德斯在他的拉德马哈瓜种植园吹响了第一次独立战争的号角。曼萨尼略铁路和公路交通便利。

努埃维塔斯（Nuevitas）　中部卡马圭省第二大城市。位于北部努埃维塔斯湾。2015 年，人口 6.1894 万人。海拔 50 米，年平均降水量 1132 毫米，年平均气温 27℃。始建于 1775 年，是古巴北部主要蔗糖出口港和工业城市。有古巴第二大发电厂、化肥厂、鱼产品加工厂等。交通便利。东北部 87 公里处是卡马圭省主要旅游胜地圣卢西亚海滩。

谢戈德阿维拉（Ciego de Avila）　中部谢戈德阿维拉省省会。2015 年，人口 15.2383 万人。海拔 50 米，年平均降水量 1297 毫米，年平均气温 24℃。始建于 1840 年。市郊盛产菠萝，故有"菠萝之城"之称。市内有轻纺、食品加工、金属加工和机器制造等工厂。市中心有"水之家"，是群众聚会场所，免费供应当地出产的矿泉水。交通便利，与中央铁路和公路相连。

三　建筑艺术

在拉美建筑中，古巴建筑占有重要的地位。首都哈瓦那是拉美殖民时期和近现代建筑风格的集大成之地，这里汇集了巴洛克、新古典主义、现代主义等诸多流派的代表作。在老哈瓦那，完好地保存着近 500 年来各个不同时期的建筑：从 16 世纪到 19 世纪为保卫哈瓦那而修筑的城堡以及教堂、修道院、广场、宅第等。1982 年 12 月 14 日，联合国教科文组织宣布位于老哈瓦那的历史中心和整个军事防御体系为"人类遗产"。在面积仅为 143 公顷的范围内，有 88 座具有珍贵历史价值的古建筑，860 座富有特色的建筑和 1760 种风格不同的建筑。老哈瓦那的建筑艺术风格源远流长，从巴洛克到新古典主义，兼收并蓄，甚至融而为一。在这里，人们可以欣赏到殖民时期的拱形屋顶、风格迥异的大窗棂和阳台、窄小幽深的街道、富有诗情画意的帕拉多林荫大道，庄严肃穆、美轮美奂的都督府和市政厅等。

而在哈瓦那新区，风格迥异的高楼林立，呈现一派现代化大都会的景象。那里有 1930 年建成的民族饭店、1958 年建成的自由哈瓦那饭店（原名希尔顿饭店）和 20 世纪 50 年代初建成的公民广场（Plaza Cívica），后该广场易名为共和国广场（Plaza de la República），1959 年古巴革命胜利后又改名为何塞·马蒂革命广场（Plaza de la Revolución José Martí）。这一广场是拉美现代大型设计新趋势的代表作。1952 年根据阿基莱斯·卡帕布兰设计建造的审计院大厦被认为是继巴西教育卫生大厦之后最优秀的公共建筑。1952 年，马斯·博尔赫斯设计的"热带歌舞"夜总会巧妙地将现代的建筑造型和结构同热带繁茂的花木、园林结合起来。1957 年，马里奥·罗马尼亚设计的阿尔瓦雷斯住宅区代表了 50 年代古巴建筑的趋势，即把先锋派建筑风格同殖民时期古巴的建筑风格结合起来。如在小区建筑群中建一个大庭院，这不仅是仿古，更重要的是根据古巴气候炎热的特点，建一个院子可以使风通过双曲抛物面的钢筋混凝土屋顶同院子形成对流。

1959 年古巴革命胜利后，古巴政府继承和发扬了古巴现代建筑的特色。如 1961～1962 年，里卡多·波罗设计的美术学校，1965 年维多里奥·加拉蒂设计的戏剧学校，其呈现曲线的穹顶富有特色。20 世纪六七十年代古巴的建筑风格在一定程度上受苏联建筑风格的影响，讲究实用，如兴建的东哈瓦那居民住宅区、"卡米洛·西恩富戈斯"学校城、"何塞·安东尼奥·埃切维里亚"大学城、国立艺术学校等。20 世纪 70 年代末和八十年代之后，古巴建筑师将现代建筑与古巴传统建筑的风格相结合，兴建了泛美运动会体育场、运动员别墅、哈瓦那大会堂等。古巴的建筑师试图对国际建筑风格，尤其是现代主义做出古巴式的阐释，他们试图在建筑设计中重塑古巴的民族认同感。古巴革命胜利后半个多世纪以来，古巴的建筑师创造了令人震撼的原创作品，在当代建筑史上独树一帜，被称为"热带现代主义"。

第二章
历　史

第一节　哥伦布到达前的古巴

　　克里斯托弗·哥伦布（Cristóbal Colón, 1451－1506）在第一次航行美洲时于 1492 年 10 月 27 日到达古巴岛东北部海岸，除了看到岛上美丽的风光外，他还遇到了和平的、天真的印第安人，印第安人用棉花、纱线和小的金块同哥伦布交换一些便宜的小东西。两年后，哥伦布在第二次航行美洲时到达古巴的西部，但他发现随同他一起航行的古巴东部印第安人听不懂西部印第安人的话。

　　在哥伦布到达古巴时，古巴岛上居住着约 10 万印第安人，主要有 3 个部族，即瓜纳哈塔贝伊人（Guanajatabeyes）、西波涅人（Siboneyes）和泰诺人（Taínos）。[①] 据古巴历史研究所出版的权威著作《古巴历史殖民时期》，大约在公元前 8000 年，即 1 万年前，古巴岛就开始有人居住。古巴的印第安人并不是土生土长的，而是迁移而来的。[②] 他们主要来自现美国的佛罗里达半岛、现墨西哥的尤卡坦半岛和南美洲的委内瑞拉。

　　瓜纳哈塔贝伊人最为落后，他们不建房子，居住在洞穴里，以捕鱼为生。他们实际上是游牧部族，不耕种土地，不会凿刻也不会磨光石头，他

[①]　Fernando Portuondo del Prado, *Historia de Cuba*, Editorial Nacional de Cuba, 1965, pp. 28－54.

[②]　María del Carmen Barcia, Gloria García y EduardoTorres－Cueva, *Historia de Cuba La Colonia*, *evolución socioeconomic y formación nacional*, *de los origenes hasta 1867*, Instituto de Historia de Cuba, Editora Política, La Habana, 1994, p. 9；〔古〕何塞·坎东·纳瓦罗：《古巴历史——枷锁与星辰的挑战》，王玫译，当代世界出版社，1999，第 12 页。

们的文化是旧石器时代的文化。瓜纳哈塔贝伊人的主要食物是鱼类和软体动物，主要的工具是用贝壳做的半圆凿，因此，他们的文化被称作贝壳文化。

西波涅人比瓜纳哈塔贝伊人较为发展，他们已会凿刻石头，会用石头制作粗糙的斧子和简陋的陶器，他们的食物除鱼类和软体动物外，还有龟类和禽类。西波涅人已开始从事简单的农业。西波涅文化比泰诺文化要早，被称为前泰诺文化。

泰诺人来自委内瑞拉西北海岸，是南美洲阿鲁阿科人（Aruaco）的后裔。泰诺人主要从事捕鱼、狩猎和耕种。他们已学会使用火，会凿刻和磨光石头来制作各种工具和装饰品，知道如何和泥、如何做模和如何烧制陶锅、陶盘等器皿。泰诺人会用棉绳织渔网和鱼篓来捕鱼，会用棉绳做吊床和裙子，会用棕榈叶编筐和篓等。泰诺人会用木头盖房子，制作长凳、生产工具、独木舟、船桨、投枪等。泰诺人制作一种叫科阿（coa）的尖木棍，棍子的尖头用火烤结实后，用来挖地种植木薯、玉米、辣椒、南瓜、白薯、马铃薯、花生和烟草等作物。泰诺人的土地和生产工具归集体所有，劳动是集体性质的，产品进行平均分配。泰诺人的生产发展水平还很低下，他们的生产只是为了村社内部的消费，而不是为了交换。泰诺人不懂得饲养动物，也不会开采金矿和冶炼金属。泰诺人的宗教相当复杂，他们相信会医术的教士们能同死者对话，能预卜未来。在西班牙殖民者到达古巴时，泰诺人的社会已开始从母权制过渡到父权制，社会已出现等级，开始从原始社会向奴隶社会过渡。

总的来说，在哥伦布到达古巴之前，古巴岛上的土著居民的文明还处在非常低的发展水平，生产方式还很落后，没有超出石器时代。如果西班牙殖民者不征服古巴，古巴的社会也会自然地向前发展。但是，正如恩格斯在《家庭、私有制和国家的起源》一书中所说的："西班牙人的征服打断了他们的任何进一步的独立发展。"

同墨西哥、中美洲和南美洲不同的是，包括古巴岛在内的许多加勒比岛上的印第安人几乎完全被西班牙征服者从肉体上消灭。因此，原始文明对古巴社会后来经济、社会和文化发展的影响是很小的。西班牙人用暴力割断了古巴原始社会的发展。

第二节 西班牙对古巴的征服和殖民

一 西班牙对古巴的征服

哥伦布和古巴 直到 15 世纪末以前,欧洲人不知道美洲,也不知道古巴。当意大利热那亚水手哥伦布奉西班牙女王伊萨贝拉之命,于 1492 年 8 月 3 日从西班牙南部帕洛斯港出发,率船 3 艘、水手 87 人,携带致中国皇帝的国书,横渡大西洋,其目的是想找到一条通往印度(含中国和日本)的较短的、风险较小的航路。经过 72 天的颠簸、搏斗,哥伦布终于在 10 月 12 日到达瓜纳哈尼岛即华特林岛(今圣萨尔瓦多岛)。当时,哥伦布还以为他们已到达了印度,故把他们遇到的居民称作印第安人(Indios 或 Indígenas)。

哥伦布通过同当地人的交谈,得知附近还有一些地方有人居住。于是,哥伦布又率船队继续向西南方向航行,于 10 月 27 日夜,到达了古巴奥连特省北岸。关于哥伦布到达古巴的确切地点,史学家还有争论。一种意见认为是在卢克莱西亚角(Cabo Lucrecia)和卡马圭省省界之间,另一种意见认为是在卢克莱西亚角与迈西角(Punta de Maisí)之间。[①] 哥伦布在他的航海日记中,称古巴是"人类的眼睛所能看到的最美丽的地方",他以为他到达了大汗(Gran Kan,中国)或齐潘戈(Cipango,日本),他把古巴岛命名为"胡安娜"(Juana,西班牙王国公主的名字)。哥伦布在他的航海日记中写道:"10 月 21 日……我希望去另一个大岛。根据印第安人的手势,我相信它就是齐潘戈,他们叫它古巴……但我仍决心要到大陆上和京师城(Guinsay,杭州),以便把陛下的书信递交给大汗,并带回他的信。""11 月 1 日,海军司令(哥伦布)认为:很肯定,我现在所在的地方就是大陆了,离刺桐(Zayto)和京师 100 里格(西班牙里程单位,

---

① Ramiro Guerra y Sanchez , *Manuel de Historia de Cuba*, Consejo Nacional de Cultura, La Habana, Cuba, 1962, pp. 16 – 17.

合 5572.7 米）上下……"①

哥伦布在第一次美洲航行中，自 1492 年 10 月 27 日起沿古巴东北部海岸共航行了 40 天，直到 12 月 5 日才离开。

1494 年春天，哥伦布在他的第二次美洲航行中再次到达古巴。这次他率领 3 条船沿着古巴的南岸航行，先后到达关塔那摩、圣克鲁斯角、特立尼达、西恩富戈斯、哈瓜、巴塔瓦诺湾、卡索内斯湾和松树岛（今青年岛）。哥伦布在结束其第二次航行时依然认为古巴不是一个岛，而是大陆的一部分。直到 1506 年哥伦布去世时，他还认为他所到达的地方是亚洲。②

西班牙对古巴的征服　哥伦布 1494 年到达古巴后，因为在岛上没有发现大量黄金，故很少有人光顾古巴。直到 1508 年（一说 1509 年），受拉埃斯帕尼奥拉（La Española，今海地和多米尼加共和国）都督（Virrey）的派遣，塞巴斯蒂安·奥坎波（Sebastián Ocampo）到古巴进行了八九个月的考察。他沿着北部海岸发现了哈瓦那港，在该港对船只进行了维修，然后在古巴岛最西部的圣安东尼奥角拐弯，沿着南岸到达西恩富戈斯湾，在海湾一个小岛上作了休整，后经圣克鲁斯角回到拉埃斯帕尼奥拉。奥坎波在他的考察报告中描述了古巴岛的土地如何肥沃，海岸如何美丽，居民如何驯服，从而激起了西班牙王室征服和殖民这个岛屿的欲望。

1510 年（一说 1511 年）拉埃斯帕尼奥拉都督、哥伦布的儿子迭戈·哥伦布（Diego Colón）同迭戈·贝拉斯克斯签订协议。根据协议，任命贝拉斯克斯为省长和都统（adelantado），在贝拉斯克斯征服古巴岛之后，古巴将成为拉埃斯帕尼奥拉都督区的一个省。1510 年年中，贝拉斯克斯率领 300 多人到达古巴最东部的南海岸，开始了对古巴的征服。

---

① 张至善编译《哥伦布首航美洲——历史文献与现代研究》，商务印书馆，1994，第 30、36 页。

② Fernando Portuondo del Prado, *Historia de Cuba*, Editorial Nacional de Cuba, 1965, pp. 11－20.

贝拉斯克斯对古巴的征服在一开始就遭到印第安人的顽强抵抗，西班牙殖民者对印第安人进行残酷的掠夺和镇压。据随同贝拉斯克斯征服古巴的西班牙传教士巴托洛梅·德拉斯卡萨斯在《西印度毁灭述略》一书中揭露，西班牙殖民者一登上古巴岛，有位名叫阿图埃伊（Hatuey）的印第安人酋长就领导印第安人进行顽强抵抗。西班牙人最终抓住了他，把他绑在柱子上，一位传教士劝他皈依天主教，这样他就可以进入天堂。阿图埃伊表示，他宁可下地狱也不进天堂，因为地狱没有基督徒，只有在那里他才能避开那些凶恶的暴徒。西班牙殖民者最后把阿图埃伊及其部下一大批人活活地烧死。德拉斯卡萨斯还揭露说："一次，印第安人带着食品和礼物来到一个离大村庄 10 里格的地方迎接我们。我们一到，他们就捧上大量鲜鱼、干粮和其他食品以及他们所能拿出的一切。不料，基督徒突然凶相毕露，当着我的面毫无道理用剑杀死了坐在我面前的 3000 多名男女老少。这一暴行是我亲眼所见，我相信任何人见此惨状都会毛骨悚然的。"[1]

西班牙征服者于 1513 年（一说 1512 年）在东部建立了第一个城镇——圣母亚松森·德巴拉科阿（Nuestra Señora de la Asunción de Baracoa），它是古巴第一个首都。然后征服者分成三组向西部进军：一组从北岸向西，一组从南部向西，一组从中部向西。为控制已征服的地盘，西班牙征服者又先后建立了 6 座城市：巴亚莫（1513）、圣特立尼达（la Santísima Trinidad，1514）、圣蒂斯皮里图斯（Sancti Spíritu，1514）、圣克里斯托瓦尔·德拉哈瓦那（San Cristóbal de La Habana，1514）、太子港（Puerto Príncipe，1515，今卡马圭市）、古巴圣地亚哥（1515）。随着征服者对古巴大部分地区的占领和第一批 7 个城镇的建立，西班牙开始了对古巴的殖民。

二　西班牙对古巴的殖民

西班牙在古巴的殖民机构　古巴起初归拉埃斯帕尼奥拉都督管辖，贝

---

[1] 〔西〕巴托洛梅·德拉斯卡萨斯：《西印度毁灭述略》，孙家堃译，商务印书馆，1988，第 28~31 页。

拉斯克斯在出征古巴后任都统和省长，古巴被征服后，一直归拉埃斯帕尼奥拉都督区下属的圣多明各检审庭（la Audiencia de Santo Domingo）管辖。1764 年在哈瓦那设立了都督辖区（capitanía general）。1800 年，在太子港设立了检审庭。几年后，检审庭又转到哈瓦那。岛上最高当局是省长（gobernador）及后来设置的都督。在城市和村镇设立市议会（cabildo），每个市议会由一名副省长（teniente-gobernador）、两名市长（alcalde）和若干名市议员组成。副省长由省长任命。

在设立城镇的同时，殖民当局开始按照委托监护制（encomienda）分配土地和印第安人。殖民当局根据征服者和殖民者的等级高低及"贡献"的大小，向其分配不同数量的土地和印第安人。名义上印第安人受殖民者的"监护"，殖民者对印第安人并没有所有权。殖民者对印第安人监护的目的是让他们皈依天主教，使他们接受劳动训练，使他们举止文明。但是，由于殖民者殖民的唯一目的是找到黄金，尽快地发财，因此，监护人常常滥用权力，视印第安人为奴隶，对其任意驱使和剥削，再加上流行病盛行等原因，印第安人大量死亡。西班牙人到达古巴前，古巴约有 10 万印第安人，到 1542 年委托监护制被废除时，印第安人只剩下几千人了。①

在西班牙殖民统治期间，印第安人常常以自杀、逃亡来表示反抗。不少逃到山区的印第安人开展了积极的反抗斗争，涌现出像瓜马酋长那样的英雄，瓜马在巴拉科阿山区坚持斗争长达 11 年之久。

黑人奴隶制 从 16 世纪初开始，西班牙征服者就把非洲黑奴经拉埃斯帕尼奥拉带到古巴。由于印第安人的减少，古巴缺乏劳动力。1513 年黑奴被允许合法输入古巴。到 16 世纪末，输入古巴的黑奴人数大大增加。黑奴像牲口一样被装在贩奴船上，从非洲运往古巴。不少人在途中死去。黑奴到达古巴后，在码头被卖给有钱人，到他们的矿山、牧场、甘蔗园劳动或到他们家里干家务活。黑奴在非人的条件下劳动和生活，没有自由，经常遭到毒打和其他惩罚。不少黑奴逃到深山老林，成为逃奴。但奴隶主仍不放过他们，派人去抓他们。逃奴一旦被抓住，就被吊在树上处死，以

---

① Fernando Portuondo del Prado, *Historia de Cuba*, Editorial Nacional de Cuba, 1965, p. 96.

示惩戒。在长达三个半世纪的时间里，黑人奴隶劳动一直占主要地位。与此同时，黑人一直为自己的解放，后来又为古巴的独立而斗争。直到1886 年 10 月古巴的奴隶制才被完全废除。

殖民统治时期的古巴经济　殖民统治时期，古巴经济的发展大体可分成以下几个阶段。

矿业阶段（约 16 世纪初到 16 世纪中叶）。古巴岛上的金矿本来就并不丰富，在殖民者的疯狂开采下很快就告枯竭。到 1551 年，大部分金矿矿井倒闭，当时的省长佩莱斯·德安古洛（Pérez de Angulo）宣布："在这片土地上，很明显已采不到金子和银子。"[①] 1530 年，东部圣地亚哥附近发现铜矿，但几年后才开始开采。

畜牧业阶段（约 16 世纪中叶到 18 世纪初）。在西班牙征服古巴后很长的一段时间里，岛上的经济发展得很慢。在矿业衰退后，岛上主要的经济活动是畜牧业。当时古巴岛已成为征服者的军队、商人和移民前往南北美洲的中转站和补给基地，畜牧业可为宗主国、流动人口和往来船只提供肉、肉干和皮革。

蔗糖和烟草种植业阶段（18 世纪初到 19 世纪末）。古巴的蔗糖业起步于 16 世纪末，1596 年在哈瓦那建立了最早的糖厂。17 世纪初，随着非洲黑奴的大量输入，东部圣地亚哥和巴亚莫等地也建立了一批糖厂，1617 年这两个城镇建起了 37 家糖厂。古巴烟草种植业的发展几乎与蔗糖业同步。16 世纪末和 17 世纪初，瓜那沃河（今哈瓦那省内）、卡纳西河（今马坦萨斯省内）、阿里马奥河（今西恩富戈斯省内）和阿加巴马河（今比亚克拉拉省内）流域一带开始种植烟草。到 17 世纪末，古巴的芳香的烟草已驰名国外。[②] 但是，古巴蔗糖业和烟草种植业是在 18 世纪之后才迅速发展。1774 年在德拉托雷侯爵统治古巴期间（1771～1776），古巴进行了第一次人口普查。普查结果显示，古巴全国共有 500 家糖厂，比 10～15 年前增加了 3 倍。古巴糖的出口量 1790 年为 15423 吨，1805 年增加到

---

① Fernando Portuondo del Prado, *Historia de Cuba*, Editorial Nacional de Cuba, 1965, p. 97.

② Fernando Portuondo del Prado, *Historia de Cuba*, Editorial Nacional de Cuba, 1965, p. 168.

35238 吨，1840 年增加到 161248 吨，跃居当时世界第一。1837 年古巴全国糖厂增加到 1200 家。古巴被称为"世界糖罐"，逐渐成为以蔗糖业为主的单一经济国家。

欧洲列强对古巴的争夺 西班牙在征服美洲后，实行对美洲贸易的垄断，包括古巴在内的所有西班牙美洲殖民地的进出口贸易只能同西班牙一国进行，而且只能通过西班牙的一个港口——塞维利亚进行。这种垄断加深了欧洲其他列强同西班牙的矛盾和冲突，也促使各国海盗不断骚扰和袭击西班牙美洲殖民地。从 16 世纪 30 年代起，英国人、法国人和荷兰人不断袭击古巴。

与此同时，古巴岛上的很多生产者，特别是畜牧主对宗主国的贸易垄断也十分不满。因为宗主国不允许他们把自己的产品卖给别国的商人，而且把价格压得很低。因此，不少古巴人冒险同袭击古巴海岸的海盗进行"补偿贸易"，即走私贸易。甚至西班牙当局和古巴一些上层人士也参与了这一有利可图的非法贸易。

古巴岛的许多主要城市如哈瓦那、圣地亚哥、太子港、巴拉科阿、卡德纳斯、马里埃尔等都遭受过海盗的无数次袭击，其中有些城市被洗劫一空。参与这些行动的海盗主要有雅克·德索莱斯（Jacques de Sores）、弗朗西斯·德雷克（Francis Drake）和亨利·摩尔根（Henry Morgan）等。

针对这些袭击，西班牙当局采取了许多措施：加强对海岸的警戒；组织大型船队，保护载货船只；建立城堡，保卫城市，在哈瓦那修建了拉富埃尔萨、拉蓬塔、莫罗、埃尔·托雷翁·德科希马尔和埃尔·托雷翁·德拉乔雷拉等城堡；在圣地亚哥修建了莫罗城堡。

1761 年 6 月，一支强大的英国舰队进入哈瓦那湾，包围了哈瓦那，一个多月后，占领了哈瓦那及其周边地区长达 11 个月之久。在英国占领期间，西班牙对古巴贸易的垄断被打断，古巴同英国及其在美洲的殖民地的贸易大大增加。1763 年 7 月初，西班牙恢复对哈瓦那的统治。

1775～1783 年美国独立战争期间，古巴人民积极支持英属北美 13 个殖民地人民的争取独立的斗争，给他们运送武器和弹药，保护他们的船只并同他们做交易。美国的独立和海地革命（1790～1803年）对古巴人民产生了很大的影响。

第三节 古巴的独立战争

一 古巴早期的独立运动

古巴社会的分化 18世纪末和19世纪初殖民统治下的古巴社会，两极分化十分明显。处在最上层的是以总督为首的西班牙殖民当局，拥有甘蔗种植园、大量土地和大牲口以及大型工场的富有奴隶主，此外还有奴隶贩子和进口商人，他们构成了强大的寡头统治集团。处在最底层的是濒于灭绝的印第安人和人数众多的黑奴。处在中间的是以土生白人即克里奥尔人为主的中小生产者，如小庄园主、烟草种植农、手工业者、零售商、收入较低的自由职业者等，其中也有一些混血种人和自由黑人。西班牙残暴的殖民统治使古巴社会内部矛盾加深，而美国的独立战争、1789年法国的大革命、海地的革命和19世纪初拉美的独立战争对古巴的独立运动起到了推动作用。

古巴社会的三大派 从19世纪初到20世纪初，古巴社会主要有三派。一是改良派，主张古巴成为西班牙的一个省或主张西班牙给予古巴自治权；二是兼并派，主张美国吞并古巴；三是独立派，又称分离主义派，主张古巴摆脱西班牙殖民统治而独立。

在1820年前，改良派占统治地位，早期的改良派主要主张贸易自由，主张维护奴隶制；1818年古巴获得了贸易自由。从1830年起，出现了一个新的改良派的高潮，其主张同以往有所不同。他们虽仍继续维护奴隶制，但反对买卖黑奴，批判西班牙专制主义。主要代表人物是：何塞·安东尼奥·萨科（José Antonio Saco，1797－1879）、何塞·德拉卢斯－卡瓦列罗（José de la Luz y Caballero，1800－1862）、多明戈·德尔蒙特－阿蓬特（Domingo del Monte y Aponte，1804－1853）等。

兼并派的主要代表人物是纳西索·洛佩斯（Narciso López，1798－

1851），他曾两次率兵乘船从美国出发，在古巴登陆，但均遭失败。1851年他在第二次远征中被俘，后被处死。

分离主义的最早行动是在 1809～1810 年由拉蒙·德拉鲁斯（Ramón de la Luz）和华金·英方特（Joaquín Infante）策划的，英方特还起草了古巴第一部以独立为基础的宪法。但他们的密谋均被殖民当局挫败。1812 年自由黑人何塞·安东尼奥·阿蓬特（José Antonio Aponte）领导黑奴起义遭到失败。1821 年古巴独立派创建"玻利瓦尔太阳和光芒"革命组织，古巴著名诗人何塞·马利亚·埃雷迪亚（José María Heredia，1803－1839）曾参加这一组织。1823 年该组织领导人在策划起义时被捕并被流放。1829 年，另一个革命团体"黑鹰大军团"的领导人在策划起义时被捕，起义失败。1844 年，一起由自由黑人、黑奴、土生白人自由职业者和知识分子参与的"阶梯"密谋（La conspiración de la Escalera）败露，300 多名黑人和黑白混血种人死于酷刑，78 人被判死刑，600 多人被监禁在古巴，400 多人被驱逐出国。在被判处死刑的人中有一位笔名是"普拉西多"（Plácido）的著名诗人加布里埃尔·德拉康塞普西翁·瓦尔德斯（Gabriel de la Concepción Valdés），当他被押赴刑场时，高呼："呵！自由呀！我听到你在向我召唤！"

在古巴争取独立斗争初期，哲学家、教育家费利克斯·巴雷拉教士在宣传独立思想方面起了重要作用。

美国对古巴的"熟果政策" 美国独立后不久，1805 年 11 月，杰弗逊总统就表示，出于战略的原因，美国想占领古巴。1823 年 4 月 28 日，美国国务卿约翰·昆西·亚当斯在给西班牙国王的一份备忘录中提出了美国对古巴的"熟果政策"，充分暴露了美国对古巴扩张的野心："不仅有物理定律，而且还有政治引力定律。如果由于暴风雨被从树上打下来的苹果只能落在地上，别无选择，那么被强迫脱离它同西班牙的不自然的关系而又不能自己维持的古巴，也只能倒向北美联邦，而根据同一自然规律，北美联邦不能把它从自己的怀抱中扔出去……"同年 12 月，美国门罗总统发表《门罗宣言》，提出"美洲是美洲人的美洲"，其实质是"美洲是美国人的美洲"。由于当时美国羽翼尚未丰满，美国千方百计阻止讲西班牙语的美洲国家联合起来支持古巴独立，美国宁肯让古巴继续成为西班牙的殖民地，也不愿意它落入英国人之手或独立。美国也多次向西班牙提出购买古巴的要求，但遭到拒绝。①

二 第一次独立战争（十年战争 1868～1878）

10月10日起义和"亚拉呼声" 1868年10月10日，以塞斯佩德斯为首的古巴起义者，在古巴东部曼萨尼略附近的"拉德马哈瓜"种植园发动起义，发表宣言，宣布古巴独立，从而吹响了古巴独立战争的号角。10月11日，塞斯佩德斯又率200多名起义者到达亚拉镇。在亚拉镇，起义者与西班牙殖民军遭遇，双方都有伤亡。古巴国内外是通过亚拉的遭遇战才得知独立战争爆发的。随着时间的推移，人们甚至塞斯佩德斯本人都将10月10日起义和宣言同10月11日的遭遇战一起称为"亚拉呼声"。②起义军一度攻克了巴亚莫市。

卡马圭和拉斯维亚斯起义与瓜伊马罗制宪大会 塞斯佩德斯领导的起义得到古巴各地的响应。同年11月，卡马圭人民在伊格纳西奥·阿格拉蒙特（Ignacio Agramonte，1841－1873）的领导下举行起义；1869年2月，拉斯维亚斯人民举行起义。1869年4月，起义军在卡马圭省的瓜伊马罗（Guaimaro）召开制宪大会，大会通过了《瓜伊马罗宪法》，规定议会为国家最高权力机构，由议会任命共和国总统和军队统帅。司法权是独立的。瓜伊马罗制宪大会选举萨尔瓦多·西斯内罗斯（Salvador Cisneros）为议长，任命塞斯佩德斯为总统。

《桑洪条约》和《巴拉瓜抗议书》 奥连特省起义军在多米尼加人马克西莫·戈麦斯（Máximo Gómez，1836－1905）将军领导下，一度占领关塔那摩地区。阿格拉蒙特率领的骑兵在卡马圭打了几个漂亮的胜仗。但是，起义军内部的政治分歧导致塞斯佩德斯在1873年被解除总统职

---

① 〔美〕菲·方纳：《古巴史和古巴与美国的关系》第1卷，三联书店，1964，第125页。
② Fernando Portuondo del Prado，*Historia de Cuba*，Editorial Nacional de Cuba，1965，pp. 402－403.

务。1874 年年初，戈麦斯和黑人将军安东尼奥·马塞奥率领起义军西征，在卡马圭省的拉萨克拉、帕洛塞科和拉斯瓜西马斯接连打胜仗。正当起义军向拉斯维亚斯进军时，由于起义军内部保守派反对西征，起义军西征受阻。

1876 年，阿塞尼奥·马丁内斯·坎波斯（Arsenio Martínez Campos，1831－1900）被西班牙政府任命为驻古巴西班牙军总司令。同年，西班牙向古巴增派了 4 万名士兵。第二年，又增派了 1.7 万名士兵。到 1878 年，西班牙驻古巴军队人数多达 25 万人。马丁内斯对起义军采取军事进攻和分化瓦解两手策略，西班牙殖民军俘获了古巴战时共和国新总统埃斯特拉达·帕尔马（Estrada Palma）。1878 年 2 月 8 日，卡马圭省的起义军领导人和古巴战时共和国议会部分议员同意向西班牙殖民军投降。同一天，议会宣布解散，成立一个和解委员会。2 月 10 日，和解委员会同马丁内斯在桑洪举行谈判，在达成协议后，双方签订了《桑洪条约》。条约共有 8 条，主要规定古巴起义军立即放下武器，停止武装斗争；西班牙同意大赦；给予起义军中的黑人奴隶和亚洲移民以自由等。[1]

正当《桑洪条约》签订时，奥连特省起义军司令马塞奥在东部圣乌尔皮亚诺摧毁了西班牙殖民军赫赫有名的圣金廷营。1878 年 3 月 15 日，马塞奥在巴拉瓜会见了马丁内斯，马塞奥拒绝接受没有独立的和平和不取消奴隶制的和平，表示他决心继续战斗下去。人们称这次会见为《巴拉瓜抗议书》（La Protesta de Baraguá），它已成为古巴革命者不妥协的象征。

古巴第一次独立战争虽遭到失败，但它铸炼了古巴民族，迫使西班牙殖民当局在 1886 年完全取消了奴隶制，使黑人、穆拉托人、华人和克里奥尔白人形成一个古巴民族，共同为争取古巴的独立而继续战斗。

三 第二次独立战争（1895～1898）

"小战争" 《桑洪条约》签订后，古巴各阶级和各种政治力量进一

---

① Fernando Portuondo del Prado, *Historia de Cuba*, Editorial Nacional de Cuba, 1965, pp. 465－466.

步发生分化。主要分成三派。一派是自治派或自由派。1878 年 8 月 3 日，古巴一部分种植园主和资产阶级代表成立自由党，其宗旨是支持西班牙在古巴的殖民统治，但要求给予古巴自治。在政治上，给古巴公民以公民权，允许古巴人担任所有公职；在经济上，取消对古巴所有商品的出口税，改革关税；在社会方面，废除奴隶制。1881 年，该党改名为自治自由党。

另一派是传统派（integristas）。1878 年 8 月 16 日，在古巴的半岛人建立宪政联盟党（Union Constitucional），反对古巴独立和自治，反对立即废除奴隶制。

第三派是以加利斯托·加西亚（Calixto García，1839－1898）为首的爱国派，即独立派。加西亚曾先后任奥连特起义军副司令、司令。

1879 年 8 月，起义军在奥连特省的希巴拉、奥尔金和圣地亚哥等地继续进行战斗。同年，在拉斯维亚斯也爆发了一些小规模的起义，史称"小战争"（Guerra Chiquita）。1880 年 5 月，流亡在美国的加西亚率远征军在古巴登陆，不久遭失败，后被捕并流放西班牙。在 1878～1895 年间，古巴人民争取独立的斗争一直没有中断。

何塞·马蒂和第二次独立战争 马蒂全名何塞·胡利安·马蒂－佩雷斯（Jose Julián Martí y Pérez，1853－1895），是古巴独立运动领袖、民族英雄和诗人，出生于哈瓦那一个贫困的西班牙下级军官家庭。在哈瓦那圣巴勃罗中学读书时，受校长和教师门迪维（Rafael María de Mendive，1821－1886）爱国主义思想的影响，立志为祖国独立而奋斗。1868 年十年战争爆发后，马蒂撰文写诗反对西班牙殖民统治。1869 年创办《自由祖国》杂志，发表爱国诗剧《阿布达拉》，同年 10 月被捕，后被判 6 年徒刑，服苦役。1871 年 1 月被放逐西班牙。先后在马德里中央大学和萨拉戈萨大学学习，获法学博士学位。其间撰写了《古巴的政治监狱》，揭露西班牙殖民者对古巴政治犯的虐待。1874 年底回古巴，但殖民当局禁止他上岸，遂于 1875 年 2 月到墨西哥。1877 年一度回哈瓦那，不久移居危地马拉。1878 年第一次独立战争结束后回国，当律师。次年 8 月"小战争"爆发后，组织革命委员会，支持起义军。9 月再次被捕流放

古巴

西班牙，后经法国于 1880 年到达美国纽约。在纽约从事新闻、宣传活动，为阿根廷、委内瑞拉等拉美国家报刊撰稿。曾被阿根廷、乌拉圭、巴拉圭等国任命为驻纽约领事，同时还从事文学创作活动。

为了重新发动古巴革命，马蒂积极在古巴侨民中从事组织工作。1884年与戈麦斯和马塞奥等筹划远征古巴未成功。1890 年在纽约创立了黑人爱国团体"同盟会"。1892 年 4 月 10 日联合各古巴侨民爱国组织成立古巴革命党，马蒂被选为党代表（主席），并创办《祖国》报。后马蒂致力于组织武装，筹措资金和购买武器弹药，并联络国内革命团体。1892 年、1893 年先后邀请戈麦斯和马塞奥参加古巴革命党，共同筹划起义。1894年 12 月准备率由 3 艘船只组成的远征队前往古巴，次年 1 月被美国当局扣留。1895 年 1 月 28 日向古巴国内党组织下达武装起义的命令。随后，马蒂到多米尼加共和国与戈麦斯会合。同年 2 月 24 日古巴第二次独立战争爆发。3 月 25 日，他同戈麦斯共同签署《蒙特克里斯蒂宣言》，号召全体古巴人不分种族、肤色，团结一致，共同战斗。4 月 11 日两人一起在奥连特省普拉伊塔斯（Playitas）登陆。5 月 5 日，马蒂与马塞奥、戈麦斯在圣路易斯市附近的拉梅霍拉纳糖厂会晤。5 月 19 日，马蒂在多斯里奥斯（Dos Rios）与西班牙军战斗中阵亡。

马塞奥和"突进战役" 1878 年十年战争以起义军的暂时失败而告终。同年 5 月，马塞奥不得不去牙买加避难。后来，他又到过海地、多米尼加、美国、洪都拉斯、墨西哥、巴拿马、秘鲁和哥斯达黎加等国，在那里组织古巴爱国力量，等待时机，重返祖国进行战斗。1884 年，马塞奥在纽约同马蒂会晤。第二次独立战争爆发后，起义军在黑人领袖吉列尔莫·蒙卡达（Guillermo Moncada，1839－1895）领导下，在希瓜尼、巴依雷和关塔那摩等地首先发动起义，很快便扩展到整个奥连特省。不久，同年 3 月 25 日，马塞奥率领一支远征军从哥斯达黎加的利蒙港出发，于 4 月 1 日在奥连特省北部巴拉科阿附近的杜阿瓦海滩登陆。随后，马塞奥同马蒂和戈麦斯三人一起参加并领导了反对西班牙专制统治的武装斗争。

马蒂牺牲后，1895 年 9 月 16 日，在萨尔瓦多·西斯内罗斯·贝当古（Salvador Cisneros Betancourt，1828－1914）和拉斐尔·波图翁多·塔马

60

约（Rafael Portuondo Tamayo）主持下，起义者在卡马圭省希马瓜市召开了立宪大会，制定了古巴共和国临时宪法。根据临时宪法，9 月 18 日成立了政府，西斯内罗斯当选为战时古巴总统，戈麦斯和马塞奥分别当选为起义军的正副司令。10 月 22 日，在戈麦斯的配合下，马塞奥从巴拉瓜出发，开始了杰出的"突进战役"。

进行"突进战役"的主要目的是将独立战争的火焰燃遍全国各地，并以破坏糖季生产来动摇西班牙对古巴的殖民统治。马塞奥率领一支不到 4000 人、装备很差的起义军队伍，从古巴岛的东端向西挺进，历时 3 个月，行程 2360 公里。在人民群众的大力支持下，起义军先后攻克了几十个城镇，打败了拥有 42 名将领、总人数近 20 万、装备精良、训练有素的西班牙殖民军。马塞奥率领的起义军于 1896 年 1 月 22 日到达古巴岛的西端曼图亚。一位外国评论家把"突进战役"称为"百年来最英勇的军事行动"。起义军屡战屡胜，殖民军的士兵一听到马塞奥的名字，就闻风丧胆。起义军且战且进，控制了大部分国土，而西班牙殖民当局只占据一些大城市，主要是沿海城市。起义军也实现了摧毁大部分西班牙经济来源的目标。

西班牙当局为挽回颓势，于 1896 年 2 月派在十年战争中镇压古巴起义者有功的巴莱里亚诺·魏勒尔（Valeriano Weyler，1838－1930）将军接替坎波斯任古巴都督。魏勒尔上任后，采用集中营制度，迫使古巴居民离开自己的家园，集中到西班牙军队控制的地方，以隔绝起义军与人民的联系。集中营生活条件恶劣，造成大量居民死亡。但是，魏勒尔这一灭绝人性的办法并没有能扑灭起义的烈火。

1896 年 12 月 7 日，马塞奥在哈瓦那省圣彼得罗附近的一次战斗中遭到伏击，身中数弹，壮烈牺牲。马塞奥的牺牲是继马蒂牺牲后古巴解放事业的又一重大损失。马塞奥牺牲后，起义军在戈麦斯提出的"以誓死保卫祖国的爱国主义行动为马塞奥报仇"的号召下，继续同西班牙殖民军作战。

1897 年 10 月，西班牙当局修改了对古巴的政策，解除了魏勒尔的职务，任命拉蒙·布兰科（Ramón Blanco）为古巴都督。同年 11 月，又颁

布法令，公布了殖民地宪章，规定古巴可以建立自治制度，建立古巴
"岛议会"，由行政院和众议院组成。行政院共 35 人，其中 18 人由选举
产生，另 17 人由西班牙国王和都督任命；众议院由选举产生。西班牙国
王任命的都督仍是岛上的最高统治者。1898 年 1 月 1 日，古巴自治政府
建立，5 名自治主义党人担任部长，其中一人任总理。① 但迟到的自治制
度已挽救不了西班牙在古巴殖民统治崩溃的命运。

　　1873 年曾任西班牙第一共和国总统的弗朗西斯科·皮－马格尔，
1898 年 2 月在他主编的《新世界》杂志上发表的《古巴问题》一义中谈
到"突进战役"时说："我们没有能够用 20 万人打败他们，因为他们是
那里的主人，他们熟悉作战地区的地形，还有气候的帮忙，而且他们是为
独立而战。有一个理想在推动和鼓励他们，而我们则没有。我们的士兵是
被迫到那里去的，既不是出于热情，也不是出于荣誉感。"②

　　美西战争和美国对古巴的占领　　就在古巴人民的独立战争即将取得胜
利的时刻，美国以其装甲舰"缅因号"于 1898 年 2 月 15 日在哈瓦那爆炸
为借口，于同年 4 月 28 日正式向西班牙宣战，美西战争爆发。美国发动
这场战争的目的是吞并西班牙的殖民地古巴、波多黎各、菲律宾等地。在
菲律宾，美军于 5 月 1 日在马尼拉湾消灭西班牙驻菲舰队。在古巴，在起
义军的协助下，同年 6 月 10 日，美军在古巴关塔那摩湾登陆；6 月 22
日，美军在圣地亚哥登陆；7 月 3 日，美国海军在圣地亚哥附近海面全面
击败驻古巴的西军。7 月 10 日，美军和古巴起义军一起向圣地亚哥发起
攻击。7 月 16 日，西班牙守军宣布无条件投降。翌日，西班牙签署投降
条约。但美军不让以加利斯托·加西亚为首的古巴奥连特省起义军司令参
加西军投降仪式，甚至不让起义军进入圣地亚哥市。随即，美军又占领了
西属波多黎各。8 月 12 日，在没有古巴的参加下，美、西两国签订了停
战协议书，规定西班牙放弃对古巴的主权和所有权的任何要求，立即撤出
古巴、波多黎各等岛屿。8 月 13 日，美军攻占菲律宾首都马尼拉。12 月

　　① 　Fernando Portuondo del Prado, *Historia de Cuba*, Editorial Nacional de Cuba, 1965, p. 568.
　　② 　转引自〔古〕艾·罗依格·德·卢其森林《古巴独立史》，三联书店，1971，第 44 页。

10 日，美国又单独同西班牙在巴黎签订和约，而把古巴排除在外。和约
规定："西班牙放弃对古巴的主权及其他的一切要求"，"该岛在西班牙撤
出之后应由美国占领。"西班牙将波多黎各、关岛及菲律宾割让给美国，
美国付给西班牙 2000 万美元作为补偿。《巴黎和约》的签订，标志着美
西战争的结束。

《普拉特修正案》和古巴的独立 根据《巴黎和约》，西班牙军队于
1899 年 1 月 1 日从古巴撤退。美国取而代之，对古巴实行了军事占领，
成立了以约翰·布鲁克（John Brooke）为首的军政府。同年年底，伦纳
德·伍德（Leonard Wood）接替布鲁克任古巴总督。伍德宣布解散古巴解
放军（起义军），组织乡村自卫队来维持秩序。

美国通过美西战争，窃取了古巴人民 30 年革命斗争的胜利果实，激
起古巴人民的无比愤怒。为平息古巴人民的反美情绪，美国总统麦金莱派
特使前往古巴，表示将撤退美军，允许古巴独立。在美国的欺骗下，古巴
解放军总司令戈麦斯同意解散解放军，古巴战时共和国政府也停止了活
动。1900 年 7 月 15 日，伍德下令成立制宪会议。在美国的监视、控制
下，制宪会议于 1901 年 2 月完成了宪法草拟工作。同年 2 月 25 日，美国
参议员、参议院外委会主席奥维尔·普拉特（Orville Platt）向美国国会提
出一项关于美古关系的修正案，作为陆军拨款法案的补充条款。同日和 3
月 1 日，修正案分别获美国众、参两院通过。3 月 2 日，麦金莱总统签署
了这项修正案。

在美国将无期限占领古巴的威胁与欺骗下，古巴制宪会议被迫在同年
6 月 12 日以 16 票对 11 票勉强通过这项修正案，并将它作为附录载入古
巴宪法。《普拉特修正案》共 8 条，其内容是：（1）古巴政府不得与第三
国签订任何有关将本国领土让予该国做陆海军基地的条约；（2）不准缔
结利息支付超过正常收入的国家债务的协定；（3）美国以"保持古巴的
独立"、"维持力能保护公民生命财产与个人自由的一个政府"为借口，
对古巴内政"行使干涉权利"；（4）古巴政府应承认军事当局的一切法令
均属有效；（5）古巴政府应执行军事当局所采取的各项卫生措施；
（6）松树岛（今青年岛）的主权归属以后再商定；（7）古巴政府应向美

国提供建立储煤站和海军基地所需之领土；（8）上述条款均包括在美古签订的永久性条约内。

《普拉特修正案》是套在古巴人民脖子上的新的枷锁，使古巴不能实行独立的外交政策，美国控制古巴的财政、金融，并有权干涉古巴的内政，使古巴成为美国的附庸。1901 年 12 月 31 日，在美国的导演下，古巴举行了选举。1902 年 5 月 20 日，亲美的托马斯·埃斯特拉达·帕尔马（Tomás Estrada Palma）就任古巴共和国首届总统，古巴共和国宣告成立。美国在确保其对古巴的控制后，才结束了其对古巴长达 4 年的军事占领，从古巴撤出军队，并承认古巴的"独立"。然而，古巴的独立只是形式上的，美国利用《普拉特修正案》于 1903 年 2 月租借了古巴的关塔那摩湾和翁达湾为海军基地。几年后，美国放弃了它所占的翁达湾基地，代以扩大关塔那摩基地的面积。直至今日，美国仍霸占着古巴的关塔那摩海军基地。[①]

第四节　新殖民地共和国时期（1902～1958）

一　帕尔马政府和美国的第二次占领

帕尔马政府　帕尔马在十年战争中曾任战时共和国总统，马蒂牺牲后，他还接替成为古巴革命党代表（主席）。但是，帕尔马在 1898 年 12 月《巴黎和约》签订的几天后，便解散了古巴革命党。帕尔马的政府中，没有一名起义军老战士，没有一名革命侨胞，均为自治主义者。这样的政府不可能代表古巴人民的利益。

1903 年，帕尔马政府同美国签订了相互贸易协定，对从美国进口商品大幅度降低关税。1904 年，帕尔马政府向美国银行借了 3500 万比索的贷款，以支付给前起义军官兵做抚恤金。为履行《普拉特修正案》，帕尔

---

① 〔古〕何塞·坎东·纳瓦罗：《古巴历史——枷锁与星辰的挑战》，王玫译，当代世界出版社，1999，第 101～102 页。

马政府又同美国签订了一项古美两国关系的长期协定，该协定又将《普拉特修正案》的 8 条内容包括在内。

帕尔马任内，美国资本大量涌入古巴。到 1905 年，在古巴已有 29 家美资糖厂，这些糖厂生产的蔗糖占古巴蔗糖产量的 21%；美国的烟草托拉斯已控制了近 90% 的古巴卷烟出口。帕尔马政府任内，古巴经济发展缓慢，土地处于荒芜状态。帕尔马上台后不久，1902 年 11 月，古巴爆发了共和国的第一次总罢工，即"学徒罢工"。1903 年，发生了两次武装起义和人民的大规模抗议活动。人民群众对国家日益处于依附状态越来越表示不满。帕尔马政府对起义和罢工都进行了残酷镇压。

从 1903 年起，在哈瓦那、曼萨尼略等地，建立了第一批早期的马克思主义组织，如由工人领导人卡洛斯·巴利尼奥（Carlos Baliño, 1848 - 1926）领导的社会主义宣传俱乐部（1903）、工人党（1904）、"卡尔·马克思"团体和曼萨尼略社会党（1905）、哈瓦那社会主义小组（1905）和古巴岛社会党（1906）等。[①]

1905 年 9 月 23 日，古巴举行大选，帕尔马为了自己能连选连任，不择手段导演了一场选举丑剧。帕尔马虽然再次当选，但激起了人民的反抗和起义。1906 年 8 月，古巴人民举行起义，史称"8 月战争"。在这一形势下，帕尔马要求美国进行军事干涉。1906 年 9 月 29 日，美国开始第二次军事占领古巴。

美国的第二次占领（1906 ~ 1909）　在美国统治下的两年多时间里，美国军事当局一方面制定了一系列补充 1901 年宪法的法律，如城市法、民事法和选举法等；另一方面又为腐败大开方便之门，而对工人的罢工则严加镇压。美国巩固了它在政治、经济上对古巴的统治。1908 年 11 月 14 日举行大选，自由党候选人何塞·米盖尔·戈麦斯（José Miguel Gómez, 1858 - 1921）当选总统。1909 年 1 月 28 日，戈麦斯就任总统，从而结束了美国的第二次占领。

---

① 〔古〕何塞·坎东·纳瓦罗：《古巴历史——枷锁与星辰的挑战》，王玫译，当代世界出版社，1999，第 103 页。

二 从美国的绝对统治到马查多独裁统治

美国的绝对统治（1909～1925） 在这一时期，美国加紧对古巴的经济扩张，美国对古巴的投资急剧增加，从 1906 年的 1.6 亿比索，增加到 1914 年的 2.15 亿比索，1925 年增加到 13.6 亿比索。1915 年美国在古巴的投资已超过了英国在古巴的投资。1914 年，美资 38 家糖厂的产量占古巴糖总产量的 38%。到 1927 年，75 家美资糖厂的产量占古巴糖总产量的 68.5%。1927～1928 年，在古巴的美资甘蔗种植园占据了古巴 40% 最好的土地，其中 18 家美资企业就拥有 103992 卡巴耶里亚①土地。

到 1925 年，美国已控制了古巴的经济命脉。除蔗糖业外，美国还控制了矿业、公共事业、银行，美国几乎绝对控制了古巴的发电、电话、动力，并控制了大部分铁路、水泥、烟草、罐头等工业。

戈麦斯、加西亚和萨亚斯政府 在帕尔马之后的 3 届政府即何塞·米盖尔·戈麦斯政府（1909～1913）、马里奥·加西亚·梅诺卡尔（Mario García Menocar, 1866－1941）政府（1913～1921）和阿尔弗雷多·萨亚斯－阿方索（Alfredo Zayas y Alfonso, 1861－1934）政府（1921～1925）的共同特点是贪污腐败严重。

何塞·米盖尔·戈麦斯曾参加两次独立战争，获起义军少将军衔。然而，执政后，他很快就背叛了民族解放事业，他聚敛大量财富，政府腐败，官员贪污受贿成风，引起人民强烈不满，人们称他为"鲨鱼"。1912 年，他镇压东部地区爆发的大规模黑人群众起义，有 300 多名黑人被屠杀。

马里奥·加西亚·梅诺卡尔也曾参加第二次独立战争，任战时共和国政府陆军部副部长，获起义军少将军衔。后经营甘蔗种植业，担任古巴美国蔗糖公司所属大种植园的总经理和保守党领袖。他是美国垄断集团在古巴的忠实代表。由于他执行反工人和反人民的政策，被称为"工头"和"古巴的土皇帝"。1917 年通过贿选连任总统，导致自由党人起义，他依仗美国势力平息了起义。其两任总统时期正值第一次世界大战（1914～

---

① 1 卡巴耶里亚＝13.43 公顷。

1919），由于战争，欧洲的甜菜生产受到影响，因此国际市场对古巴蔗糖的需求大增，糖价空前上涨，古巴经济出现繁荣，加西亚本人也乘机牟取了大量财富。一战结束后，糖价急剧下跌，使古巴经济受到严重冲击。

萨亚斯于 1895 年加入古巴革命党，1898～1902 年任自由党主席，后脱离自由党于 1912 年创立人民党。1909～1913 年任副总统。1920 年当选总统，1921～1925 年任总统。任内，美国资本几乎完全控制了古巴的经济命脉。在美国总统特使伊诺克·克劳德监督下，成立所谓"廉洁内阁"，并从美国获取 5000 万美元贷款。萨亚斯利用职权聚敛大量财富，并把家族成员安插在政府中，使他的政府成为古巴历史上最腐败的政府之一。

群众运动的高涨和古巴共产党的建立 20 世纪二三十年代，古巴人民群众反帝反寡头统治的运动日益高涨。1922 年 12 月，在广泛的学生运动基础上成立了大学生联合会，1923 年召开了全国大学生代表大会。大会要求大学自治、大学改革，大会表示反对帝国主义，要求美国停止对古巴内政的干涉，取消《普拉特修正案》，承认古巴对松树岛的主权。1923 年古巴举行了全国第一次妇女代表大会，全国有 31 个妇女组织的代表与会。大会提出了男女平等、妇女拥有选举权等要求。在糖业、卷烟业、铁路等各行业工人运动高涨的基础上，1925 年 2 月和 8 月先后在西恩富戈斯和卡马圭召开了两次古巴全国工人代表大会。全国 128 个工人组织参加了卡马圭大会，这次大会最重要的成果是建立了古巴第一个全国性的中央工会——古巴全国工人联合会。

在俄国十月社会主义革命胜利的影响下以及在工人运动的推动下，古巴原有的共产主义小组队伍日益壮大。从 1922 年起，哈瓦那社会主义小组已经执行了第三国际的纲领和策略。1923 年，该小组改名为哈瓦那共产主义小组。与此同时，古巴国内其他一些地方也成立了类似的共产主义组织。1925 年 8 月 16～17 日，这些小组召开了第一次代表大会，成立了古巴第一个马列主义政党——古巴共产党。与会代表近 20 人，代表当时全国约 100 名共产主义者。大会通过了党章和争取工农权益的纲领，提出了参加选举斗争的主张，制定了有关工会、农民、青年和妇女工作的策略，并决定加入共产国际。大会选举产生了由巴利尼奥、胡利奥·安东尼奥·梅利亚（Julio Antonio Mella，1903–1929）和何塞·米盖尔·佩雷斯等 9 人组成的中央委员会，佩雷斯任总书记。①

马查多的独裁统治　在 1924 年 11 月大选中，自由党候选人、赫拉尔多·马查多－莫拉莱斯（Gerardo Machado y Morales，1871–1939）当选为总统，并于 1925 年 5 月 20 日就职。马查多曾参加古巴第二次独立战争，并晋升为起义军准将。战后参加自由党，先后任圣克拉拉市市长、陆军总监和内政部长，后从商，与美资电力公司关系密切。执政初期，实施了一项大规模的公共工程计划，其中包括修建从比那尔德里奥到圣地业哥的全长 1142 公里的中央公路和哈瓦那市的国会大厦、疏浚港口、修建码头、兴建医院和学校等。1926 年，马查多政府颁布了海关法，对民族工业采取了一定的保护主义措施，促进了民族工业的发展。但 1928 年他操纵国会，修改宪法，连任总统，并将任期从 4 年延长至 6 年，遭到人民群众反对。在第二个任期内，马查多实行独裁统治，压制舆论，禁止罢工，解散工会，派人杀害被流放在墨西哥的共产党领导人梅利亚；为镇压学生运动，曾一度封锁哈瓦那大学并停办一些学校；逮捕和流放大批反对派。对外屈从美国的高压政策，向美国大量举贷，使古巴在经济上加深了对美国的依附。

1933 年革命　1933 年 7 月底，在古巴共产党和古巴全国工人联合会领导下，古巴爆发了总罢工，罢工得到各地工人、农民、学生和其他各阶层人民的广泛响应。8 月 12 日，在人民群众的强大压力下，马查多被迫辞职并离境。这一事件史称"1933 年革命"。当晚，在美国认可下，古巴议会任命塞斯佩德斯之子卡洛斯·曼努埃尔·德塞斯佩德斯－克萨达（Carlos Manuel de Céspedes y Quesada，1871–1939）为临时总统。他宣布废除 1928 年宪法，恢复 1901 年宪法，解散议会和群众组织，拒绝实行社会经济改革，遭到人民激烈反对。同年 9 月 4 日，巴蒂斯塔等发动军事政变，塞斯佩德斯－克萨达被迫辞职，执政不到一个月。后由拉蒙·格劳·

---

① 〔古〕何塞·坎东·纳瓦罗：《古巴历史——枷锁与星辰的挑战》，王玫译，当代世界出版社，1999，第 125～126 页。

圣马丁（Ramón Grau San Martín，1889–1969）等 5 人组成的执政委员会执政了一个星期。9 月 10 日，格劳出任临时总统。

格劳于 1908 年获哈瓦那大学医学博士学位，后任该大学教授和医学院院长。因支持学生反对马查多独裁政权被捕坐牢并被流放国外。1933 年回国后参加推翻马查多统治的斗争。格劳任临时总统期间，进行了一些政治经济改革，如允许工人组织工会，实行 8 小时工作制，建立退休金制度，承认大学的自治权等。但美国对格劳的改革深为不满，拒绝承认其政府。1934 年 1 月 15 日，格劳被巴蒂斯塔策划的政变推翻。在政变分子支持下，卡洛斯·门迭塔·蒙特富尔（Carlos Mendieta Montefur，1873–1960）出任总统。任内，1934 年 3 月，美国罗斯福政府废除《普拉特修正案》，但美国仍保持对古巴的控制，并继续占据关塔那摩海军基地。同年 8 月，古美签订了一个对美国有利的新的贸易协定。1935 年 3 月，门迭塔以武力镇压全国总罢工。1936 年 1 月，前总统戈麦斯之子米盖尔·马里亚诺·戈麦斯－阿里亚斯（Miguel Mariano Gómez y Arias，1890–1950）就任总统。

三 从立宪到独裁

立宪总统巴蒂斯塔 戈麦斯－阿里亚斯因与执掌实权的以巴蒂斯塔为首的军人集团有严重分歧，遭议会弹劾，于同年 12 月 24 日被迫辞职，副总统费德里科·拉雷多·布鲁（Federico Laredo Brú，1875–1946）继任总统，但实权仍被军人集团控制。

布鲁任内，国际和古巴国内形势发生了重大变化。为对付纳粹法西斯主义的威胁，美国罗斯福政府开始在拉美实行"睦邻政策"，以取得拉美国家的支持。美国鼓励拉美各国通过选举和实行某些制度上的变革使原独裁政权变成立宪政府。巴蒂斯塔对美国的意图心领神会。古巴国内人民民主运动蓬勃高涨，1937 年年底，重新建立大学生联合会；1938 年，包括共产党在内的所有反对派组织和政党取得了合法地位；1939 年成立了古巴工人联合会；1939 年 11 月举行了有 11 个政党参加的立宪大会代表选举，选出了 76 名代表，格劳领导的古巴革命党（真正党）得票第一，有 10 名代表，共产主义革命联盟党（由古巴共产党和古巴革命联盟合并组成）有 5 名代表。1940 年 2～6 月举行了立宪代表大会，大会制定了具有进步意义的 1940 年宪法。1940 年 7 月 14 日，古巴举行大选，作为民主社会主义联盟候选人的巴蒂斯塔在大选中提出了一个蛊惑人心的纲领，在民主党、自由党和共产主义革命联盟党的支持下，当选总统，并于同年 10 月 10 日开始执政。

巴蒂斯塔执政后，为赢得民心，颁布了一系列改善人民生活的社会立法，发展教育卫生事业，兴办了一些公共工程，接受共产党人入阁。1941 年 12 月珍珠港事件后，即向轴心国宣战。利用大战的时机，增加甘蔗生产和出口，使古巴经济取得较快增长。但巴蒂斯塔在首任总统期间，就暴露出屈从美国利益、行政腐败、生活费高昂、歧视黑人和妇女、国内文盲多等问题。

格劳和普利奥政府　在 1944 年 6 月 1 日大选中，作为古巴革命党（真正党）和其他一些政党组成的真正共和联盟的候选人，格劳当选总统，于同年 10 月 10 日就职。在执政头两年，格劳采取了一些发展经济和改善人民生活的积极措施，如提出工业化目标，制定公共工程计划，减轻税收负担，提高部分工人工资，派代表团去美国同美国谈判，要求美国提高所进口的古巴蔗糖价格等。但执政后期，其政府官员和其亲属贪污成风，格劳本人又热衷于连选连任，自 1947 年起，在工会中竭力排斥共产党人。格劳的所作所为遭到古巴革命党（真正党）党内一部分党员的强烈反对。1946 年，以爱德华多·奇瓦斯（Eduardo Chibás，1907－1951）为首的一部分党员反对格劳政府的贪污腐化，从古巴革命党（真正党）内分裂出来，另成立古巴人民党，又称正统党。

1948 年古巴革命党（真正党）人卡洛斯·普利奥·索卡拉斯（Carlos Prío Socarrás，1903－1977）当选并就任总统。普利奥就读于哈瓦那大学法律系，获法学博士学位。曾参加反对马查多独裁政权的斗争。1934 年参与创建古巴革命党（真正党）。1945～1947 年任格劳政府的总理，1947～1948 年任劳工部部长。就任总统后，普利奥镇压工人运动，迫害共产党人，普利奥本人及其政府官员贪污腐败严重，遭到人民群众和古巴人民党的反对。奇瓦斯在广播电台宣传道义改革，抨击普利奥政府的腐败，主张建立民主廉洁的政府。1951 年 8 月 5 日，奇瓦斯因痛感无法实现自己的愿望，在电台录完反政府演讲后，自杀身亡。①

巴蒂斯塔政变上台　按照宪法规定，新的大选将在1952年6月1日举行，各政党都提出了自己的总统候选人，古巴革命党（真正党）提出工程师卡洛斯·埃维亚，联合行动党提出巴蒂斯塔，古巴人民党提出罗伯特·阿格拉蒙特。所有的民意测验表明，阿格拉蒙特将赢得大选。为了阻止人民党的胜利和民众运动的进一步发展，在美国的支持下，同年3月10日，巴蒂斯塔策动军事政变上台。

巴蒂斯塔政变上台后，便停止执行1940年宪法，解散议会，代之以所谓的协商委员会，实行独裁统治；独裁政权还解散了政党、工人和农民组织，禁止罢工、公共集会和游行，逮捕和迫害共产党人和进步人士。据统计，在巴蒂斯塔第二个任内（1952～1958），约有两万人惨遭杀害。在经济方面，进一步依赖美国资本，美国资本控制了古巴的经济命脉。美国在古巴的投资从1951年的7.13亿美元迅速增加到1958年的10.1亿美元。② 城市劳动人民生活水平显著下降，失业和半失业率高达近60%。在农村，土地兼并严重，广大农民失去土地。在外交方面，巴蒂斯塔积极投靠美国。他上台后不久，便于1952年4月同苏联断交。巴蒂斯塔政权的倒行逆施激起了古巴广大民众的强烈反抗。

第五节　反对巴蒂斯塔独裁统治的斗争

一　三支革命力量

在反对巴蒂斯塔独裁统治的斗争中，古巴逐渐形成了三支有代表性的革命力量：第一支是人民社会党（原共产党）及其领导下的组织；第二支是学生运动；第三支是以菲德尔·卡斯特罗为首的革命力量。

---

① http://www.cubagob.cu/otras inf/historia.htm，另据何塞·坎东·纳瓦罗所著《古巴历史》一书，奇瓦斯是被人杀害的（见该书中文版，第184页）。

② 〔古〕安东尼奥·努涅斯·希门尼斯：《美帝国主义对拉美的侵略》，梅登科译，世界知识出版社，1962，第88页。

人民社会党及其斗争策略　人民社会党在巴蒂斯塔首任总统期间
（1940～1944）曾参政，在 1952 年巴蒂斯塔政变上台后，该党提出要建
立一个广泛的反对派统一战线，通过群众斗争迫使独裁政权退让，以恢复
1940 年宪法及一切民主与自由权利，举行自由选举。人民社会党不赞成
搞武装斗争，主张以和平方式恢复宪制；认为 1953 年卡斯特罗及其战友
攻打蒙卡达兵营的行动是冒险行动。当卡斯特罗领导"七·二六运动"
成员在马埃斯特腊山开始武装斗争时，该党仍重申不同意搞武装斗争，但
同时又号召人民对起义战士进行声援。直到 1957 年底，该党才改变斗争
策略，开始支持卡斯特罗领导的起义军并在拉斯维亚斯省的亚瓜哈伊地区
组织了一支游击队。

学生运动及其斗争策略　以大学生联合会（简称大学联）为代表的
学生运动是反对巴蒂斯塔独裁斗争的三支力量之一。1955 年在大学联基
础上成立了革命指导委员会（简称革指委）。1956 年 2 月 24 日，大学联
发表《致古巴人民书》，提出其政治纲领，内容包括发动武装起义、彻底
改造古巴社会和摆脱外国资本的控制等。革指委的斗争策略与"七·二
六运动"的不同之处在于，它是以城市特别是哈瓦那市的斗争为主，并
且常常采取袭击个人的办法，认为从肉体上消灭独裁者具有决定意义。

1957 年 3 月 13 日，革指委的成员攻打了总统府，目的是刺杀巴蒂斯
塔。袭击者虽到了总统府的第三层楼，但巴蒂斯塔已闻风逃走。在攻打总
统府的同时，革指委领袖何塞·安东尼奥·埃切维里亚（José Antonio
Echeverría，1932－1957）率领一个小组占领电台，宣读革命宣言。当他
们完成任务返回驻地时，同警察遭遇，在交火中，埃切维里亚不幸中弹牺
牲。为纪念这一事件，革指委改名为"三·一三革命指导委员会"。从同
年 11 月起，该组织转变了策略，开始建立游击阵线，后来同"七·二六
运动"的起义军会合。①

以卡斯特罗为首的革命力量及其策略　菲德尔·卡斯特罗于 1926 年

---

① 〔古〕何塞·坎东·纳瓦罗：《古巴历史——枷锁与星辰的挑战》，王玫译，当代世界出
　　版社，1999，第 240～241 页。

8月13日出生在古巴奥连特省马亚里市比兰村的一个甘蔗种植园兼木材商家庭。1945年进哈瓦那大学学习，大学期间积极参加学生运动，立志投身于古巴的民族解放事业。1950年获哈瓦那大学法学博士学位。后加入人民党，并以该党党员身份竞选国会议员，以实现自己的政治抱负。1952年巴蒂斯塔的军事政变使卡斯特罗认识到，所有合法的、和平的道路都已关闭，建立真正民主政权的唯一希望，就在于通过武装斗争夺取政权。卡斯特罗的斗争策略是进行各种形式的斗争，但是把人民武装斗争作为主要的斗争形式。其步骤是先组织力量攻占一个重要的军营，以发动整个地区的武装起义，号召进行总罢工，把斗争推向全国。如这些行动不能奏效，则到山区和农村开展游击战争，直至取得全国胜利。卡斯特罗主张，"必须要发动一个小马达，让它来带动一个大马达"。① 卡斯特罗认为，革命的客观条件是存在的，但是需要建立必要的主观条件。

从1953年初起，卡斯特罗开始组织革命力量，着手准备进行武装斗争。

二　从"蒙卡达"到"格拉玛"

攻打"蒙卡达"兵营　卡斯特罗决定先攻打奥连特省（东方省）首府圣地亚哥的"蒙卡达"兵营。为什么选择奥连特省开始斗争呢？正如卡斯特罗在1975年古巴共产党第一次全国代表大会的中心报告中所说："考虑到奥连特省居民的斗争传统和当地的地形，考虑到我国的地理条件，以及奥连特省离首都的距离和镇压力量的主力将被迫跋涉的长远路途，首先在奥连特省开始斗争的想法产生了。"② "蒙卡达"兵营是古巴全国第二大军事要塞，驻有几千名官兵。在攻打"蒙卡达"兵营时，作为策应，也同时攻打巴亚莫市的塞斯佩德斯军营。起义的日期定在古巴的狂欢节7月26日。

1953年7月26日清晨，起义者共159人按计划在圣地亚哥和巴亚莫

---

① 〔古〕何塞·坎东·纳瓦罗：《古巴历史——枷锁与星辰的挑战》，王玫译，当代世界出版社，1999，第198~199页。
② 〔古〕菲德尔·卡斯特罗：《在古巴共产党第一、二、三次全国代表大会上的中心报告》，人民出版社，1990，第19页。

同时发动进攻，其中 131 人在圣地亚哥参与攻打"蒙卡达"兵营及附近的两个主要建筑——市民医院和司法大厦。但是，卡斯特罗率领的主力在按计划拔掉敌人的岗哨后，遭遇了巡逻队，袭击没能成功。特别是载有一半起义者的车队因迷路而未能及时赶到战斗地点。在显然无望获胜的情况下，卡斯特罗被迫下令撤退，起义失败。与此同时，另外 28 名起义者在巴亚莫袭击军营也未能成功。① 参加起义的人大多数被杀害，卡斯特罗等人被捕。

1953 年 10 月 16 日，卡斯特罗在敌人的法庭上进行自我辩护，这就是后来发表的名为《历史将宣判我无罪》的自我辩护词。在这篇历史性文献中，卡斯特罗愤怒地揭露了巴蒂斯塔独裁政权的种种暴行，深刻地分析了当时古巴所处的严重危机。与此同时，他还提出了一条古巴革命第一阶段的基本纲领路线：恢复 1940 年宪法，建立革命政府，实现工业化和国有化，进行土地改革、教育改革，同拉美各国人民团结一致，等等。经过反动当局的非法审讯，卡斯特罗被判处 15 年徒刑。

1955 年 5 月 15 日，卡斯特罗及其战友在大赦中获释。同年 6 月 12 日，卡斯特罗和一些革命者在哈瓦那召开会议，组成了以 1953 年起义日命名的"七·二六运动"组织。7 月 7 日，卡斯特罗等人被迫流亡墨西哥。8 月 8 日，由卡斯特罗亲自起草的《"七·二六运动"致古巴人民的第一号宣言》在墨西哥发表，宣言介绍了"七·二六运动"的性质、宗旨、组织以及主要的斗争方法和形式，分析了古巴国内的形势，号召古巴人民通过武装起义来推翻独裁政府。正如古巴出版局在为《历史将宣判我无罪》写的序中所说："攻打蒙卡达兵营的行动在军事上虽然失败了，但从古巴革命运动的政治和思想方面来说则是一个胜利。攻打蒙卡达兵营的行动向广大的城乡人民群众展示了武装斗争的客观可能性。"②

"格拉玛号"登陆 卡斯特罗及其战友在墨西哥积极为回国进行武装

---

① 〔古〕菲德尔·卡斯特罗：《历史将宣判我无罪》，见《卡斯特罗言论集》第一册，人民出版社，1963，第 16～20 页。

② 〔古〕菲德尔·卡斯特罗：《历史将宣判我无罪》，见《卡斯特罗言论集》第一册，人民出版社，1963，第 2 页。

斗争做政治思想、人员物资、军事行动的各种准备。1955 年 9 月，卡斯特罗在墨西哥首次同阿根廷年轻的革命者、医生埃内斯托·切·格瓦拉（Ernesto Che Guevara，1928－1967）会面。从此，格瓦拉的名字就一直与古巴革命紧密相连，他成为卡斯特罗的亲密战友和古巴革命的主要领导人之一。在墨西哥，卡斯特罗还先后会见了古巴前总统普利奥、革命指导委员会领导人埃切维里亚、古巴人民社会党的代表和古巴圣地亚哥"七·二六运动"的领导人弗朗克·帕伊斯。1955 年下半年，卡斯特罗到美国费城、纽约等城市，在古巴旅美侨民中开展工作，以争取他们对反独裁斗争的支持。1956 年 2 月，卡斯特罗及其战友在离墨西哥首都墨西哥城 40 公里处的圣罗萨庄园建立了第一个训练营地。同年 6 月至 9 月，卡斯特罗和格瓦拉等人曾被捕，在古巴人民和墨西哥人民的声援下，通过墨西哥前总统拉萨洛·卡德纳斯（Lázaro Cárdenas，1895－1970）的斡旋，卡斯特罗等人被释放出来。他们又在塔马乌里帕斯建立了一个新的营地，继续进行训练。

1956 年 11 月 25 日凌晨，卡斯特罗率 81 名战友乘游艇"格拉玛号"从墨西哥的图斯潘港出发，于 12 月 2 日清晨在奥连特省南岸拉斯科罗拉多斯（红滩）登陆。12 月 5 日，革命者在阿莱格里亚德皮奥同政府军进行了一场遭遇战。革命者经过几天的奋战，转移到马埃斯特腊山区，开始了游击战争。

古巴革命胜利后，卡斯特罗在谈到攻打蒙卡达兵营和"格拉玛号"登陆的意义时说："没有蒙卡达就没有'格拉玛号'，就没有马埃斯特腊山的斗争，也就没有 1959 年 1 月 1 日的伟大胜利。"[①]

三　从马埃斯特腊山的游击斗争到全国胜利

马埃斯特腊山的游击斗争　卡斯特罗和他的战友们渐渐地在马埃斯特腊山区扎下根来，得到贫苦农民的支持，队伍日益壮大。1957 年 1 月 17

---

① 〔古〕菲德尔·卡斯特罗：《在古巴共产党第一、二、三次全国代表大会上的中心报告》，人民出版社，1990，第 21 页。

日，起义军在拉普拉塔河向政府军的营地发动了第一次袭击，取得了胜利。尽管这次战斗规模很小，但这是游击斗争的第一次胜利，意义重大。正如格瓦拉所说："（拉普拉塔之战的胜利）它的影响还远远超出了发生战斗的这个崇山峻岭的地区。它引起所有的人的注意，它证明起义军是存在的，并且是在准备战斗。对我们来说，它重新肯定了我们的最后胜利的可能。"[①] 1 月 22 日，起义军又在因菲埃尔诺河成功地袭击了政府军另一个营地，进一步鼓舞了士气。

同年 2 月 17 日，"七·二六运动"全国领导人在山区召开了会议，决定组织一个平原战斗小组来增援游击队。同一天，卡斯特罗在山区会见了美国《纽约时报》记者赫波特·L. 马修斯。后来马修斯在报刊上发表了关于他同卡斯特罗这次会见的文章，从而证明卡斯特罗正在领导一场真正的人民革命。

同年 5 月 28 日，起义军向位于奥连特省南岸乌维罗的政府军军营发起进攻，取得胜利，打死打伤敌人三十多人，缴获敌人大量武器和弹药。格瓦拉称"这次胜利标志着我们的队伍已经成长起来了。自这次战斗后，我军士气大振，我们的决心和胜利的希望也就增强了"[②]。

1958 年 2 月 17 日，起义军同政府军在阿瓜松林进行了一场重要的战斗，起义军取得了局部胜利。从这场战斗起，起义军开始把运动战同阵地战结合起来，并逐渐以阵地战为主。同年 3 月，起义军成立了由卡斯特罗领导的第一阵线（包括第一、四、七三个纵队）和由其弟弟劳尔·卡斯特罗领导的第二阵线（包括第三、六两个纵队）。后来，由胡安·阿尔梅达（Juan Almeida Bosque，1928－2009）领导的第三纵队又在圣地亚哥城郊建立了第三阵线。

反独裁斗争的广泛开展 在起义军取得节节胜利的同时，古巴全国各地反独裁斗争蓬勃发展。1957 年 3 月 13 日，以埃切维里亚为首的 40 多名

---

① 〔古〕埃内斯托·切·格瓦拉：《古巴革命战争回忆录》，上海人民出版社，1975，第 50 页。

② 〔古〕埃内斯托·切·格瓦拉：《古巴革命战争回忆录》，上海人民出版社，1975，第 120 页。

青年攻打总统府；5 月，古巴革命党人卡利斯托·桑托斯率一批起义者乘船离开美国，在奥连特省北岸马亚里附近登陆。9 月，巴蒂斯塔的部分海军在西恩富戈斯发动兵变。1958 年 2 月，"三·一三革命指导委员会"在福雷·乔蒙（Faure Chomón）指导下，组织远征军，在卡马圭省北岸努埃维塔斯附近登陆，后到拉斯维亚斯省埃斯坎布拉伊山区开辟一条新的阵线。人民社会党也改变原有立场，表示支持卡斯特罗的武装斗争路线，并在拉斯维亚斯省东北部亚瓜哈伊地区组织了一支游击队。

随着反独裁斗争的进展，各种反对力量之间的协调不断加强。1957 年 7 月，公民抵抗运动等组织的代表上山，同"七·二六运动"签署了《马埃斯特腊山公约》，号召人民组成公民革命阵线，共同推翻独裁政权。1958 年 4 月 9 日，"七·二六运动"等组织联合举行了一次总罢工。同年 6 月 20 日，"七·二六运动"同大多数反对党派在委内瑞拉首都加拉加斯举行会议，签署了《加拉加斯协定》，号召各派政治力量联合起来，共同推翻巴蒂斯塔独裁统治。

夺取全国的胜利 1958 年 5 月 25 日，巴蒂斯塔对马埃斯特腊山发动了一次大反攻，被称为"夏季作战"或"FF 计划"，这里的 FF 有两层意思，一是"最后阶段"（Fase Final），二是"菲德尔的末日"（Fin de Fidel）。独裁政权动用了约 1 万兵力以及飞机、坦克和战舰向马埃斯特腊山起义军发起进攻，企图一举消灭起义军。起义军在敌人进攻开始时只有 300 名武装人员。经过两个半月激烈的战斗，政府军死伤千人，其中死 300 多人，另有 443 人被俘。起义军死亡 27 人，伤 50 人。起义军还缴获了大量武器弹药。到 8 月上旬敌人反攻失败时，起义军人数增加到 800 多人。格瓦拉在评价这次战役胜利的意义时说："这次在马埃斯特腊山区出了名的最后攻势打断了巴蒂斯塔军队的脊梁骨，但是它还没有完蛋。斗争仍然继续着。"[①]

在粉碎政府军的夏季进攻后，8 月下旬，卡斯特罗下令向西部进军。西恩富戈斯和格瓦拉分别率第二和第八纵队离开马埃斯特腊山，前往中部

---

① 〔古〕埃内斯托·切·格瓦拉：《古巴革命战争回忆录》，上海人民出版社，1975，第 263 页。

的拉斯维亚斯省以开辟新的阵线。他们在那里联合"三·一三革命指导委员会"以及人民社会党的游击队，先后解放了一个又一个城镇。10 月，卡斯特罗颁布了名为《第三号法令》的土地改革法，把土地分给无地少地的农民。11 月 20 日，卡斯特罗亲自指挥吉萨战役，于 11 月 30 日取得重大胜利，这一胜利是起义军转入战略反攻的标志。由劳尔·卡斯特罗和阿尔梅达指挥的第二、第三阵线在奥连特省攻克一个又一个城镇，紧逼圣地亚哥市。1959 年 1 月 1 日凌晨，巴蒂斯塔仓皇逃往国外。同一天中午，格瓦拉率第八纵队攻克圣克拉拉。同一天晚上，卡斯特罗攻克圣地亚哥，并宣布成立新政府，由曼努埃尔·乌鲁蒂亚（Manuel Urrutia, 1901 – 1981）任临时总统。古巴革命取得胜利。1 月 2 日，西恩富戈斯和格瓦拉先后率军抵达哈瓦那，分别占领哥伦比亚兵营和卡瓦尼亚要塞。1 月 8 日，卡斯特罗胜利进入哈瓦那。

1999 年 1 月 1 日，卡斯特罗在庆祝古巴革命胜利 40 周年大会上的讲话中说："1956 年 12 月 18 日在经历了几乎消灭了我们队伍的极其严重的挫折之后，我们又一次收集了七支步枪，继续我们的斗争。仅仅过了两年多，我们怎么能取得如此难以置信的胜利呢？当时我们要对付的军队有 8 万武装人员和数千名在军校受过训练的高素质的指挥干部。这支军队享有诱人的特权，有美国提供的可靠的咨询和有保障的给养，而且从来没有人怀疑过关于这支军队是不可战胜的传说。英雄的人民把正确的思想作为自己的思想，正是这些思想创造了这个军事上和政治上的奇迹。"①

第六节　社会主义革命和建设时期

一　革命政权的建立和民主改革（1959～1963）

革命政权的建立　古巴革命临时政府于 1959 年 1 月 1 日在圣地亚哥

---

①　〔古〕菲德尔·卡斯特罗：《全球化与现代资本主义》，王玫等译，社会科学文献出版社，2000，第 3～4 页。

宣告成立，于 1 月 5 日行使职权，1 月 8 日临时政府进入哈瓦那。革命胜利初期，临时政府由参加反独裁统治的各派政治力量的代表组成。临时总统是法官乌鲁蒂亚，乌鲁蒂亚任命律师何塞·米罗·卡尔多纳（José Miró Cardona，1902－1974）为总理，而卡斯特罗在一开始只是起义军总司令。乌鲁蒂亚、卡尔多纳以及当时内阁的一些成员是资产阶级自由派的代表，他们对巴蒂斯塔政权持反对态度，但他们反对进行深刻的改革，如反对建立革命法庭来审判战犯等。

2 月中旬，随着革命的深入，出现了第一次政府危机，内阁全部辞职。2 月 16 日，卡斯特罗就任总理。新政府进行了多次改组，革命力量逐渐占优势。由于乌鲁蒂亚反对颁布革命法令，遭到人民反对，7 月 17 日被迫辞职，由原司法部长奥斯瓦尔多·多尔蒂科斯·多拉多（Osvaldo Dorticós Torrado，1919－1983）接任总统。至此，建立革命政权的任务基本完成。

进行民主改革　革命胜利初期，古巴新政权进行了一系列的民主改革。在政治方面，1959 年 2 月 7 日，颁布了《1959 年根本法》，该法起宪法作用，以确保政治主权、经济独立、真正民主和社会公正；解散旧议会、所有独裁政权的政治统治机构和行政管理机构；清除政府和文教部门中的巴蒂斯塔分子；取缔一切反动政党；解散特务机关；废除反动法令，建立革命法庭，镇压反革命分子，没收反动分子的财产；解散旧军队，由起义军承担起武装力量的职责；驱逐了美国军事代表团。

在经济和社会方面，改变旧的经济制度，建立新的生产关系，实行土地改革。1959 年 5 月 17 日，革命政府颁布《土地改革法》，这是革命后颁布的第一个土改法，土改法规定废除大庄园制度，对每个自然人或法人占有 30 卡巴耶里亚（约合 403 公顷）以上的土地予以征收。这次土改分成两个阶段，第一阶段主要是没收本国大庄园主的土地，第二阶段是把在古巴的全部美国垄断资本所占有的土地收归国有。政府没有将征收的大部分庄园的土地在大庄园的农业工人中进行分配，而是成立国营人民农场和甘蔗合作社。对无地和少地的个体农民，政府无偿分给每户最多达 2 卡的土地。如果他们耕种的土地超过 2 卡但不到 5 卡，则他们可无偿得到 2 卡的土地，而超出部分可以分期购买。① 这次土改摧毁了大庄园制和外国垄断资本土地所有制，征收了217万多公顷的土地，使10万农户得到了土地，并使40%的土地成为国有土地。②

革命政府在头两年对本国和外国企业实行国有化。1960年1月28日，颁布没收巴蒂斯塔分子全部财产的法令。9月，政府接管了所有私营烟厂。10月，宣布将本国资本家经营的382家工商企业和全部私人银行收归国有。1960年6月，政府接管了3家美资炼油厂。7月，颁布征用美国人在古巴财产的法律。8月，把36家美国公司收归国有。9月，没收了美国银行。10月，美国宣布对古巴实行禁运后，古巴把剩下的166家美资企业全部收归国有。至此，古巴革命政府共将价值约15亿美元的400多家美资企业全部收归国有。

革命政府于1960年10月14日颁布《城市改革法》，规定每户只能拥有一所住房，房租降低50%，租房者通过支付房租在5~20年内累积还清房价后便成为所居住房屋的主人。革命政府还采取措施，确保充分就业并使所有劳动者享有社会保险，使全体人民享有免费医疗和免费教育，并开展大规模的扫盲运动。革命政府取缔并禁止赌博、贩毒、走私、卖淫。

向社会主义的转变 随着民主改革的逐步深入，摆在古巴革命领导人面前的问题是：古巴革命向何处去？是"继续处在帝国主义的统治、剥削和欺凌之下"，"还是进行一次社会主义革命？"③ 古巴革命领导人坚定不移地选择了社会主义道路。

就在美国雇佣军入侵的前一天，1961年4月16日，在古巴历史进程的关键时刻，以卡斯特罗为首的核心领导做出了决定，选择了将革命从民族民主革命转变为社会主义革命的正确道路。卡斯特罗在群众集会上庄严宣布，古巴革命"是一场贫苦人的、由贫苦人进行的、为了贫苦人的社

① 〔古〕埃内斯托·切·格瓦拉：《古巴革命战争回忆录》，上海人民出版社，1975，第277~278页。
② Ministerio de Relaciones Exteriores, Direccion de informacion, Perfil de Cuba, 1966, p.125.
③ 〔古〕菲德尔·卡斯特罗：《卡斯特罗言论集》，第二册，人民出版社，1963，第265页。

会主义民主革命"。① 同年 5 月 1 日，卡斯特罗宣布古巴是社会主义国家。正如卡斯特罗在古巴共产党"一大"的报告中所说："在英雄的反帝斗争中，古巴革命进入社会主义阶段。"② 促使古巴向社会主义转变的主要因素包括以下几个方面。

第一，美国对古巴的敌视政策。在巴蒂斯塔统治末期，美国资本控制了古巴蔗糖生产的 40%、铁路的 50%、电力的 90%、外贸的 70%、镍矿的 100%、铁矿的 90%。古巴的银行和金融业也基本上操纵在美国资本手中。古巴革命胜利初期，美国同古巴仍保持正常关系。1959 年 4 月，卡斯特罗曾访问美国。随着古巴革命的深入发展，美国开始对古巴采取敌对态度。艾森豪威尔政府就古巴惩处战犯和杀人犯一事发动了污蔑古巴革命的毁谤运动，怂恿多米尼加共和国和危地马拉独裁政府干涉古巴。接着，美国又对古巴施加压力，要求古巴对土改中被没收的美国企业的土地进行高价赔偿。美国还派飞机轰炸古巴城乡，并收买特务轰炸军火库和往古巴运送军火的轮船，策动和唆使古巴反革命分子进行破坏和颠覆活动。

在外交方面，美国竭力通过美洲国家组织孤立古巴，企图进行"集体干涉"。1959 年 8 月在智利圣地亚哥和 1960 年 8 月在哥斯达黎加圣何塞召开的第 5 次和第 7 次美洲国家外长协商会议上，美国竭力拼凑反古阵线。同年 9 月 2 日，古巴全国人民代表大会通过第一个《哈瓦那宣言》，针锋相对地谴责美国对古巴和拉美国家的干涉和侵略。1960 年 7 月 6 日，美国取消 95% 的对古巴糖的采购定额，同年年底取消了全部定额，并停止对古巴的一切援助，对古巴实行贸易禁运。1961 年 1 月 3 日，美国同古巴断交。

1961 年 2 月 3 日，刚就任总统不久的肯尼迪下令执行艾森豪威尔总统在任时批准的通过雇佣军武装入侵古巴的计划。同年 4 月 17 日，1500 多名雇佣军在美国飞机和军舰掩护下，在拉斯维亚斯省的吉隆滩（现属

---

① 〔古〕菲德尔·卡斯特罗：《卡斯特罗言论集》，第二册，人民出版社，1963，第 26 页。
② 〔古〕菲德尔·卡斯特罗：《在古巴共产党第一、二、三次全国代表大会上的中心报告》，人民出版社，1990，第 36 页。

马坦萨斯省）登陆，对古巴进行武装侵略，企图颠覆和扼杀古巴革命。古巴人民在卡斯特罗亲自指挥下，经过 72 小时的激战，全歼入侵者，胜利地保卫了革命的成果。美国对古巴的敌视政策促使古巴走上社会主义的道路。

第二，社会主义国家对古巴的支援。在美国企图扼杀古巴革命时，古巴得到了社会主义国家及时的援助。1960 年 2 月，苏联答应向古巴提供 1 亿美元的贷款，并在 5 年内每年购买 100 万吨古巴糖。同年 7 月，苏联开始将武器运往古巴。1960 年 7 月，中国同古巴签订贸易协定。9 月 28 日，中古建交。11 月，中古两国签订了经济技术合作协定，规定中国向古巴提供 6000 万美元的无息贷款。中国还向古巴提供了军事援助。

第三，古巴革命深入发展的结果。古巴革命胜利后，民主改革不断深入，工人的生活水平有了明显提高，贫苦农民分得了土地。工农大众积极拥护革命政府的改革措施，使革命不断深入发展。1960 年 10 月 15 日，卡斯特罗宣布："革命的第一阶段已告完成，革命现在进入第二阶段"，"革命政府在 20 个月中已完成了蒙卡达纲领"。[①] 半年后，卡斯特罗又宣布古巴革命是一场社会主义革命。正如卡斯特罗后来所说："是革命的规律使我们树立了社会主义的信仰。"[②]

加勒比海危机 美国在吉隆滩登陆失败后，仍不甘心，千方百计地孤立古巴并企图扼杀古巴革命。1962 年 1 月 22～31 日，在乌拉圭埃斯特角举行了第 8 次美洲国家外长协商会议，在美国的压力下，会议通过了关于把古巴排除出泛美体系的决议。2 月 3 日，美国总统肯尼迪签署法令，对古巴实行除药品和某些食品以外的全部贸易禁运。2 月 4 日，卡斯特罗宣读了《第二个哈瓦那宣言》，深刻地揭露了美国的侵略政策。

面对美国日益严重的威胁，古巴要求苏联向它提供必要的武器装备。1962 年 5 月 9 日，苏联建议在古巴装备中程导弹，古巴接受了这一建议。

---

① 〔古〕菲德尔·卡斯特罗：《卡斯特罗言论集》，第一册，人民出版社，1963，第 291 页、第 298 页。

② 〔古〕菲德尔·卡斯特罗：《全球化与现代资本主义》，王玫等译，社会科学文献出版社，2000，第 26 页。

从同年 8 月起，苏联开始在古巴安装 42 枚中程导弹，运来伊尔－28 中等轰炸机，并派来 4.3 万名苏联士兵。[①] 这一军事行动被美国发现后，10 月 22 日，肯尼迪宣布武装封锁古巴，要求苏联在联合国观察员的监视下，迅速拆除和撤回在古巴的进攻性武器。23 日，肯尼迪又宣布从 24 日起将拦截可能前往古巴的舰船，勒令这些舰船听候美国人的检查。美国先后出动了军舰 183 艘封锁古巴海面。一时间，加勒比海乌云密布，战争似乎迫在眉睫。苏联的态度一开始十分强硬，但很快就转为退让。24 日，苏联开往古巴的船只开始全部返航。28 日，苏联部长会议主席赫鲁晓夫未征求卡斯特罗的意见便致函肯尼迪，表示已下令撤除在古巴的核武器，并同意由联合国派代表到古巴去核实。同一天，卡斯特罗发表声明，提出 5 个条件，作为美国不入侵古巴的真正保证。这 5 个条件是："第一，停止经济封锁和美国为了反对我国而在全世界各地施加贸易和经济压力的措施。第二，停止一切颠覆活动……第三，停止从美国和波多黎各的基地上进行的海盗攻击。第四，停止美国军用飞机和军舰一切侵犯我国领空和领海的行动。第五，撤除关塔那摩海军基地和归还被美军占领的这块古巴领土。"[②] 11 月 1 日，卡斯特罗宣布拒绝联合国派代表前来古巴核实。11 月 2 日，苏联部长会议第一副主席米高扬赴古巴，同卡斯特罗等领导人会谈。11 月 8～11 日，苏联从古巴撤出全部 42 枚导弹，在公海接受美国军舰"船靠船的观察"。11 月 20 日，肯尼迪宣布撤除对古巴海面的封锁。1963 年 1 月 7 日，美苏宣布危机了结。

二 对社会主义道路的探索（1963～1970）

第二次土地改革 1963 年 10 月 4 日，古巴政府颁布《第二次土地改革法》，规定征收超过 5 卡巴耶里亚（合 67.15 公顷）的全部私有土地。这次土改共征收了 15000 户富农的 201.3 万公顷的土地。经过两次土改，

---

① 〔古〕何塞·坎东·纳瓦罗：《古巴历史——枷锁与星辰的挑战》，王玫译，当代世界出版社，1999，第 298 页。

② 〔古〕菲德尔·卡斯特罗：《卡斯特罗言论集》，第二册，人民出版社，1963，第 434～435 页。

国有土地（主要为国营农场和甘蔗农场）占全国土地面积的 70%，小农和合作社的土地占 30%。农村中的大庄园制和富农经济均被消灭。

古巴共产党的建立　1961 年 7 月，古巴三个主要革命组织"七·二六运动"、人民社会党和"三·一三革命指导委员会"合并成革命统一组织（Organizaciones Revolucionarias Integradas, ORI）。1962 年 5 月，革命统一组织改名为古巴社会主义革命统一党（Partido Unido de la Revolución Socialista de Cuba, PURSC）。1965 年 10 月 3 日，在古巴社会主义革命统一党的基础上建立古巴共产党（Partido Comunista de Cuba, PCC），由卡斯特罗担任党的第一书记。

关于发展战略和经济体制的辩论　古巴的社会主义建设事业并非一帆风顺。古巴革命初期，由于急于改变单一的经济结构，古巴政府一度大幅度削减蔗糖生产，提出实现农业多样化和短期内实现工业化的目标。1963 年甘蔗种植面积比 1958 年减少了 25%，致使蔗糖产量从 1961 年的 677 万吨减少到 1963 年的 382 万吨。1963 年底，古巴政府又提出了集中力量发展糖业的新的经济发展战略。

1964~1966 年，古巴领导层内就经济发展战略和经济体制问题展开了一场辩论。当时任工业部长的格瓦拉一方，主张实行预算拨款制，通过预算拨款为企业无偿提供资金，而企业的利润全部上缴国库。而以当时任全国土改委员会主席的卡洛斯·拉斐尔·罗德里格斯（Carlos Rafael Rodriguez, 1913–1997）为代表的另一方，主张实行经济核算制，认为企业应有一定的自主权，实行自筹资金。① 对于这场辩论，1975 年 12 月，卡斯特罗在古共"一大"的中心报告中说："革命初期，围绕这两种体制哪个更合适的问题，曾开展过讨论，但讨论没能深入下去，也没有做出任何决定"，"结果，我们领导经济既没有实行社会主义国家已普遍实行的经济核算制，又放弃了曾一度开始试行的财政预算制，而是采用了一种新的经济簿记制度。在实行这一制度之前，取消了国营企业之间的商品形式

---

① 〔美〕卡梅洛·梅萨 – 拉戈：《七十年代的古巴——注重实效与体制化》，丁中译，商务印书馆，1980，第 14~18 页。

和购销关系，因为我们有些人认为这种关系的资本主义味道太浓”，“看起来我们好像在向共产主义的生产和分配方式日益靠近，实际上背离建设社会主义基础的正确道路愈来愈远”。①

"革命攻势" 1968 年 3 月，古巴政府发动"革命攻势"，接管了几乎所有的私人小企业、手工业作坊和商店，消灭了城市中的私有制。同时，扩大免费的社会服务，用精神鼓励代替物质刺激。后来，卡斯特罗在评价这场"革命攻势"时说："这一措施不一定就是这一时期社会主义建设的原则问题，而是我国由于处在帝国主义的严密的经济封锁的具体条件下，需要最有效地使用人力物力，再加上一部分城市资本家采取的消极政治行动阻碍了革命的发展。当然，这并不能使我国革命推脱掉由于对人力物力管理不善而造成的后果所应负的责任"②，"从 1967 年起，免费政策的实行开始进入高潮，1968 ~ 1969 年达到顶峰。但在某些方面，实行免费是不妥当的"。③

提出 1970 年年产 1000 万吨糖的指标 1963 年底，古巴政府提出要在 1970 年达到年产 1000 万吨糖的生产指标，强调要充分利用古巴生产蔗糖的有利条件和相对优势，集中力量发展糖业，"以糖为纲"，以增加外汇收入、增强进口能力，确保经济的持续发展。但计划指标定得太高，片面、过分强调发展糖业，致使国民经济各部门发展比例严重失衡，经济遭到破坏。1970 年糖的产量虽然达到创历史纪录的 854 万吨，但未能达到 1000 万吨的原生产指标。后来，卡斯特罗在总结这一经验教训时说："国家把大部分力量集中在争取完成……甘蔗产量达到 1000 万吨的指标上"，"这一目标没能实现"，"这个严重的问题给国民经济其它部门造成了严重失调"，"我们在经济工作中无疑是犯了唯心主义的错误。我们有时看不

---

① 〔古〕菲德尔·卡斯特罗：《在古巴共产党第一、二、三次全国代表大会上的中心报告》，人民出版社，1990，第 88 ~ 90 页。
② 〔古〕菲德尔·卡斯特罗：《在古巴共产党第一、二、三次全国代表大会上的中心报告》，人民出版社，1990，第 40 页。
③ 〔古〕菲德尔·卡斯特罗：《在古巴共产党第一、二、三次全国代表大会上的中心报告》，人民出版社，1990，第 89 页。

到在现实中存在着我们必须遵循的客观经济规律"。①

格瓦拉遇害 自 20 世纪 60 年代中期起,古巴领导人积极向拉美和第三世界其他国家推广古巴武装斗争的经验。1964 年 7 月,在华盛顿召开的第 9 次美洲国家外长协商会议在美国的压力下通过了对古巴进行"集体制裁"的决议。到同年 9 月,除墨西哥外,其余拉美国家都先后同古巴断交。同年 7 月 26 日,古巴人民在圣地亚哥召开群众大会,通过《圣地亚哥宣言》,宣言警告说:"如不停止从美国领土和加勒比地区其它国家对古巴进行的海盗攻击,如不停止训练对古巴革命进行破坏活动的雇佣军,如不停止对古巴领土派遣特务、运送武器和炸药,古巴人民将认为有同那些干涉我国内部事务的国家一样的权利,尽一切可能来支援这些国家的革命运动。"② 在卡斯特罗的倡议下,1966 年 1 月,在哈瓦那召开了亚洲、非洲、拉丁美洲革命力量会议(简称"三洲会议"),会议通过了支持对帝国主义进行武装斗争的决议。

1965 年 4~11 月,古巴主要领导人之一格瓦拉离开古巴到非洲刚果(利)帮助训练游击队,后回国。1966 年 10 月 23 日,格瓦拉又率队离开古巴,于 11 月 3 日到达玻利维亚东南部。格瓦拉在山区建立了游击基地,并于 1967 年 3 月 23 日发起第一场战斗。到 3 月 31 日,游击队共有 48 人,其中有 29 名玻利维亚人、16 名古巴人、3 名秘鲁人。同年 10 月 8 日,格瓦拉在战斗中受伤被俘,于次日下午惨遭杀害。

三 政治经济的制度化与合理化(1970~1979)

从 20 世纪 70 年代初开始,古巴进入了以建立政治、经济体制为中心的制度化和合理化时期。古巴领导人总结了 60 年代社会主义革命和建设中的经验和教训,对国家的政治、经济和对外关系进行了一系列的改革和调整。

政治制度化 1959 年初古巴革命胜利后不久,2 月 7 日,古巴颁布根

---

① 〔古〕菲德尔·卡斯特罗:《在古巴共产党第一、二、三次全国代表大会上的中心报告》,人民出版社,1990,第 40~41 页,第 87 页。

② Ministerio de Relaciones Exteriores, Direccion de informacion, Perfil de Cuba, 1966, p. 326.

本法，规定部长会议行使立法权并协助总统行使行政权；取消议会，将议会的立法权和其他职能赋予部长会议。2 月 16 日，古巴武装部队总司令菲德尔·卡斯特罗出任部长会议主席（总理）。60 年代古巴政治体制的特点是：（1）党、政、军三个主要机构的职能不分。政府部门的大多数部长和主任来自起义军。1965 年建立的古巴共产党中央委员会中有 2/3 委员来自军队，即来自起义军。（2）权力高度集中。卡斯特罗一身兼任总理、党的第一书记和武装部队总司令。名义上总理应协助总统行使行政权，实际上总统只近似荣誉职位，并无实权。

1970 年卡斯特罗发表多次讲话，强烈批评政府过度集权和官僚主义化、古共承担行政职责，提出若干分散行政权力的措施，强调党的作用应限于协调和监督行政职责，并允诺使工会和其他群众组织恢复活力和民主化，允许群众参加决策和对国家职能进行监督。

1970～1977 年，古巴参照苏联等社会主义国家的模式实行政治结构体制化，其主要措施有以下几个方面。（1）成立部长会议执行委员会和增设副总理。1972 年 12 月，根据古共中央政治局的意见，建立了部长会议执行委员会。执委会由总理（任主席）和 8 名副总理组成。古巴部长会议原来只有 1 名副主席，即劳尔·卡斯特罗，现增加到 8 名，每名副总理协调若干个部委。（2）召开古共"一大"。古巴共产党虽于 1965 年 10 月正式成立，但一直没有召开党的代表大会，也没有制定党纲和党章。1975 年 12 月古共召开"一大"，大会通过了社会主义宪法草案、第一个五年计划、新的经济领导和计划制度、古巴行政区的调整方案和党纲。大会选出了新的政治局、书记处和中央委员会，其成员数量均比以前有所扩大。（3）1976 年 2 月，通过全民投票通过了新宪法。（4）根据新宪法，1976 年 12 月在地方人民政权代表大会的基础上，召开了全国人民政权代表大会，大会选出了由 31 人组成的国务委员会，卡斯特罗当选为国务委员会主席和部长会议主席，成为国家元首兼政府首脑，原有总统职位被取消。（5）对武装部队进行重大改组，将从前的劳动部队从正规军中分出，成为准军事机构，使军队日益正规化、专业化和现代化。1973 年 4 月，将全部民兵转入预备役。1973 年 12 月、1976 年 11 月和 1978 年 7 月 3 次颁布新的军衔制，使军队正规化。（6）恢复和加强工会、青年、妇女、学生、小农和保卫革命委员会等群众组织，使它们的作用得到加强。

1976 年底，卡斯特罗宣布古巴政治结构体制化进程已基本结束，作为一个标志，把 1977 年称为体制化年。

经济领导和计划体制的建立 20 世纪 70 年代，古巴参照苏联和其他社会主义国家的模式，进行了经济体制的改革，主要反映在以下方面。(1) 1971 ~ 1972 年间，古巴调低了糖业在国民经济中的比重，注重各部门的比例关系，逐步调整了国民经济结构。(2) 自 1972 年起，加强宏观经济管理，执行由中央计划委员会制定的三年经济计划，1976 年起又开始执行五年计划。(3) 恢复了预算制度，并陆续设立了国家财政、统计、价格等委员会，建立了全国财会体系，整顿了银行。(4) 1972 年古巴加入了经济互助委员会，并同苏联签订了到 1980 年的长期经济协定，实现了同苏联、东欧国家的经济一体化。(5) 古共"一大"正式批准实施新的经济领导和计划体制（Sistema de Dirección y Planificación de la Economía, SDPE）。根据这一体制，古巴逐渐完善和加强国家计划体制，加强中央计划委员会的职权，注意发挥市场机制的作用；把企业作为基本核算单位，实行自筹资金制，使企业有较大的自主权；利用价值规律和其他经济杠杆来调节经济。

在经济领导和计划体制框架内，1977 年开始实行经济核算制，同年，允许职工从事第二职业，开设了平行市场；1978 年开始实行价格、税收和银行信贷等新制度；在企业中进行自筹资金的试点工作；企业中普遍实行劳动定额，1979 年还实行集体奖励基金制。

1980 年 12 月，卡斯特罗在古共"二大"的中心报告中，肯定了 70 年代体制改革的成绩："我们在国内还顺利地进行了一系列的体制和机构改革"，"我们认为，建立这个体制的成效从一开始就在这方面或那方面表现了出来"，"第一次全国代表大会到第二次全国代表大会期间，革命政府在体制方面进展显著"。在第一个五年计划期间（1976 ~ 1980），社会生产总值年均增长 4%（原计划为 6%）。①

---

① 〔古〕菲德尔·卡斯特罗：《在古巴共产党第一、二、三次全国代表大会上的中心报告》，人民出版社，1990，第 219 ~ 220 页、248 页。

对外关系的变化 70 年代古巴对外关系也发生了重要变化，主要表现在以下几个方面。（1）大力加强同苏联的关系，古苏两国在政治、经济、军事等各方面的关系全面发展。（2）古巴努力扩大它在国际事务中的影响。自 70 年代中期起，古巴曾派大量兵力到安哥拉、埃塞俄比亚等非洲国家。1979 年卡斯特罗当选为第 6 届不结盟国家首脑会议主席。（3）古美关系一度有所松动。1973 年古美签订反劫持飞机和船只的协定；1975 年美国宣布部分取消对古巴的禁运和允许美国公司在国外的子公司向古巴出售货物。1977 年古美双方在对方首都互设了利益代表处。但到 70 年代末，美国因苏联在古巴驻有战斗旅而加强了对古巴的军事威胁。（4）古巴同拉美国家的关系有较大的改善。1975年，美洲国家组织取消了对古巴的制裁，拉美不少国家同古巴恢复或建立了外交关系。到 1980 年，古巴已同拉美 16 个国家建立外交关系。（5）自 60 年代中期起，古巴同中国的关系由于在一些问题上的分歧而变冷。

四 "新体制"的运作和调整（1980～1989）

80 年代前半期"新体制"的运作 80 年代前半期，古巴对经济政策进行重大调整，执行一系列"新经济政策"。1980 年 12 月，古共召开了"二大"，通过了第二个五年计划（1981～1985）。卡斯特罗在"二大"报告中说："无论目前存在什么缺点，我们都要坚持不懈地尽最大努力，实现这个体制（经济领导和计划体制）的目的和决心。"[①]古共"二大"还确定了从 80 年代至 2000 年的古巴经济发展战略，其战略目标是："建设社会主义的技术物质基础。其方式是实行社会主义工业化；不断提高社会生产的效率；逐步使经济的生产结构合理化，以获得较高的、持续的发展速度；促进经济向专业化发展，实现国内外的经济合作和一体化；不断满足人民的物质和精神需要，促进人的全面发展。我们应当通过上述方式逐

---

① 〔古〕菲德尔·卡斯特罗：《在古巴共产党第一、二、三次全国代表大会上的中心报告》，人民出版社，1990，第 248 页。

步向经互会欧洲国家的发展水平靠近。"①

80 年代前半期，古巴全面推行经济领导和计划体制，放宽经济政策，如 1980 年开设农民自由市场，1981 年开设农副产品贸易市场；1980 年实行新的工资制度；同年，改革物价制度，减少物价补贴并取消一些免费的服务项目；1982 年 2 月，颁布了《外国投资法》，首次正式表示欢迎外资到古巴兴办合资企业，有限度地实行对外开放。

据古巴官方统计，1959～1985 年的 27 年中，古巴社会生产总值年均增长 4.8%，年人均社会生产总值增长 3.2%。② 古巴的工业化、农业和出口商品多样化取得了一定的进展，人民生活水平有所提高，教育卫生事业发展迅速。

1986 年 2 月 4 日，卡斯特罗在古共"三大"所做的中心报告称，在第二个五年计划期间（1981～1985），社会生产总值年均增长 7.3%，超过原计划的 5%，其中工业生产年均增长 8.8%。5 年中，糖业生产累计增长了 12.2%，但未达到原定指标（30%）。卡斯特罗在报告中还谈到所存在的问题："向资本主义（国家）传统出口受到了影响"，"向社会主义国家提供某些产品的诺言没有实现"，旅游业"还没有达到我们所期望的水平"；在经济发展中计划"缺乏整体性"，"缺乏集中的、适当的领导"。卡斯特罗还批评说："在经济领导和计划体制初步建立之后，没有继续使其不断完善。"③

纠正错误和不良倾向进程　古共"三大"确定 1986～1990 年第三个五年计划期间，古巴经济年均增长 5%，出口年均增长 3.5%，进口年均增长 1.5%，蔗糖生产 5 年累计增长 15%。古共"三大"重新修订了到 2000 年的发展战略，其主要目标是加速工业化。为此，必须继续加强在经互会框架内同社会主义国家的经济一体化。"三大"还通过了《关于完

①　〔古〕菲德尔·卡斯特罗：《在古巴共产党第一、二、三次全国代表大会上的中心报告》，人民出版社，1990，第 261 页。

②　Jose Luis Rodriguez, *El desarrollo económico de Cuba*, Revista America Latina（URSS），marzo de 1987，p.34.

③　〔古〕菲德尔·卡斯特罗：《在古巴共产党第一、二、三次全国代表大会上的中心报告》，人民出版社，1990，第 352～353、378～379、382～385 页。

善经济领导和计划体制的决议》，总结了建立这一体制 10 年来的经验教训，并提出了完善这一体制的 10 项总目标。从决议内容来看，"三大"对这一体制基本上是肯定的。

然而，在古共"三大"闭幕后不久，1986 年 4 月 19 日，卡斯特罗在纪念吉隆滩战役胜利 25 周年的集会上，严厉批评在执行新经济政策中存在的一系列弊端和"不良倾向"，提出要在全国掀起一场"纠正错误和不良倾向进程"（el proceso de rectificación de errores y tendencias negativas），即"纠偏进程"，展开"战略大反攻"。[①] 在这之后一年多时间里，卡斯特罗先后在古共三届二中全会、三中全会、古巴第二届全国人民政权代表大会会议，在工会、共青团、小农协会等群众组织召开的会议上多次发表讲话，号召深入揭露不良倾向。卡斯特罗强调，利润和价值等机制只是"政治工作和革命工作的辅助手段"，"而不是建设社会主义和共产主义的主要途径"，经济领导和计划体制并不是解决一切问题的"灵丹妙药"。[②]

自 1986 年 5 月起，古巴政府采取了一系列"纠偏"措施。5 月，卡斯特罗在全国合作社社员大会上宣布关闭农民自由市场，恢复国家统购统销制度。同时，政府宣布限制向工人发放奖金并提高了部分劳动定额。6 月，宣布调整住宅政策，禁止私人买卖房屋；禁止出售手工艺品和艺术品；禁止私人行医；调低著作版权费；等等。[③] 卡斯特罗认为，古巴出现了新的资本家，形成了一个富人阶级，这些人不是在搞社会主义，他们起着当年雇佣军破坏革命的作用，是古巴当前的大敌。卡斯特罗认为，"经济领导和计划体制全国执委会不是为走向资本主义而设立的"，"犯了上百万个错误"，"带来了上百万个问题"，"我们犯了两种错误：在一个阶段，犯了理想主义错误；在另一个阶段，我们企图克服理想主义错误，却

① Fidel Castro, *En el XXX aniversario de la victoria de Playa Girón y de la proclamación del carácter socialista de la Revolución*, Cuba Socialista, Septiembre-octubre de 1986.

② Fidel Castro, *Sobre el proceso de rectificacion en Cuba 1986 – 1990*, Seleccion Tematica, Editora Politica, La Habana, 1990.

③ Fidel Castro, *Por el camino correcto*, Compilacion de textos, Editora Politica, La Habana, 1987, pp. 18 – 35.

犯了经济主义和重商主义的错误"。① 在纠偏进程中，一些腐化堕落的干部和企业领导人被免职或受到刑事处分。

古巴在 80 年代后期开展"纠偏进程"的主要原因是，古巴领导人担心如按 80 年代初新经济政策即按苏联的模式继续进行改革，会影响国内政局的稳定。当时古巴国内一部分人要求古巴应像苏联一样，搞"公开性"和苏联式的政治经济"改革"。卡斯特罗强调古巴不能照搬苏联、东欧的模式，"古巴环境特殊"，"它受帝国主义封锁、包围和入侵"，因此"不能抄袭别国的经验"，强调古巴建设社会主义需要"寻找　条新的道路"。另一个原因是当时的世界经济形势的变化对古巴极为不利。1986 年年底，为克服所面临的经济困难，古巴政府宣布将从 1987 年年初起采取28 项紧急经济措施，取消一些免费项目，削减公共开支，减少定量供应物品数量和提高一部分商品和服务的价格。

80 年代后期，由于种种原因，古巴经济发展停滞不前。1985 ~ 1989年，古巴社会生产总值仅增长 0.4%，而同期人均社会生产总值年均下降了 0.7%。"纠偏进程"虽然没有促进古巴经济的发展，但它保证了以卡斯特罗为首的古巴领导人坚持社会主义方向，使古巴没有像苏联、东欧那样搞所谓的"改革"和"公开性"，使古巴在 80 年代末、90 年代初经受住东欧剧变、苏联解体对它的巨大冲击。

据估计，在 1959 ~ 1989 年 30 年间，古巴经济年均增长率为 4.3%，人均经济年均增长率为 2.8%。②

80 年代古巴对外关系的发展　80 年代古巴同美国的关系总的说来仍比较紧张。卡斯特罗多次指责里根政府（1981 ~ 1988）是 1959 年古巴革命胜利以来美国最"残暴和凶恶的政府"，是"极右的反动集团"，"执行公开好战和法西斯的外交政策"。1983 年 10 月，美国军队入侵格林纳达，古巴驻格人员在同美军交火时有 24 人死亡。1984 年 12 月，古美在纽约

---

① *Sobre el proceso de rectificacion en Cuba 1986 – 1990*, op. cit. p. 4.

② Jose Luis Rodrguez, *Cuba en la economia internacional: Nuevos mercados y desafios de los años noventa*, Revista Estudios Internacionales (Chile), julio – Septiembre, 1993, p. 417.

签订了两国关于移民问题的协议。但由于美国开设反古的"马蒂电台"，1985 年 5 月，古巴宣布中止执行移民协议。直到 1987 年 11 月，两国才恢复此协议。

1988 年，古巴、安哥拉、南非和美国四方就解决南部非洲问题、外国军队撤出安哥拉和纳米比亚独立问题举行了几轮会谈。同年 12 月 22 日，安哥拉、古巴和南非三国在美国的调解下签署协议，规定自 1989 年 4 月 1 日起，南非军队撤出纳米比亚，古巴军队自同日起在 27 个月内全部撤出安哥拉。

80 年代，古巴仍然把同苏联的关系置于高度优先地位。但是，到 80 年代后期，古巴对苏联的内外政策颇有微词。1989 年 4 月，戈尔巴乔夫访问古巴，古苏两国签订了为期 25 年的友好合作条约。然而，由于苏联的解体，这一条约很快就成了一纸空文。

80 年代，古巴同拉美国家的关系有明显的发展。古巴同巴西等国恢复了外交关系。

80 年代后期，古巴同中国关系显著改善。1989 年 1 月，古巴外长马尔米耶卡访华；同年 6 月，中国外长钱其琛访古，标志着两国关系已进入全面发展阶段。

五　苏东剧变后的古巴（1990～2006）

苏东剧变对古巴的冲击　古巴革命胜利 30 周年的 1989 年，古巴外贸的 85% 是同苏联和东欧社会主义国家进行的，其中 80% 是同苏联进行的。1988～1989 年在古巴的出口商品中，有 63% 的糖、73% 的镍、95% 的酸性水果和 100% 的电器零配件是向经互会市场出口的；在古巴的进口商品中，有 63% 的食品、86% 的原料、98% 的燃料、80% 的机器设备、72%～75% 的制成品来自经互会国家。[①] 这说明，在 80 年代末，古巴的经济在很大程度上依赖于苏联和东欧国家。

---

① 〔古〕何塞·路易斯·罗德里格斯：《国际经济急剧变化中的古巴经济》，原载《古巴经济通讯》1992 年 1、2 月号，译文见《世界经济译丛》1999 年第 9 期，第 67～72 页。

东欧剧变后，古巴同东欧的经贸关系几乎不复存在。1990 年 10 月德国统一后，撤销了过去民主德国同古巴签订的一切协议，使古巴失去了民主德国这个仅次于苏联的重要贸易伙伴。苏联解体后，俄罗斯宣布停止对古巴的一切援助，贸易关系仅限于以国际市场价格用石油交换古巴的糖，而糖和石油的交换额也大幅度下降。俄罗斯向古巴提供的石油从苏联时期 1989 年的 1200 万吨下降到 1992 年的 600 万吨左右，导致古巴能源严重短缺。

正如 1993 年 7 月 26 日卡斯特罗在攻打蒙卡达兵营 40 周年纪念会上所说的："苏联消失的时刻发生了真正急剧的变化，我们实际上不得不承受双重的封锁。社会主义阵营的垮台使我国在各方面遭受到沉重的打击，我们遭受到政治上的打击、军事上的打击，尤其遭受到经济上的打击。"①

由于石油短缺，古巴发电量显著下降。发电量下降使大批工厂被迫停产或减产，大批农机闲置，客运和货运受到影响，居民生活用电得不到保障。由于缺油、缺少外汇进口化肥和杀虫剂等原因，古巴主要产品蔗糖产量下降，糖的出口收入锐减。糖产量从 1990 年的 843 万吨降至 1991 年的 750 万吨、1992 年的 700 万吨，1993 年和 1994 年又分别降至 420 万吨和 400 万吨。糖产量的下降，加上国际市场上糖价的疲软，使古巴外汇收入大幅度减少，无力向国际市场大量购买工业所需的原材料和零配件，以及农牧业所需的化肥和饲料等，古巴工业和农业都受到影响。据估计，苏联解体使古巴遭受经济损失约 40 亿美元。东欧剧变和苏联解体使古巴经济陷入危机。据统计，1990 年，古巴经济下降 3.1%，出现了自 1987 年以来的第一次负增长。1991 年下降 25%，1992 年下降 14%，1993 年又下降了 10%。苏东剧变和美国长期的封锁使古巴人民生活必需品定量供应的数量和品种减少。

和平时期的特殊阶段和古共"四大"　1989 年卡斯特罗就多次提出，古巴不是东欧国家，也不是苏联，即使苏联解体，古巴照样坚持斗争下去，古巴决不会屈膝投降，将誓死捍卫社会主义。1990 年 9 月，古巴宣布进入"和平时期的特殊阶段"（简称特殊阶段）。在特殊阶段里，古巴的基本对策

---

①　Granma, 27 de julio de 1993.

是：坚持计划经济，根据特殊阶段的要求调整经济计划和经济工作的重点。古巴政府采取一系列应急措施，实行生存战略，维持国家经济的运转和居民的基本食品供应，同时采取一些有长期发展战略意义的措施，加快纳入世界经济体系的进程。为解决食品短缺问题，古巴制订了食品计划。为解决外汇短缺问题，古巴改变过去重点发展重工业的经济发展战略，把经济发展的重点放在创汇部门，特别是旅游业、医疗器材和生物制药的生产和出口。

1991 年 10 月，古巴共产党召开"四大"。这次大会是在古巴面临空前困难的形势下举行的，具有特殊意义。大会提出了"拯救祖国、拯救革命、拯救社会主义"的口号，卡斯特罗在开幕式讲话中明确提出了古巴对外开放的政策："我们正在广泛地实行开放，广泛地对外资实行开放。"① "四大"通过的关于修改党章和党纲的决议指出，古巴革命的最高目标是在古巴建设社会主义，古巴共产党坚持共产主义的理想，古巴共产党是马列主义政党，是古巴社会的领导力量。②

古巴实行对外开放 古共"四大"将对外开放作为国策确定下来。"四大"后，古巴加快了开放的步伐。1992 年 2 月，古巴政府对 1982 年的外资法进行了修改，放宽了对外资的限制。同年 7 月，古巴全国人大又将有关合资企业的条文纳入修改后的宪法。新宪法规定，合资企业是古巴经济中的一种所有制形式。1993 年 2 月，古巴首次举行人大代表的直接选举。同年 8 月，古巴政府宣布私人持有美元合法化；9 月，古巴政府允许在 135 个行业中建立个体和合资企业；同月，古共中央政治局通过决议，将原有国营农场或农业企业转为合作社性质的"合作生产基层组织"。1994 年 10 月，古巴宣布将包括糖业在内的所有生产部门都向外资开放；同年 10 月 1 日和 12 月 1 日，古巴分别开放了农牧产品自由市场和

① Fidel Castro, *Independientes hasta siempre Discursos de inauguración y en el acto de masas*, Santiago de Cuba, Ⅳ Congreso del Partido Comunista de Cuba, 10 y 14 de octubre de 1991, Editora Politica, Cuba, 1991, p. 50.

② *Resolución sobre el Programa del Partido Comunista de Cuba, Este es el Congreso más democrático*, Editora Politica, Cuba, 1991, pp. 36 – 47.

手工业产品市场。1995 年 9 月，古巴政府颁布了新的外资法（第 77 号法）。1996 年 1 月 1 日，开始实行个人外汇收入所得税制度；同年 6 月初，古巴宣布建立自由贸易区。1997 年，一批自由贸易区在哈瓦那附近的马里埃尔（Mariel，又译"马列尔"）等地建立。同年，古巴开始实施金融体制改革。

古共"五大" 1997 年 10 月，古巴共产党召开"五大"，这次大会是古巴政治生活中的一件大事，是一次总结经验、制定跨世纪方针的重要会议。"五大"制定的方针的要点是：坚持共产党领导和坚持社会主义；反击美国的经济制裁和政治及意识形态攻势；在不改变社会性质的前提下，继续稳步进行经济改革，并尽可能减少由此带来的社会代价。

古共"五大"通过的中心文件《团结、民主和捍卫人权的党》明确指出：坚持社会主义和共产党的一党领导，是维护国家独立、主权以及抵抗美国封锁、获得生存的保障；以马列主义、马蒂思想及菲德尔（卡斯特罗）思想为指导的古共，是国家稳定的捍卫者和中流砥柱，社会主义和共产党的领导，是古巴的唯一选择。"五大"通过的《经济决议》指出："古巴的经济政策开始了一个新阶段，它应当包括经济结构方面，如多样化、振兴出口、发展食品基地，提高能源、物资和财政部门的经济效益等"，"提高效益是古巴经济政策的中心目标"。①

古共"五大"之后至 21 世纪初古巴的改革 古共"五大"之后，古巴又继续推出一些新的改革举措。如 1996 年 6 月，古巴宣布建立免税和工业园区，1997 年共开放了四个免税和工业园区：贝罗阿、瓦哈伊、西恩富戈斯和马里埃尔。1998 年初古巴政府加大实施征税的力度，明确优惠项目，增加税收种类；同年 8 月，政府颁布了关于国有企业改革的第 187 号法令，开始进行国有企业管理体制的改革等。但是，总的来说，古共"五大"之后至 21 世纪初，古巴的经济政策调整（改革）的步子不大。美国学者、古巴问题专家梅萨－拉戈称 1997 ~ 2003

---

① Granma, 7 de noviembre de 1997, p. 2.

年为古巴改革停滞时期，而 2003～2006 年为改革倒退时期。[①] 2004 年 11 月 8 日，古巴政府决定终止美元的流通，禁止古巴所有的商业网点和服务机构流通美元，只能使用"可兑换比索"，同时规定，美元兑换"可兑换比索"要征收 10% 的手续费，而兑换欧元等其他外币不征收手续费。禁止美元合法流通的主要原因是，2004 年美国强化对古巴的封锁，不准许古巴将美元存入国外银行。而四个免税区的试验由于不成功，后来也被关闭。

古巴改革开放政策的初步成效 自 1991 年年底起，古巴所实行的改革开放政策取得了明显的成效，主要表现在以下几个方面。（1）宏观经济恢复增长。1990～1993 年 4 年古巴国内生产总值共计下降 34%，自 1994 年起，由于实行改革开放，古巴经济开始连续恢复增长，这一年增长 0.7%，1995 年增长 2.5%，1996 年增长 7.8%，1997 年增长 2.5%，1998 年增长 1.2%，1999 年增长 6.2%，2000 年增长 5.6%，2001 年增长 3%，2002 年增长 1.1%，2003 年增长 2.6%，2004 年增长 5%，2005 年增长 11.8%。1995～2005 年年均增长 3.6%。（2）经济结构和外贸结构逐步多元化。古巴逐步改变了过去依赖蔗糖、镍和烟草等传统产品出口的经济结构，重点发展旅游、生物医药、技术服务等非传统产业。（3）所有制和分配方式多样化，合资、外资、个体所有制已初具规模。到 2002 年底，合资和联营企业达 404 家，协议投资额 59.3 亿美元，实际利用外资 20 多亿美元。（4）对外经济关系趋向多元化。1999 年 2 月，查韦斯执政后，委内瑞拉政府在经济上给予古巴巨大帮助。（5）古巴已从巨大的灾难中摆脱出来，它不仅经受住了美国封锁和侵略的考验，而且也经受住了苏联、东欧剧变的严峻考验，古巴的经济逐步好转，政治、社会基本稳定，人民的基本生活得到保障，古巴的国际环境不断改善。

外交关系多元化 20 世纪 90 年代以来，为摆脱困境、争取生存和发展，挫败美国的孤立和经济封锁政策，古巴积极发展对外关系，推进外交

---

① Carlos Mesa - Lago, *Cuba en la era de Raúl Castro Reformas económico - sociales y sus efectos*, editorial Colibrí, España, 2013, pp. 37, 41.

关系多元化。面对美国的封锁和敌视政策，古巴以斗争求生存，但不激化矛盾，避免美国的进一步干涉；对改善古美关系持积极态度，但不抱幻想。古巴尽力维持与俄罗斯和独联体其他国家的经贸关系。古巴还利用西方国家的矛盾，努力发展同欧盟国家、加拿大、日本的经贸关系，以缓解美国封锁的影响，打破美国的封锁和禁运。1998 年 1 月，罗马教皇约翰·保罗二世应邀访问了古巴。古巴把重返拉美作为外交的重点之一。值得一提的是，自 1999 年 2 月左翼第五共和国运动领导人查韦斯在委内瑞拉就任总统后，古巴与委内瑞拉的关系迅速发展。2000 年 10 月，卡斯特罗访问委内瑞拉期间，与查韦斯签署了两国一体化合作协定。根据协定，委内瑞拉每天向古巴供应 5.3 万桶原油（后增加到 10 万桶），而古巴则以向委派遣医生和教师等方式支付费用。2004 年 12 月和 2005 年 4 月，查韦斯访问古巴期间，与卡斯特罗主席共同签署《美洲玻利瓦尔替代计划》及 49 项合作协议，委内瑞拉成为古巴第一大贸易伙伴，2005 年古委两国贸易额已超过 30 亿美元。2003 年阿根廷左翼总统基什内尔执政后，古阿两国签署了 10 项协议，确定了 80 个合作项目，两国冻结了两年半的关系得到恢复和改善。乌拉圭左翼总统巴斯克斯在 2002 年 3 月初就职后，立即宣布恢复与古巴中断了 3 年的外交关系。古巴高度重视发展同中国、越南的友好关系，并积极发展同亚太、中东和非洲等地区发展中国家的关系。2003 年 2～3 月，卡斯特罗主席访问中国、越南和马来西亚。2005 年 4 月，劳尔·卡斯特罗第一副主席访问中国、马来西亚、越南和老挝。到 2005 年，古巴已同 178 个国家建立了正式的外交关系。古巴的朋友遍天下。自 1992 年起至 2005 年，联合国大会已连续 14 年通过决议，要求美国解除对古巴的封锁。而同美国站在一起，反对这一决议的，每年只有两三个国家。

为古巴最高权力交接做组织和思想准备的两次重要会议　2006 年上半年，古巴共产党召开了两次重要的会议，为古巴最高权力的交接做了一定的组织和思想准备。4 月 26 日，古共中央政治局在菲德尔·卡斯特罗第一书记的主持下举行重要会议，会议主要议题是改进党的工作，以适应形势的需要。为加强党中央的领导，会议决定恢复被 1991 年古共"四大"取消了的中央书记处。此外，会议还决定党中央在原有 10 个部（中央组织部，中央干部政策部，中央基础工业部，中央消费和服务部，中央农业食品部，中央建筑、交通和通信部，中央经济部，中央国际关系部，中央意识形态部，中央教科文和体育部）的基础上，再增加中央文化部、中央卫生部、中央科学部。通过中央这 13 个部，古巴共产党在政治、经济、社会和外交等各方面，都起着领导作用。

随后，同年 7 月 1 日，古共中央召开（五届）五中全会。会议主要议题是：加强党的执政地位，选举新的中央书记处成员和增补新的中央委员；讨论国防、国家发展、国际形势等问题。卡斯特罗在会上发表了多次重要讲话，他强调古巴革命正面临复杂的国际形势和自身的缺点的严峻挑战。他指出，古巴共产党在斗争中起了决定性作用，取得了经验，但必须使党更加巩固。五中全会根据中央政治局的提议，决定恢复中央书记处。全会根据政治局的提议名单，选出了由 12 人组成的中央书记处。劳尔·卡斯特罗在全会上做了古巴武装力量部关于国防准备情况的报告，全会通过了这一报告。全会一致同意劳尔在全会上重申了他在同年 6 月 14 日一次重要讲话中提出的思想，即一旦卡斯特罗不在了，不是任何个人，只有党才能继承卡斯特罗的领导地位和作用。劳尔说："人民对革命的创始人和领袖寄予特别的信任，这种信任不是一种遗产，它不会转给在未来担任国家主要领导职务的人身上，只有（古巴）共产党，作为革命的先锋队和古巴人民在任何时候团结的可靠保证，才能成为人民寄予自己的领袖信任的当之无愧的接班人。"

古共中央政治局会议和古共五中全会这两次会议，在思想上和组织上加强了党的领导地位，对进一步巩固古共的执政地位有着重要的意义。

六　劳尔·卡斯特罗主政后的古巴（2006～2017）

卡斯特罗因病暂时将政权移交给劳尔（2006～2008）　2006 年 7 月 31 日晚，古巴电视台和电台宣读了一份由菲德尔·卡斯特罗签名的《致古巴人民的声明》。声明宣布，因健康原因，卡斯特罗将他所担任的古共中央第一书记、古巴国务委员会主席兼部长会议主席的职务暂时移交给劳尔·卡斯特罗。

这是古巴革命胜利 47 年以来,卡斯特罗第一次将自己的职权移交给他人。从此,古巴党和政府的日常工作由以劳尔为核心的领导班子承担。从 2006 年 7 月底至 2008 年 2 月 24 日,在劳尔暂时接管职权的 19 个月,古巴的政局基本稳定,经济取得发展(2006 年增长 11.8%,2007 年增长 7.5%),外交取得进展,古巴成功地主办了第 14 届不结盟运动首脑会议。

2008 年 2 月 24 日,在古巴第七届全国人民政权代表大会上,劳尔正式当选并就任古巴国务委员会主席兼部长会议主席,正式接替执政长达 49 年的卡斯特罗。

劳尔正式就任后至古共"六大"前古巴的改革 2008 年 2 月劳尔正式执政后至 2011 年 4 月古共"六大"召开前,古巴党和政府采取了一系列政治、经济改革措施,以改变古巴的发展模式。

在政治上,劳尔对政府进行大幅度改组,巩固了自己的执政地位。在经济上,劳尔逐步取消一些过时的简单的限制,如放宽了对商品流通和外汇交易的限制,改革工资制度,增加职工工资;取消最高工资额的限制;允许职工和大学生兼职;政府允许向持有"可兑换比索"的古巴普通民众销售手机、电脑、DVD 播放机、彩电等商品;2008 年 7 月,通过第 259 号法令,将闲置的土地承包给合作社或个体农民,个人可承包 13.42 ~ 40.26 公顷的土地,承包期为 10 年,到期后可延长;削减不必要的公共事业补贴,逐步关闭免费的职工食堂;取消凭本低价供应芸豆、土豆、香烟等商品;将原国有理发店和美容店等承包给原职工。此外,古巴还努力精简政府机构,发挥各部的职能,监督各部门正确履行职责,削减国家补助和免费项目,减少政府开支。2010 年,古巴又出台一系列改革经济模式的举措:8 月 1 日,劳尔宣布古巴将分阶段逐步减少在国有部门工作的职工人数,扩大个体劳动者的数量,并称这是"结构和概念的变革"。9 月 13 日,古巴政府决定,到 2011 年 3 月底,古巴国营部门完成精简 50 万人的计划,其中约 25 万人将从事个体劳动;3 年内裁员 100 万人,占全部国营部门职工的 1/5。自 2011 年 1 月 4 日起,古巴国有部门正式开始裁员,裁员从糖业部、农业部、建设部、公共卫生部 4 个部和旅游业开始，然后向其他部门扩展。到 2011 年 3 月古共"六大"召开前夕，由于没有达到原裁员的指标，劳尔不得不下令延长实施的期限。2010 年 9 月 24 日，古巴公布了向个体户开放的 178 项经济活动，放宽了对个体工商户的限制。根据新的规定，在 178 项允许个体户从事的经济活动中，有 29 项是新开放的，有 83 项允许雇用劳动力。10 月初，古巴政府开始启动个体户注册登记。10 月 25 日，古巴正式公布了有关个体户纳税的具体规定。到 2010 年底，有 75061 人领取了私人经营许可证，另有 8342 份私人经营许可证在审批之中。

古共"六大"的召开及其意义 2011 年 4 月 16 日至 19 日，古共在时隔 14 年之后成功地召开了党的第六次代表大会。古共"六大"通过了《党和革命的经济与社会政策纲要》（Lineamientos de la Política Económica y Social del Partido y la Revolución，简称《纲要》）这一纲领性文件，选举产生了以劳尔为第一书记的新的中央委员会，劳尔正式接替卡斯特罗在党内的最高职务。古共"六大"召开以来，古巴采取了一系列新的被称为"更新"经济和社会发展模式的改革措施。这一阶段古巴的改革，不是对某一方面或几方面的改革，而是对古巴的经济社会模式进行全面的、结构性的改革。

古共"六大"的主要议题是讨论古巴社会主义经济和社会模式的"更新"。劳尔在开幕式上代表古共中央做了中心报告。大会通过了《纲要》，就更新古巴模式的方针政策，统一了思想，达成了共识。

劳尔中心报告的要点如下。（1）经济和社会模式更新的目的是继续实现和完善社会主义，社会主义是不可逆转的；（2）模式的更新是为了发展经济，改善人民的生活水平，弘扬社会主义的道德和政治价值；（3）凭购货本低价计划供应日用必需品的制度已成为政府财政难以承受的沉重负担，它是平均主义的表现，与"各尽所能，按劳分配"的社会主义的分配原则相矛盾，起着消极的作用，因此必须予以取消，但不会立刻取消；（4）在社会主义的古巴，不会实施国际货币基金组织等主张的"休克疗法"，政府绝不会抛弃任何无依无靠的人；（5）已经开始的精简国有部门冗员的工作将继续进行，但不能操之过急，也不要停顿；（6）非公有部门的扩大是受有关法律保护的一种就业的出路，应该得到各级领导的支持，同时，也要求个体户必须严格遵守法律，履行包括纳税在内的义务，扩大非国有部门经济并不意味着所有制的私有化；（7）古巴政府将继续保证全体居民享受免费医疗和免费教育；（8）古巴仍将以计划经济为主，但应考虑市场的趋向；（9）今后党和国家主要领导人任期最多两届，每届任期五年。

古共"六大"通过的《纲要》共313条。《纲要》涵盖了经济社会的各个方面，包括经济管理模式、宏观经济、对外经济、投资、科技创新、社会、农业、工业和能源、旅游、运输、建筑住房和水力资源、贸易政策等。其要点是：（1）古巴将继续以计划经济为主，同时也考虑市场的趋向；（2）社会主义国有企业是所有制的主要形式，此外，承认并鼓励合资企业、合作社、土地承包、租赁、个体劳动者等其他所有制形式，使所有制形式多样化；（3）将继续保持免费医疗、免费教育等革命的成果，但将减少过度的社会开支和不必要的政府补贴；（4）将逐步取消低价定量供应日用必需品的购货本；（5）政府将调整就业结构，减少国有部门的冗员，扩大个体劳动者的活动范围；（6）将继续吸引外资；（7）将重新安排所欠外债的偿还期，严格履行承诺以改善诚信；（8）逐步取消货币双轨制；（9）放松对买卖房子的限制，以解决严重的住房不足的问题；（10）将给予农业更大的自主权以减少对进口的依赖，并增加和巩固商品和劳务的出口。

古共"六大"在政治方面，确立了以劳尔为第一书记的新的党中央领导班子，宣布实行党和国家最高领导人的任期制，取消了事实上的终身制；健全了党的集体领导制度和党内的民主集中制。在经济和社会方面，就"更新"经济和社会模式的方针政策，统一了思想，达成了共识。古共"六大"是一次具有重大历史意义的大会，为古巴未来的经济变革确定了方向，对古巴社会主义事业持续发展产生重大和深远的影响。

古共"六大"召开后，古巴政局基本稳定，但经济增长速度比较缓慢，国内生产总值2011年增长2.7%，2012年增长3%，2013年增长2%，2014年只增长1.3%，2015年增长4%。外交方面，取得了显著的进展。2014 年 1 月 29 日，古巴作为拉共体轮值主席国，劳尔主席在首都哈瓦那主持召开了第 2 届拉共体首脑会议，会议宣布拉美加勒比地区为"和平区"。2015 年以来，随着欧盟与古巴关系的逐渐恢复和美国与古巴恢复关系，欧盟成员国德国、法国、西班牙等国外长，法国总统，意大利总理，荷兰和英国外交大臣等多国政要和官员先后访问古巴。2015 年 5 月和 2016 年 2 月，劳尔先后访问了意大利和法国。2012 年 3 月，教宗本笃十六世访问古巴。2015 年 9 月，教宗方济各访问古巴。2015 年 5 月，劳尔访问梵蒂冈。古巴与中国的关系发展顺利，高层互访频繁。2012 年 7 月 4 ~ 7 日，劳尔作为古巴国务委员会和部长会议主席访问中国。2014 年 7 月 21 ~ 23 日，中国国家主席习近平访问古巴。

古美恢复外交关系与奥巴马访古　古共"六大"召开后，古巴外交上最大的变化是古巴与美国恢复了外交关系。2014 年 12 月 17 日，劳尔主席和美国总统奥巴马同时在各自首都宣布启动古美关系正常化进程。劳尔在电视讲话中说，他与奥巴马直接通了电话，两国将以国际法和《联合国宪章》为依据，共同采取措施，改善双边关系，推进双边关系向正常化发展。经过两国代表的谈判，在 2015 年 4 月 10 日至 11 日于巴拿马举行的第 7 届美洲峰会期间，劳尔和奥巴马举行了首次正式会谈。7 月 1 日，古巴、美国同时宣布，两国已就恢复外交关系达成协议，决定于本月 20 日重开使馆。古巴政府在 7 月 1 日发表的声明中明确提出，"古美恢复外交关系、重开使馆，是两国关系正常化的第一阶段。"美国还必须解除对古巴的经济、贸易和金融制裁，归还非法占据的关塔那摩海军基地，停止反古广播及电视宣传，停止一切对古巴的颠覆行为，对古巴人民遭受的损失做出补偿。自 7 月 20 日零时起，古巴与美国正式恢复外交关系，两国在对方的利益代表处升级为大使馆。2016 年 3 月 20 日至 22 日，美国总统奥巴马访问古巴。奥巴马是 88 年来第一个访问古巴的美国总统，也是 1959 年古巴革命胜利以来第一个访问古巴的美国总统。

古共"七大"及其意义　古共"七大"于 2016 年 4 月 16 日至 19 日在哈瓦那举行，出席会议的有 1000 名正式代表，280 名特邀代表。16 日会议开幕那天，劳尔做中心报告。大会分成 4 组讨论。"七大"选举产生了新的中央委员会。4 月 19 日会议闭幕，古巴革命领袖卡斯特罗出席了闭幕式并发表了重要讲话，劳尔致闭幕词。"七大"通过关于中心报告的决议和其他 4 个决议。

古共"七大"的特点主要表现在以下几个方面。第一，与古共"六大"不同的是，这次"七大"的文件，在会前没有公布，也没有让党内外群众广泛讨论和向他们征求意见，只是在小范围进行讨论。

第二，"七大"的主要文件《古巴社会主义经济社会模式的理论》、《到 2030 年全国经济社会发展计划：国家的建议、轴心和战略部门》和《党和革命的经济与社会政策纲要的更新（2016～2021 年）》等草案在"七大"只是原则通过，这些文件在"七大"之后经党内外群众广泛讨论、征求意见、进行修改补充后再正式通过。

第三，"七大"选举产生了新的中央委员会，原党中央第一书记劳尔·卡斯特罗和第二书记马查多·本图拉的职务没有变动，原政治局委员 15 人除已去世和因病去职的 3 人外，其余 12 人全部保留，新增加 5 人，共 17 人。书记处成员 5 人，比"六大"减少 2 人。新增加的 5 名政治局委员和 55 名中央委员年龄均不到 60 岁。"七大"中央委员会共 142 人，比六届中央委员会增加 27 人，三分之二的中央委员为 1959 年古巴革命胜利后出生，平均年龄 54.5 岁，98% 具有大学文化程度；44.37% 为妇女，比"六大"增加了 2.67%；黑人和混血种人占 35.92%，比"六大"增加 4.62%。由此可以看出，古共领导的渐进式新老更替，为古巴坚持社会主义道路提供了人员组织保障。

第四，劳尔在"七大"报告中说，自 2011 年"六大"以来的 5 年中，六大通过的《纲要》的 313 条只完成了 21%，72% 正在进行中。"七大"对原《纲要》做了调整和补充，现为 274 条，其中有 50 条是新加的。

第五，古共党员总人数减少幅度较大。劳尔在报告中说，到 2015 年年底，党员人数为 671344 人，而据 2012 年统计党员总数为 769318 人，3 年内党员人数减少了 97974 人。

第六，卡斯特罗不仅参加了"七大"闭幕式，而且发表了题为《古巴人民必胜》的讲话，强调古巴人民的共产主义思想将会延续，并表示这将是他最后一次公开讲话。

劳尔在"七大"中心报告和闭幕词中指出，最近 5 年古巴经济年均增长 2.8%，虽然速度不快，但仍高于拉美平均水平；劳尔强调古巴将坚持全民免费公费医疗和教育这一社会成果；强调更新模式，"既不能着急，也不能停顿"；古巴将坚定不移地在社会主义旗帜下深化经济模式"更新"进程，既不走封闭僵化的老路，也不走改旗易帜的邪路；古巴反对新自由主义的"休克疗法"，将坚持"繁荣、持续的社会主义"，不搞私有化，决不复辟资本主义；强调个体户起补充作用，肯定大多数个体户是拥护革命的；强调古巴坚持共产党领导，坚持一党制，坚持马蒂主义、马克思主义、菲德尔思想。

卡斯特罗逝世　2016 年 11 月 25 日，古巴人民和古巴革命的领袖菲德尔·卡斯特罗逝世，享年 90 岁。中共中央总书记、国家主席习近平在致古共中央第一书记、国务委员会主席兼部长会议主席劳尔·卡斯特罗的唁电中，对卡斯特罗评价说："菲德尔·卡斯特罗同志是古巴共产党和古巴社会主义事业的缔造者，是古巴人民的伟大领袖。他把毕生精力献给了古巴人民争取民族解放、维护国家主权、建设社会主义的壮丽事业，为古巴人民建立了不朽的历史功勋，也为世界社会主义发展建立了不朽的历史功勋。菲德尔·卡斯特罗同志是我们这个时代的伟大人物，历史和人民将记住他。"①

2016 年 12 月 3 日晚在圣地亚哥举行的追悼纪念大会上，劳尔·卡斯特罗表示，菲德尔用他的实际行动告诉古巴人民，"在我们的不懈努力下，我们将在古巴建设社会主义的道路上克服一切阻碍，消除一切威胁，战胜一切动荡，过去我们可以，现在我们可以，将来我们一定也可以"。

卡斯特罗的去世无疑对古巴社会主义革命和建设是一个巨大损失，但是在古巴共产党的领导下，古巴人民必将继承菲德尔·卡斯特罗同志的遗

---

① 《人民日报》2016 年 12 月 26 日第 1 版。

志，化悲痛为力量，在"更新"社会主义经济社会模式、建设"繁荣和持续的"社会主义事业中不断取得新的成绩。

第七节　著名历史人物

塞斯佩德斯，卡洛斯·曼努埃尔·德（Céspedes，Carlos Manuel de，**1819 - 1874**）　古巴独立战争的发起者和领导人。生于巴亚莫。早年就读于哈瓦那大学，后赴西班牙巴塞罗那人学学习，后义在马德里大学获法学博士学位。曾在西班牙参加 1843 年反政府起义，失败后游历法国、意大利、德国和英国，深受资产阶级革命思想影响。1844 年回国，当律师兼营种植园。1868 年 10 月 10 日在自己的拉德马哈瓜种植园发动起义，宣布解放奴隶，发表著名的《亚拉呼声》，宣告古巴独立，古巴第一次独立战争开始。10 月 18 日率起义军攻占东部重镇巴亚莫。次年 4 月 11 日，在圭马罗会议上被任命为战时共和国总统，任内（1869～1873）因坚持温和立场，与激进的圭马罗会议派的分歧不断加深。1873 年 10 月 27 日被免职，遂回到马埃斯特腊山圣洛伦索庄园隐居，后被西班牙殖民者袭击身亡。

戈麦斯，马克西莫（Gómez Báez，Máximo，1836 - 1905）　古巴独立战争领导人之一。生于今多米尼加共和国的巴尼镇。16 岁入伍，曾参加抗击海地入侵者的战斗。1865 年流亡古巴。1868 年古巴独立战争爆发后，即参加起义军，1871 年任奥连特省起义军司令。因与战时共和国总统塞斯佩德斯有分歧，1872 年被免职。1873 年塞斯佩德斯下台后，先后出任卡马圭省起义军司令和起义军总司令。1875 年与马塞奥一起实施西进计划。1876 年辞去总司令职务，不久任陆军部部长。1878 年《桑洪条约》签订前夕离开古巴，先后到牙买加、洪都拉斯、美国和多米尼加等国。1895 年 3 月 25 日与何塞·马蒂在多米尼加共和国共同发表了《蒙特克里斯蒂宣言》，同年 4 月 11 日与马蒂一起在古巴奥连特省登陆。5 月 5 日在圣地亚哥附近与马塞奥的队伍会师。9 月任起义军总司令。10 月 22 日同马塞奥一起发动"突进战役"。1898 年美西战争结束后，解散起义军，对美国占领古巴持妥协态度。1905 年在哈瓦那去世。

加西亚，加利斯托（García Iniquez，Calixto，1839－1898）　古巴独立战争起义军将领之一，生于奥尔金。第一次独立战争爆发后，参加起义军。因屡建战功被晋升为少将。1872 年替代马克西莫·戈麦斯任奥连特省起义军司令。1873 年在曼萨尼略遭西班牙殖民军围困后被捕，后被流放西班牙。1878 年《桑洪条约》签订后获释，前往美国组织革命委员会，发表反对西班牙殖民统治的宣言。1879 年 5 月率远征军在古巴登陆，不久再次被捕并被流放西班牙，1894 年获释。1896 年从美国组织远征军在古巴登陆，不久，被任命为奥连特省和卡马圭省起义军司令。1897 年晋升为中将。次年任东部战区起义军司令，曾协助美军登陆古巴，并配合美军攻打圣地亚哥。后被任命为古巴主权自治委员会主席，负责同美国政府谈判。在与美国政府谈判期间病逝于华盛顿。

马塞奥，安东尼奥（Maceo Grajales，Antonio，1845－1896）　古巴独立战争主要领导人之一，民族英雄。出生于圣地亚哥一农民家庭，穆拉托（黑白混血种）人。在 1868～1878 年第一次独立战争中战功卓著。1872 年升为将军，1875 年与戈麦斯一起实施西进计划。1876 年任奥连特省起义军司令。1878 年他反对同西班牙签订的《桑洪条约》，在同西殖民军司令谈判时，提出著名的《巴拉瓜抗议书》，要求古巴完全独立，并率部坚持斗争。后被迫流亡国外，从事起义的准备工作。1893 年加入马蒂创建的古巴革命党，1895 年 4 月，率起义者在古巴东部杜阿瓦登陆，后同马蒂、戈麦斯会师，任起义军副司令。同年 10 月与戈麦斯率军展开"突进战役"，从东部向西横贯全岛，给殖民军以沉重打击。被古巴人民誉为"青铜巨人"。1896 年 12 月 16 日在战斗中英勇牺牲。

马蒂，何塞（Martí y Pérez，José Julián，1853－1895）　古巴独立运动领袖，民族英雄，诗人。1853 年 1 月 28 日生于哈瓦那一西班牙下级军官家庭。青少年时代即投身解放运动。1869 年在自己创办的报纸《自由祖国》上发表诗剧《阿布达拉》，宣传革命。同年被捕服苦役，次年被流放西班牙。流放期间，攻读法律和哲学，并用诗文号召人民进行斗争。

1875 年回到美洲，先后在墨西哥、危地马拉等地居住。1878 年回古巴参加反对西班牙殖民者的斗争，但不久又被逮捕流放西班牙。后于 1881 年流亡美国，致力于革命宣传和组织工作。1892 年创建古巴革命党，被选为党代表（主席）。1895 年发动和领导古巴独立战争，4 月率起义军在古巴东海岸登陆，5 月 19 日在多斯里奥斯战役中阵亡。著有诗集《伊斯马埃利约》《纯朴的诗》《自由集》《平易集》等。

巴蒂斯塔 - 萨尔迪瓦，富尔亨西奥（Batista y Zaldívar，Fulgencio，1901 - 1973） 古巴独裁者、总统（1940 ~ 1944，1952 ~ 1958）。生于奥连特省巴内斯。1921 年入伍。后任上士速记员。1933 年古巴全国爆发反马查多独裁统治的示威，他作为起义士兵领袖，乘机掌握军权，晋升为上校和陆军首领。1933 ~ 1940 年以陆军参谋长身份控制古巴政府。1940 ~ 1944 年出任总统。任内，在群众斗争的压力下，采取了某些改良主义措施。1944 年竞选总统失败下台。1948 年当选参议员。1952 年 3 月策动政变上台，实行独裁统治，解散议会和各政党，禁止罢工和群众集会，杀害爱国人士。1954 年 11 月又连任总统。其独裁统治激起全国人民反抗，各地爆发武装起义。1959 年 1 月 1 日凌晨逃离古巴，流亡多米尼加，死在西班牙。

乌鲁蒂亚，曼努埃尔（Urrutia Lledo，Manuel，1901 - 1981） 古巴总统（1959）。生于古巴亚瓜哈伊。1923 年毕业于法学院，后任律师。1928 年任西瓜尼市法官。曾参加反马查多独裁统治的活动。1948 年任圣地亚哥市法庭执行法官。1956 年因拒绝对被捕的"格拉玛号"幸存者判刑而受迫害，流亡美国。1958 年 12 月乘飞机到马埃斯特腊山与菲德尔·卡斯特罗会晤。1959 年 1 月任临时总统，因反对革命政府所采取的改革措施，同年 7 月 17 日被迫辞职。1960 ~ 1962 年先后在委内瑞拉和墨西哥驻古使馆"避难"。1963 年赴美国定居，讲授西班牙语，成为反卡斯特罗组织民主革命运动的领导人。

纪廉，尼古拉斯（Guillén Batista，Nicolás Cristobal，1902 - 1989） 古巴诗人。生于古巴卡马圭。早年当过印刷厂学徒。17 岁起开始发表诗歌。1921 年进哈瓦那大学法律系学习，次年辍学。后从事新闻工作和诗歌创作。1937 年加入古巴共产党。1937～1938 年西班牙内战期间在西班牙任《正午》杂志战地记者。1940 年回国后任卡马圭市市长。1945～1948 年周游拉美各国。因反对巴蒂斯塔独裁政权，多次被捕入狱。1953～1958 年流亡国外。1954 年获"加强国际和平"列宁国际奖金。1959 年古巴革命胜利后回国。1952 年、1953 年和 1959 年三次访问中国。1961～1989 年任古巴作家和艺术家联合会主席。1975 年和 1980 年当选为古共中央委员。其诗歌创作早期受现代主义影响，后吸收古巴黑人音乐的鲜明节奏。主要作品有诗集《音响的主题》《松戈罗·科松戈》等。

梅利亚，胡利奥·安东尼奥（Mella, Julio Antonio, 1903－1929）
古巴共产党创始人之一。生于哈瓦那。1920 年入哈瓦那大学学习，接受马克思主义，积极从事学生运动，主张进行大学改革。1922 年参与创建古巴大学生联合会，任秘书长。1923 年组织古巴大学生全国代表大会。次年组建哈瓦那共产主义者协会。1925 年 8 月 16～17 日，与卡洛斯·巴利尼奥（Carlos Balino）一起，召集古巴各共产主义小组大会，创建古巴共产党，并当选为中央委员。同年，创立美洲反帝同盟古巴分部。因领导学生举行反独裁统治的游行示威而被捕，1926 年 1 月被放逐，先到中美洲，后到墨西哥。曾任墨西哥共产党中央委员和美洲反帝同盟墨西哥分部执行委员。1928 年在墨西哥创立无产者大学生协会和古巴革命流亡者协会。1929 年 1 月 10 日，在墨西哥城被马查多雇用的刺客暗杀身亡。

罗加，布拉斯（Roca Calderío, Blas, 1908－1987）　　古巴工人运动和共产主义运动领导人之一。出生于曼萨尼略一制鞋工人家庭。当过鞋匠、木匠、店员和教师。1929 年加入古巴共产党（1944 年改名为人民社会党），1929～1930 年任古巴制鞋工人工会总书记。1930 年和 1932 年两次被捕入狱，1933 年释放后任古共中央政治局委员和中央书记，次年任古共中央总书记。1939～1940 年任制宪议会代表。1940～1952 年任众议员。1944～1961 年任人民社会党总书记。1961～1965 年先后任古巴革命统一组织和古巴社会主义革命统一党的全国领导委员会成员、书记处书记，今日报社社长。1965 年 10 月任古共中央书记处书记。1975 年 12 月当选为古共中央政治局委员、书记处书记。1976 年 12 月～1981 年 12 月任古巴全国人民政权代表大会主席，1976年至1987年任古巴国务委员会副主席。著有《古巴社会主义基础》等。

罗德里格斯，卡洛斯·拉斐尔（Rodríquez, Carlos Rafael, 1913 – 1997） 古巴共产党和政府领导人之一。生于西恩富戈斯。1932年加入古巴共产党。1939年当选为古共中央委员，同年获哈瓦那大学法学和社会科学博士学位。后担任哈瓦那大学经济学教授。1942~1943年任巴蒂斯塔政府不管部部长。1953年任古巴人民社会党中央执行局委员。1958年9月任人民社会党驻马埃斯特腊山区起义军总部的代表。革命胜利后，1959~1962年任今日报社社长，1960~1962年任哈瓦那大学经济学院教授、院长。1962~1965年任古巴全国土地改革委员会主席，后任古巴全国农业委员会主席。1961~1965年先后任古巴革命统一组织和古巴社会主义革命统一党的全国领导委员会成员，1965年10月任古共中央书记处书记。次年，任古巴和苏联政府经济和科学合作委员会古方主席。1970年任经济部部长。1972~1976年任副总理。1975年12月~1997年10月任古共中央政治局委员、书记处书记。1976年至1997年任国务委员会副主席和部长会议副主席。1997年12月8日病逝。

多尔蒂科斯·多拉多，奥斯瓦尔多（Dorticós Torrado, Osvaldo, 1919 – 1983） 古巴总统（1959~1976）。生于西恩富戈斯。毕业于哈瓦那大学法学系，后在哈瓦那当律师。20世纪30年代末加入人民社会党，当过该党领导人马里内略的秘书，50年代初脱离该党。1956年参加反对巴蒂斯塔独裁统治的斗争。后加入"七·二六运动"组织，并担任该组织在西恩富戈斯的领导人。1958年被捕入狱，同年12月流亡墨西哥。1959年革命胜利后回国。先任司法部部长，同年7月担任总统。1964~1976年兼任经济部长和中央计划委员会主任。1965年任古共中央政治局委员兼书记处书记。1975年古共"一大"再次当选为政治局委员。1976年古巴取消总统职务后，改任国务委员会委员和部长会议副主席，1980年兼任司法部长。1983年6月23日自杀身亡。

卡斯特罗·鲁斯，菲德尔（Castro Ruz, Fidel, 1926 – 2016） 古巴党和国家最高领导人。1926年8月13日生于奥连特省马亚里市比兰村一甘蔗种植园主兼木材商家庭。早年就读于教会学校。1945 年入哈瓦那大学法律系，1950 年获法学博士学位。积极参加反独裁统治的斗争，1953 年 7 月 26 日，率 154 名青年攻打圣地亚哥蒙卡达兵营，失败后被捕，被判刑 15 年。在受审期间，发表了著名的自我辩护词《历史将宣判我无罪》。1955 年获赦出狱，后流亡墨西哥。1956 年 3 月 19 日创建 "七・二六运动" 组织。1956 年 11 月 25 日率领 81 名战友乘 "格拉玛号" 游艇从墨西哥出发，于同年 12 月 2 日在奥连特省红滩登陆，后转到马埃斯特腊山开展游击战争，任起义军总司令。1959 年 1 月 1 日推翻巴蒂斯塔独裁政权，取得革命胜利。革命胜利初期，任革命武装部队总司令。1956 年 2 月 16 日兼任总理，领导了古巴的民主改革。1961 年 4 月 16 日宣布古巴革命是社会主义革命，同年 5 月 1 日宣布古巴是社会主义国家。1961 年 4 月指挥古巴军民挫败了美国雇佣军在吉隆滩的武装入侵。1961 ~ 1965 年先后任古巴革命统一组织和古巴社会主义革命统一党的第一书记。1965 ~ 2011 年任古巴共产党中央委员会第一书记。1976 ~ 2008 年任古巴国务委员会主席兼部长会议主席。2006 年 7 月底因病将其担任的党政军最高职务暂时移交给劳尔・卡斯特罗，2008 年和 2011 年先后正式卸任政府和党内最高职务。2016 年 11 月 25 日逝世。

阿尔梅达，胡安（Almeida Bosque, Juan, 1927 – 2009）　古巴党和国家主要领导人之一。生于哈瓦那。穆拉托（黑白混血种）人。1952 年在哈瓦那大学结识菲・卡斯特罗并一起从事革命活动。1953 年 7 月 26 日参加菲德尔・卡斯特罗领导的攻打蒙卡达兵营的战斗。战斗失败后，同菲德尔・卡斯特罗等一起被捕入狱，被判处 10 年徒刑。1955 年大赦同菲德尔・卡斯特罗一起获释，后流亡墨西哥。"七・二六运动" 组织成立后成为该组织成员。1956 年 11 月 25 日同菲德尔・卡斯特罗等一起乘 "格拉玛号" 游艇从墨西哥出发，于同年 12 月 2 日在奥连特省红滩登陆，后转到马埃斯特腊山区打游击。1958 年被任命为起义军第三阵线司令。古巴革命胜利后，1959 ~ 1961 年先后任空军司令、古巴军事法庭负责人、陆军司令、中部军区司令和革命武装部参谋长等职。1961 ~ 1965 年先后任古巴革命统一组织和古巴社会主义革命统一党的全国领导委员会成员，

1965 年 10 月起一直是古共中央委员、政治局委员。1964～1997 年任古巴革命武装部第一副部长。1976～1986 年任中央监督委员会主席。1976 年起连续当选为历届全国人民政权代表大会代表、国务委员会副主席、古巴革命战士联合会主席。军旅作家和诗人，著有多部传记、回忆录，如《马克西莫·戈麦斯总司令》《监禁》《流亡》《格拉玛》等。2009 年 9 月 11 日因心脏病逝世。

格瓦拉，埃内斯托·切（Guevara，Ernesto Che，1928－1967）

古巴革命领导人之 。1928 年 6 月 14 日生于阿根廷罗萨里奥。1953 年毕业于布宜诺斯艾利斯大学医学系。同年周游玻利维亚、秘鲁、厄瓜多尔、哥斯达黎加、尼加拉瓜、洪都拉斯和危地马拉。1954 年到墨西哥，后参加古巴卡斯特罗领导的"七·二六运动"组织。1956 年 11 月 25 日与菲·卡斯特罗等同乘"格拉玛号"游艇从墨西哥出发，于同年 12 月 2 日在奥连特省红滩登陆，后转入马埃斯特腊山区开展武装斗争，率领第八纵队西进，1959 年 1 月 1 日指挥起义军在决定性的圣克拉拉战役中获胜，随即率领纵队于同年 1 月 2 日到达哈瓦那，攻占了卡瓦尼亚要塞，为解放哈瓦那和古巴做出了重要贡献。古巴革命胜利后，先后任国家银行行长（1959～1961）、工业部部长（1961～1965）、古巴革命统一组织全国领导委员会成员和书记处书记（1961～1963）、古巴社会主义革命统一党政治局委员和书记处书记（1963～1965）。1965 年辞去在古巴党和政府中的职务，先后到刚果（利）、玻利维亚开展游击斗争。1967 年 10 月在战斗中受伤，被玻利维亚政府军俘获后于 10 月 9 日遇害。著有《游击战》《古巴革命战争回忆录》《切在玻利维亚的日记》《刚果革命战争回忆录》等。

马查多·本图拉，何塞·拉蒙（Machado Ventura，José Ramón，1930－） 古巴党和国家主要领导人之一。1930 年 10 月 24 日生于古巴拉斯维亚斯省圣安东尼奥德拉斯布埃尔塔斯市。毕业于哈瓦那大学医学系。20 世纪 50 年代参加菲·卡斯特罗创建的"七·二六运动"组织，后参加起义军，曾先后在起义军第四、第一纵队和东方第二战线作战。古巴革命胜利后，1960～1968 年任卫生部部长。1965 年起一直是古共中央委员，1971～1977 年任哈瓦那市市委第一书记。1975 年起一直是古共中央政治局委员。2008 年 2 月～2013 年 3 月任古巴国务委员会第一副主席兼部长会议第一副主席。2013 年 3 月起任古巴国务委员会副主席兼部长会议副主席。2011 年 4 月在古共"六大"和 2016 年 4 月在古共"七大"会议上当选为古共中央第二书记。自 1976 年起一直是古巴全国人大代表。

卡斯特罗·鲁斯，劳尔（Castro Ruz, Raúl, 1931 – ） 古巴党和国家的主要领导人之一，菲德尔·卡斯特罗之弟。1931 年 6 月 3 日生于奥连特省马亚里市比兰村一甘蔗种植园主兼木材商家庭。曾就读于哈瓦那大学。1953 年参加人民社会党领导的社会主义青年联盟，出席过世界青年代表大会，并访问过一些东欧国家。1953 年 7 月 26 日参加菲德尔·卡斯特罗领导的攻打蒙卡达兵营的战斗，负责攻打法院大厦。战斗失败后，同菲德尔·卡斯特罗等一起被捕入狱，被判处 13 年徒刑。1955 年大赦同菲德尔·卡斯特罗一起获释，后流亡墨西哥。"七·二六运动"组织成立后成为该组织成员。1956 年 11 月 25 日，同菲德尔·卡斯特罗等一起乘"格拉玛号"游艇从墨西哥出发，于同年 12 月 2 日在奥连特省红滩登陆，后转到马埃斯特腊山区打游击。1958 年 3 月，率领一支起义军在奥连特省北部的克里斯达尔山区建立第二战线。同年 5 月，率第二战线起义军粉碎了巴蒂斯塔政府军发动的进攻。古巴革命胜利后，出任革命武装力量部部长。1961～1972 年任副总理，1972～1976 年任第一副总理。1961 年 7 月至 1965 年 10 月，先后任古巴革命统一组织和古巴社会主义革命统一党第二书记。1965 年 10 月至 2011 年 4 月任古巴共产党中央委员会第二书记。1976～2008 年任古巴国务委员会第一副主席兼部长会议第一副主席。2006 年 7 月底，菲德尔·卡斯特罗因病将其担任的党政军最高职务暂时移交给劳尔·卡斯特罗。2008 年 2 月劳尔·卡斯特罗正式当选并就任古巴国务委员会主席兼部长会议主席，2011 年 4 月在古共"六大"和 2016 年 4 月在古共"七大"会议上当选为古共中央第一书记。2018 年 4 月，劳尔卸任国务委员会主席兼部长会议主席职务，迪亚斯－卡内尔接任。劳尔留任古共中央第一书记。

埃切维里亚，何塞·安东尼奥（Echeverría Bianchi, José Antonio, 1932 – 1957） 古巴青年和学生运动领导人之一。毕业于哈瓦那大学建筑系。1952 年 3 月 10 日巴蒂斯塔政变上台后，他领导青年学生开展反独裁统治的斗争。1953 年任古巴大学生联合会秘书长，1954～1957 年任大学联主席。曾多次被捕入狱。1955 年底参与创建革命青年组织革命指导委员会。1956 年同菲·卡斯特罗签订《墨西哥来信》，表示革命指导委员会和"七·二六运动"将在反独裁的共同斗争中保持团结。1957 年 3 月 13日，率一批青年学生攻打总统府和时钟电台，革指委的成员虽到了总统府的第三层楼，但巴蒂斯塔已闻风逃走。埃切维里亚本人率领一个小组占领时钟电台，在电台宣读革命宣言。当他们完成任务返回驻地时，同警察遭遇，在交火中，埃切维里亚不幸中弹牺牲。在他牺牲后，为纪念这一事件，革命指导委员会更名为"三·一三革命指导委员会"。

西恩富戈斯，卡米洛（Cienfuegos，Camilo，1932－1959） 古巴革命领导人之一。当过店员。1953 年移居美国，1955 年回国。同年，在一次反巴蒂斯塔独裁政权的示威游行中受伤。1956 年他被捕遭受拷打，后被流放美国、墨西哥。11 月 25 日同菲·卡斯特罗等一起乘"格拉玛号"游艇从墨西哥出发，于同年 12 月 2 日在古巴奥连特省红滩登陆，后转到马埃斯特腊山区打游击。他参加了所有重要的战斗。1959 年 1 月 2 日，他率领起义军第二纵队到达哈瓦那，攻占了"哥伦比亚"军营。革命胜利后，出任起义军总参谋长。同年 10 月 28 日因飞机失事遇难，被追认为古巴革命烈士和英雄。

瓦尔德斯·梅嫩德斯，拉米罗（Valdés Menéndez，Ramiro，1932－） 古巴党和政府主要领导人之一。1953 年 7 月 26 日参加菲·卡斯特罗领导的攻打蒙卡达兵营的战斗，战斗失败后，被捕入狱。1955 年大赦获释，后流亡墨西哥。1956 年 11 月 25 日同菲·卡斯特罗等一起乘"格拉玛号"游艇从墨西哥出发，于同年 12 月 2 日在奥连特省红滩登陆，后转到马埃斯特腊山区打游击，与格瓦拉一起率领起义军第八纵队攻克圣克拉拉市后西进。古巴革命胜利后，1961～1968 年和 1979～1985 年两次出任内政部长。曾任革命武装力量部第一副部长。2006～2011 年任通信和邮电部部长。自 2009 年 12 月起任国务委员会副主席兼部长会议副主席。自 1965年起一直担任古巴中央委员和政治局委员。

卡布里萨斯·鲁伊斯，里卡多（Cabrisas Ruiz，Ricardo，1937 — ）

古巴部长会议副主席、计划和经济部部长。1937 年 1 月 21 日出生于古巴哈瓦那。20 世纪 50 年代，加入"七·二六运动"组织，积极投身于反对巴蒂斯塔独裁政权的斗争。革命胜利后，1980～2000 年长期担任外贸部部长，2000～2008 年任不管部长，2008 年起任部长会议主席。2016 年 7 月起兼任计划和经济部长。

迪亚斯－卡内尔·贝穆德斯，米格尔·马里奥（Díaz – Canel Bermúdez，Miguel Mario，1960 — ）　古巴党和国家领导人。1960 年生于古巴拉斯维亚斯省普拉塞塔斯市。1982 年毕业于拉斯维亚斯中央大学电机工程系，毕业后加入武装部队。1985 年回拉斯维亚斯中央大学教书。1987～1989 年到尼加拉瓜履行国际主义义务。回国后任省共青盟领导人。1991 年当选为古共中央委员，1993 年任共青盟中央第二书记，1994～2003 年任古共比亚克拉拉省省委第一书记，2003～2009 年任古共奥尔金省省委第一书记，2009～2012 年任高等教育部部长。2012～2013 年任部长会议副主席。2013 年 2 月 24 日当选并就任古巴国务委员会和部长会议第一副主席。自 2003 年起任古共中央政治局委员。2018 年 4 月，当选为古巴国务委员会主席兼部长会议主席。

穆里略·豪尔赫，马里诺·阿尔韦托（Murillo Jorge，Marino Alberto，1961 — ）　古巴部长会议副主席、贯彻落实古共"六大"和"七大"《纲领》常务委员会主席。1961 年生于古巴曼萨尼略市。毕业于军事学院经济专业。2006～2009 年任国内贸易部长，2009～2011 年任计划和经济部长。2009 年当选为国务委员。2009 年起任部长会议副主席。2011 年 4 月当选为中央政治局委员，并被任命为贯彻落实古共"六大"《纲领》常务委员会主席。2014 年 9 月～2016 年 7 月再次担任计划和经济部部长。2016 年 4 月在古共"七大"上再次当选为中央政治局委员，并被任命为贯彻落实古共"六大"和"七大"《纲领》常务委员会主席。2016 年 7 月 14 日被解除计划和经济部部长职务。

第三章

政　治

第一节　国体和政体

一　演变

古巴在 1510～1898 年是西班牙的殖民地。1898～1901 年美国对古巴实行军事占领。1902 年古巴成立共和国,取得了名义上的独立。从 1902 年至 1958 年,古巴的国体是资产阶级占统治地位的资本主义国家,其政体是共和制,古巴是实行总统制的共和国。1959 年 1 月 1 日古巴革命胜利后,劳动人民开始当家作主。经过一系列民主改革,1961 年 4 月 16 日,古巴领导人正式宣布古巴革命是一场社会主义革命。同年 5 月 1 日,又宣布古巴是社会主义国家,古巴的政体仍是共和制。1959～1976 年实行总统制。自 1976 年起,古巴实行人民政权代表大会制。

二　国体

1961 年古巴领导人正式宣布古巴是社会主义国家。1976 年 2 月经公民投票通过了古巴第一部社会主义宪法。这部宪法规定,古巴共和国是工人阶级领导的、以工农和其他劳动人民联盟为基础的社会主义国家,一切权力属于劳动人民,人民通过全国人民政权代表大会和地方人民政权代表大会行使国家权力。

1992 年 7 月 12 日修改后的古巴宪法第一条明确规定，古巴共和国是属于全体劳动者的独立、主权、统一、民主的社会主义国家。①

三 政体

1959 年初革命胜利后，古巴于同年 2 月 7 日颁布根本法，规定由部长会议行使国家立法权并协助总统行使行政权；取消议会，将议会的立法权和其他职能赋予部长会议。同年 2 月 16 日，武装部队总司令卡斯特罗出任部长会议主席（总理）。自那时候起至 1976 年，名义上总理应该协助总统行使行政权，实际上总统只是近似荣誉职位，并无实权，权力集中在总理手中。

20 世纪 70 年代，古巴开始政治机构体制化。1976 年 2 月，古巴颁布新宪法。宪法规定，全国人民政权代表大会是古巴最高权力机关和唯一的立宪、立法机构。同年 12 月召开第一届全国人民政权代表大会第一次会议，宣告该代表大会正式成立。1992 年 7 月 12 日，古巴全国人民政权代表大会对 1976 年宪法进行了重要修改。

古巴人民政权代表大会制与议会制、总统制不同。在议会制和总统制国家，立法权属于议会，而古巴全国人民政权代表大会既是立法机构，又是最高国家权力机关，是议行合一的国家体制，最高国家行政机构必须受最高国家权力机构的领导和监督，其他一切国家机构的权力都不得超过它。

第二节　宪法

古巴独立前，曾有过 5 部宪法，其中比较重要的有于 1868 年起草、1869 年由起义军颁布的战时共和国宪法，1878 年在巴拉瓜起草的宪法，1898 年 10 月 20 日颁布的圣地亚哥临时宪法。

---

① 《世界各国宪法》编辑委员会编《世界各国宪法·美洲大洋洲卷》，中国检察出版社，2012，第 483 页。

一 1901 年宪法

1899 年美国占领军政府公布选举法，1900 年 6 月举行第一次市政选举，同年 9 月选出了由 31 名代表组成制宪会议，11 月另开会议，1901 年 2 月结束，2 月 21 日公布宪法。宪法规定建立共和国，使古巴成为"能保障自由和正义，并能促进公共福利的独立的主权国家"。共和国实行三权分立，采用总统制，总统和副总统每 4 年选举一次；两院制议会中的参议院由全国 6 个省各选 4 名成员组成，众议院则按人口比例进行选举。年满 21 岁的男性公民有选举权。宪法保障言论、出版、集会和宗教自由等个人权利。县议会和省议会等地方机构有一定的自治权。在出现严重社会混乱时，总统有权停止宪法的实施，用行政命令进行治理。但这部宪法没有提到未来的古美关系。美国国会则于 1901 年 3 月 2 日提出《普拉特修正案》，并于同年 6 月 12 日强迫古巴将这一修正案作为附录载入古巴宪法。同年 12 月 31 日古巴举行大选。1902 年 5 月 20 日，亲美的保守党人帕尔马就任第一届总统。同一天，古巴共和国宣告成立。1903 年，古美签订条约，古巴实际上成为美国的保护国。1901 年宪法一直实行到 1940 年。

二 1940 年宪法

1939 年古巴召开立宪大会，重新修订 1901 年宪法。修订后的宪法于 1940 年通过并立即生效。宪法规定，国会是共和国最高立法机关，由参议院和众议院组成。参议院 54 席，众议院 140 席，任期均为 4 年，每 2 年改选其中的一半。总统是国家最高元首，行使国家最高行政权。最高法院和地方各级法院行使国家司法权。最高法院法官由国会选举产生，总统任命。地方法院法官由最高法院任免。宪法规定，一切古巴公民，不分性别和种族均享有同等权利，履行同等义务；公民有言论、出版、集会、结社、通信等自由。宪法还规定，反对经济剥削；实行 8 小时工作制，保护童工。年满 20 岁的古巴公民享有选举权。这部宪法纠正了以前总统滥用职权的弊端，加强了国会的权力。宪法规定，内阁成员由总统任命，但直接对国会负责；国会可以多数票通过对内阁的不信任案；总统卸任 8 年后方能再次当选。这部宪法被认为是当时比较进步的宪法。1952 年巴蒂斯塔发动政变，废除了这部宪法。在反对巴蒂斯塔独裁统治的斗争中，以卡斯特罗为首的"七·二六运动"曾把恢复 1940 年宪法作为古巴革命的重要目标之一。

三 1959 年根本法

古巴革命胜利后，先后制定、颁布和执行 1959 年根本法、1976 年宪法和 1992 年宪法。古巴 1959 年 2 月 7 日颁布的根本法起到共和国宪法的作用。根本法共 16 章，230 条。根本法规定，共和国主权在民，一切权力属于人民。共和国部长会议行使国家立法权并协助总统行使行政权。最高法院、高级选举法院及法律规定的其他法院行使国家司法权。一切古巴公民，不分性别、种族、肤色或阶层均拥有同等的权利和义务；公民有言论、出版、集会、结社、宗教信仰、通信等自由。年满 20 岁的古巴公民享有选举权。根本法承认私有制的合法性，但需要根据公共需要和社会利益对私有制做出限制。根本法以古巴 1940 年宪法为基础，很多条款系 1940 年宪法条款原文，或略作修改。根本法颁布和生效后曾多次修改，并纳入了 1959 年的土改法、1960 年的城市改革法、1961 年的教育国有化法和 1963 年的第二次土改法。

四 1976 年宪法①

1976 年 2 月 15 日经公民投票通过 1976 年宪法，同年 2 月 24 日生效。宪法共 12 章 141 条。这部宪法规定，古巴共和国是工人阶级领导的、以工农和其他劳动者联盟为基础的社会主义国家。一切权力属于劳动人民。人民通过全国人民政权代表大会和地方人民政权代表大会行使国家权力。古巴共产党是古巴社会主义革命和建设的领导力量。古巴的社会主义经济制度以生产资料的社会主义全民所有制为基础，在社会主义生产关系的基础上实行计划经济。实行各尽所能、按劳分配的社会主义原则。国家的主

---

① 1976 年古巴共和国宪法全文的译文，请参见姜士林等主编《世界宪法全书》，青岛出版社，1997，第 1517～1538 页。

要经济成分有：国家所有制（全民所有制）、合作所有制（集体所有制，主要是农牧业生产合作社）和个体所有制（小农和个体劳动者）。国家支持小农有助于国民经济发展的合作生产和个体生产，促进小农自愿加入国家的农牧业生产计划和组织，允许根据法律规定组织农牧业生产合作社。国家对外贸实行垄断。宪法规定，古巴是世界社会主义大家庭的组成部分，坚持无产阶级国际主义和同各国人民团结战斗的原则，并在这个原则的指导下发展同苏联的友好和互助合作关系。所有公民都享有同等权利并具有同等义务。禁止种族、性别和肤色歧视。公民有言论、通信、出版、结社、集会、示威等自由。年满 16 岁的公民享有选举权和被选举权，但只有年满 18 岁的公民才有资格当选为全国人民政权代表大会代表。全国人民政权代表大会是国家最高权力机关，行使国家立法权，监督其他权力机关的一切活动，其常设机关是国务委员会。全国人民政权代表大会每年举行两次会议，大会休会期间由国务委员会负责处理日常事务。部长会议，即共和国政府，是最高执行机关和行政机关。省、县人民政权代表大会是地方国家权力机关，其常设机关是省、县人民政权代表大会执行委员会。最高人民法院和地方各级人民法院行使国家司法权。总检察院和地方各级检察院是国家检察机关，负责监督社会主义法律的执行。全面或部分修改宪法必须由全国人民政权代表大会以 2/3 以上的多数票通过。如果全面修改宪法或修改宪法中关于全国人民政权代表大会和国务委员会组织与职能的规定，或修改宪法中有关权利和义务的规定时，除由全国人民政权代表大会投票表决外，还必须举行公民投票，以多数票通过。

五　1992 年宪法改革[①]

1992 年 7 月，古巴第 3 届全国人民政权代表大会第 11 次会议对 1976 年宪法做了修改，并于同年 8 月 1 日在《古巴共和国官方公报》特刊上

---

① *Constitución de la República de Cuba*, Editora Política, La Habana, 1992. 中文译文全文请参见《世界各国宪法》编辑委员会编《世界各国宪法·美洲大洋洲卷》，中国检察出版社，2012，第 482～496 页，下同。

公布。1992 年宪法对 1976 年宪法 141 条中的 76 条做了修改，其中包括政治、经济、军事、外交、文化、教育、社会等方面的条文。主要修改的内容是：在序言部分，将原来的"我们的指导思想——无往不胜的马克思列宁主义学说"，改为"在何塞·马蒂思想和马克思、恩格斯、列宁的政治社会思想的指引下"；将原来的"我们依靠无产阶级国际主义，苏联和其他社会主义国家的兄弟情谊、援助与合作，拉美和世界各国劳动者与人民的同情"，改为"我们依靠无产阶级国际主义，世界各国特别是拉美和加勒比各国人民的兄弟情谊、援助、合作与声援"；删去原第 54 条中"以科学的唯物世界观为指导行动的基础并以此教育人民的社会主义国家"，改为现第 55 条中的"国家"，并加上"国家承认、尊重和保障每个公民有改变宗教信仰或不信任何宗教以及在尊重法律的前提下，信仰所喜爱的宗教的自由"。在现第 93 条（原第 91 条）有关国务委员会主席和政府首脑行使职权的条款中，增加了"有宣布'紧急状态'权"；在现第 3 条（原第 4 条）中，增加了"全体公民都有权利用一切手段（包括武装斗争，如果其他手段无效）打击那些企图推翻本宪法所确认的政治、社会和经济秩序的任何人"；增加了"国家承认合资企业的所有权"，合资企业"在使用、享受和支配其资产方面受法律的保护"（现第 23 条）；增加有关成立全国国防委员会（第 101 条）和省市国防委员会（第 119 条）的内容，规定"在和平时期各级国防委员会领导人民备战，战时指挥人民抵御外国侵略"（第 101、119 条）；1976 年宪法第 69 条规定："全国人民政权代表大会由市人民政权代表大会根据法律规定的方式和比例选出的代表组成"，1992 年宪法第 71 条改为"由选民自由、直接和秘密投票选举产生"。1993 年 2 月 24 日，古巴举行公民投票，选举了第 4 届全国人民政权代表大会和省人民政权代表大会的代表，这是古巴革命胜利后第一次举行全国性无记名直接选举。

六　2002 年 6 月古巴全民公决和宪法改革

2002 年 6 月 15~18 日古巴举行全民公决，就古巴 8 个主要群众组织提出的一项要求修改国家宪法，进一步加强古巴作为独立的社会主义主权国家的地位。8198237 位选民（占全部选民的 98.97%）在全民公决中签了名。这次全民公决是对美国布什总统于同年 5 月 20 日发表的反古讲话的有力反击，布什在讲话中大肆攻击古巴现行的社会主义制度，要求古巴进行自由选举，并以此作为解除对古巴封锁的先决条件。这次全民公决也是对古巴国内所谓持不同政见者所提出的要求进行所谓民主改革的"巴雷拉计划"的回击。同年 6 月 26 日，全国人民政权代表大会特别会议通过一项对现行宪法进行修改的法律，增加了一条"特别条款"："古巴几乎全体人民，于 2002 年 6 月 15 日至 18 日表示，强烈支持该月 10 日由全国人民政权代表大会特别会议的各机构起草的共和国宪法修正案的各部分，强烈支持建议将社会主义性质和政治、社会体制宣布为不可更改，以此作为对美帝国主义政府 2002 年 5 月 20 日威胁的庄严回应。"[①] 该条款进一步确定宪法规定的古巴社会主义制度的不可更改性。

2016 年 4 月 16 日，劳尔·卡斯特罗在古共"七大"的报告中说，古巴将在今后几年对 1992 年宪法进行修改，制定新的宪法，以适应经济社会模式的"更新"，经过公民投票通过。

第三节　选举制度

一　1976 年宪法有关选举制度的规定

古巴 1976 年宪法第十一章规定，在一切选举和公民投票中，投票是自由、平等和秘密的，每个投票者只能投一票。凡年满 16 岁的男女古巴公民，除精神病患者和罪犯外，都享有选举权。一切拥有充分政治权利的男女古巴公民都有被选举权，但只有年满 18 岁的公民才有资格当选为全国人民政权代表大会代表。全国革命武装部队和其他军事机构的成员同其他公民一样有选举权和被选举权。全国人民政权代表大会的代表，按国家

[①] 《世界各国宪法》编辑委员会编《世界各国宪法·美洲大洋洲卷》，中国检察出版社，2012，第 496 页。

规定的各行政区内居民人数的比例选举产生。市（县）人民政权代表大会的代表从事先划出的选区内选出，市（县）人民政权代表大会以无记名投票的方式选举省和全国人民政权代表大会的代表。人民政权代表大会的代表候选人必须获得该选区半数以上的选票方能当选。如所有候选人均未获得过半数的选票，须举行新一轮的选举，从得票最多的候选人中选出代表。

1976 年 10 月 10 日和 13 日，古巴通过两轮选举，从 3 万多名候选人中选出 169 个市（县）的人民政权代表大会的代表共 10725 名。10 月 30 日，由市（县）人大选出省人民政权代表大会代表；11 月 2 日，选出第一届全国人民政权代表大会代表。

二 现行 1992 年选举法①的规定

1992 年 10 月，古巴全国人民政权代表大会通过 1992 年第 72 号法即选举法。选举法的特点是将原来的间接选举改为直接选举。新选举法规定，古巴的选举分为两种：第一种是大选，每 5 年举行一次，通过直接和秘密选举产生全国人大代表、人大主席、副主席、秘书，国务委员会和部长会议主席、国务委员会和部长会议第一主席、国务委员会副主席、秘书和其他委员，省人大代表、省人大主席和副主席。第二种选举是每两年半举行一次，选举产生市（县）人大代表、市（县）人大主席和副主席。

选举法规定，凡年满 16 岁的古巴公民，都享有选举权，但只有年满 18 岁的公民才有资格当选为全国人民政权代表大会代表。全国革命武装部队和其他军事机构的成员同其他公民一样有选举权和被选举权。古巴共产党不提名人大代表的候选人，而是由人民和选民自己进行选择。古巴各级人大代表候选人不能搞竞选活动。选举的票箱由少先队员进行监督。

选举法通过后，1992 年 12 月，古巴市（县）共选举产生 13969 名市

---

① Ley electoral de la República de Cuba, http://www.cubaminrex.cu.

（县）人大代表，1993 年选举产生 1190 名省人大代表和 589 名全国人大代表。2013 年选举产生第 8 届全国人大代表共 612 名。2017 年 6 月 14 日，国务委员会发表公告宣布，2017 年 10 月 22 日和 29 日举行每两年半一次的市（县）人大代表选举，并于 2018 年举行每五年一次的省和全国人大代表的换届选举。

第四节 政府

一 国家元首和政府首脑

1992 年修改后的宪法第 74 条规定，古巴"国务委员会主席是国家元首和政府首脑"；[①] 第 93 条规定了国务委员会主席和政府首脑的职权。

（1）代表国家和政府，指导总政策；

（2）组织和领导国务委员会和部长会议的工作，召集和主持国务委员会和部长会议；

（3）监督和关注政府各部及其他中央机构的工作；

（4）对政府某部或某中央机构实行领导；

（5）一经当选，向全国人民政权代表大会提出部长会议组成人员；

（6）接受部长会议成员辞职，或按程序向全国人民政权代表大会或国务委员会提出任免建议，在上述两种情况下，均应推荐相应人选；

（7）接受外国使节的国书，这一职能也可由任何一位国务委员会副主席代行；

（8）统率革命武装力量，决定其总的组织；

（9）主持全国国防委员会；

（10）在本宪法所规定的情况下，宣布紧急状态，一旦条件允许，立即向全国人民政权代表大会或在该大会不能召开的情况下，向国务委员会报告上述决定，以使决定合法化；

---

① *Constitución de la República de Cuba*, Editora Política, La Habana, 1992, p. 31.

（11）签署国务委员会法令和其他决议、部长会议或部长会议执行委员会所通过的法令，并命令在《古巴共和国官方公报》上发布；

（12）宪法或法律规定的其他职权。[①]

宪法规定，在国务委员会主席缺位、患病或逝世时，由第一副主席行使职权。

自 1976 年起，古巴国家元首（国务委员会主席）和政府首脑（部长会议主席）一直由菲德尔·卡斯特罗一人担任。2006 年 7 月 31 日，菲德尔·卡斯特罗发表《致古巴人民的声明》。声明宣布，因健康原因，将他所担任的古巴国务委员会主席兼部长会议主席等职务暂时移交给劳尔·卡斯特罗。2008 年 2 月 24 日，在古巴第七届全国人民政权代表大会上，劳尔·卡斯特罗正式当选并就任古巴国务委员会主席兼部长会议主席，正式接替执政长达 49 年的菲德尔·卡斯特罗。2013 年 2 月 24 日，在古巴第八届全国人民政权代表大会上，劳尔·卡斯特罗再次当选并就任古巴国务委员会主席兼部长会议主席。2018 年 4 月 19 日，古巴第九届全国人民政权代表大会选举米格尔·马里奥·迪亚斯－卡内尔·贝穆德斯（Miguel Mario Díaz - Canel Bermúdez）为新一届国务委员会主席。

二 部长会议

1992 年修改后的宪法第 94 条至第 100 条有关部长会议的条文规定[②]，部长会议是最高行政机关，是共和国政府。组成部长会议各部和中央机构的数目、名称和职能由法律规定。部长会议由国家和政府首脑，即部长会议主席、第一副主席、若干副主席、各部部长、秘书和法律规定的其他成员组成。部长会议主席、第一副主席、副主席和由部长会议主席所决定的部长会议其他成员组成部长会议执行委员会。在部长会议休会期间，执行委员会可以决定部长会议管辖的事务。

---

① *Constitución de la República de Cuba*, Editora Política, La Habana, 1992, pp. 40 - 41.
② *Constitución de la República de Cuba*, Editora Política, La Habana, 1992, pp. 41 - 45。另见 http：// www. cubagov. cu/gobierno/con_ min. htm。

部长会议行使下列职权：

（1）组织和领导由全国人民政权代表大会决定的政治、经济、文化、科学、社会和国防工作；

（2）提出国家社会经济发展计划草案；一经全国人民政权代表大会通过，组织、领导和监督计划的执行；

（3）处理共和国对外政策和同其他国家政府的关系；

（4）通过国际条约，并递交国务委员会批准；

（5）领导和管理对外贸易；

（6）编制国家预算草案；一经全国人民政权代表大会通过，监督执行；

（7）采取措施加强货币、信贷体系；

（8）制定立法草案，按程序提交全国人民政权代表大会或国务委员会讨论；

（9）在发生自然灾害的情况下，保卫国防，维护国内秩序和安全，保护公民权利及生命财产安全；

（10）领导国家行政工作，统一协调和监督中央及地方行政机构的活动；

（11）执行全国人民政权代表大会通过的法律、决议及国务委员会的法令、命令；在必要情况下，发布有关规定；

（12）在履行现行法律的基础上，发布命令和决定，并贯彻执行；

（13）撤销省、市人民政权代表大会下属行政机构根据国家中央行政机构授予的权力所做出的、同必须执行的上级规定相抵触的决定；

（14）建议省、市人民政权代表大会撤销它们下属的行政机构所做出的、与国家中央行政机构根据其职能所通过的规定相抵触的决定；

（15）撤销国家中央行政机构领导人所做出的、同必须执行的上级规定相抵触的决定；

（16）建议全国人民政权代表大会或国务委员会停止执行地方人民政权代表大会所做出的、与现行法律和其他规定相抵触的、影响其他地方或全国利益的决议；

（17）建立有利于完成部长会议工作的必要的委员会；

（18）依照法律规定的权限，任免工作人员；

（19）全国人民政权代表大会和国务委员会授予的其他权力。

部长会议对全国人民政权代表大会负责，并定期报告各项工作。部长会议成员有下列职责。

（1）领导主管部或机构的事务和工作，并发布必要的决议和命令；

（2）为贯彻执行有关的法律、法令，颁布不属于其他机构权限的必要法规；

（3）出席部长会议，享有发言权和投票权；向部长会议提出相关法律、法令、命令、决定、提案或其他有益的建议；

（4）依照法律，任免有关工作人员；

（5）宪法和法律授予的其他职权。

三　政府机构

2018年4月，新一届部长会议名单如下。

部长会议主席和国务委员会主席米格尔·马里奥·迪亚斯－卡内尔·贝穆德斯；

部长会议第一副主席和国务委员会第一副主席萨尔瓦多·安东尼奥·瓦尔德斯·梅萨（Salvador Antonio Valdés Mesa）；

部长会议副主席拉米罗·瓦尔德斯·梅嫩德斯（Ramiro Valdés Menéndez）；

部长会议副主席罗伯托·莫拉莱斯·奥赫达（Roberto Morales Ojeda）；

部长会议副主席格拉迪斯·贝赫拉诺·波特拉（Gladys Bejerano Portel，女）；

部长会议副主席伊内斯·玛丽娅·昌普曼·沃弗（Inés María Chapman Waugh，女）

部长会议副主席贝阿特里兹·琼斯·乌鲁蒂亚（Beatriz Jhonson Urrutia，女）；

部长会议秘书奥梅罗·阿科斯塔·阿尔瓦莱斯（Homero Acosta Álvarez）。

国家中央行政机构负责人包括部长、委员会主任及中央银行行长名单如下。

各部委

革命武装力量部部长莱奥波尔多·辛特拉·弗里亚斯（Leopoldo Cintra Frías）；

经济和计划部部长里卡多·卡布里萨斯·鲁伊斯（Ricardo Cabrisas Ruiz）；

农业部部长古斯塔沃·罗德里格斯·罗列洛（Gustavo Rodríguez Rollero）；

科技和环境部部长艾尔瓦·罗莎·蒙托娅（Elba Rosa Pérez Montoya，女）；

对内贸易部部长玛丽·布兰卡·巴雷多（Mary Blanca Ortega Barredo，女）；

建设部部长雷内·梅萨·比利亚凡尼亚（René Mesa Villafaña）；

文化部部长阿韦尔·恩里克·普列托·希门尼斯（Abel Enrique Prieto Jimenez）；

教育部部长埃娜·埃尔萨·贝拉斯克斯·科维埃利亚（Ena Elsa Velázquez Cobiella，女）；

高等教育部部长何塞·萨波里多·洛伊迪（José Saborido Loidi）；

财政和价格部部长莉娜·佩特拉萨·罗德里格斯（Lina Pedraza Rodríguez，女）；

通信部部长迈米尔·梅萨·拉莫斯（Maimir Mesa Ramos）；

能源和矿业部部长阿尔弗雷多·洛佩斯·瓦尔德斯（Alfredo López Valdés）；

食品工业部部长玛丽娅·德尔·卡门·孔塞普西翁·冈萨雷斯（María del Carmen Concepción González，女）；

工业部部长萨尔瓦多·帕尔多·克鲁斯（Salvador Pardo Cruz）；

内务部部长胡里奥·塞萨尔·坎达里利亚（Julio César Candarilla）；

司法部部长玛丽娅·艾斯特尔·雷乌斯·冈萨雷斯（María Esther Reus González，女）；

外交部部长布鲁诺·罗德里格斯·帕里利亚（Bruno Rodríguez Parrilla）；

公共卫生部部长罗伯托·莫拉莱斯·奥赫达（兼）；

劳工和社会保障部部长玛加丽塔·马莱内·冈萨雷斯·费尔南德斯（Margarita Marlene González Fernández，女）；

交通部部长阿德尔·伊斯基尔多·罗德里格斯（Adel Yzquierdo Rodríguez）；

旅游部部长曼努埃尔·马雷罗·克鲁斯（Manuel Marrero Cruz）；

外贸外资部部长罗德里戈·马尔米耶卡（Rodrigo Malmierca Díaz）；

3 个委员会

古巴电台和电视台委员会主任阿方索·诺亚·马蒂内斯（Alfonso Noya Martínez）；

国家运动、体育和娱乐委员会主任安东尼奥·埃杜尔多·贝卡里·加利多（Antonio Eduardo Becali Garrido）；

国家水力资源委员会主任伊内斯·玛丽娅·昌普曼·沃弗（兼）；

中央银行

古巴中央银行行长（部长级）伊尔玛·玛格丽塔·马蒂内斯（Irma Margarita Martínez）。

第五节　立法机构

根据古巴 1992 年修改后的宪法第 69 条和第 70 条，全国人民政权代表大会是最高国家权力机关，是行使共和国立宪与立法权的唯一机构。[1]

---

① *Constitución de la República de Cuba*，Editora Política，La Habana，1992，p. 30

一　全国人民政权代表大会

自 1993 年起，全国人民政权代表大会的代表根据人口比例和法律规定的程序由选民通过自由、直接和秘密投票选举产生。每届任期 5 年。

根据 1992 年修改后的宪法第 75 条，① 全国人民政权代表大会行使下列职权。

（1）根据宪法第 137 条的规定，同意修改宪法；

（2）批准、修改或废除法律；根据立法的性质，需要时可事先征求人民的意见；

（3）决定法律、法令、命令和其他一般规定是否合乎宪法；

（4）全部或局部撤销国务委员会颁布的法令；

（5）审议和批准国民经济和社会发展计划；

（6）审计和批准国家预算；

（7）批准国家经济计划和领导体制的原则；

（8）决定货币和信贷体制；

（9）决定内外政策的总方针；

（10）在遭受军事侵略时，宣布战争状态与批准和平协定；

（11）根据宪法第 102 条的规定，确立和修改国家行政区域划分；

（12）选举全国人民政权代表大会主席、副主席和秘书；

（13）选举国务委员会主席、第一副主席、副主席、秘书和其他成员；

（14）根据国务委员会主席的提名，任命部长会议第一副主席、副主席和其他成员；

（15）选举最高人民法院院长、副院长和其他法官；

（16）选举共和国总检察长和副检察长；

（17）任命常设和临时委员会；

（18）罢免全国人民政权代表大会选举或任命的人选；

---

① *Constitución de la República de Cuba*, Editora Política, La Habana, 1992, pp. 31 – 34.

（19）对国家和政府机关实行最高监督；

（20）听取和评议国务委员会、部长会议、最高人民法院、共和国总检察院和省人民政权代表大会提出的工作报告，并做出相应决议；

（21）撤销同宪法、法律相抵触的国务委员会法令和部长会议的命令或决定；

（22）撤销或修改地方人民权力机构做出的违背宪法、法律、法令、命令和上级领导机关规定的决议和决定，或影响其他地区利益或全国利益的决议和决定；

（23）决定大赦；

（24）在符合宪法规定和全国人民政权代表大会认为适宜的情况下，举行公民投票；

（25）决定其规章；

（26）宪法赋予的其他职权。

全国人民政权代表大会每年举行两次例会，国务委员会是代表大会休会期间全国人民政权代表大会的代表机构，它执行代表大会的决议和履行宪法赋予的其他职权。

第八届全国人民政权代表大会于2013年2月24日选举产生了全国人民政权代表大会主席埃斯特万·拉索·埃尔南德斯（Esteban Lazo Hernández），副主席安娜·玛丽娅·玛丽·马查多（Ana María Marí Machado，女）和秘书（长）米里安·布里托·萨罗卡（Miriam Brito Sarroca）。

2018年4月，古巴召开了第九届全国人民政权代表大会，选举产生了新一届国家领导人。埃斯特万·拉索·埃尔南德斯连任主席。

根据1992年修改后的宪法第81条，全国人民政权代表大会主席的职权如下。

（1）主持全国人民政权代表大会会议和监督执行代表大会章程；

（2）召开全国人民政权代表大会例会；

（3）提出全国人民政权代表大会会议日程草案；

（4）签署在《古巴共和国官方公报》上公布全国人民政权代表大会

通过的法律和决定；

（5）处理全国人民政权代表大会的国际关系；

（6）领导和处理全国人民政权代表大会设立的常设和临时工作委员会的工作；

（7）出席国务委员会会议；

（8）宪法和全国人民政权代表大会授予的其他职权。

二 国务委员会

根据 1992 年修改后的宪法第 89 条和第 90 条，① 国务委员会是代表大会休会期间全国人民政权代表大会的代表机构，它执行代表大会的决议和履行宪法赋予的其他职权。国务委员会是一个集体，在国内和国际事务中，是古巴国家的最高代表。国务委员会行使下列职权。

（1）召开全国人民政权代表大会特别会议；

（2）决定全国人民政权代表大会定期更换代表的选举日期；

（3）在全国人民政权代表大会闭会期间发布法令；

（4）必要时，对现行法律做一般的、必要的说明；

（5）行使立法动议权；

（6）为全国人民政权代表大会决定的公民投票做必要的准备；

（7）在全国人民政权代表大会闭会期间，由于无安全保证以及时间紧迫，代表大会不能举行会议的情况下，在国家安全需要时决定总动员；在遭受侵略的情况下，行使宪法赋予全国人民政权代表大会的宣布战争状态或签署和平协议的权力；

（8）在全国人民政权代表大会闭会期间，根据国务委员会的提名，撤换部长会议组成人员；

（9）通过最高人民法院执行委员会向各级法院发布一般性指示；

（10）向共和国总检察院发布指示；

（11）根据国务委员会主席的提名，任免古巴驻其他国家的外交代表；

---

① *Constitución de la República de Cuba*, Editora Política, La Habana, 1992, pp. 37 – 39.

（12）授勋和授予荣誉称号；

（13）任命委员会成员；

（14）发布赦免令；

（15）批准和废除国际条约；

（16）承认或拒绝其他国家的外交代表；

（17）撤销部长会议决定和地方人民政权代表大会制定的，同宪法、法律相抵触的或妨碍其他地方利益或全国利益的决议和决定，并于撤销后举行的第一次全国人民政权代表大会会议上予以通报；

（18）撤销地方人民政权机构执行委员会制定的同宪法、法律、法令、命令、上级领导机构发布的规定相抵触的，或有损于其他地区利益或全国利益的决议和决定；

（19）批准国务委员会条例；

（20）宪法、法律授予的、全国人民政权代表大会委托的其他职权。

全国人民政权代表大会授予国务委员会的权力行使到经定期改选组成新的代表大会时为止。

2018年4月，古巴第九届全国人民政权代表大会选举产生了由31人组成的新一届国务委员会。国务委员会主席是米格尔·马里奥·迪亚斯－卡内尔·贝穆德斯（兼），第一副主席是萨尔瓦多·安东尼奥·瓦尔德斯·梅萨（兼）。5名副主席是：拉米罗·瓦尔德斯·梅嫩德斯（兼）、罗伯托·莫拉莱斯·奥赫达（兼）、格拉迪斯·贝赫拉诺·波特拉（兼，女）、伊内斯·玛丽娅·昌普曼·沃弗（兼，女）、贝阿特里兹·琼斯·乌鲁蒂亚（兼，女）。国务委员会秘书（长）是奥梅罗·阿科斯塔·阿尔瓦莱斯。除上述8人外，还选举产生了23名国务委员。其中继任的12名委员为：

莱奥波尔多·辛特拉·弗里亚斯，革命武装力量部部长、古共中央政治局委员；

特雷萨·玛丽娅·阿马雷勒·布埃（Teresa María Amarelle Boué，女），古巴妇女联合会总书记，古共中央政治局委员；

乌里塞斯·希拉尔特·德纳西缅托（Ulises Gillarte de Nacimiento），

古巴工人中央工会总书记、古共中央政治局委员；

米里亚姆·尼卡诺·加西亚（Miriam Nicado García，女），信息大学校长，古共中央政治局委员；

吉列尔莫·加西亚·弗里亚斯（Guillermo García Frías），古巴国家动植物保护公司经理、革命司令、古共中央委员；

布鲁诺·罗德里格斯·帕里利亚，外交部部长，古共中央政治局委员；

玛尔塔·德尔·卡门·梅萨·瓦伦西亚诺（Martha del Carmen Mesa Valenciano，女），高等教育部第一副部长；

卡洛斯·拉斐尔·米兰达·马丁内斯（Carlos Rafael Miranda Martínez），保卫革命委员会全国领导协调员（主席）、古共中央委员；

苏塞利·莫尔法·冈萨雷斯（Susely Morfa González，女），古巴共产主义青年联盟第一书记、古共中央委员；

拉斐尔·拉蒙·桑铁斯特万·波索（Rafael Ramón Santiesteban Pozo），全国小农协会主席、古共中央委员；

米格尔·安赫尔·巴尔内特·兰萨（Miguel Ángel Barnet Lanza），古巴作家与艺术家协会主席、古共中央委员；

伊莉亚娜·安帕罗·弗洛雷斯·莫拉莱斯（Ileana Amparo Flores Morales，女），马坦萨斯省九月二日机械工业公司经理。

新当选的 11 名委员为：

劳尔·阿莱杭德罗·帕梅洛·费尔南德斯（Raúl Alejandro Palmero Fernández），古巴大学生联合会主席；

豪尔赫·阿玛多·柏兰加·阿科斯塔（Jorge Amador Berlanga Acosta），古巴科学院基因工程和生物技术研究中心项目主任、研究员；

伊普西·莫雷诺·冈萨雷斯（Yipsi Moreno González，女），古巴"体育荣耀"运动员；

伊丽莎白·佩娜·图卢亚斯（Elizabeth Peña Turruellas，女），古巴国家"城市、市郊及家庭农业"工作组主任；

约尔科斯·桑切斯·古亚（Yoerkys Sánchez Cuéllar），古巴《青年起义者报》主编；

伊维斯·纽芭·维亚·米兰（Ivis Niuba Villa Milán，女），古巴"美洲第一苏维埃"农牧业生产合作社（la CPA Primer Soviet de América）主席；

芭芭拉·阿莱克斯·泰瑞（Bárbara Alexis Terry，女），谢戈德阿维拉省人民法院法官；

雷娜·萨莱莫·埃斯卡洛纳（Reina Salermo Escalona，女），奥尔金省"糖季"工作主任；

罗萨利娜·佛内·弗洛梅塔（Rosalina Fournier Frómeta，女），关塔那摩省设计与工程公司（GENEDI）经理；

卡洛斯·阿尔贝托·马丁内斯·布兰科（Carlos Alberto Martínez Blanco），加利斯托·加西亚将军大学医院院长；

菲利希亚·马丁内斯·苏亚雷斯（Felicia Martínez Suárez，女），何塞·路易斯·塔森德机械铝业公司经理。

三　地方人民政权代表大会

古巴全国领土在行政上划分为省（provincia）和市（municipio，又译"县"）。古巴地方人民政权代表大会分省、市两级。1992 年修改后的宪法第 107 条规定，"按国家领土划分的政治行政单位组成的地方各级人民政权代表大会，是地方最高国家权力机关"；第 117 条规定，"省、市人民政权代表大会主席是该地当然的行政机关的主席和国家在对应行政区域的代表"。[①] 省、市人大是履行国家在该区域的行政职能的权力机关，对其下属的经济、生产和服务部门实行领导，开展工作，以满足所管辖区居民在医疗、经济、文化、教育、娱乐等方面的需求。此外，地方人大还应帮助在其管辖区建立的，但不属于其领导的单位完成计划，开展工作。省人大每届任期 5 年，市人大任期两年半。地方人大选出其常设机关执行委员会，在人大闭会期间行使地方人大职权。执委会选出主

---

① 《世界各国宪法》编辑委员会编《世界各国宪法·美洲大洋洲卷》，中国检察出版社，2012，第 493~494 页。

席、副主席和秘书各一人，他们也同时担任地方人大的相应职务。每个市的人大主席是省人大的当然代表。2011 年 8 月初，古巴全国人民政权代表大会通过决议，决定把新设立的阿特米萨省和玛雅贝克省作为议行分开的行政改革的试点，将省和市人大的行政职能移交给省和市的行政委员会（Consejos de Administración）。

四　人民委员会

根据 1992 年修改后的宪法第 104 条，在古巴城市的区、街道和农村的乡、镇，建立人民委员会（Consejos Populares），人民委员会是该地区的权力机关，对其所属地区行使管理权，负责生产、服务，并满足当地居民参政、经济、教育、文化、社会生活的需要，促使居民积极参与问题的解决。人民委员会成员从该地区群众组织和重要机构的代表中选举产生。人民委员会的建立是古巴政治体制改革的一个重要组成部分，体现了在古巴人民当家作主的人民民主。

第六节　司法机构

古巴宪法规定，司法权是人民赋予的，由法律确定的，最高人民法院和其他法院以人民的名义行使司法权。各级法院的司法权应符合国家行政区域的划分和司法职能的需要。古巴的法院分三级：最高人民法院、省人民法院和市人民法院。此外，还有军事法院。

一　最高人民法院

最高人民法院行使最高司法权。最高人民法院的判决是终审判决。最高人民法院通过其执行委员会行使立法动议权和制定条例权，发布各人民法院必须执行的决定和准则；在各法院取得经验的基础上，发布强制性指令，以便在解释和执行法律时，确保司法实践的一致性。现任最高人民法院院长鲁文·雷米西奥·雷格拉（Rubén Remigio Ferro），1999 年 1 月就任。

古巴

二 共和国总检察院

共和国总检察院是只隶属于全国人民政权代表大会和国务委员会的组织机构。共和国总检察长接受国务委员会的直接指示。共和国总检察长是最高人民法院执行委员会成员。在全国，检察机构垂直组成，仅隶属于共和国总检察院，独立于一切地方机构。共和国总检察长和副检察长由全国人民政权代表大会选举产生并由全国人民政权代表大会予以罢免。共和国总检察长每年至少一次向全国人民政权代表大会报告工作。现任总检察长达里奥·德尔加多·库拉（Darío Delgado Cura），2010 年 3 月由国务委员会任命。

第七节　政党与重要社会组织

一　政党

古巴共产党　古巴唯一的合法政党。1961 年 7 月，原古巴人民社会党（Partido Socialista Popular）、"七·二六运动"（Movimiento 26 de julio）和"三·一三革命指导委员会"（Directorio Revolucionario 13 de Marzo）合并成立了古巴革命统一组织。1962 年 5 月改名为古巴社会主义革命统一党。1965 年 9 月，又改名为古巴共产党。

古巴 1992 年宪法第 5 条规定，"以马蒂思想和马列主义为指导的古巴共产党是古巴民族有组织的先锋队，是社会和国家最高的领导力量，它组织和指导为实现建设社会主义的崇高目标和向共产主义社会迈进的共同努力"。

1975 年 12 月古共召开"一大"，通过了党的基本纲领和党章，选出了新的领导机构，决定建立经济计划体制。1980 年 12 月召开"二大"，修改了党章，制定了新的内外政策，强调增加蔗糖生产、扩大出口、发展工业、坚持同经互会实现一体化、提高经济效益等。1986 年 2 月召开"三大"，通过了《完善经济领导和计划体制的决议》。1991

年 10 月召开"四大",通过了关于党章、党纲、完善人民政权的组织和职能、国家经济发展、对外政策以及授予中央委员会特别权力等 6 项决议。"四大"强调古巴坚持社会主义,不搞多党制,提出"拯救祖国、拯救革命、拯救社会主义"的口号。1997 年 10 月召开"五大",通过了《团结、民主和捍卫人权的党》的中心文件、卡斯特罗的中心报告、关于经济问题的决议和新党章。"五大"强调以马列主义、马蒂思想和卡斯特罗思想为指导的古巴共产党,是国家稳固的捍卫者和中流砥柱;社会主义和共产党的领导是当今和 2000 年后古巴的唯一选择。

2011 年 4 月 16～19 日,在时隔 14 年之后古共召开了"六大",通过了《党和革命的经济与社会政策纲要》这一纲领性文件,选举产生了以劳尔·卡斯特罗为第一书记的新的中央委员会,劳尔·卡斯特罗正式接替菲德尔·卡斯特罗在党内的最高职务。

2016 年 4 月 16～19 日,古共召开了"七大",原则通过了《古巴社会主义经济社会模式的理论》、《到 2030 年全国经济社会发展计划:国家的建议、轴心和战略部门》和《2016～2020 年经济社会计划》等文件的草案,这些文件在"七大"闭幕后,经党内外广泛讨论、征求意见并做修改后,于 2017 年 5 月召开的古共七届三中全会上正式通过。"七大"选举产生了以劳尔·卡斯特罗为第一书记的新的中央委员会,新的中央委员会共 142 人,其中政治局委员 17 人,书记处成员 5 人。

据 2015 年年底统计,古巴共产党共有党员 671344 人。古共"七大"选出的政治局委员如下。

劳尔·卡斯特罗·鲁斯,古共中央第一书记、国务委员会主席和部长会议主席;

何塞·拉蒙·马查多·本图拉,古共中央第二书记,国务委员会和部长会议副主席;

米格尔·马里奥·迪亚斯-卡内尔·贝穆德斯,国务委员会和部长会议第一副主席;

埃斯特万·拉索·埃尔南德斯,全国人民政权代表大会主席;

拉米罗·瓦尔德斯，国务委员会和部长会议副主席；

萨尔瓦多·安东尼奥·瓦尔德斯·梅萨，国务委员会副主席；

莱奥波尔多·辛特拉·弗里亚斯，革命武装力量部部长；

布鲁诺·罗德里格斯·帕里利亚，外交部部长；

马里诺·阿尔韦托·穆里略·豪尔赫，部长会议副主席；

拉萨拉·梅尔塞德斯·洛佩斯·阿塞阿，国务委员会副主席、古共哈瓦那省省委第一书记；

阿尔瓦洛·洛佩斯·米埃拉，革命武装力量部第一副部长兼总参谋长；

拉蒙·埃斯比诺萨·马丁（Ramón Espinosa Martín），革命武装力量部副部长；

乌里塞斯·希拉尔特·德纳西缅托，国务委员、古巴工人中央工会总书记；

罗伯托·莫拉莱斯·奥赫达，公共卫生部部长；

米里亚姆·尼卡诺·加西亚，女，信息大学校长；

特雷萨·玛丽娅·阿马雷勒·布埃，女，古巴妇女联合会总书记；

玛尔塔·阿亚拉·阿维拉（Marta Ayala Avila，女），遗传工程和生物工艺中心副主任。

中央书记处成员（5 人）：

阿韦拉尔多·阿尔瓦雷斯·希尔（Abelardo Alvarez Gil），党中央组织和干部政策部部长；

何塞·拉蒙·巴拉格尔·卡夫雷拉（Jose Ramón Balaguer Cabrera），党中央国际部部长；

奥尔加·莉迪亚·塔比亚·伊格莱西亚斯（Olga Lidia Tapia Iglesias，女），党中央教育、体育和科技部部长；

奥马尔·费尔南多·鲁伊斯（Omar Fernando Ruiz），党中央工业和建设部部长；

马丁·豪尔赫·奎瓦斯·拉莫斯（Martín Jorge Cuevas Ramos），党中央运输、旅游、通信和劳务部部长。

二　重要社会组织

共产主义青年联盟（La Union de Jovenes Comunistas, UJC）　古巴1992 年修改后的宪法第 6 条规定："共产主义青年联盟是先进青年的组织。国家承认并鼓励它发挥主导作用，以促进青年群众积极参与社会主义建设任务，并适当地将青年培养成为有觉悟的、有能力担负起造福社会重任的公民。"①

古巴共产主义青年联盟成立于 1962 年 4 月 4 日，它的前身是成立于1960 年 10 月 21 日的起义青年协会（Asociacion de Jovenes Rebeldes）。自成立以来，共产主义青年联盟在宣传和贯彻党的方针政策、团结教育广大青年和组织青年积极投身于社会主义革命与建设事业中发挥了重要作用。此外，共产主义青年联盟还向古共输送了大批党员和优秀的领导干部。2015 年 7 月，古巴共产主义青年联盟召开了"十大"，尤妮娅斯基·克雷斯波·巴克罗（Yuniasky Crespo Baquero，女）当选为第一书记。2016 年7 月 10 日，古共中央决定免去其共产主义青年联盟第一书记职务，另有重用。由原第二书记苏塞利·莫尔法（Susely Morfa）担任古巴共产主义青年联盟第一书记职务。现有联盟成员约 50 万人。② 机关报为《起义青年报》。

古巴工人中央工会（La Central de Trabajadores de Cuba, CTC）古巴唯一合法的全国性工会组织。成立于 1939 年 1 月，原名古巴工人联合会（Confederacion de Trabajadores de Cuba），同年加入劳联。其前身是1925 年成立的古巴全国工人联合会（Confederación Nacional Obrera de Cuba）。1939 年成立后至 1947 年，一直由古巴共产党（人民社会党）领导。1947 年工会领导权落入真正党人手中，1951 年加入美洲区域工人组织。次年，巴蒂斯塔策动政变上台后，真正党所控制的工人联合会变成独裁政府的御用工具。古巴革命胜利后不久，工会领导权重新回到工人运动

---

① Constitucion de la Republica de Cuba, Editora Politica, La Habana, La Habana, 1992, p. 5.

② http：//www. radiorebelde. cu/50 – revolucion/historia/organizaciones – masas. html.

的真正代表手中。1961 年召开第 11 次代表大会，决定改称现名。20 世纪 60 年代，工会在反对美国的侵略和干涉、支持政府各项改革措施方面发挥了重要作用，但工会本身的地位和任务未被重视。70 年代，"古巴工人运动经历了一个卓有成效的恢复活力和民主改组的过程"。① 1975 年工会会员总数达 206.5 万人，占全国劳动人口的 92.4%；现有工会会员 299.9 万人，占全国劳动人口的 96%，② 古巴加入工会的劳动者占劳动总人口的比重是世界上最高的。

古巴工人中央工会拥有 19 个行业工会，按照工会章程，每 5 位劳动者可成立 1 个工会小组。古巴工人中央工会设有全国性工会干校"拉萨罗·培尼亚"工会干校和 14 个省级工会干校。机关报为《劳动者》。其领导机构是全国委员会和书记处。每 5 年举行一次全国代表大会。2014 年 4 月召开"二十大"，乌里塞斯·希拉尔特·德纳西缩托当选为总书记。

古巴妇女联合会（Federacion de Mujeres Cubanas，FMC）　古巴全国性的妇女组织。1960 年 8 月 23 日在原有的几个妇女革命组织的基础上联合组成。其宗旨是代表广大妇女的利益，团结、教育并组织妇女贯彻执行党的方针、政策和路线，平等地参与社会主义革命和建设，捍卫革命成果。妇联成立以来，在组织和动员妇女积极地投身于社会主义各项政治、经济、社会、文化、教育工作方面发挥了重要作用。古巴妇联派代表团参加了 1995 年 9 月在北京举行的第 4 届世界妇女代表大会，并积极开展世妇会后续行动工作。根据世妇会《行动纲领》提出的目标，菲德尔·卡斯特罗于 1997 年 4 月 7 日作为法令签署了《古巴共和国后续第 4 届世界妇女代表大会行动纲领计划》。古巴妇联是国际民主妇联的团体会员。古巴妇女在古巴政治、经济和社会生活中发挥重要作用，妇女占古巴技术劳动力的 66%，占高校在读学生的 60% 以上。古巴妇联在各省、市均设有分会，下设基层组织和小组，其领导机构是全国委员会。每 5 年举行一次

---

① 〔古〕菲德尔·卡斯特罗：《在古巴共产党第一、二、三次全国代表大会上的中心报告》，人民出版社，1990，第 141 页。

② http：//www. radiorebelde. cu/50 – revolucion/historia/organizaciones – masas. html.

全国代表大会。2014 年 3 月召开了"九大"。

自 1960 年成立时起至 2007 年，古巴妇女联合会主席一直由劳尔·卡斯特罗的夫人比尔玛·埃斯平·吉略伊斯（Vilma Espín Guillois，1930 - 2007）担任。2007 年比尔玛因病去世后，古巴妇联通过决议，妇联主席的职位空缺，目前古巴全国妇联总书记是特雷萨·玛丽娅·阿马雷勒·布埃。古巴全国妇联共有 400 多万名会员，占 14 岁以上女性的 90% 以上。①

保卫革命委员会（Comités de Defensa de la Revolución, CDR） 古巴最广泛的群众性组织，14 岁以上的成年居民均可加入，现共有会员 800 多万人。保工革命委员会在各省、市、区（zona）、街道均设有机构，全国共有 13.8 万个基层保卫革命委员会，占 14 岁以上公民的 92.6%。② 成立初期的主要任务是监视敌人，防止敌人破坏革命并同敌人做斗争。1977 年 9 月召开"一大"，确定其主要任务是配合内务部维持社会治安。随着形势的变化，保卫革命委员会除同犯罪行为和反社会行为做斗争外，还承担了教育群众和组织群众参与社会主义革命和建设的工作，并为社区广大居民服务。2013 年 9 月，保卫革命委员会召开"八大"，在"八大"开幕式上，劳尔·卡斯特罗主席对该组织的工作给予了高度评价，要求该组织改变斗争战略和方法，以应对国内外企图颠覆古巴革命的活动。③ 保卫革命委员会全国协调员（主席）是卡洛斯·拉斐尔·米兰达·马丁内斯。

全国小农协会（Asociación Nacional de Agricultores Pequeños, ANAP） 1961 年 5 月 17 日成立，其成员主要是个体农民，但后来参加合作社的农民仍可留在全国小农协会内。1967 年 12 月，古巴全国有小农 23.36 万人，其中 21.77 万人参加了全国小农协会，在全国小农协会中有 8.05 万人参加了合作社。1975 年 12 月，全国小农协会有会员 232358 人，分属于 6163 个农民基层组织。20 世纪 70 年代和 80 年代，随着合作化运

---

① https：//www.cibercuba.com/noticias/2014/02/12/congreso - femenino - cubano - abordara - formacion - de - nuevas - generaciones，2017 年 1 月 10 日查阅。

② http：//spanish.people.com.cn/31617/8412384.html，2017 年 1 月 10 日查阅。

③ http：//www.trabajadores.cu/20130927/raul - en - el - congreso - de - los - cdr - cuba - se - sometera - ante - nadie/，2017 年 1 月 10 日查阅。

动的发展，参加全国小农协会的人数有所减少。1980 年会员减少到 192646 人，基层组织减少到 3507 个，其中 1017 个农牧业生产合作社，2180 个信贷和服务合作社，310 个农民协会。① 到 1987 年，会员减少到 182568 人。② 90 年代初，由于苏东剧变，古巴宣布进入"和平时期的特殊阶段"。1991 年，古共"四大"重新肯定私人小土地所有制的贡献。1992 年 5 月，全国小农协会召开"八大"，在会上菲德尔·卡斯特罗表示"农民仍然是革命的基石"。1994 年，古巴开放农牧业产品自由市场。2011 年占共"六大"前后，古巴政府允许承包闲置土地，小农的生产积极性得到进一步发挥，全国小农协会的作用更为加强。2015 年 9 月召开"十一大"。现有成员 38 万人，基层组织 3343 个。③ 现任主席是拉斐尔·拉蒙·桑铁斯特万·波索。

大学生联合会（Federacion Estudiantil Universitaria, FEU） 古巴最早的革命青年组织之一，1922 年 12 月 20 日由共产主义者胡利奥·安东尼奥·梅利亚（Julio Antonio Mella）等人创建，大学联积极领导青年学生参加反对巴蒂斯塔独裁统治的斗争。1957 年 3 月 13 日，当时的大学联主席何塞·安东尼奥·埃切维里亚在领导青年大学生攻打总统府和占领电台的斗争中英勇牺牲。古巴革命胜利后，大学联在贯彻执行党的方针政策、领导和教育大学生努力学习马列主义和马蒂思想、掌握专业知识、积极参加社会主义革命和建设、维护民族独立和国家主权、捍卫革命胜利成果方面，发挥了重要作用。现有会员 11 万人。2017 年至今，主席为劳尔·阿莱杭德罗·帕梅洛·费尔南德斯。

中学生联合会（Federacion de Estudiantes de Ensenanza Media, FEEM） 古巴高中生和中等专科学校学生组织。成立于 1970 年 12 月 6

① 〔古〕菲德尔·卡斯特罗：《在古巴共产党第一、二、三次全国代表大会上的中心报告》，人民出版社，1990，第 143、279 页。

② Alberto Salazar Gutierrez y Victor Perez Galdos：*Visión de Cuba*，Edtora Politica, La Habana, 1987，p. 73.

③ http：//www.granma.cu/cuba/2015 – 05 – 14/inicia – hoy – xi – congreso – de – la – anap，2016 年 12 月 10 日查阅。

日。现有会员 40 万人。2017 年至今，主席为纽碧斯·加西亚·奥塔纽
（Niubys García Otaño）。

"何塞·马蒂"少年先锋队组织（Organizacion de Pioneros Jose Marti，OPJM） 古巴少年儿童组织，成员为小学生和初中生。成立于 1961 年 4 月 4 日，初名"起义少年先锋队联盟"（Unión de Pioneros Rebeldes，UPR），1962 年改名为"古巴少年先锋队联盟"（Unión de Pioneros de Cuba，UPC），1977 年改为现名。其宗旨是对 5～15 岁的青少年进行社会主义和共产主义的思想教育，培养他们成为革命事业的接班人；培养青少年对学习的兴趣；鼓励他们热爱祖国、热爱世界各国人民；培养他们从小有爱劳动的习惯和社会责任感。现有队员约 150 万人，占小学生和初中生人数的 99% 以上。队员分两个阶段，小学一年级至三年级的少先队员称作"蒙卡达"少先队员（pioneros moncadistas），佩戴蓝色的领巾；小学四年级至六年级的小学生和初中一年级至三年级的学生是"何塞·马蒂"少先队员，佩戴红色的领巾。"何塞·马蒂"少年先锋队组织已经召开了 5 次代表大会（1991、1996、2001、2006、2011）和两次代表会议（1986、2016）。全国领导委员会现任主席是艾玛拉·古斯曼·卡兰萨（Aymara Guzmán Carrazana，女）①。

---

① http：//www.juventudrebelde.cu/cuba/2016 – 07 – 15/participar – decidir – crecer/，2016 年 12 月 10 日查阅。

第四章

经　济

第一节　经济概况

一　经济简史

在西班牙殖民者到来之前，古巴处于原始农业经济阶段。在 16 世纪初至 19 世纪末长达近 400 年的殖民统治时期，古巴先后兴起过采金、畜牧业、烟草业和蔗糖业。20 世纪初至 1958 年年底，古巴经济命脉一直掌握在美国垄断资本的手中。当时，古巴经济比较落后，经济结构单一，是一个单一作物经济的农业国。经济作物甘蔗的种植、蔗糖的加工和出口占主要地位。经济在很大程度上依赖以美国为主的外国资本。

1959 年革命胜利后，古巴实行了一系列经济和社会改革。对工业、运输业、银行体系、国内外贸易中的外国资本和本国私人大资本企业实行了国有化。1959 年和 1963 年先后进行了两次土地改革。1961 年古巴宣布自己是社会主义国家，开始实行计划经济。

20 世纪 70 年代，古巴实行制度化改革。1972 年古巴加入经互会，参与并实现了同苏联、东欧经济的一体化，确立了以糖、镍、酸性水果等为主的专项生产和出口的生产专业化方向，并利用苏联和东欧国家的资金进行国民经济的技术改造。1976 年开始建立"经济领导和计划体制"，并着手实现第一个五年计划（1976～1980）。"一五"期间，社会生产总值年均增长 4%。1981 年开始执行第二个五年计划（1981～1985）。"二五"期间，社会生产总值年均增长 7.5%。自 1986 年 4 月起，古巴开展全国性的"纠偏进程"，80 年代后期由于连年遭受自然灾害，再加上国际市场糖价下跌等原因，古巴经济增长缓慢，1986～1989年社会生产总值年均增长只有 0.4%，人均社会生产总值年均增长为负数，即 -0.7%。

80 年代末、90 年代初，东欧剧变、苏联解体，古巴经济发展受到严重影响。与此同时，美国又乘机加紧对古巴的经济封锁。1990 年古巴宣布进入"和平时期的特殊阶段"。1990～1993 年，国内生产总值下降了34%。1991 年 10 月古共"四大"制定了对外开放政策。自 1993 年起，古巴加快了改革开放的步伐，采取了一系列改革开放措施。自 1994 年起，古巴经济开始好转，国内生产总值连年增长。1995～2000 年国内生产总值年均增长 4.7%。但直至 2000 年，古巴经济仍未恢复到 1989 年苏东剧变前的经济发展水平。2000 年古巴国内生产总值与 1989 年相比，仍相差 15%。

2001～2007 年，古巴国内生产总值年均增长 7.5%，其中 2001～2003年年均增长 2.9%，2004～2007 年年均增长 9.3%。2008～2011 年，古巴国内生产总值整体下滑，年均增长率仅为 2.6%。2011 年 4 月，古共"六大"开启了古巴经济模式更新的历史进程。2012～2015 年，古巴国内生产总值增长率分别为 3.0%、2.7%、1% 和 4%。2016 年 4 月，古共"七大"提出了古巴"经济社会发展模式理论"和"2030 年经济社会发展国民计划"等新方略。2016 年，受国际市场初级产品价格下降、委内瑞拉对古巴原油供应减少和遭受飓风灾害等影响，古巴经济自 1994 年以来首次出现负增长，国内生产总值增长率为 -0.9%。2017 年上半年，国内生产总值增长率为 1.1%。

二　发展水平

据古巴国家统计局统计，1999 年古巴国内生产总值为 156.744 亿比索（按 1981 年比索不变价格计算，下同），人均国内生产总值为 1405 比索；国际收支经常项目逆差达 4.561 亿比索，外债 110.78 亿美元（指硬通货外债，不包括欠俄罗斯和东欧国家的卢布外债），外债占同年国内生产总值的 43.4%；同年出口为 14.561 亿比索，进口 43.232 亿比索，逆差 28.671 亿比索，逆差占同年国内生产总值的 18.29%。

根据 2014 年 11 月哈瓦那国际博览会期间古巴政府正式发布的《面向世界的马里埃尔发展特区》宣传手册，2013 年古巴国内生产总值为 658 亿美元，人均国内生产总值 5880 美元。据 2011 年世界银行发布的数据，古巴人均购买力平价水平达 18796 美元。据古巴国家统计局 2011 年数据，古巴人均国内生产总值增长 2.7%，债务占国内生产总值的 21.7%。另据古巴国家统计局统计，古巴 2011 年通货膨胀率为 1.1%，2014 年失业率为 2.7%。据古巴 2015 年国家统计年鉴，2015 年古巴国内生产总值为 871.33 亿比索，同比增长 4.4%，人均国内生产总值为 7753 比索，同比增长 4.3%。

三 经济结构

根据古巴官方统计，按 1981 年比索不变价格计算，在 1999 年国内生产总值中，农业只占 7.2%，制造业占 29.3%，矿业占 1.2%，服务业占 62.3%。如按比索现行价格计算，在 1999 年国内生产总值中，农业占 6.4%，制造业占 38.7%，矿业占 1.5%，服务业占 53.4%。然而，这一统计结果与国民经济各部门在国民经济中实际所占的比重有较大的出入。例如，尽管 90 年代以来，甘蔗种植面积、蔗糖加工及其副产品生产量明显下降，但在古巴国民经济中，特别是在外汇收入中仍占举足轻重的地位。此外，自 90 年代以来，旅游业的发展和矿业的增长使古巴外汇收入增长较大。

进入 21 世纪以来，古巴第三产业发展迅速，尤其是社会服务业，交通、电信和贸易部门也表现突出，第一产业和第二产业的发展则不尽如人意。古巴革命胜利 50 多年来，古巴服务业的比重从 49% 扩张至 76%，第一产业比重从 22% 缩减至 3%，第二产业的比重从 29% 减少至 21%。据古巴 2015 年国家统计年鉴，2015 年古巴农牧业、渔业、矿业分别占国内生产总值的 3.7%、0.1%和0.5%，而糖业、制造业（除糖业）、建筑业、交通、贸易和公共卫生服务业分别占 0.7%、14.2%、5.4%、8.6%、19.3%和19.9%。

四　基本经济制度及其演变

古巴政府于 1960 年 2 月建立中央计划委员会，由卡斯特罗总理亲自兼任主席。在 20 世纪 60 年代初建设社会主义的头几年，古巴有两种经济领导体制并存：一种是预算拨款制，包括大部分工业部门；另一种是经济核算制，在农业、外贸和一小部分工业部门中实行。预算拨款制是高度集中的体制，它很少利用经济杠杆、商品关系和物质鼓励的办法；而经济核算制的集中程度较低。围绕这两种体制哪种更合适的问题，古巴政府在 60 年代中后期曾开展过讨论，但讨论没有深入下去，也没有做出任何决定，结果这两种体制并存了好几年。当时古巴在经济方面没有统一的领导体制。1965 年古巴取消了财政部，1967 年起古巴采用新的簿记制度代替经济核算制和预算拨款制，取消了国营企业间的购销关系，1967 年之后一度取消财政预算，同年还取消了贷款利息、农业税和最后一项税收甘蔗收割税。这种经济领导体制一直延续到 1975 年年底。

1975 年 12 月，古共"一大"通过了经济领导和计划制度。70 年代，古巴参照苏联和其他社会主义国家的模式，进行了经济体制的改革。古巴加强了宏观经济管理，恢复了由中央计划委员会制订的三年经济计划，1976 年起又开始执行五年计划；恢复了预算制度，并陆续设立了国家财政、统计、价格等委员会，建立了全国财会体系，整顿了银行；自 1976 年起，古巴开始实施经济领导和计划体制。根据这一体制，古巴逐渐完善和加强了国家计划体制，加强中央计划委员会的职权，注意发挥市场机制的作用；把企业作为基本核算单位，实行自筹资金制，使企业有较大的自主权；利用价值规律和其他经济杠杆来调节经济。在新的经济领导和计划体制框架内，1977 年开始实行经济核算制，同年，允许职工从事第二职业，开设了平行市场；

1978 年开始实行价格、税收和银行信贷等新制度；在企业中进行自筹资金的试点工作；在企业中普遍实行劳动定额，1979 年还实行集体奖励基金制。

80 年代前半期，古巴全面推行经济领导和计划体制，放宽经济政策，如 1980 年开设农民自由市场，1981 年开设农副产品贸易市场；1980 年实行新的工资制度。同年，改革物价制度，减少物价补贴并取消一些免费的服务项目。1982 年 2 月，颁布了《外国投资法》，首次正式表示欢迎外资到古巴兴办合资企业，有限度地实行对外开放。1986 年 2 月 4 日，卡斯特罗在所做的古共"三大"报告中认为"在经济领导和计划体制初步建立之后，没有继续使其不断完善"。古共"三大"通过了《关于完善经济领导和计划体制的决议》，总结了建立这一体制 10 年来的经验教训，并提出了完善这一体制的 10 项总目标。从决议内容来看，古巴官方对这一体制基本上是肯定的。

然而，在古共"三大"闭幕后不久，同年 4 月 19 日，卡斯特罗严厉批评在执行新经济政策中存在的一系列弊端和"不良倾向"，提出要在全国掀起一场"纠偏进程"，展开"战略大反攻"。自 1986 年 5 月起，古巴政府采取了一系列"纠偏"措施：关闭农民自由市场，恢复国家统购统销制度；限制向工人发放奖金并提高了部分劳动定额；修改住宅制度，禁止私人买卖房屋；禁止出售手工艺品和艺术品；禁止私人行医；调低著作版权费；等等。1990 年 9 月，古巴宣布进入"和平时期的特殊阶段"。在特殊阶段里，古巴的基本对策是：坚持计划经济，根据特殊阶段的要求调整经济计划和经济工作的重点。

1991 年古共"四大"将对外开放作为国策确定下来。"四大"后，古巴加快了开放的步伐。1992 年 2 月，古巴政府对 1982 年的外资法进行了修改，放宽了对外资的限制。同年 7 月，古巴全国人民政权代表大会又将有关合资企业的条文纳入修改后的宪法。新宪法规定，合资企业是古巴经济中的一种所有制形式。1993 年 8 月，宣布私人持有美元合法化；9 月，允许在 135 个行业中建立个体和合资企业；同月，开始将原有国营农场或农业企业转为合作社性质的"合作生产基层组织"。1994

年 5 月，古巴国务委员会颁布第 147 号法令，对政府机构进行精简和调整，将原中央计划委员会改为经济和计划部，取消了原经济领导体制全国委员会（Comisión Nacional del Sistema de Dirección），其职能由新建的经济和计划部、财政和价格部以及国务委员会秘书处分担。同年 10 月，宣布包括糖业在内的所有生产部门都向外资开放；同年 10 月 1 日和 12 月 1 日，分别开放了农牧业产品自由市场和手工业市场。1995 年 9 月，颁布了新的外国投资法（第 77 号法）。1996 年 1 月 1 日，开始实行个人外汇收入所得税制度；同年 6 月初，宣布建立自由贸易区。古巴开始实施金融体制改革。

　　1997 年"五大"召开后，古巴继续推出一些新的改革举措：1998 年年初，古巴政府加大征税的力度，明确优惠项目，增加税收种类；同年 8 月，政府颁布了关于国有企业改革的第 187 号法令，开始进行国有企业管理体制的改革。自 1991 年底起，古巴所实行的改革开放政策使古巴的所有制和分配方式多样化。合资、外资所有制、个体所有制已初具规模。尽管古巴领导人多次表示，古巴不搞市场经济，但这不等于不能实行某种市场方式。古共"五大"通过的《经济决议》也强调："在经济指导中，计划将起主要作用，尽管在国家的调节下，已给市场机制打开了一个空间。"

　　1997～2007 年，古巴经济经历了一段难得的复苏期，GDP 年增长率一度高达 9%。2011 年 4 月，古共"六大"宣告古巴进入社会主义模式更新的历史新阶段。古共"六大"重点指向经济领域，旨在讨论与制定古巴经济与社会模式更新的大政方针与具体政策。《党和革命的经济与社会政策纲要》共计 12 章，内含 313 项条款。其中总则包括经济管理模式，宏观经济政策，对外经济政策，投资政策，科学、技术、创新和环境政策，社会政策，共六章；行业政策部分包括农业产业化政策，工业和能源政策，旅游业政策，交通运输业政策，建筑、住房和水利资源政策，贸易政策，共六章。该纲要在阐述古巴经济模式更新的性质与目的时强调，古巴将坚持社会主义方向，不断完善和"更新"经济与社会模式，发展国民经济，改善人民生活水平。

2016 年 4 月，古共"七大"在总结"模式更新"经验与不足的基础上，提出了建设"繁荣与可持续的社会主义"的更新目标。此外，古共七大提出的"经济社会发展模式理论"和"2030 年经济社会发展国民计划"是古巴共产党在治国理政方略上做出的一次重大创新，为古巴党和国家的重大决策提供了"有力的分析工具"，标志着古巴社会主义进入模式理论化和制度化探索的历史新阶段。

第二节 农业

一 概况

农牧业是古巴国民经济的重要部门。自 16 世纪初至 19 世纪末，在长达近 400 年的西班牙殖民统治时期，古巴经济经历了单一畜牧—单一烟草—单一甘蔗的发展过程。自 20 世纪初至 1958 年的近 60 年间，在美国垄断资本的控制和掠夺下，单一甘蔗种植和蔗糖加工一直是古巴经济的基础。在古巴革命胜利前，古巴的农业有两个特点：一是单一甘蔗种植业在农业乃至整个国民经济中占有举足轻重的地位；二是土地高度集中。

古巴革命胜利前，单一甘蔗种植是古巴经济的基础。据统计，在1949 年古巴国民收入中，农业占 31%，其中甘蔗种植占 20%；工业占24%，其中蔗糖加工业占 11%。甘蔗种植业和蔗糖加工业共占国民收入的 31%。据 1946 年统计，甘蔗田占耕地总面积的 56%，农业生产总值的2/3 来自蔗糖。全国劳动力和资金的一半以上集中在甘蔗的种植、收割和加工上。粮食作物在农业中只占次要地位。国内所消费的 100% 的小麦或面粉、98% 的棉花和 50% 的大米依靠进口。

革命胜利前，古巴农业的另一个特点是土地高度集中。占农户总数 1.46% 的大庄园（500 公顷以上），拥有全国可耕地总面积的46.8%，其中几乎全部属于美国糖业公司地产的全国 114 家最大的庄园（5000 公顷以上），只占农户总数的 0.07%，却占地 182 万公顷，占全国可耕地总面积的20%。而占农户总数92.02%的广大农民（拥有土地100公顷以下），其占有土地量只占全国可耕地总面积的29%。

古巴革命胜利后，于1959年和1963年进行了两次土地改革。土改后，古巴农村的土地所有制发生了重要变化。全民所有制（国营农场）占全国土地面积的70%，其余30%的土地仍归中、小农所有。1963年至80年代初，古巴政府通过各种途径将小农经济纳入国营经济之中。到1983年，国营农场占地上升到84%，而小农及合作社占地只有16%。90年代前，古巴有两种农牧业合作社，一种是信贷与服务合作社（Cooperativa de Crédito y Servicios，CCS），这是一种初级的合作社，农民为了获得贷款和配给的物资而组织起来，最初建立这种合作社的农户主要是烟草种植农。60年代中期，共建立了527个信贷与服务合作社，共有社员46133人，占地432461公顷。另一种是农牧业生产合作社（Cooperativa de Producción Agropecuaria，CPA），在1975年前称作农牧业社，1963年全国共有358个农牧业社，共有社员4425人，占地48000公顷。1975年改为现名。1977年5月农牧业生产合作社一度减少到43个，到1980年9月，又增加到1017个，占有土地187974公顷。1980年国营农场、农牧业生产合作社和小农占有的农业用地分别占农用土地总数的83%、2%和15%。

古巴革命胜利后，政府对农业进行了大量投资。1960～1980年农业净投资额共计为74.38亿比索，古巴耕地从1957年的204.4万公顷增加到493.8万公顷，水库容量从1958年的0.29亿立方米增加到1980年的70亿立方米，灌溉面积也由1958年的16万公顷增加到1980年的90.24万公顷。农用拖拉机由1958年的9000台增加到1980年的7万台。机器砍甘蔗的比例从60年代的3%上升到1980年的45%和1982年的49%，装卸全部实现机械化。此外，水稻的种植、收割和加工较早地全部实现了机械化。同时化肥、杀虫剂和除草剂的使用量明显增加。在畜牧业方面也建立了大量的基础设施。

在整个国民经济中，农业的发展比工业慢。1959～1985年间，农业年均增长率为 2.9%，低于工业年均增长率（5.2%）和国民经济年均增长率（4.8%）。从趋势来看，农业增长率呈下降趋势：1960 ~ 1970 年间年均增长率为 3.4%，1971 ~ 1980 年间为 2.6%，1981 ~ 1985 年间为 2.5%。

90 年代初，受东欧剧变、苏联解体和美国加强封锁的影响，再加上自然灾害，古巴农业产值连年下降。按 1981 年比索不变价格计算，古巴农业产值从 1990 年的 17.563 亿比索，分别降到 1991 年的 13.349 亿比索，1992 年的 11.971 亿比索，1993 年的 9.249 亿比索，1994 年的 8.794 亿比索。1995 年以来，农业产值逐年增长，1999 年达到 15.6744 亿比索，但仍未恢复到 1990 年的水平。农业在国内生产总值中的比重从 1990 年的 9.2%，下降到 1992 年的 8% 和 1999 年的 7.2%。1991 ~ 1999 年，农业在国内生产总值中的比重一直徘徊在 6.8% ~ 8% 之间。从农村土地所有制来看，1989 年国家全民所有制占 78%，农牧业生产合作社占 10%，信贷与服务合作社占 12%。1993 年 9 月，古共中央政治局通过决议，将国营农场或企业转变为合作社性质的"合作生产基层组织"（Unidades Basicas de Produccion Cooperativas，UBPC）。这是古巴农村经济的一项重大改革。合作生产基层组织规模比国营农场小，拥有生产、经营和核算的自主权，在一定程度上调动了农民的积极性。1994 年 10 月，古巴宣布将包括农牧业和糖业在内的所有生产部门对外资开放。同年同月，又开放了农牧业产品市场。到 1998 年，古巴农村土地所有制结构的变化如下：国家全民所有制土地占农业用地的 33%，合作生产基层组织占 41%，农牧业生产合作社占 9%，信贷与服务合作社占 17%。到 90 年代末，古巴全国共有 1601 个合作生产基层组织，1806 个农牧业生产合作社，个体农民 20 万人。2010 ~ 2015 年，古巴主要经济组织形式见表 4 - 1。

2008 年，古巴颁布允许农民承租闲置土地的法令。截至 2011 年，古巴共有 18.1 万人承租了 148.8 万公顷闲置或欠开发土地，其中 53% 的人从事畜牧业，30% 的人从事种植业，从事稻米生产的人占 8%。2013 年，古巴决定在哈瓦那市、阿特米萨省和玛雅贝克省试行

表4-1 古巴主要经济组织形式

年份	总计	企业	股份有限公司	合作社						预算单位
				总计	非农牧业合作社（CNoA）	合作生产基层组织（UBPC）	农牧业生产合作社（CPA）	信贷与服务合作社（CCS）		
2010	11857	2810	280	6253	—	2256	1048	2949		2514
2011	10963	2422	275	5811	—	2165	1002	2644		2455
2012	10556	2250	236	5688	—	2038	1006	2644		2382
2013	10246	2235	237	5420	198	1811	909	2502		2354
2014	10024	1992	229	5506	345	1754	903	2504		2297
2015	10014	1956	224	5473	367	1699	897	2510		2361

资料来源：ONEI, *Anuario Estadístico de Cuba 2015*, Capítulo 4：Organización Institucional, Edición 2016, p. 6。

新政，废除束缚农业产品批发、零售体系运转的一些旧规，扩大了合作生产基层组织、农牧业生产合作社及信贷与服务合作社这三类合作社的经营范围，允许其在完成与国家签订供应合同的基础上自产自销，以及允许向其他生产单位、小农户、承包土地的个人收购农牧产品并销售。与此同时，还设立了两个新的个体劳动职业——农牧产品零售商和农产品批发商。

截至2015年6月，古巴占有土地的法人单位共6610家，其中企业和农场2133家，合作生产基层组织1651家，农牧业生产合作社867家，信贷与服务合作社1223家，其他机构736家；共有412615人占有土地，其中享有用益权者（Usufructuarios）279021人，土地所有者（Propietarios）96170人，承租人（Arrendatarios）3101人，散居农户34323人。2015年6月古巴土地分配及使用情况见表4-2。

表 4 - 2　**2015 年 6 月古巴土地分配及使用情况**

单位：千公顷

分类	面积					
	总计	国有	非国有			
			总计	合作生产基层组织	农牧业生产合作社	信贷与服务合作社及私营
总计	10988.4	6093.1	4895.3	1838.7	606.4	2450.2
农业用地	6240.3	1890.0	4350.3	1590.5	517.4	2242.4
耕地面积	2733.6	523.1	2210.5	850.4	274.1	1086.0
非农业用地	4748.1	4203.1	545.0	248.2	89.0	207.8

　　资料来源：ONEI，Anuario Estadístico de Cuba 2015，Capítulo 9：Agricultura，Ganadería，Silvicultura Y Pesca，Edición 2016，p. 10，参见古巴农业部（Ministerio de la Agricultura，MINAG）。

二　种植业

　　古巴的农作物分为经济作物和粮食作物两大类。经济作物主要有甘蔗、烟草、酸性水果、咖啡等。粮食作物主要有稻米、玉米、豆类、薯类等。2014 年，古巴生产稻米 57.64 万吨（湿谷）、玉米 42.73 万吨、豆类 13.18 万吨、马铃薯 5.33 万吨、酸性水果 9.68 万吨、其他水果 88.45 万吨。

　　甘蔗　甘蔗是古巴最重要的农作物。古巴种植甘蔗已有 400 多年的历史。早在 19 世纪 60 年代末，单一甘蔗种植经济在古巴国民经济中已占有举足轻重的地位。到 1958 年，甘蔗种植面积达 113 万公顷，占全国耕地面积的 56%，甘蔗总产量达 4798.3 万吨，甘蔗种植收入占农业总产值的 59%。革命胜利后至 20 世纪 80 年代后期，古巴的甘蔗种植面积呈扩张趋势，1979 年为 168.84 万公顷，1987 年底全国甘蔗种植面积为 176.97 万公顷，占全国耕地面积（370.14 万公顷）的 47.8%。然而，90 年代以来，甘蔗种植面积、甘蔗收割面积、总产量和单位面积产量呈下降趋势：甘蔗种植面积 1990 年为 176.3 万公顷，1992 年为 169.3 万公顷，1994 年为 149.7 万公顷，1997 年为 145.9 万公顷，1999 年为 138.4 万公顷。1989/1990 糖季甘蔗收割面积为 142.03 万公顷，甘蔗总产量为 8180 万吨，

每公顷甘蔗产量为 57.6 吨；1993/1994 糖季这 3 项指标分别为：124.89
万公顷、4320 万吨和 34.6 吨；1998/1999 糖季这 3 项指标分别为：99.58
万公顷、3400 万吨和 34.1 吨。

2010 年，受干旱影响，古巴蔗糖产量跌至 105 年来最低水平，之后
有所回升。2014/2015 糖季蔗糖产量为 192.4 万吨，2015/2016 糖季蔗糖
产量下降到 150 万吨，打破了自 2010 年至 2015 年蔗糖产量逐年增长的趋
势。近年来古巴甘蔗收割面积及产量情况见表 4 - 3。

表 4 - 3 古巴甘蔗收割面积及产量

糖季	收割面积(千公顷)			产量(百万吨)			每公顷甘蔗产量(吨)		
	总计	国有	非国有	总计	国有	非国有	平均产量	国有	非国有
1999/2000	1040.9	89.7	951.2	36.4	2.9	33.5	35.0	32.3	35.2
2004/2005	517.2	21.8	495.4	11.9	0.4	11.5	23.0	18.3	23.2
2009/2010	431.4	9.6	421.8	11.6	0.2	11.4	26.9	20.8	27.0
2010/2011	506.1	13.3	492.8	11.9	0.5	11.4	23.5	36.8	23.1
2011/2012	361.3	6.6	354.7	14.7	0.3	14.4	40.7	45.5	40.6
2012/2013	400.3	8.2	392.1	16.1	0.3	15.8	40.2	39.8	40.3
2013/2014	450.2	9.2	441.0	18.0	0.4	17.6	40.0	41.9	39.9

资料来源：ONEI, Anuario Estadístico de Cuba 2015, Capítulo 9：Agricultura, Ganadería,
Silvicultura Y Pesca, Edición 2016, p.13, 参见古巴糖业集团 (Grupo Azucarero , AZCUBA)。

烟草 古巴是烟草的故乡之一，全世界最好的烟草产自古巴。早在
1492 年 10 月哥伦布首次到达古巴时，就发现印第安人使用烟草。直至 17
世纪初，古巴的烟草只供国内消费。1629 年，古巴的烟草开始传入欧洲
和世界其他地区。从 18 世纪上半叶起，烟草成为古巴向欧洲出口的主要
商品之一。19 世纪初，西班牙取消烟草经营专利后，古巴的烟草种植业
迅速发展。到 1827 年已有 5500 个烟草种植园，1959 年增至 9500 个。革
命胜利后至 20 世纪 80 年代后期，古巴的烟草种植面积呈增长趋势，1958
年烟草种植面积为 57620 公顷，1976 年增加到 71000 公顷，1985 年为近 7
万公顷。1958 年烟草总产量为 4.2 万吨，1962 年为 5.1 万吨，1975 年为
4.1 万吨，1981 年为 5 万吨。80 年代末 90 年代初，烟草种植面积、收获

面积、总产量呈下降趋势。古巴 80% 的烟草由小农生产。从 1993 年起，为促进烟草的生产，政府调整了对小农的政策，提高了他们生产的积极性，烟草的产量有较大的回升。90 年代后期，烟草种植面积、收获面积、总产量又呈增长趋势。1994 年烟草种植面积为 36375 公顷，1999 年恢复到 45785 公顷。1994 年烟草收获面积为 32866 公顷，1996 年为 38196 公顷，1999 年为 41198 公顷。烟草总产量 1993 年为 2 万吨，1995 年为 2.5 万吨，1999 年为 3.1 万吨，2000 年为 3.8 万吨。在古巴 14 个省份中，有 8 个省种植烟草，古巴最著名的烟草产区是在西部比那尔德里奥省的布埃尔塔阿巴霍（Vuelta Abajo）区，那里出产世界上最好的烟草。2010 ~ 2015 年古巴烟草收获面积及产量见表 4 - 4。

表 4 - 4　2010 ~ 2015 年古巴烟草收获面积及产量

	收获面积（公顷）			产量（吨）			每公顷产量（吨）		
	总额	国有部门收获面积	非国有部门收获面积	总计	国营部门产量	私营部门产量	平均	国营部门每公顷产量（吨）	私营部门每公顷产量（吨）
2010	20256	295	19961	20500	227	20273	1.01	0.77	1.02
2011	13631	511	13120	19900	220	19680	1.46	0.43	1.50
2012	16130	501	15629	19500	216	19284	1.21	0.43	1.23
2013	12906	355	12551	24000	153	23847	1.86	0.43	1.90
2014	10741	273	10468	19800	126	19674	1.84	0.46	1.88
2015	18682	1141	17541	24500	513	23987	1.31	0.45	1.37

资料来源：ONEI, Anuario Estadístico de Cuba 2015, Capítulo 9: Agricultura, Ganadería, Silvicultura Y Pesca, Edición 2016, pp. 15 - 23。

酸性水果　古巴的酸性水果主要是柑橘和柠檬。革命前酸性水果种植面积只有 1.07 万公顷，年产量不到 6 万吨。革命胜利后，特别是在 20 世纪七八十年代酸性水果产量有很大提高。1974 年酸性水果产量为 18 万吨，1980 年为 43 万吨，1989 年为 53.9 万吨。90 年代酸性水果的产量起伏不定，但总的来说呈增长趋势：1990 年为 62.6 万吨，1994 年下降到 50.5 万吨，1996 年回升到 66.2 万吨，1997 年增至 80.8 万吨，1999 年下

古巴

降到 71 万吨，2000 年增加到 89.26 万吨。进入 21 世纪以来，古巴酸性水
果种植面积、收获面积及产量波动较大。2011~2015 年古巴酸性水果种
植面积、收获面积及产量见表 4-5。

表 4-5　2011~2015 年古巴酸性水果种植面积、收获面积及产量

	种植面积(千公顷)	收获面积(公顷)	总产量(吨)	每公顷产量(吨)
2011	35.2	33391	264500	7.92
2012	29.3	26155	203700	7.79
2013	24.6	20290	166900	8.23
2014	23.2	19217	96810	5.04
2015	20.1	13885	115384	8.31

資料来源：ONEI, Anuario Estadístico de Cuba 2015, Capítulo 9: Agricultura, Ganadería,
Silvicultura Y Pesca, Edición 2016, pp. 15-21。

咖啡　咖啡是古巴的重要经济作物之一。1768 年传入古巴，至今已
有 200 多年的栽培历史。古巴 60% 的咖啡为小农生产，主要产区在东部
山区，产量不高，主要供内销。近年来，古巴咖啡产业规模急速缩减，年
产量从 6 万吨降至 2007 年的 6000 吨，种植面积从 1961 年时的 17 万公顷
缩减至 2011 年的 2.7 万公顷。为刺激生产，古巴政府采取了提高咖啡种
植报酬等措施，咖啡产量下降的趋势得以缓解。古巴农业部试图通过组建
咖啡生产劳动青年军、购置新运输和加工设备、引进越南咖啡种植新技术
等推进咖啡增产计划，以实现 2020 年咖啡出口量 2 万吨的目标。

稻米　稻米是古巴人民的主食之一，古巴人爱吃米饭。据说古巴是在
1847 年第一批华工到达后才开始种植稻米的。1899 年古巴稻米种植面积
只有 1771 公顷，1934~1938 年年均产大米 2 万吨，只能满足本国消费需
求的一小部分，大部分依靠进口。1958 年稻米种植面积增加到 13.42 万
公顷，大米年产量达 16.2 万吨，能满足国内需求的一半。革命胜利后，
稻米种植面积有所扩大，产量也不断增加，但稻米总产量仍不高，仍不能
完全满足本国居民的消费需求。1960 年大米产量达 32.3 万吨，1970 年为
36.6 万吨，1975 年为 44.7 万吨，1980 年为 47.8 万吨，1985 年为 52.4

万吨，1989 年为 53.2 万吨。90 年代初，稻米产量下降，1993 年为 17.67 万吨，1995 年为 22.28 万吨。90 年代后期，稻米生产有所恢复，但产量仍不太稳定，1997 年为 41.88 万吨，1998 年减少到 28.04 万吨，1999 年回升到 36.88 万吨。

圣斯皮里图斯、格拉玛、比那尔德里奥和卡马圭四省是古巴稻米主产区。2010～2015 年，古巴水稻（湿谷）年产量分别为 45.44 万吨、56.64 万吨、64.16 万吨、67.26 万吨、58.48 万吨和 41.8 万吨。2012 年，古巴大米年产量达 31.5 万吨，创历史最高水平；2013 年为 23 万吨，2014 年为 21.3 万吨。古巴国内大米年需求量约为 70 万吨，由于自给率低，古巴大米不得不依赖进口，尤其是从中国和越南进口大米。2008～2012 年，古巴分别进口大米 56.7 万吨、51.2 万吨、41.4 万吨、50.5 万吨和 35.4 万吨。

玉米　玉米是古巴的重要粮食作物，主要用于居民食用和用作牲口饲料。古巴的玉米产量不稳定，革命胜利前的 1958 年为 7 万吨，1962 年增加到 24 万吨，1975 年降为 2.1 万吨，1978 年回升到 9.5 万吨，1989 年为 9.5 万吨，1993 年下降到 4.9 万吨。1994 年后，玉米生产呈稳步增长趋势，1994 年产量为 7.36 万吨，1995 年为 8.1 万吨，1997 年为 12.6 万吨，1999 年增加到 18.5 万吨。2010～2015 年，古巴玉米年产量分别为 32.45 万吨、35.4 万吨、36.04 万吨、42.62 万吨、42.87 万吨和 36.3 万吨。

豆类　豆类是古巴人喜爱的主副食品之一，但本国产量不高。1958 年为 2.3 万吨，1960 年增加到 3.7 万吨，1965 年降为 1.1 万吨。70 年代年产量均不到 1 万吨：1970 年只有 0.2 万吨，1975 年为 0.3 万吨，1979 年为 0.4 万吨。80 年代产量有所回升，但年产量也只有 1 万吨左右：1980 年为 1 万吨，1981 年为 0.8 万吨，1985 年为 1.1 万吨，1989 年为 1.4 万吨。90 年代，豆类产量逐步上升：1993 年为 0.88 万吨，1995 年为 1.15 万吨，1997 年为 1.6 万吨，1998 年为 1.85 万吨，1999 年增加到 3.8 万吨。2010～2015 年，古巴豆类年产量分别为 8.04 万吨、13.3 万吨、12.71 万吨、12.98 万吨、13.55 万吨和 11.76 万吨。

薯类　薯类包括马铃薯、甘薯、木薯和山药等，它们是古巴人民的主食之一。革命胜利后，薯类产量有较大增长。1962 年为 24 万吨，1971 年

为 55.6 万吨，1976 年为 69.5 万吨，1978 年为 72.4 万吨，1989 年为
94.7 万吨，1995 年为 102.4 万吨，1999 年为 137.2 万吨，2000 年减少到
96.78 万吨。2010～2015 年，古巴薯类（块茎和根类）年产量分别为
151.5 万吨、144.5 万吨、145.2 万吨、158.05 万吨、167.09 万吨和
174.34 万吨。

三　畜牧业

畜牧业是古巴农业的一个十分重要的部门，在国民经济中占有重要地
位。古巴的畜牧业有较长的历史。在 19 世纪以前，不少地区以畜牧业为
主，1959 年牧场占农业用地的 43%。革命胜利后，政府采取了一系列措
施发展畜牧业：改变和调整畜牧业结构；引进良种牲畜，改良牲畜品种；
培养畜牧技术人员，建立种畜饲养场，推广科学饲养和人工授精方法，加
速牲畜的繁殖和品种的改良；发展人工牧草以解决旱季饲料不足的问题。
因此，到 20 世纪 70 年代中期，畜牧业产值有较大幅度增长。然而，古巴
畜牧业发展也存在一些问题，如牛、猪等牲畜的存栏数呈波浪式变化：牛
的存栏数在革命胜利前的 1958 年为 570 万头，1961 年增加到 577.6 万头，
1965 年为 670 万头，1967 年又增加到 712.2 万头。自 60 年代后期起，呈
下降趋势：1975 年为 600 万头，1980 年降为 507 万头，1989 年又降为
492.7 万头。猪的存栏数在 1958 年为 178 万头，1961 年降为 82.7 万头，
1962 年增加到 135.8 万头，1965 年又增加到 181 万头，1970 年大幅度下
降到 28 万头，1975 年回升到 59.9 万头，1978 年为 69.8 万头。90 年代
初，由于甘蔗产量下降和饲料供应不足，牛存栏数一直徘徊在 450 万头上
下：1993 年为 458.3 万头，1996 年为 460 万头，1999 年为 440.6 万头。
猪的存栏数在 90 年代后期略有回升：1993 年为 102.2 万头，1995 年为
106.4 万头，1998 年为 102 万头，1999 年为 114.4 万头。90 年代羊、马、
骡、驴等家畜和鸡、鸭等家禽的存栏数也呈下降趋势：羊的存栏数 1993
年为 118.2 万只，1995 年为 108.6 万只，1997 年为 102.8 万只，1999 年
为 106.9 万只；马、骡、驴的存栏数 1993 年为 64.6 万匹，1995 年为
62.1 万匹，1997 年为 55.9 万匹，1999 年为 46.1 万匹；家禽（主要是

鸡）1993 年为 1525.2 万只，1995 年为 1400.2 万只，1997 年为 1366.6 万只，1999 年为 1315.1 万只；鸡蛋产量 1993 年为 15.12 亿枚，1995 年为 14.15 亿枚，1997 年为 13.37 亿枚，1999 年为 16.53 亿枚。

2010～2015 年，古巴牛存栏数分别为 399.25 万头、405.91 万头、408.4 万头、409.22 万头、413.43 万头和 404.59 万头；猪存栏数分别为 159.1 万头、151.8 万头、154.51 万头、160.69 万头、165.51 万头和 170.48 万头；家禽存栏数分别为 3095 万只、3366.33 万只、3018.2 万只、3241.55 万只、3228.58 万只和 3196.29 万只；鸡蛋年产量分别为 24.3 亿枚、26.2 亿枚、25.126 亿枚、26.555 亿枚、25.722 亿枚和 23.212 亿枚；马存栏数分别为 64.61 万匹、67.55 万匹、71.57 万匹、75.87 万匹、81.03 万匹和 85.11 万匹；羊存栏数分别为 330 万只、297 万只、275.33 万只、266.06 万只、278.21 万只和 273.46 万只；蜂蜜年产量分别为 4700 吨、6700 吨、6800 吨、7000 吨、7900 吨和 7300 吨；牛奶年产量分别为 62.95 万吨、59.95 万吨、60.43 万吨、58.91 万吨、58.81 万吨和 49.39 万吨。

四 林业

据 1959 年统计，古巴森林面积为 15500 平方公里，占国土面积的 14%。革命胜利后，由于政府采取一系列措施保护林业资源，大力开展植树造林，森林面积有所扩大。1989 年，森林面积占国土面积的 24%。90 年代以来，古巴继续进行植树造林，1993 年造林 4.68 亿株，1995 年造林 6.12 亿株，1997 年造林 2.47 亿株，1999 年造林 1.85 亿株。1998 年，森林面积占国土面积的 27%。90 年代，古巴木材砍伐量保持相对稳定，用作家具的木材砍伐量 1990 年为 10.64 万立方米，1993 年为 3.78 万立方米，1998 年为 10.51 万立方米；用作燃料的木材砍伐量 1990 年为 245.68 万立方米，1993 年为 301.03 万立方米，1998 年为 218.78 万立方米。2010～2015 年，古巴年造林面积分别为 6 万公顷、4.78 万公顷、3.59 万公顷、2.85 万公顷、2.17 万公顷和 2.02 万公顷；年造林总数分别为 1.251 亿株、1.007 亿株、0.819 亿株、0.648 亿株、0.511 亿株和 0.464 亿株。

五　渔业

古巴沿海水产资源丰富，仅食用鱼就有 450 多种。然而，在革命胜利前，渔业资源长期未得到开发，没有远洋渔业，近海渔业也很落后，1958 年捕捞量只有 2.2 万吨。革命胜利后，政府为发展渔业进行了大量投资，组建了远洋船队，努力发展造船业，建立现代化的渔港和鱼产品加工与运输系统，重视渔业科技人员的培养。由于采取了这些措施，捕捞量不断增加。1965 年为 4.04 万吨，1970 年增加到 10.6 万吨，1975 年为 14.4 万吨，1980 年为 18.65 万吨，1985 年又增加到 21.99 万吨。80 年代末、90 年代初受苏东剧变影响，捕捞量有所下降，1990 年降为 18.82 万吨，1995 年又降为 10.24 万吨，1997 年回升到 13.6 万吨，1999 年为 14.49 万吨。古巴的渔业由渔业部主管，渔业企业均由国家经营，渔业从业人员共 3 万人。

古巴盛产龙虾、对虾、海蟹及各类热带海鱼。2010～2015 年，古巴渔业年捕捞量分别为 5.54 亿吨、4.86 亿吨、4.85 亿吨、5.17 亿吨、5.63 亿吨和 5.77 亿吨，其中鱼类分别为 4.32 亿吨、3.75 亿吨、3.72 亿吨、3.89 亿吨、4.43 亿吨和 4.5 亿吨。2010～2015 年，古巴龙虾年产量分别为 4457.6 吨、5010.1 吨、4467 吨、4620.6 吨、4371.1 吨和 4035.4 吨；养殖虾年产量分别为 3025.1 吨、2178 吨、3009.4 吨、4115.9 吨、4121.1 吨和 4719.1 吨；海水虾年产量分别为 738.4 吨、491.2 吨、547.8 吨、619.4 吨、604.2 吨和 917.5 吨；牡蛎年产量分别为 1648.4 吨、1794 吨、1583 吨、1518.7 吨、1109.6 吨和 980.3 吨。

第三节　工业

一　概况

根据古巴官方统计，在 1999 年国内生产总值中，如按 1981 年比索不变价格计算，工业占 30.5%，其中制造业占 29.3%，矿业占 1.2%。

如按比索现行价格计算，工业占 40.2%，其中制造业占 38.7%，矿业占 1.5%。

古巴革命胜利前，工业基础薄弱，几乎没有重工业；工业结构畸形，蔗糖加工业以及与之有关的电力、铁路运输等有一定的发展，但大量的日用消费品都需从国外进口。1958 年，古巴共有 2000 多家工厂，除 162 家糖厂外，职工人数超过 100 人的工厂只有 100 家，其余均为小厂或手工业作坊。

1959 年革命胜利后不久，古巴政府将外国资本和本国大资本家的厂矿企业收归国有。60 年代初，政府提出迅速实现工业化和工业多样化的口号，试图改变蔗糖单一经济。为发展工业，1961 年古巴政府成立了工业部，负责所有工业部门。全国工业按生产类别分成 46 个公司，由中央集中管理。1964 年政府改变经济发展战略，采取发挥"相对优势"的发展战略，集中发展具有优越条件的制糖业。为此，于同年专门成立了蔗糖工业部。60 年代后期由于集中力量突击实现 1970 年产糖 1000 万吨的指标，古巴经济各部门的发展比例失调。1962～1969 年间，工业产值年均增长 0.6%。从 70 年代初至 80 年代末，古巴在重点发展糖业的同时，加快了依靠苏联东欧实现国家工业化的步伐。工业的发展呈马鞍形：工业产值年均增长率在 1971～1975 年最快，为 11.4%；1976～1980 年降为 3%，1981～1985 年回升到 8.8%，1986～1989 年又降为 0.25%。苏联东欧剧变后，90 年代古巴调整了工业和整个经济发展战略。1994 年政府机构进行了重组，直接领导古巴工业发展的部是：糖业部，基础工业部（包括能源、地质矿业、化工），冶金机械工业部（包括钢铁、机械、电子），轻工业部（包括纺织、皮革、化妆品、家具、陶瓷、造纸、文具）和食品工业部。

2012 年 9 月，古巴根据第 299 号法令，撤销了原轻工业部、冶金机械工业部、化工部和电力工业部，并组建了新的工业部。新工业部主要负责除能源、矿产、食品和高科技工业以外的国家工业战略规划及相关政策的制定与落实。工业部管辖的主要行业包括冶金机械，纺织、鞣皮、制鞋和制革，纸、纸板、卡纸及其制成品生产，印刷业，肥料、除草剂、杀虫剂、工业用气和药用气体生产，塑料制品生产，玻璃加工、制皂、油漆涂料及清漆、橡胶轮胎生产，灌装和包装，家具生产，废品回收，等等。工业部下设轻工业集团、冶金工业集团和化学工业集团三家"企业管理高级组织"（OSDE），分别负责指导相关企业落实国家的产业政策。

二 制糖业

古巴是世界主要的蔗糖生产国之一，有"世界糖罐"之称。古巴蔗糖生产历史悠久，从1595年就开始生产蔗糖，1762年首次记载产糖1万吨。1838～1842年期间年均产量达11万多吨，跃居世界首位。此后，在长达120多年时间里，古巴蔗糖产量一直居世界首位。1840年古巴蔗糖业进行技术革命，以甘蔗渣为燃料的蒸汽机普遍用于榨糖，新的榨糖机取代了老式的榨糖机，大大提高了生产效率。19世纪末20世纪初，一方面，美国资本开始大量投资到古巴蔗糖业：1902年美国对古巴蔗糖业的投资为2500万美元，1927年增加到8亿美元。美资采用先进的技术和设备，蒸汽机普遍以石油取代甘蔗渣作为燃料，在甘蔗园铺设专用铁路，使糖产量迅速增长。1892年产糖100多万吨，1913年增加到200多万吨，1952年达532.7万吨，1958年达586.2万吨。另一方面，美国糖业公司和古巴糖业巨头实力急剧增长，中小糖厂纷纷倒闭，糖厂数量从1890年的400家减少到1958年的161家。1958年古巴有36家美资糖厂，其产量占古巴糖产量的36.7%。同年，以美国为主的外资占古巴糖业资本的近50%。

1960年，古巴政府把包括外资糖厂在内的所有外国企业收归国有，同年美国取消购买古巴蔗糖的份额，随后又同古巴断交，使古巴失去了传统的市场和糖厂设备及零配件的供应地。美国还派飞机轰炸古巴的糖厂和甘蔗田，企图破坏古巴的蔗糖生产。1963年古巴蔗糖产量一度下降到380万吨。1964年古巴专门成立糖业部。1966～1970年执行第一个制糖业发展计划，提出1970年产糖1000万吨的目标。同期，新增投资3.34亿比索，甘蔗田增加了35%，引进了新的品种，设计了新的收割机。1970年生产糖8537639吨，创历史最高纪录，但没有达到原定1000万吨的目标。

70 年代蔗糖业发展迅速。甘蔗田从 1963 年的 154.3 万公顷增加到 1973 年的 163.46 万公顷；机械化程度提高，在革命胜利初期，甘蔗砍伐和装车几乎全靠手工，70 年代中期，机械砍伐率达 11.6%，装车机械化达 85.4%。1975 年使用了 1000 台联合收割机，节省了不少劳动力，使用了 18 万人砍甘蔗，比 1959 年减少了一半。1975～1980 年对糖业投资新增 9.68 亿比索。80 年代初，成立了糖业农工联合体（Complejos agroindustriales azucareros）。80 年代，蔗糖业进一步发展。新建了 6 家由古巴自己设计的糖厂，其 60% 的设备是古巴自己制造的。此外，还对 40 家糖厂进行了技术改造。1981 年糖季使用了 2650 台联合收割机，甘蔗机砍率达 60% 以上。1981～1989 年古巴蔗糖年产量保持在 710 万～820 万吨之间，年均达 770 万吨。80 年代末 90 年代初，苏东剧变使古巴失去蔗糖市场、稳定的价格和蔗糖机械设备的供应地，再加上美国乘机加紧对古巴的封锁和禁运，使古巴经济，特别是蔗糖业受到严重影响。90 年代，1991～1998 年年均蔗糖产量只有 430 万吨。古巴蔗糖产量呈下降趋势：从 1991 年的 760 万吨下降到 1998 年的 315.9 万吨。1999 年略有回升，达 369.1 万吨，2000 年达 405 万吨，但 2001 年又降到 353 万吨。古巴政府采取各种措施，如吸引外资、改进技术，特别是从 1993 年起，将相当一部分国营农场改成合作社性质的合作生产基层单位，并对国有糖厂进行企业改革，以调动合作农民和企业工人的积极性。

蔗糖业在古巴国民经济中占有重要地位。1946～1955 年间，糖业收入年平均占古巴国民总收入的 29.6%。1947 年一度占 37.1%。20 世纪 80 年代中期，蔗糖生产仍是国民经济的基础，蔗糖产值占古巴社会总产值的 25%，占出口总额的 80% 和外汇收入的 75%～80%。90 年代，蔗糖业在国民经济中的地位有所下降，但依然是古巴经济最重要的部门之一。90 年代中期，蔗糖业占出口外汇总收入的 44%，甘蔗种植面积占可耕地面积的 57%，使用 44 万劳动力。据古巴官方统计，1998 年古巴全国有 156 家糖厂。1991 年糖业使用 46.7 万劳动力。1998 年使用劳动力为 49.9 万人，其中合作生产基层单位和农牧业合作社为 24.9 万人，国有部门（国营农场和糖厂）为 25 万人，另外在蔗糖工业就业的劳动力为 11 万人。尽管 90 年代古巴蔗糖产量大幅度下降，但古巴仍是世界 10 大产糖国之一。

2002 年年中，古巴政府出台了一项全面调整制糖工业的计划，决定关闭现有 156 家糖厂中的 71 家，将 60% 的甘蔗田改种蔬菜或其他农作物，大约 10 万制糖业工人面临下岗。古巴政府为妥善安排这些下岗工人，先让他们参加新技能培训班，学习期间领取全部或部分工资，直至找到新的工作为止。由于甘蔗种植面积的减少和将近半数的糖厂被关闭，古巴的蔗糖产量明显下降。

2012 年 6 月，古巴糖业出口公司（CUBAZUCAR）召开了成立 50 周年大会暨古巴糖业大会。

为促进古巴蔗糖生产，古巴政府于 2011 年 10 月将原糖工业部改组为古巴糖业集团（AZCUBA），实现了政企分开。新成立的古巴糖业集团拥有 13 家子公司和 56 家糖厂。集团实施了提高甘蔗收购价、向蔗农提供商业贷款、实现资金自给自足、将糖厂周边社区服务转至专业服务机构及重组蔗农和甘蔗种植企业债务等一系列新政策。重组后的古巴糖业，蔗糖质量和甘蔗种植率明显提高，蔗糖衍生品不断增加，但蔗糖产量并没有增加。通过甘蔗废渣发电，古巴糖厂还实现了电力的自我供应，并试图向全国供电，但设备利用率和生产收益尚显不足。

2013/2014 糖季古巴原糖产量约为 160 万吨，同比增长 4.2%，但仍未完成 180 万吨的计划产量。2014/2015 糖季蔗糖产量为 192.4 万吨。2015~2016 年，受厄尔尼诺现象的影响，古巴甘蔗种植业遭遇了干旱与反季节降雨相结合的异常气候，甘蔗歉收导致古巴糖产量大幅下降。2015/2016 糖季蔗糖产量下降到 150 万吨。截至 2016 年，古巴仅有约 15% 的甘蔗田具备灌溉和排水条件。未来，古巴糖业集团试图通过提高灌溉覆盖率，更新农业设备和交通设备，创新甘蔗种植技术，完善甘蔗收购体系，提高对蔗农的技术服务，增加蔗糖衍生品的产量，加大动物饲料和酒精的生产。

作为古巴历史上最重要的工业和出口创汇产业之一，制糖业目前仅列古巴出口项目第 8 位，落后于旅游业、烟草业、镍矿业和制药业等。

三 石油工业

古巴几乎没有煤矿,而且缺乏可用于水力发电的河流。古巴使用的能源主要是石油。但是长期以来,古巴被认为是一个贫油国,油田规模小,石油产量很低,所产的油大部分是重质油。1958年石油产量只有4.5万吨。革命胜利后,政府重视对新油田的勘探和开采,石油产量逐步增加,但古巴所需原油的绝大部分仍需从国外(主要从苏联)进口。1965年古巴石油产量为5.7万吨,1977年达到22.5万吨,1980年增加到27.4万吨,1985年进一步增至86.8万吨,1990年一度降到71.8万吨。进入特殊时期后特别是苏联解体后,由于俄罗斯大量减少对古巴的原油供应,而且在价格方面不再对古巴给予优惠,古巴政府对石油勘探和开采更加重视,并开始大力引进外资。新油田不断被发现,古巴原油和天然气产量迅速增加。原油产量1993年为110.76万吨,1995年为147.08万吨,1998年为167.82万吨,1999年为213.63万吨,2000年又增至270万吨,2001年即增至340万吨,2002年增至410万吨。天然气产量1989年为3360万立方米,1993年为2300万立方米,1995年为1730万立方米,1998年增至1.242亿立方米,1999年达4.6亿立方米,2000年进一步增至5亿立方米。到2000年底,古巴石油业已同外资签订了20个风险合同,在10年中引进外资6亿美元。2009年古巴生产380万吨石油,可满足本国50%的需要,2010年生产306万吨石油和10.57亿立方米天然气,相当于400万吨石油,价值14亿美元。不足部分主要依靠从委内瑞拉进口,委内瑞拉每天向古巴供应10万桶石油。2016年古巴石油和天然气产量为369万吨,比前几年有所下降。此外,自2014年起,委内瑞拉向古巴供应的石油逐渐减少,从每天约10万桶,减少到2016年下半年的每天5.5万桶,致使古巴石油供应紧张,不得不从俄罗斯和阿尔及利亚进口石油。

人们普遍认为,古巴的地下极有可能蕴藏着丰富的石油资源。但到目前为止,尚未发现大量的藏量。古巴的石油工业由国营古巴石油公司(CUBAPETROLEO或CUPET)经营,隶属基础工业部,共有3家石油勘探和开采公司、4 家炼油厂和 14 家销售公司。

近年来，古巴主要贸易伙伴受石油价格下降影响纷纷陷入经济困难，减少了对古巴石油的供应，古巴能源短缺问题日益加剧。面对老油田产量下降而新油田又尚未勘测到的现状，古巴政府试图通过引入外资重振石油行业，以维护石油作为国家能源产业命脉的地位，并努力提高炼油能力、提升油品标准、勘探新油田、恢复已开采过的老油田、开发墨西哥湾古巴专属经济区（ZEE）等油气资源，以维持石油产量，继而提高石油供应能力，提升能源使用效率。

据古巴《格拉玛报》2017 年 2 月报道，古巴 99% 以上的石油产自哈瓦那和马坦萨斯省之间的区块，尽管该区块已有近半个世纪的开采历史，但仍拥有 60 亿桶左右的石油储量。2017 年，古巴国内石油预期产量为 353.8 万吨左右。古巴每天需要消费 13 万桶石油，本国只能生产 4.5 万~5 万桶，不足部分需要进口。古巴本国生产的石油大部分是重油，只能用作发电燃料。

四 电力工业

古巴的电力主要是火力发电，水力发电十分有限。发电燃料主要是石油，其次是蔗渣。革命前的 1958 年，全国发电量为 25.5 亿度。革命胜利后，政府十分重视发展电力生产，兴建了一些新的热电厂。发电量不断增加：1970 年为 48.89 亿度，1975 年为 65.88 亿度，1980 年为 99.9 亿度，1985 年为 122 亿度，1989 年增至 152.4 亿度。90 年代初由于作为主要发电燃料的石油进口量减少，发电量下降：1990 年为 150.2 亿度，1992 年减少到 115.38 亿度，1993 年进一步降为 110 亿度。1994 年后开始逐步回升，为 119.64 亿度，1995 年为 124.6 亿度，1997 年为 141.5 亿度，1999 年增加到 144.88 亿度，接近 1989 年的水平。80 年代，古巴还依靠苏联的资金和技术在西恩富戈斯建造胡拉瓜核电站，后因苏联解体，建造核电站的计划搁浅。2003 年，古巴全国电力普及率达 95%，电力用户为 260 万，全国有 17 个热电厂，总装机容量达 326.7 万千瓦。负责电力生产的是古巴电力联合公司（UNION ELECTRICA），隶属于基础工业部。

目前，古巴 95% 的电力来自石油（碳氢化合物）及其衍生品的燃烧发电。生物质发电方面，为实现至 2030 年利用可再生能源发电量达到总发电量 24% 的目标（2017 年仅占 4%），生物质发电被列为优先发展产业。古巴《2016~2017 年外商投资项目目录》中包含了 19 个糖厂生物质发电项目，这些项目的建成投用将减少 7 亿吨二氧化碳排放量。风电方面，古巴拟在全国 32 个地区建 88 个 50 米高空自动测风仪及一个可测 100 米高空风速的气象站，古巴电力联盟表示将通过优化 13 个风力发电站，减少 90 万吨二氧化碳排放量。太阳能光伏发电方面，古巴已在全国范围内选定太阳能光伏发电站建设区块，并将优先在使用独立电网的旅游岛上建站，此外在比那尔德里奥省建有一家太阳能光伏板生产厂，可通过引进外资，提升发电量。水电方面，古巴已规划建设 74 个小型水电站，这将减少 23 万吨二氧化碳排放量。废弃物发电方面，古巴试图利用畜牧业、禽业、食品及糖业废弃物进行发电。[①] 2017 年，古巴计划发电量同比增长 4.2%，发电总量的 58.8% 将配置于民用项目。在可再生能源方面，将主要利用甘蔗生物质及太阳能光伏提高发电量。

五　采矿业

古巴具有开采价值的矿产有镍、钴、铬、锰、铁和铜矿。1999 年采矿业在国内生产总值中只占 1.2%。古巴镍和钴的储量名列世界前茅，已探明镍和钴的储量为 8 亿吨，可能实际储量还要大，大约为 20 亿吨。古巴钴的储量占世界总储量的 26%，居世界第二位。负责镍和钴矿生产的是古巴镍矿联合公司（UNION DEL NIQUEL），隶属于能源和矿业部，下有 3 家炼镍和钴的工厂，集中在东部奥尔金省的莫阿（Moa）和尼卡洛（Nicaro）两地。年生产加工能力为 7 万吨。古巴炼镍和钴已有 50 多年的历史。革命胜利前，1958 年镍和钴的产量为 1.8 万吨，1963 年为 2 万吨，

---

① 中华人民共和国驻古巴经商参处编译《古巴 2017 年能源概况》，http://cu.mofcom.gov.cn/article/jmxw/201703/20170302525624.shtml，2017 年 3 月 2 日。

1976 年达到 3.71 万吨，1980 年为 3.8 万吨，1985 年为 3.4 万吨，1989
年增至 4.6 万吨。90 年代初，受国际形势变化影响，镍和钴的产量下降，
1990 年降为 3.9 万吨，1994 年降为 2.69 万吨。90 年代后期由于吸收了加
拿大资本，产量逐步回升：1995 年为 4.27 万吨，1996 年为 5.37 万吨，
1997 年为 6.16 万吨，1998 年为 6.77 万吨，1999 年为 6.65 万吨，2000
年达创纪录的 7.14 万吨，古巴是世界排名第六的镍生产国。镍矿收入是
古巴除旅游业之外最主要的外汇收入之一，在国民经济中占有举足轻重的
地位。2009 年镍产量为 7.01 万吨，2016 年下降到 5.6 万吨。2009 年以
来，国际市场镍价大幅下降，由 2008 年每吨最高 5.42 万美元下降到 2014
年 2 月每吨 1.37 万美元，2013 ~ 2015 年平均每吨为 14596 美元，古巴镍
矿出口创汇大幅减少。2010 年至 2013 年，镍矿出口金额分别为 12.07 亿
美元、14.80 亿美元、10.82 亿美元和 7.96 亿美元。古巴统计局公布，
2011 年底古巴精炼镍和钴的产量为 7.25 万吨。

六　钢铁工业

古巴铁矿的储量大，但品位较低，提炼困难。早在 20 世纪初，美资
就开始在古巴经营钢铁业。但是直到 1958 年，古巴的年钢产量只有 2.4
万吨。革命胜利后，政府重视钢铁生产。钢产量逐步上升，1963 年为 6.3
万吨，1969 年为 11.9 万吨，1970 年为 14 万吨，1975 年为 25 万吨，1980
年为 29.2 万吨，1985 年增至 40.1 万吨，为产量最高的一年。受苏东剧
变影响，1990 年降为 31.4 万吨，1993 年降到 9.8 万吨。后逐步有所回
升，1994 年为 14.7 万吨，1995 年为 20.3 万吨，1997 年为 33.5 万吨，
1999 年为 30.3 万吨，接近苏东剧变前的水平。2012 年钢产量为 32 万吨。

2011 ~ 2015 年，古巴不锈钢丝年产量分别为 5200 吨、4600 吨、3200
吨、500 吨和 2200 吨；镀锌钢丝年产量分别为 6800 吨、7700 吨、5600
吨、1200 吨和 2800 吨；碳素钢年产量分别为 28.21 万吨、27.7 万吨、
26.72 万吨、25.77 万吨和 22.18 万吨；棒材年产量分别为 11.17 万吨、
12.29 万吨、10.49 万吨、10.25 万吨和 11.04 万吨；钢坯年产量分别为
25.89 万吨、25.73 万吨、24.89 万吨、24.17 万吨和 20.71 万吨。2014 年

11 月，位于古巴首都哈瓦那的安提亚纳钢铁厂现代化改造工程第一阶段正式启动。安提亚纳钢铁厂是古巴最大的钢铁厂，改造工程预计耗资 2300 万美元，旨在实现该厂钢液年产量达到 420 吨的目标，以满足古巴本国需求并出口拉美及欧洲市场。

七　烟草工业

古巴的烟草工业历史悠久。早在 16 世纪初，古巴的烟叶和雪茄就被运往欧洲。18 世纪初，西班牙国王谕令烟草专卖专利，在哈瓦那成立"烟草专卖公司"，控制全部烟草贸易。19 世纪初，西班牙废除了烟草专卖规定，允许古巴自由贸易，古巴的烟草和雪茄开始销往美国。随着出口的增加，烟草工业在古巴经济中开始占有重要地位。古巴雪茄，特别是"哈瓦那雪茄"（Habanos）闻名世界。古巴烟草工业主要产品是香烟、雪茄和烟斗丝。烟斗丝产量不大，全部供内销。香烟产量最大，基本供内销，少量出口。雪茄一半以上供出口。1958 年雪茄产量为 6.28 亿支，1959 年为 5.91 亿支，1965 年回升到 6.57 亿支，1970 年下降为 3.64 亿支，1980 年又降为 1.66 亿支，1985 年回升到 3.66 亿支，1989 年为 3.08 亿支。90 年代，雪茄年产量一直未能超过 3 亿支：1993 年为 2.08 亿支，1995 年为 1.93 亿支，1997 年为 2.15 亿支，1999 年为 2.84 亿支。2013 年雪茄年产量增加到 3.26 亿支。古巴名牌雪茄是科希瓦（Cohiba）、蒙特克利斯托（Montecristo）和罗密欧与朱丽叶（Romeo y Julieta）等。90 年代烟斗丝产量不稳定，1993 年为 6.6 万吨，1994 年降至 2 万吨，1996 年为 3.8 万吨，1997 年降为 2.6 万吨，1998 年回升到 6.6 万吨，1999 年猛增到 20 万吨。香烟产量相对稳定：1993 年为 122 亿支，1995 年为 126 亿支，1997 年为 107 亿支，1999 年为 123 亿支，2013 年为 137 亿支。

古巴烟草集团作为古巴烟草业唯一的企业集团，由 40 家国有公司、3 家合资公司（Habanos S. A.、Internacional de Tabacos S. A. 及 Brascuba cigarrillos S. A.）、1 家古巴独资贸易公司及烟草研究院组成。2015 年前后，古巴连续遭遇飓风、干旱等极端天气，导致烟草部分歉收。2015 年，古巴雪茄总收入达 4.28 亿美元，比 2014 年增收 4%。

第四节　商业、服务业与旅游业

一　商业

古巴的国内贸易由国内贸易部（简称内贸部）负责。内贸部负责国内生产的产品以及部分进口商品的存储、流通、分配、销售及售后服务。内贸部工作的重点是以下几方面。

（1）确保居民凭本定量供应的生活必需品的供应和分配。古巴从1962年起开始对居民基本消费品实行平价定量供应，政府每年对上述供应提供大量的补贴。定量供应的商品、数量在不同的时期根据实际情况进行适当的调整。居民在所居住街区规定的零售商店凭本购买定量供应的商品。以1991年5月供应情况为例：大米每人每月5磅（1磅=0.454公斤），白糖每人每月4磅，咖啡每人每月4盎司（1盎司=28.35克），肉类按规定每人每9天1磅，但实际上难以保证；鸡肉每人每9天1磅，植物油每人每月1磅，黑豆每人每月20盎司，面包每人每天1个（重80克），鸡蛋每人每7天5个，鱼每人每21天1磅，洗衣皂每人每月1块，香皂每人每月1块，香烟每人每月4包，雪茄每人每月4支，牛奶7岁以下儿童每天1磅，盐每人每月1盎司，卫生纸每人每月1卷。自2008年以来，古巴凭本定量供应的商品逐渐减少，取消了洗衣皂、香皂、香烟、雪茄、盐等商品的凭本定量供应，只剩下大米每人每月7磅，白糖每人每月4磅，咖啡每人每月4盎司，一点肉末，一点鸡肉，植物油每人每月半公升，面包每人每天1个（重80克），鸡蛋每人每7天5个。

（2）通过"家庭照顾网"（Cadena de Atencion a la Familia），对特困家庭予以适当照顾。

（3）通过"图尔基诺计划"，对山区农民予以适当照顾。

（4）确保对工厂、学校、机关、团体等的公共食堂、饭店、餐厅和飞机、火车和长途汽车的食品供应。

除凭本供应的商业外，截至2003年，古巴还有以下几种商业形式。

（1）国营议价工业品商店，居民可以用比索在这种商店以较高的价格购买不要本的日用工业品。

（2）国营外汇商店。从 1993 年古巴政府宣布个人持有美元合法化起，古巴人可以到外汇商店用美元或用可兑换比索（自 1994 年开始发行）购物。而在这之前，古巴人即使持有美元也不准进入外汇商店购物。

（3）农牧产品（自由）市场及手工业品（自由）市场、个体经营的餐饮店。

最近几年古巴批发和零售商品流通情况见表 4－6。

表 4－6　古巴批发及零售商品流通情况

单位：亿比索

	2012	2013	2014	2015
食品	114.676	117.336	124.187	128.748
非食品	60.304	62.542	64.677	76.070
工业产品	79.621	93.778	99.904	107.558
总额	254.601	273.656	288.768	312.376

资料来源：ONEI，Anuario Estadístico de Cuba 2015，Capítulo 14：Comercio Interno，Edición 2016，p.6。

二　服　务　业

古巴的服务业分两大类：工业服务和个人服务。工业服务是指家电修理、洗衣店服务和其他修理如修钟表、修鞋和修家具等；个人服务是指理发、美容、照相和租借服装等。1993 年 9 月，古巴政府通过第 141 号法令，允许 135 种职业可以由个体经营。这 135 种职业中，有不少属于服务业、零售业和餐饮业。

2010 年 9 月，古巴政府又对个体户开放 178 项经济活动，其中 83 种经济活动允许私营企业主雇用亲属以外的员工。另外，古巴政府允许私营企业主从事出售食品、训练宠物等原来禁止的活动。古巴人还可以将自己的房屋租给游客，部分出租房屋还获准可以以美元结算房租。2013 年 9

月，政府对个体户开放的经济活动又增加了 10 项。

尽管古巴国内对服务业的讨论较多，但古巴第三产业仍难以成为生产部门的有力补充，反而加剧了古巴经济的比例失调。服务业的扩张严重依赖于社会与个体服务领域就业人数的集中和增加，且服务业尚游离于国民经济的主要生产链条之外（2009 年，古巴 43% 的服务业与就业及生产部门脱节）。古巴服务业的主要出口创汇部门——对外医疗服务，也难以创造充分的溢出效应，以刺激国内就业和中间需求。此外，古巴生产服务业（金融、法律、技术、咨询等）发展乏力，专业化程度较低，服务业的横向联系也较为滞后。

三　旅游业

1. 旅游业概况

素有"加勒比明珠"之称的古巴，以其旖旎的风光、温和的气候、充足的阳光、迷人的海滩和独特的人文景观吸引了成千上万的外国游客。古巴是加勒比海上著名的旅游胜地之一，在古巴 4195 个海岛和礁屿中，有不少岛礁至今还是无人的荒岛，处在原始生态环境之中，有的近年来为发展旅游业而刚开始开发。古巴有 6073 公里的海岸线和 300 多个白沙海滩，其中巴拉德罗洁白的细沙滩是世界上著名的八大海滩之一。古巴年均气温 25℃，四季常青，鲜花盛开，姹紫嫣红，植被茂盛，迎风摇曳、婀娜多姿的椰子树，巍然挺立的"皇家棕榈"树、碧海、蓝天，令人流连忘返。古巴拥有各个不同历史时期、风格迥然不同的建筑，是世界建筑艺术的宝库。古巴既是"伦巴"、"曼波"、"恰恰恰"等拉丁舞曲的发祥地，又以高水平的现代芭蕾舞闻名于世。古巴的热带歌舞使人陶醉，绘画和雕塑艺术也堪称一绝。

古巴的旅游业一向比较发达。革命胜利前，每年约有 30 万人次旅游者前来观光，其中以美国人居多，每年旅游创汇超过 1 亿美元。

革命胜利后，由于古美关系恶化，旅游业受到很大影响，游客人数下降，1971 年只有 2000 人，其中大部分来自苏联和东欧国家。20 世纪 70 年代后期，古美关系有所松动，1977～1982 年美国一度放松了对本国公民到古巴旅游的限制。与此同时，拉美不少国家同古巴恢复或建立外交关系。古巴政府利用这一时机，振兴旅游业，取得了一定成效。1976～1980年，新建饭店 22 家，其中 21 家在 80 年代初开始营业。自 1979 年起，古巴开始欢迎和接待海外侨民回国探亲和旅游。1982 年，古巴颁布《古巴同外国合资企业法》，开始吸收外国资本投资旅游业。80 年代，到古巴旅游的人数逐年增加。1980 年到古巴的外国游客为 10.1 万人次，1988 年增至 24.2 万人次，1989 年增至 27 万人次。

80 年代末 90 年代初的东欧剧变和苏联解体使古巴经济受到严重打击，生产下降，出口外汇收入减少。在这种严峻的形势下，古巴党和政府及时调整了经济发展战略，把旅游业作为三大优先发展的项目之一，大力发展旅游业。1992 年，建立旅游融资机构（Finatur）；1994 年，专门成立旅游部（Mintur），取代原有的全国旅游委员会（Intur），旅游部负责制定旅游方面的政策、重点旅游地区的发展战略、旅游业吸收外资的方式和管理办法，负责旅游环保监控。从事旅游业的合资企业需缴纳 11% 的劳动力利用税（即工资税）、14% 的社会保险费和 30% 的企业所得税。古巴制订了全国旅游发展计划，确定哈瓦那市、巴拉德罗、国王花园（Jardines del Rey）、卡马圭北部、奥尔金北部、圣地亚哥市、中南部沿岸、洛斯卡纳雷奥斯群岛（el Archipielago de los Canarreos）8 个重点旅游区（regiones turisticas de prioridad），52 个旅游发展中心（polos de desarrollo）和 267 个旅游点（sitios de interes）。

20 世纪 90 年代以来，由于古巴政府对旅游业的重视以及予以优惠政策吸收外资，古巴旅游业发展迅速，主要表现在以下几个方面。

（1）外国到古巴旅游的人数增加较快，从 1990 年的 34 万人次，增加到 1999 年的 160.3 万人次。10 年来，到古巴旅游的人数年均增长 18.8%。2000 年外国游客达到 177.2 万人次。2001 年，由于受"9·11"事件的影响，到古巴旅游的人数只比上一年增加了 1%。2013 年，古巴国际旅游收入（现价美元）达 26.27 亿美元，国外游客为 282.9 万人次，出国旅游游客达 28.7 万人次。[①] 2014 年，古巴接待外国游客总数突破 300

---

① http：//data. stats. gov. cn/easyquery. htm？ cn = G0104.

万人次。2016 年，古巴接待外国游客总数突破 400 万人次。2017 年上半年，古巴接待外国游客总数达 262 万人次，同比增长 22.5%。

（2）旅游外汇收入增加。从 1990 年的 2.434 亿美元，增加到 1998 年的 18.16 亿美元（其中净收入为 7.2 亿美元），占同年国内生产总值的 8%，占外汇收入的 43.4%。1999 年旅游创汇 22.196 亿美元，旅游业已成为国民经济的支柱产业之一。2014 年旅游相关收入达 26.82 亿美元，同比增长 2.1%。2016 年旅游收入达 30 亿美元，同比增长 15%。目前，旅游外汇收入已超过蔗糖业，成为古巴主要创汇部门之一。

（3）旅游业成为古巴吸收外资最多、收效较快的部门。1993～2003 年，古巴先后同西班牙、德国、荷兰、意大利和加拿大等国合资兴办旅游宾馆和酒店共 29 家，引进外资共 10.89 亿美元。

（4）旅游业基础设施建设不断扩大。如 1989～1996 年间，仅在巴拉德罗一地就建成大小饭店 40 多家。到 1999 年 5 月，共有涉外饭店 190 家，其中四星级和五星级饭店占 40% 以上。客房总数由 80 年代中期的 1.5 万套增加到 1999 年 5 月的 30900 套。2013 年底，古巴各类宾馆及旅游住宿设施共 431 家，其中五星级酒店 40 家，四星级酒店 79 家，三星级酒店 101 家。全国各类宾馆旅游设施共有客房 63719 间，其中宾馆客房 60552 间。根据古巴旅游发展战略计划，到 2020 年，古巴宾馆客房总数将达到 85500 间。此外位于主要城市的民宿还可提供超过 8000 间客房。

（5）旅游项目越来越丰富多样。90 年代以来，古巴不断推出丰富多彩的旅游项目。除传统的"阳光加海滩"静养旅游外，还推出了城市文化旅游、海上旅游、海底探险旅游、生态旅游、教育旅游、疗养旅游、会议和专业旅游、加勒比海多目的地旅游等。

（6）积极调整旅游业结构，成立多家由国家控股的旅游股份公司和旅行社，以加强竞争、提高整体服务质量和管理水平。1993～2003 年，古巴成立的主要旅游股份公司有：古巴纳坎股份公司（Cubanacan）、大加勒比集团股份公司（Gran Caribe）、海鸥股份公司（Gaviota）、地平线股份公司（Horizontes）、航向股份公司（Rumbo）、圣克里斯托瓦尔旅行社（San Cristobal）、古巴旅行社（Cubatur）、哈瓦瓜内克斯旅游股份公司（Habaguanex）、太阳港股份公司（Puertosol）、太阳和歌声旅行社（Sol y Son）、哈瓦那旅行社、古巴海洋股份公司（Cubamar）、蓝色海岛股份公司（Islazul）、蜗牛股份公司（Caracol）等。

　　旅游业的发展除给古巴带来外汇收入外，还创造了不少就业机会。1999 年旅游业从业人数达 8.1 万人，与旅游业相关的间接就业人数达 21.1 万人。

　　前来古巴的游客主要来自美洲和欧洲，主要客源地为加拿大、意大利、西班牙、法国、德国、墨西哥等国。积极开拓市场是古巴旅游业的新目标。近年来，古巴增加了驻外旅游办事处和旅游代理，以吸引更多游客并使客源多样化。2003 年 7 月，中国和古巴签署了《关于中国公民组团赴古巴旅游实施方案的谅解备忘录》。2014 年，加拿大继续保持古巴第一大客源国地位，占游客总人数的 39.1%，达 117.5 万人次，同比增长 6.3%。其后依次为德国（13.9 万人次）、英国、意大利、法国、墨西哥、委内瑞拉、西班牙、俄罗斯和阿根廷（3.9 万人次）。中国排在第 14 位，为 28239 人次，同比增长 27.1%。

　　古巴政府已拟定了发展旅游业的中长期宏伟目标：到 2025 年，要使到古巴旅游的人数增加到 1000 万人次，旅游外汇收入增加到 150 亿美元。古巴正充分利用自身的有利条件大力发展旅游业，使之成为推动经济发展的动力。访古游客首选旅游产品仍为阳光海岸休闲，主要目的地为巴拉德罗、圣玛丽亚岛和椰子岛。巴拉德罗景区以阳光、沙滩闻名。

　　古美恢复外交关系以来，美国和西方国家到古巴的游客迅速增加。2017 年 11 月，美国政府收紧了对古政策，新规定禁止美国公民以自由行方式赴古旅游，仅允许以旅行社组团方式赴古访问。古巴旅游业的发展潜力大增，但硬件设施仍有待改善。为此，古巴政府提出了从国家和个体层面共同开发 16000 间客房及 700 家餐馆的计划，以缓解旅游业接待能力不足的问题。目前，到访古巴的境外游客均为航空到达，国际访客人数不断增加，美洲和欧洲分列主要客源地的前两位，赴古巴度假、休闲及娱乐的游客占古巴国际访客的绝大多数。

2010～2015 年古巴入境游客总数、入境游客客源地统计、入境游客访问类别分别见表4-7、表4-8、表4-9。

表 4 - 7   2010～2015 年古巴入境游客总数统计

单位：人次

	2010	2011	2012	2013	2014	2015
入境游客	2531745	2716317	2838607	2852572	3002745	3524779
入境过夜游客	2506970	2688004	2814541	2828983	2969825	3490710

资料来源：ONEI, Anuario Estadístico de Cuba 2015, Capítulo 15：Turismo, Edición 2016, p. 7。

表 4 - 8   2010～2015 年古巴入境游客客源地统计

单位：人次

	2010	2011	2012	2013	2014	2015
非洲	8698	8202	10975	12573	14714	14163
美洲	1664043	1799074	1926601	1964113	2042010	2350596
欧洲	809515	852065	839258	810381	867013	1058202
东亚和太平洋地区	41349	48498	53158	56229	67683	89592
南亚	5832	5841	5901	6728	8474	8883
中东	2053	1814	2191	2321	2789	3319

资料来源：ONEI, Anuario Estadístico de Cuba 2015, Capítulo 15：Turismo, Edición 2016, p. 7。

表 4 - 9   2010～2015 年古巴入境游客访问类别统计

单位：人次

	2010	2011	2012	2013	2014	2015
度假、休闲及娱乐	2396929	2578309	2701366	2721923	2861180	3363372
商业事务	13400	15577	16592	15159	14191	18616
其他	96641	94118	96583	91901	94454	108722

资料来源：ONEI, Anuario Estadístico de Cuba 2015, Capítulo 15：Turismo, Edición 2016, p. 7。

2010 ~ 2015 年，古巴离境人数分别为 25. 1047 万人次、25. 3057 万人次、21. 3027 万人次、28. 6167 万人次、35. 4786 万人次和 58. 0117 万人次。

2. 古巴商旅服务指南

近年来，前往古巴进行经贸访问和商务考察的团组和个人越来越多。为方便大家旅行，我们向大家介绍一下有关手续和注意事项。

（1）申请签证

持公务护照或因公普通护照：免签入境。持因私护照：可申请商务签证或旅游签证。若要与古巴相关政府部门或公司企业对接洽谈，需在古巴驻中国使领馆申请商务签证（A7）或外籍商人签证（D7）。若不与古巴相关部门会谈，可申请古巴旅游签证，其有效期为 30 天，可在古巴申请延期 30 天。旅游签证无法在古巴更换为其他种类签证。

古巴驻中国大使馆：

地址：北京市建国门外秀水南街 1 号。

电话：8610 – 65321714（值班）、65326568（翻译）、65320227（商务处）、65322656（领事处）

传真：8610 – 65325636、65322870（政治处）、65322129（商务处）、65322656（领事处）

（2）旅行路线

目前，从中国可经多个国家前往古巴。一般来说，可选乘以下航线：

北京—蒙特利尔—哈瓦那航线每周 3 班（须办加拿大过境签证）

北京—巴黎—哈瓦那（如只在机场中转，无须申请申根签证）

北京—马德里—哈瓦那（如只在机场中转，无须申请申根签证）

北京—阿姆斯特丹—哈瓦那（如只在机场中转，无须申请申根签证）

北京—莫斯科—哈瓦那（如只在机场中转，无须申请俄罗斯签证）

北京—纽约—墨西哥城—哈瓦那

北京—多伦多—哈瓦那

上海—墨西哥城—哈瓦那

（3）入境古巴

进入古巴边境前需填写入境卡（Tarjeta de embarque）及健康证明。

入境卡和健康证明需在航班上向空乘人员索取。如航班上没有则在下飞机到达移民关卡前向问询台工作人员索取。

携带水果蔬菜等食品在进关时会被查扣没收。对讲机等通信器材也将被古巴海关查扣。携带多个手机、电脑等电子产品，请注意分散放置。

（4）在古巴如何进行贸易洽谈

①明确贸易领域（工业、旅游业、商业等）。

②前往古巴国家商会，了解具有进出口经营权的古巴企业有哪些。

③与相关企业联系，商谈贸易机会。

④与古巴进行贸易只能通过古巴国营进出口公司或贸易中介公司来进行。古巴尚不允许外国企业和个人在古设立公司直接进行批发和零售。

⑤与古巴公司进行贸易合作满三年，无不良记录，且每年贸易额不低于50万美元的企业，可向古巴国家商会申请在古巴开设分公司或办事处。

古巴国家商会

地址：Calle 21 No. 661，Esquina a Calle A，Vedado，La Habana，Cuba

电话：00537 - 838 - 1321，1322，8311160

网址：http://www.camaracuba.cu

电子邮件：cch@camara.com.cu

（5）古巴食宿行

①货币兑换。古巴流通两种货币：可兑换比索（CUC）和古巴比索（CUP），一般在酒店、餐厅、超市等场所使用可兑换比索。可在机场、酒店等地用多种外国货币兑换，如英镑、欧元、美元、加元等，比价一般遵照国际外汇市场汇率，但如用美元兑换将征收10%的手续费，目前汇率为100美元=87.3可兑换比索。古巴比索一般只在自由市场和国营商店（一般对古巴当地民众开放）使用。

②餐饮。古巴的中餐馆较少，小型国营和个体餐馆较多。一般可选择在下榻酒店餐馆用餐，也可到市区选择国营或私人餐馆。如下榻全包式酒店（All Inclusive），用餐免费。

③住宿。在古巴各地有多种星级酒店和个体旅馆提供住宿，一般无安全问题。

④交通。在古巴市区可选择搭乘出租车,古巴出租车车顶一般有
"TAXI"的标志。也可提前打电话叫车,哈瓦那当地电话为:8555555。
如需前往外地,可与古巴的旅行社联系租车或乘车。一般古巴的酒店里都
设有旅行社的柜台,如 Cubanacán、Cubatur、Havanatur 等旅行社。

⑤通信。可前往古巴电信公司(Etecsa)凭护照办理临时电话卡。在
古巴拨打国际长途电话费用较高。

古巴电信公司地址:Calle 76,e/3ra y 5ta,Centro Comercial,Miramar,
La Habana,Cuba。

第五节　交通运输与邮电通信

古巴的交通运输比较发达,铁路、公路、海运和航空一应俱全。

一　铁　路

古巴的第一条铁路同时也是拉美第一条铁路,建于 1837 年。伴
随着蔗糖业的发展,古巴铁路建设也得到较快的发展。到 20 世纪 30
年代,古巴的铁路就已连接了全国主要的甘蔗种植中心、糖厂和海
港。30 年代后,由于全国公路网的建成,铁路建设被忽视。革命胜
利前,一半的铁路线为美国所控制。革命胜利后,古巴政府将铁路收
归国有。70 年代和 80 年代初,与苏联合作修建了从哈瓦那到圣地亚
哥的中央高速铁路,全长 856 公里,后又将它向东西两端延伸,使之
成为古巴交通运输的大动脉。90 年代由于苏联解体、蔗糖业衰退等
原因,铁路的维修和建设受到影响。近年来,政府积极吸引外资,建
设与旅游业相关的铁路线,铁路运输有所复兴。1999 年古巴铁路全
长 11338 公里,其中电气化铁路 143 公里,糖业专用线 7159 公里,
窄轨铁路 794 公里。1999 年铁路客运量 1370 万人次,货运量
603.78 万吨。

2010～2015 年,古巴国有铁路年客运量分别为 830 万人、970 万
人、990 万人、100 万人、970 万人和 870 万人;国有铁路年客运周转

量分别为 9.248 亿人公里、9.341 亿人公里、9.223 亿人公里、9.258
亿人公里、8.279 亿人公里和 7.464 亿人公里；铁路年货运总量分别为
1277.48 万吨、1646.64 万吨、1661.72 万吨、1687.94 万吨、1689.28
万吨和 1556.62 万吨；铁路年货运周转量分别为 18.522 亿吨公里、
19.128 亿吨公里、27.144 亿吨公里、15.337 亿吨公里、17.866 亿吨公
里和 17.04 亿吨公里。截至 2015 年，古巴铁路总长 8367 公里，其中电
气化铁路 105 公里。

二　公路

公路是古巴目前交通运输的主要项目。原有的中央公路竣工于 1931
年，连接岛上的主要城市，曾对经济发展起过重要作用。革命胜利后，古
巴政府在 70 年代后期和 80 年代初期修建了横穿全岛的中央高速公路，西
起比那尔德里奥，东至圣地亚哥和关塔那摩。其中从哈瓦那到中部圣斯皮
里图斯省的一段，路面宽阔，用钢筋水泥浇灌，战时可供飞机起落，有重
要军事价值。90 年代由于经济困难，公路年久失修。近年来，为发展旅
游业，政府设法吸收外资，修复和兴建公路。2003 年公路总长 4.9 万多
公里，其中铺有柏油路面的公路 14478 公里。1999 年公路客运量 4.856
亿人次，货运量 3558.01 万吨。

2010～2015 年，古巴公共汽车年客运总量分别为 9.004 亿人次、
9.024 亿人次、8.957 亿人次、9.962 亿人次、10.374 亿人次和 11.404
亿人次；公共汽车年客运周转量分别为 66.118 亿人公里、54.766 亿人
公里、54.96 亿人公里、64.936 亿人公里、68.248 亿人公里和 76.508
亿人公里。2010～2015 年，古巴公共汽车年货运总量分别为 3185.37
万吨、3119.66 万吨、3695.63 万吨、4196.39 万吨、4138.3 万吨和
4128.64 万吨；公共汽车年货运周转量分别为 29.73 亿吨公里、24.614
亿吨公里、26.472 亿吨公里、25.053 亿吨公里、23.934 亿吨公里和
26.134 亿吨公里。2010～2015 年，古巴汽车年货运总长度分别为
3.249 亿公里、2.754 亿公里、2.923 亿公里、2.759 亿公里、2.982 亿
公里和 3.008 亿公里。

三 海运

古巴是一个岛国，四面环海，它的外贸运输主要靠海运。革命胜利前，古巴只有 14 艘商船，总吨位为 5.7 万吨，几乎全由外国轮船公司控制。革命胜利后，60 年代初，古巴把全部美资海运公司收归国有。政府非常重视发展海运业，到 1980 年海运船只增加到 93 艘，总吨位增加到 95.37 万吨。90 年代由于同俄罗斯等国和东欧的贸易减少，再加上美国执行《托里切利法》，古巴的海运一度受到较大影响。近年来，随着对外贸易的逐步恢复和外贸的多元化，古巴积极吸引外资，加强海运能力。海轮货运量从 1993 年的 184.61 万吨增加到 1999 年的 228.15 万吨。但海轮客运量从 1993 年的 40 万人次减少到 1999 年的 30 万人次。1999 年古巴有 100 艘海运船，总吨位为 120 万吨，在加勒比地区首屈一指。2000 年，古巴有 6 家海运公司。古巴共有 7 个大海港和 20 个中小海港。

2010～2015 年，古巴港口年吞吐量分别为 1711.55 万吨、1692.69 万吨、1754.43 万吨、2069.32 万吨、1957.08 万吨和 1674.52 万吨，其中进港量分别为 834.84 万吨、778.17 万吨、731.43 万吨、890.72 万吨、858.85 万吨和 774.1 万吨，出港量分别为 252.11 万吨、233.55 万吨、229.72 万吨、247.59 万吨、252.43 万吨和 224.73 万吨。2014 年，古巴港口集装箱吞吐量（TEU）为 300836.32 吨。[①] 2010～2015 年，古巴国有水运公司年客运量均为 30 万人次。

四 航空

古巴航空业创始于 1929 年。革命胜利前，航空业掌握在美资手中。革命胜利后，古巴将航空业收归国有。50 多年来，古巴航空业有了显著发展。

目前，古巴共有 6 个国际机场和 19 个国内机场。2015 年 12 月，中国首条直飞古巴的航线正式开通。2016 年 2 月，美古恢复了定期商业直航

---

① http：//data. stats. gov. cn/easyquery. htm？cn = G0104.

航班。2016 年，全球抵古定期航线和包机航线从原来的 40 余条增至 80 条。

1998 年，古巴利用加拿大资本扩建了哈瓦那何塞·马蒂国际机场。目前，该机场设有 5 个航站楼。在每日飞往古巴的 150 个航班中，60~80 个在哈瓦那何塞·马蒂国际机场降落。2016 年该机场客运量增长了 24%，与全球范围民航客运量 3%~6% 的年均增幅相比，进步显著。

1997 年底古巴对民航业进行了改组，成立了古巴航空公司（Corporación de la Aviación Cubana），下设负责国际国内航运的古巴国航（Cubana de Aviacion）、机场和航空服务公司（Empresa Cubana de Aeropuertos y Servicios Aeronauticos，ECASA）、负责出租 36 架苏制 AN－2 飞机和提供 120 架苏制 AN－2 和 M－18 农用飞机服务的国家航空服务公司（Empresa Nacional de Servicios Aereos，ENSA）等 8 家公司。

2010~2015 年，古巴国有航空年客运总量分别为 120 万人、110 万人、120 万人、120 万人、130 万人和 140 万人，其中国内航线分别为 50 万人、40 万人、50 万人、50 万人、50 万人和 50 万人，国际航线分别为 70 万人、70 万人、70 万人、70 万人、80 万人和 90 万人；国有航空旅客周转量分别为 25.741 亿人公里、25.446 亿人公里、26.097 亿人公里、26.1 亿人公里、24.85 亿人公里和 29.94 亿人公里。2010~2015 年，古巴航空年货运总量分别为 1.05 万吨、0.86 万吨、0.96 万吨、0.75 万吨、0.89 万吨和 0.88 万吨。

五　邮电和通信

2010~2015 年，古巴邮政年函件总量分别为 1214.81 万件、1147.74 万件、1143.42 万件、1444.69 万件、1504.59 万件和 1414.85 万件；年电报总量分别为 48.29 万件、49.96 万件、44.3 万件、42.19 万件、44.88 万件和 45.06 万件。2010~2015 年，古巴电话使用情况分别为每百人 19.3 部、22.3 部、25.8 部、29 部、33.9 部和 41.3 部，其中固定电话分别为每百人 10.4 部、10.6 部、10.8 部、11.1 部、11.3 部和 11.5 部。2010~2015 年，移动电话年用户总数分别为 112.79 万人、143.15 万人、

179.23 万人、210.46 万人、263.68 万人和 345.15 万人，移动通信人口覆盖率分别为 82.4%、83.7%、85.3%、85.3%、85.3% 和 85.3%。

古巴从 1996 年开始提供互联网接入服务，国际通信主要依靠卫星传输，费用昂贵。随着委内瑞拉—古巴海底光缆的开通，古巴将向民众提供更为便利的通信服务。2010~2015 年，古巴年计算机总量分别为 72.4 万台、78.3 万台、83.4 万台、101.44 万台、106.74 万台和 107.16 万台，其中年入网计算机总量分别为 43.44 万台、46.98 万台、50.04 万台、51.54 万台、53.39 万台和 54.61 万台；古巴互联网年用户总数分别为 179 万人、261 万人、287.1 万人、292.3 万人、304.85 万人和 391.26 万人。2010~2015 年，古巴计算机使用情况分别为每千人 64 台、70 台、74 台、90 台、95 台和 95 台；互联网使用情况分别为每千人 159 人、232 人、257 人、261 人、271 人和 348 人。

2013 年 6 月，古巴宣布在全国 118 个网吧提供更为便利的公共互联网接入服务，古巴居民可在古巴电信公司授权的 118 家网吧通过 NAUTA 门户网站浏览境内外网站，并注册后缀为 @nauta.cu 的国际电子邮箱。如仅登录国内网站，费用为每小时 0.6 可兑换比索；如申请国际电子邮箱并登录国内网站，费用为每小时 1.5 可兑换比索；如登录国际互联网站及使用其他所有服务，费用为每小时 4.5 可兑换比索。NAUTA 上网卡可直接在网吧或古巴电信公司营业厅购买，作为不可续存费用的临时上网账户，该卡有效期为 30 个自然日，自首次上网之日起计算。古巴居民也可与电信公司签约获取实名长期账户，并可注册国际邮箱。此外，古巴全国各大酒店的 200 多家网吧和邮政营业厅也可提供国内外电子邮箱服务。

2017 年 3 月，古巴电信公司宣布下调全国宽带及移动通信资费，并推出了宽带"家庭网络计划"及移动通信"朋友计划"两项资费优惠标准。2016 年，为满足古巴 500 万新增用户的需求，古巴电信公司建立了 108 个通信基站。2017 年，该公司还计划增设 14 个全球移动通信系统（GSM）基站，并通过建立 99 个 3G 移动基站（Node B）着力推动 3G 业务。截至 2017 年 3 月，古巴共有 1157 个有线或无线公共上网区域，其中公共 WiFi 317 个，例如在哈瓦那的海边大道（Malecón）已增设了 40 个 WiFi 网点。①

第六节　财政与金融

一　财政

古巴的财政体系属社会主义性质，中央政府对国家经济实行高度集中管理。在 1994 年以前，国家财政收支计划由中央计划委员会制定。1994 年古巴政府机构进行改革，中央计划委员会被取消，其功能由新成立的财政和价格部接管。财政和价格部是国家中央行政管理机构，专门负责领导、执行和监督国家和政府财政、金融、税收、价格、审计和保险政策的贯彻，领导和监督公共财政的组织和资金的使用。1999 年 4 月，古巴颁布了第 192 号法令，即《国家金融管理法令》，取代了自 1980 年起生效的第 29 号法，即《国家预算组织法》。第 192 号法令明确规定了国家金融管理的原则、标准、体系、机构和管理程序，使国家能获得公共资金并将它用于国家的目标，以满足社会集体的需要，这一法令包括税收、预算、国库、公共信贷和政府簿记体系。

古巴国家的财政预算分三大块：中央政府预算、社会保险预算和省级预算（包括省级和市级预算），总共约有 200 种。

古巴的财政年度与日历年度相同。每年 5～6 月，部长会议公布国家财政预算的准则和重点，财政和价格部据此并根据各部门和各地区的特点制定具体的准则。与中央预算和省预算有关的机构根据这些准则制定预算的草案，在每年的 10 月将草案提交给财政和价格部，由该部汇总后制定总的草案，提交给部长会议。部长会议经过分析、修改再将预算草案提交给每年年底召开的全国人民政权代表大会讨论并通过。预算通过后，由财

---

① 《古巴电信公司宣布下调通讯资费并开通上网新业务》，商务部网站，2017 年 3 月 23 日，http：//cu. chineseembassy. org/chn/yw/gbyw/t1448693. htm。

政和价格部负责通知有关部门与其相关的预算数字并定期将预算款项拨给它们。

古巴的财政预算收入包括两部分：税收收入和非税收入。1995 年以来，税收收入一般占财政收入的 60% ~ 75%，其中间接税占 43% ~ 48%，直接税占 12% ~ 32%，从趋势来看，直接税所占比重呈上升趋势。

古巴于 1994 年颁布第 73 号法，即《税收制度法》，对原有税收制度进行了改革。改革的宗旨是保护低收入阶层，促进生产和劳动，以及调节流动资金。

《税收制度法》规定了在普遍和公正的基础上应缴纳的 11 种税收（impuestos）、社会保险费（contribucion a la seguridad social）和 3 种税率（tasas）。

11 种税收是：公司所得税、个人所得税、销售税、产品特别税、公共服务税、财产或某些财产税、地面运输税、财产转移和遗产税、印花税、劳动力使用税、自然资源利用和开发以及环境保护税。3 种税率是：过路费税率、机场对旅客的服务费（机场税）税率、商业广告和宣传税税率。通过这次税收改革，新增加了两种直接税：公司所得税和个人所得税。过去只对合资企业和股份公司征收公司所得税，现在则对所有的企业，包括个体户都征收公司所得税，税率为 35%。古巴虽然在 20 世纪 60 年代初规定要征收个人所得税，但实际上并没有征收。1994 年的《税收制度法》规定，对个人收入实行 5% ~ 50% 的累进税率，年收入在 0 ~ 3000 比索之间的，征收 5%；年收入在 60000 比索以上的，征收 50%。然而，实际上，截至 2003 年，古巴只对个体户的商业收入和在某些行业工作有外汇收入者征收个人所得税，而对领取比索工资的广大工薪阶层尚未开征个人所得税。

随着古巴模式更新进程中国有部门的不断收缩和私营部门的日益扩张，古巴财政和税收体系面临新的调整。2011 年，劳尔宣布古巴政府将削减国有部门职工人数，并促进个体经营。由于古巴民众几乎从未缴纳过个人所得税，古巴官媒还开展了"个人所得税"的专题宣传和教育活动，并称这一趋势为古巴"税收文化"的新生。2010 年，古巴个人所得税仅占 GDP 总量的 0.9% ，这与许多发达国家两位数的占比水平形成了鲜明对比。古巴税收总额约占 GDP 的 55% ，与发达国家水平相当，其中营业税和社会保障金（大部分由国企为其职工支付）税负较重。尽管私营部门就业人口急剧增加，但个人所得税偏低的状况并未发生显著变化。2010 ~ 2014 年间，古巴个人所得税收入按名义价值计算翻了一番，但仍然较低，仅占 GDP 的 1.6% 。2014 年，古巴营业税和社会保障金仍占税收总额的最大份额。

自 2013 年 1 月 1 日起，古巴实行全面税收制度，这是自 1959 年古巴革命成功后废除全部税收制度以来的第一部全面税法。该制度立足古巴国情，并借鉴了中国、越南、委内瑞拉、巴西、西班牙和墨西哥等国的税收经验，涵盖了遗产税、环境税、消费税、交通税、农场土地税及多种许可费用等 19 项新税法。新税法规定，1994 年通过的个人所得税浮动标准仍然有效；年收入达 1 万比索（约合 400 美元）的居民，将被征收 15% 的所得税；年收入达 5 万比索（约合 2000 美元）的居民，将被征收 50% 的所得税。新税法旨在增加政府财政收入，调节居民收入分配，主要针对个体户及私人企业主等一些更新进程中增收较快、较多的群体，对普通劳动者影响不大。新税法还包含了一系列旨在提高劳动者积极性的减税政策。古巴政府还计划用有针对性的福利制度取代旧的津贴制度，并要求大型国有企业在税改中逐渐脱离政府部门的干预，变得更加自主。

古巴的财政支出主要有：经常开支、企业亏空补贴、价格补贴、对合作生产基层单位的补贴、投资等。近年来，随着国有企业改革的逐步深入，国家对国有企业的补贴已逐步减少。20 世纪 90 年代以来，由于苏联解体和美国加强封锁等原因，古巴财政连年出现赤字。

古巴 2014 年财政收入为 470 亿比索，占国内生产总值的 56.8% ；支出 490.15 亿比索，占国内生产总值的 59.2% ；财政赤字 20.15 亿比索。据古巴 2015 年国家统计年鉴，2015 年财政赤字占国内生产总值的 5.8% 。

二　金融

古巴第一家本国银行建立于 1833 年，第一家外国银行建立于 1899

年。随着经济的发展和进出口贸易需求的增加，古巴的金融业务迅速扩大。1948 年建立古巴国家银行（Banco Nacional de Cuba，BNC），它作为中央银行，由政府控制和管理，是古巴金融体系的中枢，负责协调和管理古巴金融体系中的任何一家银行，包括工农业银行、古巴金融银行、储蓄银行、投资银行和信贷银行等。1958 年，全国共有 49 家商业银行，下设 204 个分行。1958 年，外国银行资金占古巴银行资金的 39%。

古巴革命胜利后，古巴对私人银行实行国有化。1961 年古巴加强了古巴国家银行的作用，使它从独立经营单位变为直属中央政府的机构，并大大扩大了其职能。古巴国家银行负责国内和国际的财政金融业务并兼有中央银行和投资、外贸及储蓄银行的职能，还负有制定和颁布国家有关金融方面的政策和法规的任务。1986 年底，古巴国家银行总资产为 1.22 亿比索。20 世纪 80 年代古巴国家银行在国内有 259 家分行，同国外 450 多家银行有业务联系。

1994 年银行体系改革前，古巴金融体系由以下银行组成：古巴国家银行（中央银行兼商业银行）、人民储蓄银行（Banco Popular de Ahorro，BPA）、国际金融银行（Banco Financiero Internacional，S. A.，BFI）、国际商业银行（Banco Internacional de Comercio，S. A.）和两家外国银行，即荷兰的荷兰商业银行（ING Bank N. V.）和荷兰加勒比银行［Netherlands Caribbean Bank，N. V.（NCB）］的代表处。

自 1994 年起，古巴开始进行金融改革。1995～1996 年，全国银行体系实行现代化和自动化，为 500 多家分行配置了电脑，1997～1998 年 200 家银行办事处实现了联网。1997 年 5 月 28 日，古巴颁布第 172 号法令，成立古巴中央银行（Banco Central de Cuba，BCC）。根据第 172 号法令，将原古巴国家银行一分为二，古巴国家银行不再具有中央银行的职能，只行使商业银行职能。中央银行职能由新成立的古巴中央银行承担，主要负责调控和监督银行体系的运作、发行货币、制定并执行货币政策、外债谈判等。1998 年新成立了 4 家银行。

目前，古巴银行体系由以下银行和金融机构组成：

古巴中央银行

古巴国家银行

信贷和商业银行（Banco de Crédito y Comercio，BANDEC）

人民储蓄银行

国际金融银行

国际商业银行

都市银行（Banco Metropolitano，S. A.）

投资银行（Banco de Inversiones，S. A.）

国家投资公司（Financiera Nacional，S. A.，FINSA）

外币兑换所（Casas de Cambio，S. A.，CADECA）

信托公司（Compania Fiduciaria，S. A.）

拉芬公司（RAFIN S. A.）

菲纳尔塞公司（FINALSE S. A.）

菲梅尔公司（FIMEL S. A.）

帕纳芬公司（PANAFIN S. A.）

菲纳格里公司（FINAGRI S. A.）

哈瓦那金融公司（Corporación Financiera Habana，S. A.）

西梅克斯金融公司（Financiera CIMEX S. A.，FINCIMEX）

经古巴中央银行批准，截至1998年底，已有下列11家外国银行在古巴开设了代表处。

（英国）哈瓦那国际银行（Havana International Bank Ltd.，HIB）（1995）

（荷兰）荷兰商业银行（1994）

（荷兰和古巴合资）荷兰加勒比银行（1994），由荷兰商业银行（占50％的资本）、Gilmar Project Finance Establishment（属 ACEMEX 集团，占25％的资本）和古巴人民储蓄银行（占25％的资本）合资组成。

（加拿大）加拿大国家银行（National Bank of Canada）（1995）

（西班牙）毕尔巴鄂－比斯开银行（Banco Bilbao Vizcaya，BBV）

（1995）

（西班牙）萨巴德尔银行（Banco Sabadell）（1995）

（西班牙）阿根塔里亚银行（Argentaria）（1995）

（法国）兴业银行（Societe Generale）

（黎巴嫩）FRANSABANK SAL 银行（1995）

（墨西哥）墨西哥全国对外贸易银行（Banco Nacional de Comercio Exterior, S. N. C., BANCOMEXT）（1995）

（西班牙）马德里储蓄和抵押贷款银行（Caja de Ahorro y Monte de Piedad de Madrid）（1998）

此外，古巴还批准了下列两家非银行金融机构在古巴设立代表处：

（英国）联邦开发公司（Commonwealth Development Corporation）（1998）

（英国）芬科梅克斯（FINCOMEX LTD）（1997）

1997 年，古巴新银行集团（Grupo Nueva Banca, S. A.，由国际商业银行、都市银行、投资银行、国家投资公司、外币兑换所、信托公司等银行和金融机构组成）和（英国）联邦开发公司合资组成加勒比金融投资公司（Caribbean Finance Investments Ltd., Carifin）。

截至 2013 年，古巴共有 9 家商业银行、15 家非银行金融机构、11 家外资银行代表处和 4 家外资非银行金融机构代表处，尚无外资机构获营业许可。

截至 2013 年，古巴商业银行中的人民储蓄银行和信贷与商业银行在全国分别设有 423 家和 214 家分支机构，营业网点数量位列所有银行的前两位。上述两家银行与大都会银行（Banco Metropolitano S. A.），承担着古巴各类经济实体和居民绝大多数的账户开立及交易等业务。另有 6 家商业银行主要从事国际银行业务和投资。其中，古巴国家银行仍是古巴最大的商业银行，主要负责古巴国家重大项目的信贷及担保业务，不办理存款和储蓄业务。14 家非银行金融机构之一的外币兑换所，主要提供可兑换比索和比索的兑换服务，在古巴各地拥有众多网点。

2005 年，古巴实施能源革命计划，银行以优惠条件为古巴 300 万户家庭提供信贷，用于购买节能家电和其他家用产品，以替换旧的高能耗家电。

自古巴政府第 289 号法令于 2011 年 12 月 20 日生效以来，小农户可以向金融机构申请贷款购买或维修生产设备和工具，以及进行其他提高农业生产率的活动；个体劳动者也可申请贷款购买货物和消费品；个人也可申请贷款建造个人住宅。截至 2013 年 9 月，金融机构累计向农牧业企业发放贷款 6.23 亿比索，向自然人发放贷款超过 16 亿比索。截至 2013 年 9 月底，银行体系对国有企业融资占贷款余额的 74%，占 2013 年新发贷款的 88%。向国有企业发放的贷款主要集中在农牧业（41%）和制糖业（39.7%），其次为制造业（不含制糖业）（6%）、建筑业（1.6%）、商业（1.3%）、地方分支机构（4.2%）、其他。向农牧业发放的贷款实行最低 3% 的优惠利率，而其他行业通常为 4.5%。银行体系还为有利于实现进口替代、扩大出口的投资项目提供补充信贷，例如马里埃尔发展特区、西恩富戈斯炼油厂、数个糖厂的维修更新、海虾养殖计划等。

截至 2013 年 11 月，古巴全国共有 498 台自动柜员机投入正常使用，其中 343 台位于哈瓦那。银行卡的支付功能非常有限，目前最主要的用途就是从自动柜员机取现。古巴正致力于拓展自动柜员机服务项目，包括：提取古巴现行两种货币现金；查询余额；按照外币兑换所规定的汇率兑换可兑换比索和比索；实现不同银行账户之间的转账（目前仅限于哈瓦那）；电费、电话费、水费、税费的缴付；打印通过电话银行进行缴费的收据。发展电子银行，改善自动柜员机网点服务，拓展银行卡使用范围，是金融机构重点工作内容之一，但须等待时机成熟、分步骤实施。电话银行服务目前仅限于哈瓦那。通过任意私人电话或公用电话均可为电话银行用户本人或代他人缴付各种公共服务费用，包括电话费、个体户执照税、车牌税、水费、电费，实现同一用户在同一银行不同账户之间转账，查询电话银行已关联银行卡的余额。电话银行缴费通常应在缴费单注明到期日前的 72 小时完成。电话银行应在账户开立银行柜台申请办理，并可关联 2 个银行账户，分别为可兑换比索账户和比索账户。电话银行的 24 小时语音应答系统可提供余额查询、汇率查询、电话银行卡 PIN 码更改等常规服务。

三　货币和汇率

古巴的货币单位是比索（Peso），创始于1914年。古巴革命胜利后，古巴政府发行的纸币面值有1、3、5、10、20、50和100比索。2014年8月，古巴中央银行发行了面值20、50和100比索的新的纸币。自2015年2月1日起，古巴中央银行又开始发行面值200、500和1000比索的纸币。硬币有1比索和印有格瓦拉头像的3比索，辅币有1、2、5和20分（即生太伏，centavo），1比索=100分。1971年前，比索与美元等值。1971年、1973年美元先后贬值，汇率分别为0.921比索=1美元和0.829比索=1美元。自20世纪80年代后期以来古巴官方汇率一直为1比索=1美元。然而，1992~1993年，古巴黑市汇率一度达120~150比索=1美元。1993年政府宣布私人持有美元合法化。1995年政府建立外币兑换所。自1995年1月1日起，政府发行与美元等值的可兑换比索（Peso Convertible），相当于过去中国发行过的外汇券。可兑换比索的纸币面值有1、5、10、20和50可兑换比索，辅币有1、5、10、25和50可兑换分。可兑换比索和可兑换分只能在古巴境内使用。2011~2015年，古巴可兑换比索与美元汇率为1:1，可兑换比索与比索的汇率为1:24。

双重货币体制是长期困扰古巴经济的痼疾之一。由于非正规经济和外汇黑市的存在，如何平衡双重货币的供需关系是古巴货币管理面临的主要挑战。进入21世纪以来，古巴政府多次制定了消除双重货币体制的时间表，但都未能如期实现。由于双重货币体制改革初期需要对外汇、价格、工资及信贷等领域进行直接调控，古巴社会经济将面临一定的不稳定风险。

第七节　对外经济关系

一　对外贸易

长期以来，古巴单一的经济结构决定了对外贸易在古巴国民经济中占有重要地位。古巴革命胜利前，1957～1958 年进出口贸易额超过国民生产总值的一半。古巴对外贸易的 2/3 是同美国进行的。古巴革命胜利后，古巴经济依然在很大程度上依赖对外贸易，而且这种依赖程度不断增加：对外贸易额占社会总产值的比重从 1959 年的 22.4% 增加到 1989 年的 50.8%。1959～1989 年古巴对外贸易额年均增长 7.3%，其中同期出口年均增长 6.6%，进口年均增长 7.8%。自革命胜利到 20 世纪 80 年代末，在古巴的进出口贸易中，苏联和东欧国家占比很大，1959～1989 年同苏联的贸易平均占古巴贸易总额的 63%，同东欧的贸易平均占古巴贸易总额的 12.4%。古巴外贸大多数年份有逆差，1959～1989 年，外贸逆差累计达 215.883 亿比索。20 世纪 90 年代以来，由于东欧剧变、苏联解体和美国加强对古巴的封锁，古巴的进出口额显著减少。1989 年进出口总额为 135.4 亿比索，其中出口为 54 亿比索，进口为 81.4 亿比索。1993 年进出口额大幅度降至 31.65 亿比索，出口降为 11.57 亿比索，进口降为 20.08 亿比索。1999 年略有回升，进出口总额达 57.79 亿比索，出口达 14.56 亿比索，进口达 43.23 亿比索，但远未恢复到 20 世纪 80 年代末的水平。

古巴对外贸易，特别是出口的商品结构比较单一。传统出口主要是蔗糖、烟草和以镍为主的矿产品，进口商品主要是食品、燃料（石油）、机器和设备等。在 1989 年前，尽管古巴政府为外贸商品结构多元化做了不少努力，但收效不大。20 世纪 90 年代以来，古巴的外贸商品结构，特别是出口商品结构发生了较大的变化。在古巴出口商品结构中，蔗糖所占比重逐步减少，从 1989 年的 73.2% 降为 1999 年的 31.8%；同期，矿产品所占比重增加，从 9.2% 增至 27.22%；烟草制品从 1.6% 增至 13.91%；其他产品所占比重从 9.7% 增至 17.42%，包括近年来古巴所开发的药品、生产的医疗器材等。同期，在进口商品结构中，消费品所占比重从 10.4% 增至 23.46%；中间产品所占比重保持稳定，从 66.2% 略降为 63.1%；资本货所占比重从 22.8% 减少到 13.42%。

古巴对外贸易地理分布的特点是贸易伙伴十分集中。革命前，古巴的对外贸易主要同美国进行。20 世纪 50 年代末，美国占古巴外贸总额的 2/3 左右。古巴革命胜利后，古美关系急剧恶化，美国对古巴实行贸易禁运和经济封锁，并同古巴断交。与此同时，古巴同苏联、东欧的贸易迅速增加，苏联取代美国成为古巴最大的贸易伙伴。古巴同苏联的贸易额在古巴外贸中所占的比重从 1960 年的 15.5% 大幅上升至 1961 年的 44.8%，而同期西方国家所占的比重由 78.3% 降到 28%。此后至 70 年代中期，古苏贸易额通常占古巴外贸总额的一半左右。70 年代中期至 80 年代末，除个别年份外，古巴外贸地理分布日益集中的趋势更为明显，古苏贸易额在古巴外贸总额中所占比重进一步增大，到 80 年代后期约占 70%。1987 年古苏贸易额占古巴外贸总额的 72%，古巴同包括苏联在内的经互会的贸易占古巴外贸总额的 86.6%。20 世纪 90 年代，由于苏联解体，俄罗斯在古巴贸易总额中所占比重呈下降趋势，1993 年占 15.4%，1996 年占 11.3%，1998 年占 8.6%，1999 年降为 7.4%。与此同时，古巴同西班牙、法国、意大利、德国、加拿大、日本等西方国家，同墨西哥、委内瑞拉、阿根廷等拉美国家以及同中国的贸易额则逐步增长。

进入 21 世纪以来，委内瑞拉逐渐成为古巴最主要的贸易伙伴，中国位居第二。在古巴的出口商品中，糖的出口逐渐减少；在进口商品中，燃料（石油）、运输机械和设备、制成品和食品依然占主要地位。在古巴的进出口贸易中，古巴有很大的逆差。古巴的外贸（商品和劳务）主要依靠劳务出口（主要向委内瑞拉和巴西提供医务人员）来平衡。据古巴国家统计局报告，2015 年，古巴商品及服务出口总额为 149 亿美元，进口总额为 126 亿美元；2014 年则分别为 178 亿美元和 139 亿美元。受全球大宗商品价格走低和委内瑞拉危机的影响，2015 年古巴进出口总额下降 42 亿美元，贸易顺差下降 16 亿美元，商品出口和服务出口分别下降了 16 亿美元和 13 亿美元。古巴与委内瑞拉的贸易总额从 2014 年的 73 亿美元骤降至 2015 年的 42 亿美元。

古巴商品进出口情况见表 4 - 10，2010 ~ 2015 年古巴进口、出口及主要进出口对象国情况见表 4 - 11、表 4 - 12、表 4 - 13。

表 4 - 10 古巴商品进出口贸易总额及差额

单位：百万比索

年份	商品进口总额	商品出口总额	商品进出口总额	商品进出口差额
1960	608	580	1188	28
1980	3989	4630	8619	-641
2000	1676	4843	6519	-3167
2008	3664	14234	17898	-10570
2013	5283	14707	19990	-9424
2014	4857	13037	17894	-8180
2015	3350	11702	15052	-8352

资料来源：ONEI, Anuario Estadístico de Cuba 2015, CAPÍTULO 8：SECTOR EXTERNO, Edición 2016, p. 8。

表 4 - 11 2010 ~ 2015 年古巴进口商品情况

单位：百万比索

	2010	2011	2012	2013	2014	2015
消费品	1532	1830	1694	1882	1963	2167
中间产品	8074	11079	10989	11313	9890	7842
资本货	1038	1043	1118	1512	1184	1693
总计	10644	13952	13801	14707	13037	11702

资料来源：ONEI, Anuario Estadístico de Cuba 2015, CAPÍTULO 8：SECTOR EXTERNO, Edición 2016, p. 18。

表 4 - 12 2010 ~ 2015 年古巴主要出口商品情况

单位：百万比索

	2010	2011	2012	2013	2014	2015
农产品	14	22	23	26	31	28
渔产品	60	66	66	71	79	65
制糖产品	266	376	477	463	416	436
矿产品	1151	1419	1011	711	742	521
烟草产品	202	223	224	245	227	211

资料来源：ONEI, Anuario Estadístico de Cuba 2015, CAPÍTULO 8：SECTOR EXTERNO, Edición 2016, p. 18。

表 4 - 13　2010～2015 年古巴主要进出口对象国

单位：百比索

国家	2010	2011	2012	2013	2014	2015
委内瑞拉	6018601	8175184	8562849	7067299	7258308	4231993
中国	1903809	2059611	1695900	1877289	1635920	2599164
西班牙	946122	1184428	1156086	1397761	1165673	1334063
加拿大	935422	1197429	938295	912986	933233	726755
巴西	502197	725932	756230	694820	650736	690831
荷兰	414416	727987	791811	543902	575514	359227
美国	406203	434383	509046	401971	314767	180806
墨西哥	377971	474262	510611	529880	459028	474581
意大利	330230	439195	413582	516079	420698	452095
越南	269124	313779	198280	214084	269394	252277
俄罗斯	284692	280158	341228	203174	193326	187974
德国	297663	326144	354135	425267	378120	406703
法国	296293	367454	387726	454667	338740	255967
阿尔及利亚	214139	321081	341510	309646	294694	196025

资料来源：ONEI，Anuario Estadístico de Cuba 2015，CAPÍTULO 8：SECTOR EXTERNO，Edición 2016，pp. 9 - 11。

2016 年 9 月，中国国务院总理李克强率百人商贸团访问古巴，实现了中古建交 56 年来中国总理首次正式访问古巴，并签署了一系列合作协议。中国已连续多年成为古巴的第二大贸易伙伴，古巴则是中国在加勒比地区的第一大贸易伙伴。2015 年，中古贸易额达 26 亿美元。中国生产的机电设备、粮油食品、化工产品等商品在古巴十分畅销。古巴生产的食糖、朗姆酒、雪茄等商品则受到中国消费者的青睐。中古两国在电子电器、机械制造、纺织、能源、基础设施建设等领域的合作不断深化，共同实施了 200 多个项目。

二 外国援助

革命胜利后至 20 世纪 90 年代初，古巴所获得的外国援助主要来自苏联、东欧等社会主义国家。此外，古巴从西欧、加拿大和日本等资本主义国家也得到了有限的援助。在 20 世纪 60 年代以及 80 年代后期以来，中国向古巴提供了力所能及的援助。

自 20 世纪 60 年代起到 80 年代末，古巴同苏联的经济往来不断加强、苏联向古巴提供了大量的经济援助。苏联向古巴提供的经济援助大致有 3 种：提供信贷以弥补双边贸易出现的逆差；提供直接用于经济建设的发展贷款；对苏联从古巴进口的蔗糖、镍和向古巴出口的石油等商品进行价格补贴，糖价补贴从 1965 年开始实行，镍和石油价格补贴从 1974 年开始实行。自 1976 年开始，古巴的糖和镍的价格同苏联向古巴出口的石油、钢铁、机械等商品的价格挂钩，同步浮动。

1991 年苏联解体后，俄罗斯停止了对古巴的援助，这使古巴经济遭受了重大打击。

20 世纪 90 年代以来，西方资本主义国家向古巴提供了有限的官方发展援助。

委内瑞拉是支撑古巴经济发展的重要战略伙伴。2009 年查韦斯在委内瑞拉执政后，向古巴提供了大量援助。2013 年 3 月，委内瑞拉前总统查韦斯的突然辞世迫使古巴进一步加大多元外交的力度，积极寻求更为广泛和稳定的国际援助。2013 年 2 月底，俄罗斯总理梅德韦杰夫的古巴之行受到了古巴政府的高规格接待，俄承诺免除古巴此前的 300 亿美元债务，并对古巴经济模式更新提供经济援助。2013 年 5 月，古巴外长罗德里格斯访问巴西，巴西宣布加大对古巴首个“发展特区”马里埃尔港等基础设施建设的援助。2013 年 6 月 17 日，古巴二号领导人米格尔·迪亚斯·卡内尔在当选国务委员会第一副主席兼部长会议第一副主席后成功访华，充分显示了古巴对古中传统友谊和战略关系的重视与坚持。中国、俄罗斯、巴西等国对古投资贸易的扩大无疑为古巴经济模式更新提供了有力的支持和保障。

三　外国资本

古巴革命前，美国垄断资本控制了古巴蔗糖生产的 40%、铁路的 50%、电力的 90%、外贸的 69%、全部的镍矿和 90% 的铁矿。古巴银行和金融业也基本上掌握在美国资本手中。革命胜利后不久，古巴政府实行了一系列经济和社会改革，将以美国为主的全部外国资本收归国有。从 20 世纪 60 年代初到 80 年代末，苏联成为古巴的主要经济贸易伙伴，苏联向古巴提供了大量贷款和其他形式的经济援助。

古巴于 1982 年颁布了第 50 号法令即《古巴同外国合资企业法》。但在 80 年代，外国在古巴投资进展不大，只有旅游业吸收了少量的外资。1990 年进入特殊时期后，政府采取积极吸引外资的政策方针。1992 年，政府对原有的《古巴同外国合资企业法》做了补充规定，进一步放宽了对外资的限制。同年 7 月，古巴全国人民政权代表大会通过新宪法，规定合资企业是古巴经济中的一种所有制形式，从而为外资提供了宪法保护。1995 年 9 月，全国人民政权代表大会通过了第 77 号法令，即新的《外国投资法》，规定除防务、卫生保健和教育外，所有经济部门都向外资开放；外国投资可采用合资企业、外国独资企业和国际经济联合体这 3 种形式，外国人可以在古巴购买房地产，进行不动产投资，可在自由贸易区、出口加工区进行投资，古巴侨民可回国投资。1996 年 6 月，古巴国务委员会通过了第 165 号法令，即《关于免税区和工业园区法》，进一步鼓励外国在古巴免税区和工业园区投资，并在海关、货币兑换、税务、劳工、移居、公共秩序等方面实行特殊制度。到 1999 年，古巴开设了 4 个自由贸易区：贝罗阿（Berroa）、瓦哈伊（Wajay）、马里埃尔（Mariel）和西恩富戈斯，但这一试验并没有成功。到 2001 年年底，古巴 30 多个部门共建立了 400 家合资企业，主要集中在镍矿和石油开采、旅游业、电信、烟草加工等行业。投资总额达 55 亿美元，投资来自约 50 个国家，投资数额较多的国家是西班牙、加拿大、意大利、法国、英国、墨西哥、委内瑞拉、中国、巴拿马和德国等。古巴在吸收外资方面也遇到过不少困难，主要是美国于 1992 年和 1996 年先后实施《托里切利法》和《赫尔姆斯—伯顿法》，企图阻挠其他国家与古巴发展经贸关系。尽管如此，由于古巴执行开放政策，古巴同各国的经济贸易关系不断扩大。到 2001 年年底，古巴同 163 个国家和地区建立了经济合作关系，同 110 个国家和地区建立了双边混合委员会，同 68 个国家签订了促进和保护投资的双边协议。

2014 年 3 月 29 日，古巴全国人民政权代表大会批准通过了新的《外国投资法》（第 118 号法令）。新《外国投资法》在原《外国投资法》（第 77 号法令）的基础上做了全面修订，其最显著的特点是在税收方面给予外商合资企业和国际经济联合体等较大优惠，但不鼓励设立外商独资企业。该法令指出，投资者可自由以可兑换货币汇出所获利润、免除净利润所得税、获准的再投资项目可获得优惠政策；政府不得征用外商资产，如果确有公共和社会原因需要征用，须根据资产商业价值、双方协议予以适当补偿。目前，古巴国家收入主要来自本国消费和少量投资，只有积极吸引外资，才能实现更大的经济增长，达到 GDP 每年增长 7%、投资率增至 20% 的目标。除去教育、医疗和军工等特殊领域，古巴将对外资开放几乎整个市场。除对外资开放市场外，古巴也为吸引外资制订了相应的税务减免政策：新法规定，将此前对外国资本收取的 30% 的利润税减为 15%；如果外资选择和古巴建立合资企业，可以免除公司前 8 年的税收；同时也承诺为前来投资的外国资本提供更加完善的法律保障。本次修改投资法旨在增加古巴外汇收入，促进古巴经济发展，提高经济增长速度。近年来，由于美国的持续封锁政策以及传统盟友委内瑞拉经济出现了一些问题，古巴的经济增速相较其他拉美国家仍显不足。据统计，在过去 10 年中，古巴的平均经济增长率仅达到了 1.8%，其中外资仅累计贡献了 13 个百分点，在拉丁美洲和加勒比国家中处于下游水平。而这次古巴新投资法的通过，正是为了从现实角度解决这一问题。

2015 年 11 月 3 日，第 33 届哈瓦那国际博览会期间，古巴发布了 2015 年外商投资项目目录。新版投资项目目录共包含 326 个项目，删除了 2014 年第一版中已开始实施及正在商谈的 40 个项目，比上一版增加了 80 个项目。其中，20 个项目位于马里埃尔发展特区，其余 306 个项目分布在全国各地，项目投资总额超过 81.73 亿美元。新版目录共分 12 个行业，按照项目数量排序，依次为旅游业（94 个项目）、石油行业（86 个）、农产品加工业（40 个）、新能源行业（22 个）、制造业（21 个）、交通业（15 个）、矿业（15 个）、建筑业（14 个）、生物技术制药业（9 个）、批发业（4 个）、医疗卫生（3 个）和视听手段（3 个）。在医疗卫生领域，主要是建立促进医疗旅游服务出口的设施以及与运动医疗服务相关的项目。批发领域项目，分别致力于五金建材销售、食品冷藏运输和纺织品销售。交通业包括 5 个邮轮码头设施的开发、运营和管理项目，包括哈瓦那港、西恩富戈斯港和圣地亚哥港。旅游业增加了酒店营销管理合同模式的项目数量，以及包括塔拉拉（TARARA）和巴拉德罗达塞娜（DARSENA）在内的 7 个游艇码头管理服务合同项目。建筑业包括 2 个高尔夫球场相关地产项目和 2 个酒店项目，以及大理石、卫生洁具、地砖等生产性项目。农产品加工业包括海产品养殖项目、淡水养殖项目以及古巴 2 个品牌朗姆酒的生产销售项目。新能源行业包括 6 个新的生物质发电项目和一个 51 兆瓦风力发电园项目以及其他行业的项目。

2016 年 11 月 1 日，古巴外贸外资部、古巴商会在第 34 届哈瓦那国际博览会期间举办了第一届投资论坛，并颁布了古巴 2016 年外商投资项目目录和《古巴外资投资机遇》报告。2017 年第 35 届哈瓦那国际博览会提供的《古巴外资投资机遇》报告包含了 450 项投资计划。

古巴领导人多次表示，为了使古巴经济取得年增长率 5% 的发展速度，古巴每年需要吸收 20 亿~25 亿美元的外资。然而，据古巴前经济部长、前部长会议副主席何塞·路易斯·罗德里格斯的公开文章，自 2014 年 3 月新投资法颁布至 2016 年 11 月，古巴与外国签署了 83 个外资项目，其中 14 项属于再投资，15 项位于马里埃尔发展特区，共吸收外资 13 亿美元，年平均只吸收 4.88 亿美元。① 据古巴经济和计划部长兼部长会议

---

① http：//www.cubadebate.cu/opinion/2017/01/01/la - economia - cubana - 2016 - 2017 - valoracion - preliminar - i/#.WGjR4 - yECSc，2017 年 3 月 12 日查阅。

副主席卡普里萨斯 2017 年 7 月 14 日在古巴全国人大的报告，2017 年上半年古巴政府批准了 11 项新的投资项目（其中 5 项在马里埃尔发展特区），2 项为再投资项目，协议金额总计为 13.46 亿美元。①

四 外债

古巴革命胜利后，为弥补贸易逆差、建立新的工厂企业和兴建大规模基础设施，古巴政府不得不举借大量外债。古巴的外债分两部分：一部分是欠苏联和东欧国家的，占大部分，是以卢布计算的；另一部分是欠西方国家的，是以美元计算的。在古巴的官方统计年鉴中，一般只公布后者。

据苏联官方统计，到 1989 年底，古巴欠苏联的债务累计达 154.906 亿卢布，折合 172.12 亿比索；据东欧国家官方统计，古巴欠东欧国家的债务累计达 13.60 亿卢布，折合 15.11 亿比索。另据美国学者综合多种材料计算，1989 年古巴欠苏联的债务累计达 244.74 亿美元（按 1989 年 11 月官方汇率 1 卢布 = 1.58 美元计算）或 275.72 亿美元（按 1990 年 11 月官方汇率 1 卢布 = 1.78 美元计算），欠西方国家的外债为 66.87 亿美元。

自 1986 年以来，由于经济困难，古巴中止偿还大部分所欠外债的本金和利息。进入 21 世纪以来，随着本国经济形势的逐渐好转和与债权国重新安排外债，为了吸引外资，古巴开始偿还外债。

为应对美国对古巴的经济封锁和制裁，古巴延后公布其外债情况。据古巴统计局统计，古巴 2008 年、2009 年、2010 年和 2011 年仍在偿还中的积极债务分别为 115.9 亿比索、123.1 亿比索、135.75 亿比索和 139.16 亿比索，占国内生产总值的比重分别为 19.0%、19.8%、21.1% 和 20.2%。2011 年，短期债务金额为 24.11 亿比索，占 17.3%；中长期债务金额为 115.05 亿比索，占 82.7%。从贷款来源看，政府债务金额为

① http://www.cubadebate.cu/noticias/2017/07/14/cuba - crece - un - 11 - en - primer - semestre - de - 2017/#.WWlmWeyECSc.

70.246 亿比索，占 50.48%；金融机构债务为 25.301 亿比索，占
18.18%；供货商债务为 43.601 亿比索，占 31.33%。据古巴 2015 年国家
统计年鉴，古巴 2013 年外债总额占国内生产总值的 15.4%。2010～2013
年古巴外债情况见表 4－14。

表 4－14　2010～2013 年古巴外债情况

单位：百万比索

	总额	短期	所占百分比	中长期	所占百分比
2010	13575	2592	19.1	10983	80.9
2011	13916	2411	17.3	11505	82.7
2012	12532	2113	16.9	10419	83.1
2013	11914	2012	16.9	9902	83.1

资料来源：Anuario Estadístico de Cuba 2015，Capítulo 8：Sector Externo，Edición 2016，p.7. 参
见古巴中央银行（Banco Central de Cuba）。

近年来，古巴先后同墨西哥、俄罗斯、日本、巴黎俱乐部、荷兰、瑞
典、意大利、英国、比利时、西班牙和加拿大等国家和机构就重新安排外
债问题进行谈判，达成了一些推迟偿还外债的协议。2013 年 9 月墨西哥
外长访古。11 月，两国达成协议，墨西哥免除古巴所欠墨西哥外债 4.87
亿美元的 70%，即免除 3.409 亿美元，其余 30% 的外债 1.461 亿美元，
古巴将分 10 年偿还。2014 年 7 月，普京总统再次访古。访问前夕，俄罗
斯宣布免除古巴所欠（主要为苏联时期古巴欠的债务）350 亿美元债务的
90%，其余 10% 即约 35 亿美元将作为俄罗斯的投资分 10 年投给古巴。
2015 年 12 月，日本宣布免除古巴所欠日本约 9.97 亿美元的债务。2015
年 12 月，古巴政府同巴黎俱乐部①古巴债权国集团在古巴哈瓦那就古巴

---

① 巴黎俱乐部是一个成立于 1956 年的国际性非正式组织，现由全球最富裕的 19 个国家组
成，专门为负债国和债权国提供债务安排，例如债务重组、债务宽免甚至债务撤销。其
核心成员是经合组织中的工业化国家，即美国、英国、法国、德国、意大利、日本、荷
兰、加拿大、比利时、瑞典、瑞士等，即 "10 国集团"（1984 年瑞士加入该集团，但该
组织名称不变）。

205

债务达成协议，就古总额为 111 亿美元（含逾期利息）的债务提出了最终解决方案。古巴共欠巴黎俱乐部有关成员国 100.8 亿欧元（合 110.8 亿美元）债务，其中 77.3 亿欧元（合 85 亿美元）为利息。巴黎俱乐部将免除利息部分。古方则承诺将在未来 18 年内偿还剩余逾期债务。在此次免除的债务中，17.01 亿欧元（合 18.8 亿美元）为西班牙免除古巴债务利息。至此，古巴欠西班牙的债务减为 5.3 亿欧元（合 5.9 亿美元）。

由于古巴与一系列国家签署了重新安排外债的协议，2015 年 1 月，穆迪投资者服务机构将古巴主权信誉评级为 Caa2，评级前景定为"稳定"。

第五章

军　事

第一节　概述

一　建军简史

古巴的军队称作革命武装力量（Fuerzas Armadas Revolucionarias, FAR），它的前身是起义军（Ejército Rebelde）。起义军是在反对巴蒂斯塔独裁统治的斗争中诞生、成长和壮大起来的。1953 年 7 月 26 日，卡斯特罗率领一批爱国青年攻打蒙卡达兵营，失败后被捕入狱。1955 年 5 月因大赦获释，不久流亡墨西哥。1956 年 12 月 2 日，卡斯特罗率 81 人乘"格拉玛号"游艇在古巴东部登陆，与政府军发生激战，仅剩 12 人转入马埃斯特腊山区，取名"起义军"开展游击战。起义军在争取解放的战争中发挥了决定性作用。古巴革命胜利后不久，1959 年 10 月 16 日，起义军改名为革命武装力量，成立革命武装力量部，并把"格拉玛号"游艇在古巴登陆的 12 月 2 日定为建军节。

古巴军队在古巴社会主义革命和建设中起着重要作用。在革命胜利初期，军队有效地防范了美国的入侵、颠覆和破坏活动。随着社会主义建设事业的开展，军队在捍卫国家的同时，在经济建设中也做出了突出贡献。

1981 年初，共和党人里根就任美国总统后，美国对古政策更具侵略性，古巴适时改变了军事理论，提出了"全民战争"的战略思想，此后又提出划分全国性"防御区"的计划。

苏联解体后，俄罗斯中断了对古巴的军援，这给过去在武器弹药、后勤装备和军事技术上一直依靠苏联的古巴军队带来严重困难。与此同时，美国又进一步加紧对古巴的经济封锁和军事压力。在这一特殊时期，古巴军队围绕战备和建设两大任务进行了调整和改革，在"拯救祖国、拯救革命、拯救社会主义"的斗争中再立新功。作为革命武装力量总司令，卡斯特罗①更加强调"全民战争"的战略思想，古巴进一步制定和落实了关于建立全国性防御机制的计划。根据这一计划，在战时，全国14个省、169个市和1个特区，② 将被划分为1400个防御区。古巴从兵力到军费开支全面缩减，同时加强了国防工程建设，以抵御敌人可能的入侵；加强军队的思想政治工作，以保证部队的稳定；大力开展多种经济活动，以弥补军费的不足。

古巴军队在稳定政治社会形势、恢复发展经济方面发挥着越来越重要的作用，军队生产的粮食自给有余，军队余粮对粮食市场的供应起到了稳定和保证作用；军队所办的各种企业已成为古巴经济中最活跃的部门，古巴军队是改革强有力的支持者。

此外，尽管古巴军备数量不少，但多以苏联时期的武器为主，存在一定的老化问题，用于军备更新的资金也较为有限。

二　国防体制

古巴宪法和国防第75号法令（Ley 75 de la Defensa）是古巴国防体系的法律基础。1994年12月21日，古巴全国人民政权代表大会通过了古巴国防第75号法令，该法是古巴公民实现最高荣誉和最高义务——保卫社会主义祖国的国家基本法。经古巴国务委员会2006年12月30日通过，《古巴国防委员会条例》（Reglamento del Consejo de Defensa Nacional）于2007年3月1日生效。

国防委员会（Consejo de Defensa）是古巴国防体制的领导机构，由国

① 自2008年2月24日起，由劳尔·卡斯特罗任革命武装力量总司令。
② 自2011年1月1日起，古巴全国共分15个省、1个特别市和168个市。

家、省市及地方各级国防委员会组成。古巴民防体系（Sistema Defensa Civil）由一系列国家级国防措施构成，旨在保护古巴人民和国民经济免受敌人及自然灾害的侵扰。国务委员会主席通过革命武装力量部领导民防体系，国家民防总参谋部（Estado Mayor Nacional DC）是民防体系的主要机构，负责执行古巴民防措施及民防领域相关国际条约的履行。生产卫卫队（Brigadas de Producción y Defensa）是古巴地方国防委员会的武装组织，旨在促进古巴民众积极参与全民战争，其在特殊时期的基本职责是组织生产和防卫，执行民防及内政措施。

革命武装力量由革命武装力量部、正规军、防御部队（Tropas de Prevención）和地方民兵（las Milicias de Tropas Territoriales，MTT）组成。古巴革命武装力量部是古巴政府中的一个部，是最高军事行政机关，也是最高军事指挥机构，负责武装力量的指挥和管理。古巴革命武装力量总司令是古巴共产党中央委员会第一书记劳尔·卡斯特罗，革命武装力量部长是莱奥波尔多·辛特拉·弗里亚斯上将。总司令通过革命武装力量部对全国武装力量实施领导和指挥。古巴革命武装力量部下设总参谋部、总政治部、后勤部、外事局、干部部、计划和经济部、民防局等机构。正规军分为陆军、海军、空军和防空军。自 1993 年起海军、空军和防空军已不再为独立军种，被就地编入陆军西部军区、中部军区和东部军区 3 大军区。此外，正规军还包括劳动青年军（Ejército Juvenil del Trabajo，EJT）。防御部队由古巴军事反情报机构（Contrainteligencia Militar，CIM）领导，编制为预备营和预备队。

此外，古巴国防体系还拥有医疗服务系统、绿橄榄出版社（Casa Editorial Verde Olivo）、军队农牧联盟等企业。绿橄榄出版社除出版图书外，还发行《绿橄榄》杂志。

三 国防预算

20 世纪 90 年代以前，古巴军费开支一般占国家预算支出的 8% ~ 10%，占社会总产值的 4% ~ 6%。如 1988 年军事预算为 12.74 亿比索，占当年国家预算支出的 10.2%，占社会总产值的 4.8%。进入特殊时期以后，由于经济困难，古巴压缩了军费开支。据古巴国家统计办公室公布的数字，古巴"国防和国内秩序"的开支 1996 年为 4.967亿比索（占当年国家预算支出的 7%，占当年国内生产总值的 2.2%），1997 年为 6.375 亿比索（占当年国家预算支出的 9%，占当年国内生产总值的 2.8%），1998 年为 5.371 亿比索（占当年国家预算支出的7.6%，占当年国内生产总值的 2.2%），1999 年为 7.523 亿比索（占当年国家预算支出的 9.3%，占当年国内生产总值的 2.9%）。另据统计，2010 年古巴的军费开支占国内生产总值的 3.33%，2011 年为3.25%，2012 年为 3.94%，2013 年为 3.51%。2014 年古巴的军费开支为 6.94 亿美元。[①]

第二节　军种与兵种

在 20 世纪 90 年代前，古巴总兵力约 19 万人，其中陆军约 16 万人，海军 1 万人，空军 2 万人。1993 年 6 月，古巴军方宣布削减兵力。削减后，正规部队为 10.6 万人，其中陆军 8.5 万人，海军 0.6 万人，空军 1.5 万人。另有劳动青年军 7 万人，民防部队 10 万人，地方民兵（1980 年开始组建）130 万人。1998 年古巴宣布进一步裁军，总兵力减少到 5.3 万人，其中陆军 3.8 万人，海军 0.5 万人，空军和防空军 1万人。

截至 2015 年，古巴现役部队有 4.9 万人，其中陆军 3.8 万人，海军0.3 万人，空军 0.8 万人，服役期 2 年。此外，古巴还拥有现役准军事力量 2.65 万人，包括内政部下属的保安队 2 万人和边防警卫队 0.65 万人。其中，负责海上巡逻的边防警卫队拥有 3 艘"斯滕卡"（Stenka）巡逻艇和 18 艘"祖克"级小型海岸巡逻艇。

---

① https：//es. actualitix. com/pais/cub/cuba－gastos－militares－en－dolares. php，2017 年 7月 12 日查阅。

一 陆 军

古巴陆军现有兵力 3.8 万人。全国划分为西、中、东三个军区。下辖 5 个装甲旅、9 个机械化步兵旅（其中包括 1 个装甲营、3 个机械化步兵营、1 个炮兵营等）、1 个空降旅、1 个边防旅和作为战斗支援部队的 1 个萨姆导弹旅和 1 个高炮营。

陆军预备役部队主要由 14 个轻型步兵旅组成。陆军主要装备包括约 900 辆主战坦克（型号为 T - 34、T - 54、T - 55 和 T - 62），少数 PT - 76 轻型坦克、BRDM - 2 和 BTR - 60 型侦察车，约 50 辆 BMP - 1 型步兵战车及 500 辆 BTR - 152 型、BTR - 50 型装甲运输车。

炮兵部队拥有约 40 门大口径（100 ~ 152 毫米）自行榴弹炮，500 门牵引式大口径（122 ~ 152 毫米）榴弹炮，175 门自行多管火箭炮及超过 1000 门的迫击炮。此外，古巴陆军还装备有 AT - 1 型、AT - 3 型反坦克导弹和超过 600 门 57 毫米和 85 毫米口径反坦克炮。

二 海 军

古巴海军现有兵力 0.3 万人，其中海军陆战队 550 人。古巴海军分属于卡巴纳斯（Cabañas）的西部司令部和奥尔金的东部司令部。主要装备包括 1 艘 Río Damuji 级轻型导弹护卫舰，配备有两座 SS - N - 2C 反舰导弹发射架和直升机甲板；1 艘保克Ⅱ（Pauk Ⅱ）级巡逻舰，配备 SA - N - 5 防空导弹和一座 76 毫米口径主炮；6 艘"黄蜂"级导弹艇，每艇携带 4 座 SS - N - 2B 反舰导弹发射架。此外还包括 3 艘猎雷舰、2 艘扫雷舰以及 5 艘后勤支援舰艇。海岸防御也归古巴海军负责，主要装备少数大口径火炮和 SS - C - 3 反舰导弹。

三 空军和防空军

古巴空军及防空军，全称为"防空与革命空军力量"。截至 2015 年，古巴空军及防空军共有 8000 人，分别划归东部和西部防空区。

防空装备方面，古巴陆军主要拥有超过 200 枚萨姆 - 13、萨姆 - 6、

萨姆－8和萨姆－9系列中近程防空导弹,以及大量萨姆－14、萨姆－16
和萨姆－7肩扛式防空导弹;约400门各式自行高炮。

古巴空军共有3个战斗机中队、1个运输机中队、2个直升机中队
和2个训练机中队。截至2015年,古巴空军共有45架固定翼飞机,包
括28架米格－23战斗机、5架米格－29战斗机和12架米格－21战斗
机,此外还封存了近200架老式战斗机。这些战机搭载的空射导弹包括
R－60、R－73和R－27等空对空导弹和AS－7空对地导弹。运输机方
面,有2架伊尔－76重型运输机和9架各式轻型运输机等。古巴还有4
架米－35武装直升机、2架米－8中型直升机、8架米－17运输直升
机。此外,受经费制约,还有8架米－35、5架米－14和12架米－17
被封存。古巴的要地防空归空军负责,主要装备萨姆－2和萨姆－3等
中程防空导弹系统。

古巴空军飞行员年平均飞行约50小时。

四 预备役部队及准军事力量

截至2015年,古巴拥有预备役部队3.9万人,预备役准军事力量112
万人。① 其中,预备役准军事力量包括劳动青年军7万人(归陆军领导)、
民防部队5万人及地方民兵100万人。

第三节 兵役制度、军衔制度和军事院校

一 兵役制度

古巴自1963年11月起开始实行义务兵役制。1973年8月颁布的总兵
役法规定,所有16~50岁的男性公民须至少服兵役3年,或服现役,或
服后备役,或既服现役又服后备役。年满17~28岁的男性公民为适龄应
征者,同一年龄的妇女也可自愿服役。现役期原为3年,自1991年起缩

---

① IISS, The Military Balance 2015, 2015, pp. 392 – 394.

短为 2 年。义务兵服现役期间可申请转为常备兵，批准后签订为期 5 年的服役合同。

古巴每年征兵 2 次，时间为 5~6 月和 11~12 月。最高兵役机构是总参谋部军务动员部，该部作为常设机构，管辖各省市军事委员会。从 1989 年起，各省市军事委员会均设参谋部作为常设机构，其成员由现役军人组成，平时隶属所在军区，负责后备役及民兵的管理和训练；战时在军事委员会领导下，指挥境内民兵协同驻军开展抗登陆和反空降作战。另外，学校和工厂也设有兵役登记部门。市军事委员会根据分配的名额和应征人员状况决定招兵对象。

古巴后备役分两级动员体制。第一级涉及参加过战斗的老战士和退役军人，要求战时能即刻动员；其他人员为第二级。每级又按年龄分为三类：第一类为 17~35 岁，第二类为 36~45 岁，第三类为 46~50 岁。通常情况下，第一级和第二级的第一类后备役约保持 20 万人，内有一半为常备后备役，常备后备役人员每年要接受 3 个月的军训。非常备后备役人员中，第一级和第二级的第一类每年接受 45 天的训练，第一级第二类每年训练 30 天，第一级第三类每年训练 20 天；第二级第二类每年训练 15 天，第二级第三类每年训练 12 天。后备役的训练不脱产。

二 军衔制度

古巴革命胜利前，起义军军官只有少尉、中尉、上尉和少校衔。

革命胜利后，1959 年增设准尉；1963 年颁布 1123 号法令，增设大尉衔，并把少校衔分为 5 级。1970 年增设了准上尉衔。1973 年、1976 年和 1978 年 3 次颁布新的军衔制，参照苏联的军衔制进行了调整。除校官和尉官外，还增设了将官。

现行军衔制度将军衔分为 6 等 19 级，即总司令（相当于元帅）、将官 4 级（大将、上将、中将、少将）、校官 3 级（上校、中校、少校）、尉级 7 级（大尉、上尉、中尉、少尉、一级准尉、二级准尉、三级准尉）、军士 3 级（上士、中士、下士）、列兵（见表 5-1）。

表 5 –1　古巴军衔表

军衔	陆军和空军	海军
总司令	Comandante en jefe	
大将	General de Ejército	
上将	General de Cuerpo	Almirante
中将	General de División	Vicealmirante
少将	General de Brigada	Contralmirante
上校	Coronel	Capitán de Navio
中校	Teniente Coronel	Capitán de Fragata
少校	Mayor	Capitán de Corbeta
大尉	Capitán	Teniente de Navio
上尉	Primer Teniente	Teniente de Fragata
中尉	Teniente	Teniente de Corbeta
少尉	Subteniente	Alferez
一级准尉	Primer Suboficial	Primer Suboficial
二级准尉	Segundo Suboficial	Segundo Suboficial
三级准尉	Suboficial	Suboficial
上士	Sargento de Primera	Sargento de Primera
中士	Sargento de Segunda	Sargento de Segunda
下士	Sargento de Tercera	Sargento de Tercera
列兵	Cabo	Cabo

资料来源：http://www.cubagob.cu/。

三　军事院校

古巴重视军事院校的建设，古巴的军事院校分为培养初级军事干部和中高级军事干部的两种学校。最重要的军事学院是国防学院（Colegio de Defensa Nacional），建于 1990 年，位于哈瓦那。它是培养军队高级干部和党、政、群众组织领导人的学校。招生对象是年龄在 40 岁以下，大学毕业，有实际工作经验并成绩突出的党、政、军、企业及群众组织中的中级党员干部。学制为 11 个月。

其他培养中高级干部的军事院校主要有以下一些。

"马克西莫·戈麦斯将军"军事学院（Academia de la FAR "General Máximo Gómez"），1963 年 7 月 3 日建立，位于哈瓦那，是培养三军和内务部中高级军官的学校。学员为校级以上军官，也招收少量党政部门高级官员。学制为 1~2 年。

"安东尼奥·马塞奥将军"合成军军校（Escuela Interarmas de la FAR "General Antonio Maceo"），1963 年 2 月建立。位于哈瓦那省卡伊米托市，是培养初级军事指挥官和工程师的学校。招生对象为军事预科毕业生、高中毕业生，以及服役满 1 年、年龄不超过 25 岁的战士。学制为4~5 年。

"何塞·马塞奥将军"合成军军校（Escuela Interarmas de la FAR "General José Maceo），1980 年 9 月 15 日建立。位于圣地亚哥市，是培养初级军事指挥官和工程师的学校。招生对象为军事预科毕业生、高中毕业生，以及服役满 1 年、年龄不超过 25 岁的战士。学制为 4 年。

"格拉玛"海军学院（Academia Naval "Granma"），1959 年复建，是海军培养初级军事指挥官和工程师的学校。位于哈瓦那省圣菲市。招生对象为军事预科毕业生、高中毕业生，以及服役满 1 年、年龄不超过 25 岁的战士。学制为 4~5 年。

"何塞·马蒂"军事技术学院（Instituto Técnico Militar "José Martí"），1967 年建立。位于哈瓦那，是培养军事工程师的学院。招生对象为军事预科毕业生、高中毕业生，以及服役满 1 年、年龄不超过 25 岁的战士。学制为 5 年。

"路易斯·迪亚斯·索托医生"高等军事医学院（Instituto Superior de Medicina Militar "Dr. Luis Díaz Soto"），1980 年 10 月建立。其前身是 1963 年 12 月 3 日建立的军事医院。

"阿利德斯·埃斯特韦斯·桑切斯少校"高等军事学校（Escuela Militar Superior "Comandante Arides Estévez Sánchez"），位于哈瓦那，是培养军事司法人员的学院。

"巴拉瓜"国家特种部队学校（Escuela Nacional de Tropas Especiales

Baraguá)，位于哈瓦那，是培养特种部队的专门学校。对招生对象各方面要求都很严格。

"卡米洛·西恩富戈斯"军校（Escuelas Militares Camilo Cienfuegos），是培养军事人员的预科学校，在全国各地共有 14 所，招收初中毕业的青年，毕业后再升入中级军校。隶属革命武装力量部管理。

第四节　国防工业

古巴的重型武器和战斗机等均需要进口，目前古巴的国防工业大体可分为三部分。第一部分是维修现有武器，第二部分是生产一些轻型武器，第三部分是军转民企业。古巴的国防工业由军事工业联盟（La Unión de la Industria Militar）负责。

第一部分是维修现有武器，主要靠总维修基地体系（El Sistema de Bases de Reparaciones Generales）来进行。古巴全国各地都有总维修基地（工厂），可以维修古巴现有的坦克、装甲车、运输车辆、飞机、直升机、军舰、无线电通信设备、雷达、导弹、大炮、步兵武器等。古巴拥有良好的维修设备和掌握先进技术的技术人员，使古巴现有的武器（主要为苏式）处于良好的状态。

第二部分是生产一些轻型武器，目前主要生产的武器是："芒比"重型步枪（fusil de francotirador pesado "Mambí"），"亚历杭德罗"步枪（fusil de francotirador "Alejandro"），"菲耶罗"战车（Carro de Combate "Fiero"）和长 16.8 米、宽 4.1 米、排水量为 8 吨的"箭牌"巡逻艇（Lancha "Flecha"）。

第三部分是军转民企业，这部分范围很广，有重工业、食品工业、轻纺业、农产品生产和加工业、旅游业等。军转民企业在减少军费开支、创造就业机会和促进经济恢复与发展方面起积极的作用。古巴革命武装力量掌控的企业管理集团（Grupo de Administración Empresarial，GAESA）拥有 50 多家企业，如海鸥（Gaviota）旅行社、外汇商店、海运公司、航运公司、海关、码头、汽车销售公司、建筑公司、银行等。

第五节 对外军事关系

古巴革命胜利后不久，由于古巴同美国关系迅速恶化，古巴便开始接受苏联的军事援助。据美国报道，截至 1981 年，苏联对古巴军援达 50 亿美元。20 世纪 80 年代中期，苏联在古巴驻有一个 2800 人的战斗旅，另有 2800 名军事顾问和 7000 人左右的非军事顾问。苏联在古巴修建了许多现代化的军事基地和设施，包括空军和海军基地、核潜艇基地、弹药基地、武器基地、坦克总维修基地、指挥通信中心和无线电监测站等。古巴军队的装备几乎全部来自苏联。苏联还为古巴培训了大批军官、飞行员和军事技术人员。20 世纪七八十年代，苏古军事往来频繁。苏联解体后，俄罗斯停止了对古巴的军事援助，根据 1992 年双方达成的协议，驻古俄军约 3000 人在 1993 年 6 月前全部撤出古巴。2001 年 10 月 17 日，俄罗斯总统普京宣布俄罗斯将撤回其驻古巴洛尔德斯无线电监测站的军事情报人员及军事技术设备。2002 年 1 月，俄罗斯已完成其全部撤回工作。21 世纪第二个十年开始以来，古巴与俄罗斯的军事交往逐渐恢复和发展，2013 年 4 月，俄罗斯国防部代部长、总参谋长瓦雷利·华西里耶维奇·格拉西莫夫访古。2014 年 5 月，古巴同俄罗斯签署安全合作协议，双方试图在通信情报领域加强合作。2015 年 2 月 13 日，俄罗斯国防部部长谢尔盖·绍依访古。2016 年 12 月 8 日，俄罗斯和古巴签署了 2020 年前防务领域合作的计划。俄罗斯总理罗戈津表示，俄罗斯将为古巴实现军事现代化提供帮助，确保古巴具备应对安全挑战的能力。

自 1975 年起，古巴曾向非洲的安哥拉、埃塞俄比亚等国派出数万兵力，在军事上卷入非洲事务。1988 年 12 月 22 日，古巴、安哥拉、南非三国在美国的调解下于纽约签订协议；同一天，古巴同安哥拉签署双边协议，规定古巴军队于 1989 年 4 月 1 日起在 27 个月之内全部撤出安哥拉。古巴军队于 1991 年 5 月 25 日提前全部撤出安哥拉，从而结束了它对非洲的军事卷入。

1903 年，美国迫使古巴将位于古巴东南岸的关塔那摩湾部分地区

（水面 70 平方公里，沿岸陆地 47 平方公里，占地面积共 117.6 平方公里）租给美国建立海军基地。古巴革命胜利后，古巴政府曾多次要求美国归还此基地，均遭到美国拒绝。目前，关塔那摩海军基地是美国在加勒比地区最大的海军基地。1961 年 4 月，美国曾策动雇佣军入侵古巴，遭到失败。自古巴革命胜利后，美国从未停止对古巴的侵略威胁。

自 20 世纪 90 年代以来，古巴和中国互有军事代表团往来。进入 21 世纪以来，两国军事交往更加频繁。2012 年 9 月，古巴革命武装力量部副部长金塔斯访华。2015 年 9 月，古巴革命武装力量部副部长阿尔瓦罗·洛佩斯·米尔拉将军来华参加纪念中国人民抗日战争暨世界反法西斯战争胜利 70 周年纪念活动。2014 年 12 月和 2017 年 3 月，古巴革命武装力量部部长莱奥波尔多·辛特拉两次访华。古巴与委内瑞拉等拉美左翼国家军事交往比较频繁。

第六章

社　会

第一节　国民生活

一　物价

古巴革命胜利后，政府在发展生产的同时，重视提高人民的生活水平和公平分配社会财富。古巴在全社会实行了全民免费教育和免费医疗，并以很低的标准收取房租和公用事业（包括水、电、煤气等）的费用。为保证对大多数居民的供应，政府自 1962 年对城市居民的基本消费品（包括大米、面包、黑豆、肉类、鸡蛋、鱼、白糖、咖啡、植物油、牛奶、盐、肥皂、香烟、雪茄、卫生纸、衣服、鞋等）实行凭本定量低价供应和分配，政府每年对上述供应进行大量的补贴。定量供应的商品种类、数量在不同的时期根据实际情况进行适当的调整。1962～1981 年底，古巴凭本供应的基本消费品的价格和农产品收购价格没有变动，处于冻结状态，这种状况造成价格倒挂现象十分严重，从而挫伤了生产企业和广大农民的生产积极性。1977 年国家允许建立平行市场（国有议价市场），居民可在指定的国营商店按议价自由购买商品。1980 年4 月，国家决定开设农民自由市场，允许农民在完成交售任务后，出售自己的剩余产品。

1981 年 12 月，古巴政府颁布了《关于零售商品价格改革方案》，对零售价格进行改革，提高了 1510 种零售商品的价格，对批发价格也做出调整。此外，还提高了邮资以及饭店、旅馆、游乐场的费用，取消了多年来一直免费的一些服务项目。与此同时，还采取了其他一系列价格改革措施，如提高部分农产品的收购价格，健全平行市场的价格系列等。1986年，在"纠偏进程"中，农民自由市场和平行市场被取消。

20世纪80年代末90年代初苏东剧变后，古巴经济虽然出现重重困难，但国家依然维持凭本定量低价供应和分配的制度，以保证大多数居民的基本生活和社会的稳定。然而，由于生产的下降和商品的匮乏，定量低价供应和分配的商品只能满足居民的部分需要，黑市一度十分猖獗。同样一件商品，黑市价往往是凭本定量供应价的几倍、几十倍。为了平抑物价和鼓励生产，政府采取了一系列改革措施，如再次开放农牧产品市场、工业品和手工业品市场，个人持有美元合法化等。1992年，国家对批发价格进行了调整，使之更接近国际市场价格。1994年年中，政府颁布法令，提高了商品的零售价。1998年，调整了农产品的收购价。由于采取了上述措施，自由市场和黑市的商品与劳务价格大幅度下降，本国货币和外汇（主要是美元）得以大量回笼，政府的财政状况有所改善。

古巴目前的商品和劳务有以下几种价格。①平价即低价。即凭本定量供应的基本消费品，可用比索购买。但这些商品只能满足部分需要。②议价。国家开办了国营议价工业品商店，居民可以用比索在这种商店以较高的价格购买不用凭本供应的日用工业品。其价格高于定量供应的用品，但低于外汇商店的商品。③市场价。在农牧产品市场、手工业品市场和个体经营的餐饮店及劳务市场，居民可用比索、外币兑换券或美元根据市场价格购买农产品、手工业品等物品或用餐、理发、美容、修理等。④国营外汇商店价。古巴的外汇商店原只允许外国人在那里购买，自1993年个人持有美元合法化后，古巴人也可进外汇商店用美元或与美元等值的外币兑换券购物，外汇商店的商品价格很高，但在那里可买到在其他商店买不到的紧俏商品。

20世纪90年代中期，古巴定量供应情况，以及定量供应价、农贸市场价、外汇市场价、黑市价等，见表6-1。

表 6-1 古巴生活必需品供应情况（1996 年年中）

	定量供应量	定量供应价	农贸市场价	外汇市场价	黑市价
大米	每人每月 6 磅	0.24 比索/磅	5.02 比索/磅	0.68 美元/磅	5 比索/磅
黑豆	每人每月 1.5 磅	0.30 比索/磅	7.07 比索/磅	1.15 美元/磅	6～7 比索/磅
面包（80 克）	每人每天 1 个	0.05 比索/个	—	0.15 美元/个	0.5～1 比索/个
植物油	2～3 月每人半磅	0.40 比索/磅	—	1.1 美元/磅	30 比索/磅
白糖	每人每月 6 磅	0.14 比索/磅	—	0.31 美元/磅	3 比索/磅
黄油	—			3.6 美元/磅	30 比索/磅
鸡蛋	每人每月 7 个	0.15 比索/个	—	0.23 美元/个	1～2 比索/个
香皂	每人每 2 个月 1 块	0.25 比索/块	—	0.35 美元/块	7～8 比索/块
肥皂	每人每 2 个月 1 块	0.20 比索/块	—	0.3 美元/块	10 比索/块
牙膏	每人每 45 天 1 支	0.65 比索/支	—	1.0 美元/支	—
猪肉			20～25 比索/磅	3.5 美元/磅	15 比索/磅
牛肉			—	6.2 美元/磅	2 美元/磅
鲜奶	7 岁以下儿童 每天 1 磅	0.25 比索/磅	—	1.5 美元/磅	5 比索/磅
奶粉	—			2.66 美元/磅	1 美元/磅
鸡	7 岁以下儿童 不定期 1 磅	—	10.29 比索/磅	1.5 美元/磅	3 美元/只
鱼	每人每月 1 磅		—	1.6 美元/磅	5～20 比索/磅
面粉	—			0.76 美元/磅	4 比索/磅
马铃薯	每人每月 4 磅		—	0.98 美元/磅	0.8 美元/磅
雪茄	每人每月 5 盒		—	0.6 美元/盒	—
朗姆酒	每人每月 1 瓶		—	5.75 美元/瓶	—
盐	每人每月 1 盎司	0.1 比索/磅	—	0.18 美元/磅	3 比索/磅
咖啡	每人每月 4 盎司		—	6.04 美元/磅	—
卫生纸	4～5 个月 1 包	1.5 比索/包	—	1～2 美元/包	10 美元/包

资料来源：笔者在古巴考察时做的调查。

　　2010 年和 2011 年，古巴政府逐步取消了部分日用品的凭本供应，如肥皂、香皂、牙膏、洗衣粉、土豆、香烟等。2013 年古巴月平均工资为471 比索，折合 23 美元。购货本上配给供应的商品十分便宜，只需 1～2美元。凭本定量供应的商品有：每月每人 7 磅（1 磅等于 0.4539 公斤）大米，3 磅白糖，2 磅红糖，20 盎司（1 盎司等于 28.3495 克）豆，1 磅鸡，半公斤黄豆肉末，每人每天 1 个 80 克的面包。定量的食品只够一周消费。不足部分和不凭本供应的商品只能在农贸市场或外汇商店购买。在农贸市场，1 磅猪排 45 比索，相当于近 10% 的工资。1 磅豆 12 ~ 14 比索，1 磅西红柿 15 比索，1 个鳄梨 10 比索，1 磅花生 16 比索。在外汇商店，火腿每公斤 8 可兑换比索（CUC），半公斤牛排 10CUC，1 公斤鸡 2.4CUC，1000 克罐头鱼 8.9CUC，1 公升食油 2.1CUC。

二　就业

古巴革命胜利前的 1958 年，全国总人口为 670 多万，没有工作的人约有 70 万，其中 45% 以上集中在农村。革命胜利后，政府采取了一系列措施，通过发展农业、建筑业、工业生产和社会服务事业来根除失业现象，1959 ~ 1974 年政府共提供了 140 万个就业机会。1970 年失业率下降到 1.3%，这一年，卡斯特罗宣布古巴已消除了失业。然而，20 世纪 70 ~ 80 年代中期，由于劳动力的增加、经济结构的调整等原因，劳动力市场供大于求，失业人数呈上升趋势。1975 年失业率为 4.5%，1979 年为 5.4%，1981 年为 5.5%，1988 年为 6%。值得一提的是，革命胜利后，妇女就业人数迅速增加，妇女在总就业人口中所占比重不断上升，1957 年为 12.6%，1970 年为 18.3%，1975 年为 27%，1980 年为 32%，1988 年为 38.2%。

20 世纪 80 年代末 90 年代初苏东剧变给古巴经济发展造成了巨大困难，由于燃料的缺乏和进口原材料的减少，不少工厂停工停产；由于燃料供应不足和化肥、农药进口的减少，甘蔗种植和其他农业生产受到严重影响。这使下岗和失业人数剧增，失业和半失业人数增加。据古巴官方统计，90 年代中期失业率达 7% ~ 8%；另据联合国拉美经委会估计，同期古巴失业人口和半失业人口占经济自立人口的 40% 左右。90 年代后期，政府放宽了政策，允许个人或家庭从事服务业和餐饮业，有一部分失业或待业人员在农牧业产品市场和手工业产品市场设摊；此外，还有一部分人去合资企业工作。在农村，随着大部分国营农场转变为合作社性质的合作生产基层单位，农场工人成为合作社社员或个体农户。因此，在非国有部门工作的人数不断增加，从 1989 年的 22.9 万人，增加到 1998 年的 89.9 万

人；同期，个体户人数从 2.5 万人，增加到 11.3 万人。据联合国拉美经委
会估计，1996 年，古巴非正规经济从业人数已占总就业人数的 34%。由于
政策的放宽和古巴经济形势的逐步好转，20 世纪 90 年代末和 21 世纪初，
古巴失业人数减少，失业率有所下降。据古巴官方统计，2001 年失业率降
为 4.1%，2002 年降为 3.3%。2002 年年中，古巴政府决定全面调整制糖农
工业计划，关闭 71 家糖厂，约 10 万（一说 20 万）工人下岗。政府允诺妥
善安排这些下岗工人，先让他们参加新技能培训班，学习期间可领取全部
或部分工资，直至找到新的工作为止。这部分工人没有统计在失业人数内。

　　自 2006 年开启新一轮经济调整后，古巴经济活动人口及就业结构发
生了一系列变化，失业人口稳步减少，私营部门从业者和个体经营者数量
显著增多（详见表 6 - 2、表 6 - 3）。

表 6 - 2　2010 ~ 2015 年古巴经济活动人口统计

单位：千人

	劳动年龄人口	经济活动人口	经济活动参与率（%）	就业人口	失业人口	失业率（%）
2010	6829.1	5112.5	74.9	4984.5	128.0	2.5
2011	6802.8	5174.4	76.1	5010.1	164.3	3.2
2012	6845.2	5077.9	74.2	4902.2	175.7	3.5
2013	6976.1	5086.0	72.9	4918.8	167.2	3.3
2014	7097.2	5105.5	71.9	4969.8	135.7	2.7
2015	7202.8	4979.5	69.1	4860.5	119.0	2.4

资料来源：ONEI, Anuario Estadístico de Cuba 2015, Capítulo 7: Empleo y Salarios, Edición
2016, p. 11。

表 6 - 3　2010 ~ 2015 年古巴就业人口部门分布

单位：千人

	就业人口		合作社		私营部门		个体户	
	总数	女性	总数	女性	总数	女性	总数	女性
2012	4902.2	1802.6	212.6	29.8	1005.3	138.6	404.6	63.0
2013	4918.8	1838.6	227.0	31.2	1064.2	175.5	424.3	73.3
2014	4969.8	1848.9	231.5	31.6	1147.0	233.2	483.4	142.5
2015	4860.5	1817.8	214.6	36.6	1185.8	220.2	499.0	151.9

资料来源：ONEI, Anuario Estadístico de Cuba 2015, Capítulo 7: Empleo y Salarios, Edición 2016,
p. 11。

三　工资

古巴革命胜利后，政府对原企业的职工，"不管以前是做什么工作的，都保留了历史工资"。1962 年，政府一方面冻结了原有历史工资，另一方面劳工部制定了新的工资级别制。"实行工资级别制以后，有 79.9% 的劳动者享有补贴，即职务津贴和历史工资的差额部分"。根据这一制度，划分了 5 个工种，即农业工人、非农业工人、行政和服务人员、技术人员和领导人员（dirigentes）。工资共分为 14 级，农业工人和非农业工人的工资按小时计算。随着经济的发展，职工工资逐步增加。行政和服务人员、技术人员和领导人员的工资按月计算。

1980 年 7 月 1 日，古巴颁布了工资总改革法。卡斯特罗主席同年 12 月 17 日在古共"二大"的报告中称，"工资总改革法旨在提高低收入劳动者的工资水平"。1986 年 2 月 4 日，卡斯特罗在古共"三大"的报告中说，"工资总改革法已实施，它使 250 多万劳动者受益"。

20 世纪 80 年代末 90 年代初，受苏东剧变的影响，古巴经济出现严重滑坡，物资供应十分紧张，黑市猖獗，非定量供应商品价格飞涨，比索贬值，但职工工资变动不大。90 年代后期以来，虽然经济逐步复苏，职工工资也逐步增加，但总的来说，普通职工的工资还相当低。

值得指出的是，自执行开放政策以来，古巴的职工除基本工资以外，如工作表现出色，还可得到奖金和其他物质鼓励。有些生产出口商品的企业，还拿出一部分外汇（美元）奖励企业职工。一些职工利用业余时间从事第二职业，以获取额外收入。

据古巴国家统计局 2013 年 7 月 6 日公布的数字，2012 年古巴在国有部门工作的职工月平均工资为 466 比索（折合 20 美元），比 2011 年增长了 2.4%。按行业来看，月工资最高的是建筑业，为 580 比索（25 美元）；其次是矿业，为 566 比索（24 美元）；再次是发电、天然气和自来水业，为 522 比索（22 美元）。国家统计局的资料表明，自 2006 年以来，古巴职工的月平均工资每年均有所增加，2006 年月平均工资只有 387 比索（17 美元）。古巴政府承认职工工资水平不高，有一部分生活必需品仍须凭购货本定量供应，但教育和医疗始终确保全部公费。古巴国务委员会主席劳尔·卡斯特罗也曾强调，居民工资不可能大幅提高，工资的增加必须与生产特别是粮食生产和生产率的提高同步。2013～2015年，古巴各行业月平均工资见表6-4。

表6-4　2013～2015年古巴各行业月平均工资

单位：比索

年份 / 行业	2013	2014	2015
农林牧渔	514	679	834
采矿业	568	819	958
制糖业	780	963	1147
制造业（除制糖业）	468	589	804
电、气、水	524	561	776
建筑业	582	674	795
商业及个人用品维修	391	566	657
酒店及餐饮业	465	377	435
交通、仓储与通信	465	575	668
金融中介	484	612	830
企业服务及房地产租赁	445	517	620
公共管理、国防与社保	436	485	525
科技创新	727	811	1015
教育	519	527	537
医疗及社会救助	441	712	850
文化体育	478	486	487
其他社区服务、协会和个人活动	466	500	504
……			
平均工资	471	584	687

资料来源：ONEI, Anuario Estadístico de Cuba 2015, Capítulo 7: Empleo y Salarios, Edición 2016, p. 13。

四　住房

古巴革命胜利后的第一年，1959 年 3 月 10 日政府颁布法令，将房租减少 50%。1960 年 10 月 14 日，政府颁布城市改革法，规定租房者以支付房租的方式分期偿还房价，根据房屋建造的年份在 5～20 年内还清后，便可成为所居住房屋的主人。

1959 年古巴城市短缺住房 25 万套，农村短缺住房 40 万套。同年 4 月，全国储蓄和住房委员会（Instituto Nacional de Ahorro y Vivienda, INAV）成立，通过发行彩票积累资金来建设住房。1959 年 4 月～1961 年 6 月两年多时间里，共兴建了 8533 套住房。1961 年 6 月，全国储蓄和住房委员会的职能转给新成立的建设部。政府在革命后的头几年兴建了一批低成本的住房，基本上消灭了贫民窟。1959～1963 年共建设了 17089 套住房，但远远不能满足居民日益增长的住房需要。国家最初规定，新建的住房房租为租房者月收入的 6%。后来，又将房租增加到租房者月收入的 10%，但退休者和生病者每月只需交 8 比索的房租，而月收入低于 25 比索者，可以免交房租。到 1969 年，268089 户家庭成为所居住房屋的主人。到 1972 年，75% 的租房者成为所居住房屋的主人。

20 世纪 60～70 年代初，除 1967 年外，政府每年新建住房 4000～7000 套，远远不能满足居民的住房需要。为了加快建房的速度，1973～1979 年古巴各部委和各工矿企业纷纷成立建筑小分队（microbrigadas），每个小分队一般由 33 人组成，成员均来自本单位，由大家推举；其工资由所在单位照发，其工作由其他人分担，所需建筑材料由本单位设法解决。盖好住房后由职工大会根据职工的表现和实际需要进行分配。据统计，1973 年全国共有 1045 支建筑小分队，1977 年有 1014 支建筑小分队。在 6 年中，建筑小分队共盖了几千套住房。建筑小分队的成立推动了住房建设。但是，由于这些小分队的成员都不是专业的建筑工人和技术员，所以他们盖房速度慢、质量得不到保证。因此，1979 年政府决定予以停止。

据统计，1975～1980 年年均新建住房 22000 套，1981～1987 年是古巴革命胜利后住房建设速度最快的时期，年均新建住房 6 万～7 万套，其中由国家建的住房约占 40%，合作社建的占 10%，居民自建的约占 50%，居民自建的住房中一半以上没有合格证书。如 1982 年由国家建的住房 23851 套，其中民用为 21211 套，军用为 2640 套；由合作社建的为 1384 套；由居民自建的共 39513 套，其中合格的为 8499 套，没有合格证书的为 31014 套。全年共建住房 64748 套，减去军用后为 62108 套，减去没有合格证书的住房后为 31094 套。1985 年由国家建的住房为 27265 套，其中民用为 24195 套，军用为 3070 套；由合作社建的为 2053 套；由居民自建的共 45119 套，其中合格的为 11852 套，没有合格证书的为 33267 套。全年共建住房 74437 套，减去军用后为 71367 套，减去没有合格证书的住房后为 38100 套，还缺住房 880000 套。

1985 年古巴政府颁布新的住房法，将大部分原属于国家的住房转为居民所有，这样 90% 的住房归居住者所有。

90 年代初，受经济衰退影响，住房建设速度放慢。90 年代后期，住房建设速度有所回升。

自 1996 年起，居民自建住房占新建住房的 1/3 左右，这在相当大的程度上缓解了政府所建住房的不足。然而，由于居民自建住房大多比较简陋，质量难以保证。此外，哈瓦那等大城市的不少老房子年久失修。为改变这一状况，同时促进旅游业的发展，政府在哈瓦那市中心区实施了维修计划，使古老的哈瓦那焕然一新，重放光彩。

20 世纪 90 年代以来，外资企业被允许同古巴政府合资经营房地产。1997 年出台的新法规允许古巴居民对外出租自有房屋的两个房间，但不得用于旅游等商业目的。此法旨在弥补住房租赁黑市使政府失去的部分收入损失。房租收入的税金被政府用于现有住房的维护与修缮。由于该法废止了公寓买卖，外国居民仅被允许租住古巴住房。《城市改革法》取消了所有城市不动产抵押税。1999 年，司法部重新公布了废止的抵押法，对自建住房者不予发放抵押债券和消费信贷。对国有房产，可准予 10 至 20 年的抵押贷款，年利率为 2%（住户参与建房）或 3%。

古巴政府还通过直接管控和间接鼓励，对古巴城市化进程中的人口迁移进行了控制与引导。古巴通过推进全国范围内的农村城市化进程，同步建立了提供社会与消费服务的配套社区。为减少城市移民压力，政府鼓励各地为国有农场工人、糖厂工人、农业合作社成员提供宜居政策和环境。尽管政府试图通过边缘地区的城镇化，缓解人口涌入大城市的压力，但哈瓦那住房短缺问题依然严峻。1997 年，政府颁布了限制向哈瓦那迁移的法律，公民移居哈瓦那须获法律批准。这部法律也适用于已移居哈瓦那但没有正式注册的公民。因此，凡有移居哈瓦那意愿的公民或害怕被遣返的哈瓦那居民都须申请合法居住资格。

进入 21 世纪以来，作为加勒比岛国的古巴饱受自然灾害之苦，国民经济受到严重拖累，成千上万的居民住房在近十年间频繁耗损。据古巴国家住房研究所统计，古巴有超过 300 万户家庭，其中仅有 61% 的家庭住房状况良好，其余住房情况一般或不理想。[①]由于大量资源被用于飓风灾后重建，一些国家住房建设计划无从推进。为满足民众迫切的住房需求，政府启动了鼓励个人建房的住房发展新战略，即政府为相关居民提供信贷、补贴和其他有利条件用以支持个人建房，而无须国有企业的介入。2011 年召开的古共六大正式放开了居民个人住房买卖的禁令，并颁布了多项促进古巴住房建设和分配的措施。2001～2015 年古巴住房建设情况见表 6－5。

表 6－5　2001～2015 年古巴住房建设情况

单位：套

年份	总数	国家建	非国家建				
			总数	合作生产基层组织（UBPC）	农牧业生产合作社（CPA）	信贷与服务合作社（CCS）	居民自建
2001	35805	17202	18603	1879	656	1462	14606
2002	27460	19643	7817	365	96	195	7161

---

① Daniel Urbino, El desafío de la vivienda en Cuba, *Economía*, *Opinión*, *Sociedad*, el 2 julio 2013, http：//www.cubadebate.cu/opinion/2013/07/02/el－desafio－de－la－vivienda－en－cuba/.

续表

年份	总数	国家建	非国家建				
			总数	合作生产基层组织（UBPC）	农牧业生产合作社（CPA）	信贷与服务合作社（CCS）	居民自建
2003	15590	7318	8272	120	39	26	8087
2004	15352	8295	7057	168	63	65	6761
2005	39919	14585	25334	452	392	132	24358
2006	111373	29692	81681	1473	1392	976	77840
2007	52607	22419	30188	1108	831	874	27375
2008	44775	18729	26046	1013	744	666	23623
2009	35085	19437	15648	560	681	227	14180
2010	33901	21687	12214	216	311	254	11433
2011	32540	22966	9574	255	166	220	8933
2012	32103	22343	9760	143	208	145	9264
2013	25634	12868	12766	314	124	111	12217
2014	25037	12197	12840	68	46	27	12699
2015	23003	10417	12586	—	—	—	12586

资料来源：ONEI, Anuario Estadístico de Cuba 2015, Capítulo 12：Construcción e Inversiones, Edición 2016, pp. 17 - 18, 参见 el Instituto Nacional de la Vivienda。

2014 年全年建成住房 2.50 万套，其中国有企业及合作社建造 1.23 万套，居民自建 1.27 万套。建设部完成全年建设计划的 102%，投资计划完成 98%。2015 年，建筑工程领域投资计划比上一年增长 20%。住房建设方面，将继续加大力度，重点放在圣地亚哥和哈瓦那两地，强化建筑队伍的组织和培训。2015 年，建设部进行机构重组，政企分开，成立 3 个高级企业管理机构（OSDE），分别负责建筑、建材制造、设计与工程三个领域。目前，古巴建筑行业存在的主要问题是，建筑公司设备更新所需要的进口材料不足，相关零配件、轮胎、电瓶、建筑设备及工具的采购任务完成不佳，建材运输能力有限。

在 2017 年 7 月召开的第八届古巴全国人大第九次会议上，人大工业、建筑和能源委员会主任圣地亚哥·拉赫斯透露了古巴住房现状。他说，古巴政府在 1990~2014 年共修建了 316595 套住房，使 908627 人有房居住，但远远没能满足居民的住房需要。最近几年，住房问题越来越突出，政府的住房建设计划没有完成。到 2016 年，尚缺 883050 套住房。2017 年计划修建 9700 套住房，到 6 月底已完成了 5722 套。其中 1607 套由政府修建；2027 套住房政府给予补贴，由居民自己修建；2088 套由居民利用政府贷款修建。[①]

五　移民

2013 年 1 月 14 日，古巴新的移民法案正式生效，新法案简化了古巴公民的出境手续，规定只需出示有效护照及目的地国签证即可自由离境，公民境外逗留期限从 11 个月延长至 24 个月，从而真正使古巴的移民政策和程序合乎国际惯例。

此前，根据 1976 年的移民法，古巴实行严格的出国限制制度，公民在获得外国签证后必须到内政部办理手续烦琐的"白色出境许可"，方能获准出国旅行、探亲或留学等。

此次移民法的修改幅度和力度较大。废除了 1961 年第 989 号法令，该法令规定对移民国外者的财产予以没收、权利予以剥夺；将出国者在国外逗留期限由 11 个月延长至 24 个月，归国探亲的逗留期限由 90 天延长至 180 天；允许在 1994 年古美移民协定签署之后非法偷渡的移民回国；参加官方代表团出访的有建树的医生和运动员在"叛逃"满 8 年后也可以回国探亲。为防止国家人才流失，新移民法规定，国家高级干部出国须经国家干部委员会审批。企业负责人、国家重要部门的干部、参与重大科技项目的科研技术人员、参与医疗卫生重要服务项目的中级专业技术人员、取得重要成绩的运动员和教练员等，出国须履行审批手续。

新移民法为古巴居民提供了合法、有序、安全的移居国外的途径，有助于古巴与国外侨民关系的正常化，赢取海外侨民对古巴发展的支持。新移民法还有助于古巴加大对外开放的力度，促进国际交流与合作，创造有

① http：//www.cubadebate.cu/noticias/2017/07/12/diputados - analizan - problematica - de - la - vivienda - en - cuba/#. WWiuVeyECSc, 2017 年 7 月 14 日查阅。

利于国家发展的外部环境。据初步估计，古巴每年的额外收入有望达到16亿美元，相当于每年进口食品的开支总额。

据古巴国家统计局统计，2015年古巴全国人口为11239004人，其中约25000人移居国外。

第二节 社会保障

一 社会保障制度的发展进程和特点

古巴革命胜利前，1958年全国失业人口达70万人，占经济自立人口的1/3左右，其中45%在农村。当时古巴的社会保障制度很不健全，没有失业救济金，社会保障制度只覆盖53%的职工。

革命胜利后，政府对旧的社会保障制度进行了彻底改革。1963年4月颁布了第一部社会保障法，即第1100号法。1976年2月颁布的革命胜利后的第一部宪法，对公民的社会保障做了明确的规定。1979年8月28日，政府颁布了新的社会保障法，即第24号法；同年12月25日，颁布了新的社会保障法的实施规定，即第59号法；12月28日，政府颁布了新的社会保障法的补充条例，即第407号决议。1984年12月28日，古巴全国人民政权代表大会通过古巴第一部劳工法，对劳动者的社会保障做出了明确的规定。1992年7月，古巴第3届全国人民政权代表大会第11次会议对1976年宪法做了重要修改，再次明确规定了公民享受社会保障的权利。

古巴的社会保障制度有以下几个显著的特点。

（1）全民保障。1961年6月的教育全面国有化法、1976年宪法和1992年修改后的宪法均明确规定，每个儿童、青少年和成年人，都有免费接受教育的权利。在古巴，迄今为止，一个5岁的孩子从接受学前教育起，直至大学毕业，其学费和书本费全部由国家负担。宪法还规定，所有古巴人都有免费看病和免费住院治疗的权利。享受公费医疗的不仅包括在职的或退休的职工，而且包括全部职工家属、全体农民（无论是农业工人、合作社社员还是小农）和个体劳动者。

（2）全面保障。古巴的社会保障制度包括社会保险和社会救济两个方面。社会保险的范围包括孕妇、产妇、儿童、退休人员、病患者、伤残者、低收入者等。在社会救济方面，对孤寡老人、无依无靠的病人、残疾人、孤儿的照顾都做了具体和详细的规定。此外，还有针对军人、内政部士兵、艺术从业者、土地出租者、个体户、非农牧业生产合作社成员等特殊群体的社保制度。[1] 古巴的社会保障制度"从襁褓到坟墓"，无所不保。

（3）国家承担社会保障的全部费用。直至 1994 年 10 月，古巴的社会保障资金全部由国家及国有企业负担，个人无须交纳任何社会保险费。古巴劳工法第 267 条和第 268 条规定，古巴的社会保障资金来自国家财政预算；职工所在单位根据有关规定应交纳一定的社会保险费，即使单位不交这笔费用，职工及其家属所享受的社会保障权利也不受影响。

自 1999 年开展思想战以来，古巴陆续推出了社会劳动者计划、残障人士社会心理教研计划等 200 多个项目，以促进古巴社会保障、社会工作、教育、文化、卫生与就业的进一步发展。2001 年，古巴政府公布了面向农牧业生产合作社成员的特殊社保制度——第 217 号法令。此外，古巴政府还先后发布了保护女职工生育权及未成年人的相关社保法规，并积极扩大和完善社区社会服务。

2005 年，古巴政府决定再次提高社会保障和社会救济标准。新标准覆盖了约 50% 的古巴居民，500 多万人因此受益，新增开支超 4260 万比索。2005 年 5 月，古巴超过 99% 的参保人员社保标准提升至每月 400 比索。社保最低标准从每月 164 比索增加至 200 比索，原每月领取 202～360 比索的参保人员新增 40 比索，原领取 361～399 比索的参保人员增至 400 比索，150 万人因此受益，新增年支出 8.1 亿比索。[2]

古巴劳动与社会保障部是古巴社会保障制度的领导机构，下设就业，

---

① http://www.mtss.cu/seguridad – sistemavigente.

② http://www.mtss.cu/node/83.

劳动组织，预防、救济与社会工作，法规，国际关系与社会沟通等职能部门，以及古巴国家社会保障研究所（El Instituto Nacional de Seguridad Social，INASS），国家劳动监察办公室（La Oficina Nacional de Inspección del Trabajo，ONIT），培训、信息及档案中心，信访办公室（La Oficina de Atención a la Población）等下属机构。

根据第 220 号法令，古巴国家社会保障研究所 2001 年成立，旨在提高社保服务质量，严控社保资源，下设 14 个省级和 169 个市级分支机构，负责管理古巴的社保预算。①

二　社会保障制度的主要内容

古巴的社会保障制度主要包括两方面的内容。一是古巴宪法中规定的有关社会保障的条款，如全民免费教育、全民免费医疗等。此外，宪法第 47 条规定，"国家通过社会保险制度，对因年迈、伤残或生病不能工作的劳动者予以适当的保障；在劳动者去世后，对其家属予以适当的保障"；宪法第 48 条规定，"国家通过社会救济法，对无资金来源又无人照顾的老人以及任何既不能工作又无家属照顾的人给予保障"。

二是社会保障法所规定的内容，主要包括以下内容。

（1）退休金。职工退休年龄男性为 60 岁，女性为 55 岁，其工龄不少于 25 年。矿工及从事某些有损身体健康的工种，其退休年龄，男性为 55 岁，女性为 50 岁。工龄少于 25 年的按年平均工资的 50% 计算，超过 25 年的，每超过 1 年再增加平均工资的 1%（特殊工种加 1.5%）。

（2）产妇的社会保障。女职工可享有 18 周带薪产假，生第二胎以上的产妇，产假为 20 周。

（3）病患、工伤及残疾者的社会保障。职工因病因伤不能工作期间，可享有补贴，一般为本人日工资的 60%，患职业病或因工受伤者，其每日补贴费为本人日工资的 80%。1984 年劳工法第 275 条规定，劳动者为拯救他人生命、保护工厂或社会财产、执行国际主义义务而负伤时，其补

---

① http://www.mtss.cu/inass.

贴费可增加 20%。完全残疾、不能工作的职工，工龄不到 15 年的，每年领取相当于本人平均工资的 40% 的残疾金；工龄超过 25 年的，领取50%。工龄超过 15 年而不足 25 年的，每超过 1 年，其残疾金增加 1%；工龄超过 25 年的，每超过 1 年，其残疾金增加 1%。半残疾、只能从事轻微劳动或半天劳动的职工，可根据工龄的长短，领取本人原工资与现工资差额部分 30%～60% 的补贴，如因患职业病或因工受伤而半残疾者，其补贴增加 10%。

（4）抚恤金。古巴社会保障法规定，职工因年迈或因病死亡，其家属可领取一定数量的抚恤金。古巴社会保障法规定，寡妇（同死者结婚不少于 1 年）、鳏夫（年龄在 60 岁以上或丧失工作能力，无别的经济来源，一直依靠死者为生的）、17 岁以下的未婚儿女、死者的父母（无别的经济来源，一直依靠死者为生的）可领取一定的抚恤金。抚恤金根据领取抚恤金的家属人数的多少和死者原工资的多少而定，相当于死者原工资的 70%～100%。

（5）低收入家庭的社会保障。政府有关部门对由于各种原因而无收入或低收入的家庭提供经济上的保障。此外，政府对失业者和下岗职工在一定期限里给予一定的补贴。

三 社会保障制度的改革

古巴在社会保障方面取得了举世公认的成就，到 20 世纪 80 年代中期，社会保障体系的覆盖率已达 100%。政府在社会保障方面的开支从 1959 年的 1030 万比索，增加到 1985 年的 10.15 亿比索，1998 年增加到 17.05 亿比索，1999 年为 17.857 亿比索，2000 年为 17.86 亿比索，2001 年为 18.62 亿比索。21 世纪初，古巴社会保障开支约占政府总支出的 11%。古巴在教育、医疗卫生等方面的某些指标已达到或超过发达国家的水平。

然而，古巴在社会保障方面也面临不少困难和问题。苏联解体和美国加强封锁使古巴在宏观经济方面遇到巨大困难；失业和下岗人员增加，国家难以维持庞大的社会保障开支。事实上，国家已很难继续在社会保障方面采取大包大揽的做法。

　　自 1994 年起，古巴已开始对其社会保障制度进行改革，如对失业者，不再无限期发 60% 的原工资。自这一年的 9 月 1 日起，对失业者和下岗职工，采取按工龄长短发放救济金的新办法，第一个月发原工资的 100%；工龄不到 1 年的，自第二月起，再发 3 个月 60% 的原工资；工龄满 25 年的，再发 6 年 60% 的原工资。自 1994 年 10 月起，古巴开始实施新税法，对国营、合资、外资和私人企业，对国营农场、合作社、个体劳动者和高收入者征收所得税和社会保障税，这无疑将减轻国家的负担和增加在社会保障方面的资金来源，从而有助于推动社会保障事业的进一步发展。

　　进入 21 世纪以来，为缓解日益严重的社保资金压力和人口老龄化问题，古巴政府不断深化社会保障制度的改革。2008 年底，古巴全国人大通过了新的社会保障法，即第 105 号法。此次社会保障制度改革主要涉及劳动者缴费制度的建立、退休年龄的延长、养老金计算方法的调整、允许退休后继续工作、社保特殊计划范围的扩展和社会救助体系的完善等。新社会保障法的实施，标志着古巴传统社会保障模式朝着更加灵活多元的方向迈进，国家全权负担社保成本的时代将一去不复返，社保资金压力有望缓解，但国家主导、全民保障、全面保障的社会主义基本社会保障制度不会动摇。2010~2015 年古巴社会保障开支情况见表 6-6。

表 6-6　2010~2015 年古巴社会保障开支

单位：百万比索

	2010	2011	2012	2013	2014	2015
社保体系总投入	4522.3	4696.0	4948.3	5115.9	5160.9	5177.7
社会救济总开支	402.9	266.1	248.9	262.9	285.8	349.9

资料来源：ONEI, Anuario Estadístico de Cuba 2015, Capítulo 7: Empleo y Salarios, Edición 2016, pp. 17-18。

　　2013 年，古巴人均预期寿命为 79 岁，在发展中国家位居前列。早在 2007 年，古巴 60 岁以上的老年人口已达 180 多万人，占全国总人口的比例超过 15%。据古巴国家统计局 2009 年的预测报告，未来十年古巴人口老龄化趋势将不断加剧，到 2025 年有望成为拉美人口老龄化最严重的国家。[1] 2012 年，古巴人口与住房普查结果表明，古巴总人口呈直线下降趋势，60 岁以上人口占全国总人口的 18%。此外，古巴育龄妇女生育率不断下降，人均育儿数量已不到 1 人。预计到 2020 年，古巴老年人口数量将超过儿童人口。据古巴国家统计局统计，2015 年古巴全国人口为 11239004 人，较 2014 年增加 727 人。其中 60 岁以上人口占 19.4%，创历史最高值。14 岁以下人口仅占 16.5%。

古巴政府高度重视人口老龄化问题。从 20 世纪 70 年代起，古巴便相继推出了《老龄医疗全面保障计划》等针对老龄化社会的医疗和社会保障政策，并制定了社区扶助计划、医护培训计划、老龄跨学科研究计划、社保支付计划、老龄生活服务计划等配套机制。为高效推进老龄服务工作，古巴还设立了老龄专业委员会，通过结合古巴社会经济发展的实际，制定全方位、可持续的老龄发展政策和措施。此外，古巴还试图通过建立健全国民教育体系、生态文化体系、法律保护体系和监测研究体系等，开辟老龄工作信息化和集成化的新思路，加强对老龄人口的社会保障。[2]

第三节　医疗卫生

一　医疗保健制度

1959 年革命胜利后，古巴一直实行全民免费医疗保健制度。20 世纪 90 年代初苏联解体和东欧剧变使古巴的经济受到重大打击，与此同时，也使古巴的全民免费医疗保健制度受到严重冲击。尽管困难很大，古巴政

---

① 《古巴 2025 年将成为拉美人口最老龄化国家》，新华网，http://news.xinhuanet.com/world/2009－06/23/content_ 11584077.htm，2009 年 6 月 23 日。

② Juan Carlos Alfonso Fraga, "The Cuban Population: Major Characteristics with a Special Focus on the Aging Population", *Cuban Economists on the Cuban Economy*, University Press of Florida, 2013, pp. 205－209.

府依然坚持完全由政府预算来负担全部医疗费用，并坚持向全体公民继续提供免费医疗。

二 医疗保健水平

在发展中国家中，古巴的医疗保健水平是比较高的。1999 年，古巴共有医生 64863 人，口腔医生 9918 人。古巴全国有医疗单位 2035 个，其中有医院 276 家，综合诊所 442 个，口腔诊所 165 个。病床总数为 77367 张，全年约有 1.051 亿人次就诊。

在原有的全国医疗卫生体系基础上，古巴于 1984 年建立起一种新型的医疗保健体系"家庭医生制"，进一步提高面向全社会的医疗保健服务水平。1999 年全国共有 29684 名家庭医生，全国共分成 381 个医疗保健区，享受家庭医生医疗保健服务的居民占居民总数的 98.2%。

古巴人还享有良好的保健待遇。职工每年带薪休假 1 个月，女职工妊娠假和产假照发全额工资。一般公民每年接受 1 次体检。慢性病患者和老人每 3 个月接受 1 次体检。全国儿童免费接种 8 种疫苗。

1999 年古巴人平均预期寿命为 74.8 岁，婴儿死亡率为 6.4‰，平均每 1 万人的医生数为 58 人，每 1 万人的护士数为 78 人，这些指标都领先于拉美国家而处于世界先进水平。

2014 年，古巴人均医疗支出（现价美元）为 816.62 美元，医疗支出占国内生产总值的 11.06%。2015 年，世界卫生组织（WHO）证实，古巴成为全球第一个有效消除艾滋病病毒（HIV）和梅毒母婴传播的国家。医生及口腔医生平均接诊人数见表 6 - 7。

表 6 - 7 古巴医生及口腔医生平均接诊人数

单位：人

年份	医生总人数	人均接诊人数	口腔医生总人数	人均接诊人数
1958	6286	1076	250	27052
1965	6238	1252	1200	6508
1980	15247	641	3646	2682

年份	医生总人数	人均接诊人数	口腔医生总人数	人均接诊人数
1990	38690	274	6959	1524
2000	65997	170	9917	1128
2010	76506	147	12144	925
2015	87982	127	17542	640

资料来源：ONEI, Anuario Estadístico de Cuba 2015, Capítulo 19：Salud y Asistencia Social, Edición 2016, p.11。

近年来，古巴医务人员总数和医疗机构规模均呈现小幅缩减。详见表 6-8、表 6-9。

表 6-8　2010~2015 年古巴公共卫生部医务人员统计

单位：人

	2010	2011	2012	2013	2014	2015
医生	76506	78622	82065	83698	85563	87982
家庭医生	36478	13367	13419	13382	12842	12883
口腔医生	12144	12793	13998	15249	16630	17542
药剂师	2956	1868	2916	3344	3392	3016
护士	103014	96424	92131	88364	90765	89999
技师	87628	75910	79406	74548	69206	64225
人员总计	282248	265617	270516	265203	265556	262764

资料来源：ONEI, Anuario Estadístico de Cuba 2015, Capítulo 19：Salud y Asistencia Social, Edición 2016, p.10。

表 6-9　2010~2015 年古巴公共卫生部医疗机构统计

单位：个

		2010	2011	2012	2013	2014	2015
医疗卫生机构	总计	13203	12738	12704	12748	11898	11958
	医院	215	161	152	152	152	151
	研究所	14	14	13	13	13	12
	其他医疗卫生机构	12974	12563	12539	12583	11733	11795
社会救助机构		423	379	408	420	420	442
总计		13626	13117	13112	13168	12318	12400

资料来源：ONEI, Anuario Estadístico de Cuba 2015, Capítulo 19：Salud y Asistencia Social, Edición 2016, p.12。

截至 2015 年底，古巴医疗卫生机构的总床位数为 60060 张，医疗卫生系统为 45892 张，其中医院为 38672 张、科研所为 958 张、其他医护单位为 6262 张、社会救助系统为 14168 张。[①]

2015 年，古巴产妇死亡率为 0.416‰，婴儿死亡率为 4.3‰，5 岁以下儿童死亡率为 5.7‰。

三　医药工业和医学教育

古巴的医药工业比较发达，20 世纪 90 年代以来发展迅速。2003 年，古巴已能生产 1100 多种医药产品，提供国内所消费的药品的 80% 以上，并有部分药品和医疗机械出口国外，成为古巴外汇收入主要来源之一。

古巴的医生、医学专家和医疗设备在世界上享有盛誉。古巴先后向 35 个国家派遣了 1.3 万名医生、医学专家和顾问。每年都有数以千计的来自几十个国家的外国人到古巴接受各种疾病的治疗。

1999 年古巴政府在哈瓦那建立拉美医学院（Escuela Latinoamericana de Ciencias Medicas），主要向拉美国家青年提供奖学金，培养医生和医学人才。第一批学生共 1800 人，其中来自拉美国家的学生有 1675 人。2002 年在该校学习的有来自拉美、非洲地区和美国等 28 个国家的 8000 名学生。

2012 年成立的古巴生物医药集团（BIOCUBAFARMA），主要生产和销售高技术含量的药品并提供相关医疗服务，力图使医药工业成为古巴出口创汇的第一支柱行业。古巴生物医药集团受古巴部长会议执行委员会领导，下设生物技术研究机构及此前隶属于古巴药业集团（QUIMEFA）的一些制药厂。集团共有员工两万多人，其中 58% 具有中高等职称，下设 38 家公司，其中 16 家为生产型公司（包括 78 个制造厂），另有 8 家贸易公司、11 家境外代表机构和 3 家服务型企业，各省还设有负责国内分销的派驻机构。古巴生物医药集团的重点研究领域包括疾病预防疫苗的研

[①]　ONEI, Anuario Estadístico de Cuba 2015, Capítulo 19: Salud y Asistencia Social, Edición 2016, p. 15.

制、各类癌症的预防与治疗、糖尿病及其并发症的监测与治疗、心脏病及神经病学等疾病的诊断与评估、畸形与遗传性疾病的监测等。目前，该集团负责生产古巴 881 种基本药品中的 560 种，主要产品有各类疫苗，治疗癌症、心脏病等疾病的生物药品，同时还从事恶性肿瘤、畸形等疾病早期诊断与防治等。其产品销往 50 多个国家，已授权或正在申请的专利总计 2336 项（古巴 543 项、境外 1793 项），境外注册药品达 715 项。

2015 年 6 月，古巴生物医药集团下属的古巴药理学协会召开了首届免疫药理 - 疫苗药物大会，来自 25 个国家的 600 名代表参加了会议。该会议是在古巴 2008 年第一届、2011 年第二届免疫药理学大会和 2009 年第一届、2012 年第二届免疫药物学大会的基础上，首次联合举办两项会议，并得到了国际药理学联合会（IUPHAR）的认可与支持。

第四节　环境保护

古巴作为一个发展中国家，既面临严峻的政治、经济考验，又不得不应对岛屿国家所面临的气候和地理环境威胁。与拉丁美洲和加勒比其他国家的反面教训不同，古巴在可持续发展和环境保护方面积累了丰富的理论与实践经验，并取得了令人瞩目的成就。

2006 年 3 月，古巴著名环保人士罗莎·埃莱娜·西缅·内格林（Rosa Elena Simeon Negrin）博士因其对地区环保事业的突出贡献和倡导的"着眼于全球，实施于局部"的环保理念，被联合国环境规划署（UNEP）授予"绿色地球卫士"称号。此后不久的 2006 年 11 月，国际环保非政府组织——世界自然基金会（WWF）公布的报告显示，古巴是目前世界上唯一实现可持续发展的国家。该报告采用了"生态足迹"和联合国"人类发展指标"两项变量测算国家的可持续发展水平，而同时达到这两项最低标准的仅有古巴一国。报告称，古巴的环保政策有效地平衡了古巴社会经济发展同自然环境保护的关系，并体现了可持续发展概念中理应包含的经济平等观，这与以美国为代表的发达工业化国家在温室气体排放等危害地球健康的行为中所体现出来的价值理念截然不同。古巴科技和环境部副部长何塞·安东尼奥·迪亚兹·杜克（José Antonio Díaz Duque）就此谈到，作为加勒比岛国，古巴是最易受气候变化威胁的国家之一，因而古巴早在里约峰会之际，就已成为世界上几个率先将"可持续发展概念"写入宪法的国家之一，并先后制定了一系列国家防灾减灾战略并建立了国家气象预警系统，以适时应对自然灾害和生态危机。

一　环境保护战略的确立与演进

古巴革命胜利前，4 个世纪的殖民使古巴遭受了严重的生态与环境危机。截至 19 世纪末，古巴森林占国土面积的比重从 95% 剧减至 54%。20 世纪上半叶，古巴自然资源的破坏程度进一步加剧。到 1959 年古巴革命取得胜利时，古巴大部分民众尚处于极度贫困的状态，而与此同时古巴的自然环境亦濒临崩溃的边缘。国家土地、水资源、植被等均遭受了严重的侵蚀和破坏，森林面积仅占国土面积的 14%，生物多样性丧失殆尽。

从这时起，古巴革命政府即下决心通过一系列的纲领与行动，改善人民的生活水平，其中很重要的一项战略就是通过贯彻环境保护的原则，实现古巴经济与社会的可持续发展。因而，古巴的可持续发展建设由此经历了"基础设施初创"、"制度完善与教育普及"和"科技领军"三个主要发展时期。

基础设施初创时期（20 世纪 60 年代到 70 年代上半期）。古巴政府为古巴科学、教育和医疗卫生的长足发展创造了条件，以克服因建立覆盖全国的基础性社会保障体系而产生的一系列挑战。这一时期的社会纲领对解决与贫困相关的环境问题贡献巨大，并为以后的环境保护工作积累了丰富的制度经验和人力资源。

制度完善与教育普及时期（20 世纪 70 年代中期到 80 年代末）。古巴的可持续发展制度进一步得到完善。尤其是 1977 年成立的古巴"国家环境保护和合理利用自然资源委员会"（COMARNA），极大地推动了古巴在环境保护和可持续发展方面的科学研究和教育推广工作。

科技领军时期（20 世纪 90 年代至今）。古巴环保制度建设进一步得到强化，一些新的科学技术被广泛应用于可持续发展的关键领域。例如，在评估现有资源的潜能、推广可持续性农业技术、开发新疫苗和药品、通过新科技加强废物利用、实现清洁生产、重构局部生态系统、合理开发水土资源等方面，古巴科学与环保界均取得了前所未有的突破。这一时期，古巴在环保方面取得的科研成就亦得到了地区乃至国际社会的认可与褒奖。古巴政府及相关科研机构被先后授予诺贝尔替代奖、"正确生活方式奖"、拉丁美洲农业生态技术竞赛大奖（Primer Premio en el Concurso Latinoamericano de Tecnologías Ecológicas del Agro）、联合国粮农组织颁发的农村妇女进步奖（Premio Mujer Rural）等。

由此可见，古巴的可持续发展理念较早地渗透到了国家建设的方方面面，可持续发展传统深入人心。经过半个多世纪的稳步发展，古巴已建立起较为完备的可持续发展制度体系和贯彻可持续发展理念的国民教育体系。

二　环境治理框架及基本经验

古巴政府对可持续发展的关注由来已久，且十分注重可持续发展系统工程的不断完善，形成了一套行之有效的发展框架。

在战略规划方面，古巴政府先后颁布了《国家环境与发展计划》（1993年）和《国家环境战略》（1997年），并建立健全了以国家《宪法》为纲、以《环境法》（1997年）为主干的可持续发展法律体系和环境治理理论。经过多年努力，上述政策框架均已在古巴环保实践中得到了充分认可与贯彻，发挥了重要的规范和监管作用。

古巴的可持续发展理念和环境保护义务已被写入宪法，且古巴的个别法律条文甚至早在20世纪六七十年代就体现了上述精神。古巴环境政策的基本原则包括：享有安全的环境是所有公民的基本权利；保护环境是每个公民的义务；环境治理是一项系统工程，所有国家机关、社会团体、其他组织机构及个人都应团结协作，贡献自己的力量和才智。《国家环境与发展计划》是古巴政府在里约峰会发布《21世纪日程》前一年颁布的国家战略。这一计划的出台，表明古巴已先行实践了《21世纪日程》中关于各国政府建立国家可持续发展行动框架的倡议，古巴也因此成为拉丁美洲和加勒比地区第一个实现这一目标的国家。古巴《国家环境战略》再次肯定了科技创新在促进环保事业、增强民族工业国际竞争力方面的重要作用，认识到环境教育和环保知识的不足是阻碍可持续发展的根源，并总结出了行政监管不力、科技成果推广不够，以及发展纲要和政策体系中的环境理念不深入、缺乏系统和连贯的法律框架等现有问题。其中，物力和财力的匮乏成为阻碍环保工作开展的重要原因。通过《国家环境战略》的实施，古巴环境政策体系得到了进一步的巩固，环境治理机制不断完善，相应的法律法规得到了贯彻和执行。《国家环境战略》还进一步完善了以科技和环境部为主干，以基础工业部、公共卫生部、国家水力资源研究院、渔业部和革命军事委员会为辅的环保行政体制，将环保理念和环保行政指标贯穿其中。《国家环境战略》还肯定了许多环保人士和环保非政府组织的作用。《环境法》规定，所有法人和自然人在从事影响环境的各种活动中，均须采用最新的科技成果以实现环保行动的高效率，而政府在制定和推行环境政策时也必须参照科学研究和技术创新的最新成果。此外，古巴政府还制定了详尽的《环境教育国家战略》、10 部《省环境战略》、9 部《生产部门环境战略与政策》、《国家生态多样性战略》和《国家防沙抗旱规划》，并定期发布古巴年度环境报告。

古巴政府长期致力于环境治理理论的深入研究。目前，古巴环境治理理论的核心理念包括：环境治理工程的完整性、系统性、持续性，制度内外的和谐性，环境治理的领土主权和地区保护性，分权与社会参与，可持续发展信息工程与环境教育以及国际视野，等等。

此外，古巴政府还建立了环境规划、环境冲突评估、环境许可制度、国家环境监测、科学研究与技术创新、环境教育与传播、经济监管手段、国际合作、地区保护国家体系等多层面、全方位的制度框架。

在制度实施和机构建设方面，古巴政府努力克服经济上的困难，通过建立以科技和环境部为核心的各级行政主管部门和其他配套机构，进一步完善了可持续发展的监管与评估体系。

科技和环境部是古巴主管可持续发展和环境保护的部级单位。该部有效整合了古巴可持续发展的相关资源，将科技研发、教育和环境保护三项工程有机结合，从而形成了从理论到实践的良性循环机制。除该部外，古巴还建立了从中央到地方的各级、各领域环保监察机构，形成了贯彻可持续发展理念的立体网络式行政系统。在众多事关可持续发展的行政活动中，环境监管是古巴环境治理的核心。该工作主要分为环境许可证的授予和管理、国家环境监察两方面。环境监控的技术标准系统是古巴环境治理的主要手段之一。1996 年成立的古巴国家环境治理技术标准化委员会主要负责古巴环境技术标准的修改、执行和完善，该机构对国际 ISO14000 认证系统同样负有修改和评价的责任。在环保经费方面，古巴政府一方面努力克服经济困难，建立了一套符合国情的财税和投资优惠机制，以确保可持续发展专项经费的透明、经济和到位；另一方面，积极争取社会力量和国际援助，设立国家环境基金等专项经费，以缓解可持续发展的资金瓶颈问题。

此外，古巴政府还致力于完善可持续发展的示范体系和激励机制，以引导和规范社会各界的环境保护意识与行动。2000 年，古巴政府首次设立环境鼓励奖，通过表彰环保人士和团体，推进《环境法》和环保意识的贯彻与普及。2001 年，古巴政府成立了旨在激发企业界环保精神的清洁生产国家网络。同年，古巴设立国家环境大奖，以奖励个人、企业、社会团体、非政府组织和官方机构在环境保护方面做出的杰出贡献。总之，古巴可持续发展体制的建立与完善离不开古巴各级政府坚定和持久的政策扶持。

在科技研发方面，古巴政府始终把科技作为可持续发展的核心动力，通过建立完备的研发体系和奖励机制，积极推进科技成果在可持续发展关键领域的应用和推广。目前古巴的环保科技已达到地区乃至国际领先水平，成为古巴对外援助的重要力量。

从 20 世纪 60 年代起，古巴政府相继建立许多与环境保护相关的科研机构，如农业科技研究所、农业大学、土地和肥料国家研究中心、古巴科学院土地资源研究所、生物所、动物所、地理与海洋所等。1964 年，古巴政府组建了旨在加强自然资源与环境保护研究的科学院。1977 年，古巴政府创立了隶属古巴科学院的环境保护和自然资源合理开发国家委员会

（COMARNA）。1994 年，专门成立了总揽可持续发展和环境保护全局的部级单位——科技和环境部。其中，科技和环境部下属的环境司（AMA）及其附属机构，担负了古巴全国环境保护科学研发的主要任务。除该部外，古巴其他的政府部门也设立了相关的环保科研机构，如交通部下设的海湾环境与工程中心、古巴水力资源研究院下设的水力资源和水质中心、糖业部下设的制糖工业研究所等。此外，古巴的各级行政单位也建立了系统的环境保护研发体系，如青年岛特区的海岸生态研究中心、格拉玛的豪尔赫·迪米特络夫（Jorge Dimitrov）农业研究中心、圣地亚哥的生态系统与生物多样性研究中心和太阳能研究中心等。上述不断完善和细分的科技创新与研发系统，无疑为古巴开展综合性科研活动、拓展科研视域、提高环保问题的解决效率提供了优势资源。

此外，在古巴众多的环保科研成果中，较为突出的是古巴国家科学计划——"全球变迁与古巴自然环境的演进"。仅 2002 年，该计划就推出了 44 项子课题研究成果和科技发明。而在各项环保技术的应用中，较有代表性的是广泛运用于农业生产、地质制图、气象服务、自然灾害预警系统的电子探测技术。

在人文建设方面，古巴较高的国民教育水平有力地支撑了古巴环保与资源合理利用工程，尤其是科学知识的普及进一步深化了民众对可持续发展理念的认识。

古巴的环保教育依托于古巴系统和完备的教育体系。而古巴的高教育普及率离不开政府的大力投入。以 2000 年为例，古巴成年人的受教育率高达 98.2%，教育支出占 GDP 的比重高达 7.2%。尽管存在物力和财力的限制，但古巴政府仍利用现有的媒体和教育资源，如古巴电台、电视台（尤其是古巴电视台的两个教育频道），甚至是新兴网络资源，建立起健全的环保知识传播机制，以提高环保知识普及率。古巴科技和环境部下属的"古巴环境治理与教育信息中心"，承担了古巴政府创建环境信息工程、开展环境治理和普及环境教育的大部分工作。该中心创办的电子杂志《环境与发展》，从专业角度向公众阐释了《环境法》的现实意义，启发公众加强对环境问题的思考并开展行动。该中心旗下的"古巴环境网"

则集中介绍了古巴可持续发展方面的所有法律和制度，并设立了环境术语字典查询、古巴环保动态等深入浅出的环保教育栏目。在青少年环境教育中，古巴科技和环境部还专门出版了《古巴21世纪日程青少年读本——环境使命》一书。该书通过图表、插画、诗歌、歌曲、故事等形式，用孩子们自己的语言向青少年普及环境教育，并建立了相关的青少年环境教育网站，以促进青少年在环保方面的参与和交流。

古巴环保教育的深入开展为古巴环境非政府组织的成长与壮大提供了机遇。古巴许多环境非政府组织和环保人士在地区和国际环保行动中具有良好的声誉和号召力。正是由于古巴广大民众的积极参与和配合，古巴的可持续发展事业才取得了令人瞩目的成就。

在产业发展方面，古巴立足本国国情，将经济增长与可持续发展紧密结合，对重点行业进行可持续发展的重点规划和监管，在生态旅游业和工业产品清洁生产等方面创造了循环经济的良好效应。

近年来，作为古巴支柱产业的旅游业呈现良好的上升趋势。为保证旅游区生态环境的可持续发展，古巴政府通过设立奥尔金北海岸旅游特区，逐渐摸索出一套以旅游基础设施、地理生态环境、社会经济环境和游客状况为基本参数，易于操作的旅游区可持续发展水平指标体系，从而尽可能合理调配旅游区的自然和人文资源。此外，古巴政府还十分注重调动各行业的积极性，共同参与和开发除生态游之外的旅游项目，并鼓励旅游目的地的居民参与旅游区的环境规划和治理。

在国际参与方面，古巴是多项国际环保条约的签署国之一，并多次派出环保专家等技术力量参与地区乃至世界性的、联合国框架内的环保工程与项目，显示了古巴科技力量的国际威望。古巴还向加勒比周边地区与国家提供不同层面的环境咨询服务，帮助它们克服本国的环境困难。

第七章
文　化

第一节　教育

一　教育简史

古巴的教育最早是由多明我会和方济各会教士进行的。1522 年古巴设立神学教师一职。1574~1578 年在哈瓦那创办教会学校，学校就设在修道院，科目很有限。1722 年在圣地亚哥设立圣巴西利奥神学院。同年，在哈瓦那创立圣安布罗西奥学院。后来，这两所学院合并。

1728 年根据教皇伊诺森西奥十三世的圣谕，在哈瓦那多明我会修道院成立"哈瓦那圣赫罗尼莫王家与教皇大学"（Muy ilustre Real y Pontificia Universidad de San Jeronomo de la Habana），这就是现哈瓦那大学的前身。1773 年又成立了圣卡洛斯王家神学院。

1841 年古巴颁布了第一部教育法。自 1850 年起，西班牙殖民当局对教育进行了改革。1857 年创建了师范学校。但直到 20 世纪初，古巴的教育还很落后。

1899~1902 年以及 1902 年古巴取得名义独立后，美国曾对古巴进行多次军事占领。美军占领期间，美式教育对古巴教育产生一定影响。在独立后的半个多世纪里，古巴历届政府对教育不够重视，教育经费短缺，教育发展缓慢。到 1953 年，只有 56.4% 的 6~14 岁儿童能上小学，28% 的 13~19 岁的青少年能上中学，能进入大学的人就更少。全国只有 3 所国立大学，即哈瓦那大学、1947 年创办的奥连特大学和 1952 年创办的拉斯维亚斯中央大学。此外，还有几所半官方性质的大学和私立大学。全国只有 1 所大专，即高等艺术和职业学校。另外还有 16 所工业技校、6 所农业专科学校和 1 所林业学校。在革命胜利前，全国只有 6 所公立师范学校，1 省 1 所。全国成人文盲率高达 37.5%。

1959 年 1 月 1 日古巴革命胜利后，古巴革命政府采取一系列措施普及小学教育和大力开展扫盲运动。1959 年 9 月颁布教育改革法，宣布古巴将实行小学义务教育。同年 12 月，古巴通过新建或将兵营、监狱等改建的办法，增设了 1010 所小学，使 90% 的适龄儿童能够上学。1960 年，古巴政府动员 3000 名青年志愿教师到山区从教。随后，又成立"弗朗克·派伊斯"先锋教师旅到奥连特省和比那尔德里奥省山区从教。1961 年，在哈瓦那开始实施"安娜·贝当古"农民教育计划，使 15 万名农村女青年在哈瓦那接受一段时间的裁剪、缝纫和文化方面的培训，再回到农村以推动农村的社会改革。

1961 年是古巴的"教育年"，古巴政府提出要在一年内基本消除文盲的口号。为此，组织了一支由 27.1 万人组成的扫盲教师大军，其中有 12.1 万名人民教师（指公立学校教师），10 万名"孔拉多·贝尼特斯"青年扫盲队员，1.5 万名"誓死保卫祖国"突击队员以及 3.5 万名其他教师。此外，还有成千上万的人民扫盲队员。在 1961 年"教育年"里，共有 707212 人摘除了文盲的帽子，古巴成人文盲率从革命前的 23.6% 降为 3.9%。

1961 年 6 月 6 日，古巴颁布教育国有化法，宣布古巴的教育是公共的和免费的。1962 年 2 月，颁布大学改革法。在革命胜利后最初几年，古巴教育迅速发展。到 1962 年底，小学生人数达到 1166267 人，比 1958 年增加了一倍。城市普通中学生人数达到 63043 人，比 1958 年增加了 31%。工业技校学生人数达到 18122 人，比 1958 年增加了 224%。

到 20 世纪 60 年代末，古巴已基本普及了初等教育。70 年代，教育改革的重点是发展中等教育和农村教育事业。到 80 年代，古巴已建立了完整的社会主义教育体系，全国成为一个大学校，教育改革的重点是提高教育质量。

20世纪90年代，在特殊时期经济困难的情况下，古巴政府提出"不关闭一所学校，不让一个孩子失学"的口号，千方百计保证教育事业的正常运行，为经济的恢复与发展和社会的稳定做出了贡献。

截至2015/2016学年，全国共有学校9433所，其中小学6837所，中学1764所，大学43所，其他学校789所。全国注册学生187.84万人，其中小学生68.51万人，中学生74.77万人，大学生16.59万人。寄宿生共计14.15万人，半寄宿生71.94万人。全国共有教职员工27.52万人，其中在职教师22.67万人。2014年，6~11岁儿童的入学率达99%，12~17岁男生和女生的入学率分别为80.98%和85.77%。古巴教育在发展中国家中位居前列。

二　教育制度的原则

根据古巴宪法和其他有关法律，古巴现行的教育制度有以下几项基本原则。

（1）群众性原则。在古巴，教育是全体公民的权利和义务。所有人，不论性别、年龄、肤色、种族、宗教信仰、居住地点，都有受教育的权利和义务。

（2）学习与劳动相结合的原则。在古巴的教育中，贯彻学习与劳动生产相结合、理论与实际相结合、脑力劳动与体力劳动相结合以及教育活动与其他活动相结合的原则。

（3）全社会参与人民教育任务的原则。古巴全社会参与教育的实施并对教育进行监督，以确保教育的发展。

（4）各类和各级教育齐头并进的原则。

（5）免费的原则。

三　教育体系

古巴全国的教育体系是一个整体，由各类和各级教育及其分支有机地组成。它包括学前教育、普通科技与劳动教育（即初等教育、中等教育和高等教育）、特殊教育、技术与职业教育、成人教育、师资的培训与进修等。

1. 学前教育。6 个月至 5 岁的儿童，可以进托儿所、幼儿园接受学前教育，也可在家接受教育。古巴全国妇联、卫生部、体委、文化部等机构负责培训学前教育的志愿者，这些志愿者定期（一周两次，每次 1 ~ 2 小时）无偿地到有幼儿的家庭对幼儿进行学前教育。

2. 普通科技与劳动教育。普通科技与劳动教育分为初等教育、中等教育和高等教育。

（1）初等教育。古巴的初等教育共 6 年。一般入学年龄为 6 岁。初等教育分初小和高小两个阶段。初小即 1 ~ 4 年级，学习科目有语文（西班牙语）、数学、自然社会常识、体育、劳动和美学。高小即 5 ~ 6 年级，学习科目有古巴历史、古巴地理、自然、公民教育、爱国教育、体育、劳动和美学。此外，学校还组织学生到学校的菜园从事劳动，以及组织学生参加文体活动和公益活动。2003 年，古巴 6 ~ 11 岁儿童入学率达 99.3%。2015/2016 学年，古巴共有 6837 所小学，其中城市小学 2083 所，农村小学 4754 所。2014/2015 学年，古巴共有小学生 691648 人，其中城市小学生 536611 人，农村小学生 155037 人；小学教职员工共 106429 人，其中城市教职员工 69232 人，农村教职员工 37197。①

（2）中等教育。古巴的中等教育分初中（Secundaria Básica）和高中（Preuniversitario）两个阶段，各为 3 年，共 6 年。城市的中学生大多数不住校，而农村的中学生大多数住校。城市中学生每年有 5 ~ 7 周到农村劳动，而农村的中学生每天有 3 小时从事农业劳动。进入 21 世纪以来，古巴中学教育不断改革，并于 2006 年 5 月颁布了《古巴初中规划》，对古巴初中教育的目的、原则和模式做出了新的规定。2015/2016 学年，古巴共有中学 1764 所，其中初中 1010 所，普通高中 299 所。

古巴的高中除普通高中外，还有专业高中，专业高中分成理科、师范、体育、艺术、军事等，主要为升入相应的大学做准备。

---

① ONEI, Anuario Estadístico de Cuba 2015, Capítulo 18：Educación, Edición 2016, p. 10.

（3）高等教育。古巴高等教育的学制一般为 5 年，医科为 6 年。大学分综合性大学和专科学院，大学和学院属同一档次，但培养的目标有所不同。古巴的研究生教育分两种：一种是专业进修，不授予学位；另一种是攻读学位，分硕士学位和博士学位。截至 2003 年，古巴革命胜利后共培养了 50 多万大学毕业生，占全国总人口的 5%。目前在校大学生每年保持在 10 多万人。古巴中学生联合会（la Federación Estudiantil de la Enseñanza Media，FEEM）是代表古巴中学生的先进组织。

3. 特殊教育。古巴的特殊教育包括对智障、聋哑、盲人等残疾人的教育。

4. 技术与职业教育。技术与职业教育主要是培养 7～12 级熟练工人和中等技术员。培养对象是初中毕业生和在职的工人。2015/2016 学年，古巴共有 432 所技术和职业学校，其中 374 所属于教育部，其他 58 所归其他部。①

5. 成人教育。古巴的成人教育分为以下几种：工农（初级）教育，4 学期，小学水平；工农初中，4 学期；工农系（高中），6 学期；夜校；企业或机关办的学校；技校或大学办的工农进修班；等等。

6. 师资的培训与进修。教师的培养主要有两个途径。一是正规的师范教育。招收高中毕业生或中专毕业生进高等师范学院或综合性大学教育系学习，学习期限师院为 3～4 年，综合性大学为 5 年。二是培训现有教师，让在职教师轮流到师院或综合性大学进修，时间一般为一年。1991/1992 学年古巴要求所有中小学教师必须具有大学文化程度。从 1993/1994 学年起，要求所有幼儿园老师必须具有幼儿师范专业毕业文凭。

四 科研和国际交流

古巴教育方面的科研活动主要由中央教育科学学院、综合性大学教育系、高等师范学院和中等师范学校负责。古巴教育部和高等教育部均设有科技司，在全国各省和主要城市设有科学理事会，负责教育方面的

---

① ONEI, Anuario Estadístico de Cuba 2015, Capítulo 18：Educación, Edición 2016, p.10.

科研活动，教育科研活动同教学密切结合。如 1999 年在全国范围内举行教育学研讨会，共有 81126 名基层教育工作者和 4124 名省级教育工作者参加。1999 年 2 月初，在哈瓦那举行"1999 年教育学"国际研讨会，参加研讨会的有来自 48 个国家的 4505 名教育工作者，其中古巴本国代表 1168 名。

古巴教育方面的国际交流十分广泛。古巴积极参与联合国教科文组织和拉美加勒比地区有关组织，如拉美加勒比教育学院、拉美学前教育中心、拉美特殊教育中心、拉美加勒比教师联合会的活动。古巴革命胜利后，教育部同社会主义国家和亚非拉发展中国家签订了教育方面交流的协议。一方面，古巴选派了大批青年学生到社会主义国家留学；另一方面，古巴也接受了包括中国在内的大批来自亚非拉发展中国家、社会主义国家的青年学生以及来自一些发达国家的青年学生到古巴留学。国际社会对古巴在发展教育方面的经验很感兴趣。

第二节　科学技术

一　自然科学与技术

在西班牙殖民时期，殖民当局对发展科学技术不重视。1793 年古巴成立祖国之友经济学会（Sociedad Economica de Amigos del Pais），才开始对科学发生兴趣。19 世纪，古巴涌现出了一些著名的科学家，如医学家卡洛斯·芬利（Carlos J. Finlay, 1833 – 1915）、动物学家费利佩·波埃（Felipe Poey, 1799 – 1891）等，在他们的努力下，古巴的科学达到了一定的水平。1861 年 5 月 19 日成立了哈瓦那医学、物理学和自然科学院。

古巴独立后至 1958 年，古巴历届政府对科技发展不够重视，用于科技方面的经费很少。尽管如此，这一时期，古巴也涌现出众多杰出的科学家，如人类学家费尔南多·奥尔蒂斯（Fernando Ortiz, 1881 – 1969）、地矿学家胡安·托马斯·罗依格（Juan Tomas Roig）、寄生虫学家佩德罗·科里（Pedro Kouri）、流行病学家胡安·古铁雷斯（Juan Gutierrez）等。

1959 年初古巴革命胜利后，政府对科技发展十分重视。早在 1960 年古巴革命领导人卡斯特罗就指出："古巴的未来必定将是科学家的未来。"1962 年古巴成立了科学院。首任院长是地理学家安东尼奥·努涅斯·希门尼斯（Antonio Núñez Jiménez）。古巴科学院下设哲学、历史学、文学与语言学、地理学、海洋学、气象学、农牧学、数学与物理学、土壤学等 30 多个研究所和研究中心。1980 ~ 1994 年，科学院是古巴科技方面的领导机构，负责起草全国科技发展计划，经政府批准后，根据计划领导和监督国家与政府科技政策的执行。除古巴科学院外，古巴党中央、国务院、政府各部、大学、军队和一些大企业等也设立了一系列研究机构。

1989 年，古巴全国从事科技的人员达 3 万人，其中研究人员有 5000 人，此外还有 12000 名大学教员也从事科技工作。科研经费占国内生产总值的 1.3%。全国 29 个国家机构共有科研机构 145 个。

20 世纪 90 年代初的特殊时期，古巴对科技领导机构进行了调整。1994 年根据古巴国务委员会第 147 号法令，由新成立的科技和环境部（Ministerio de Ciencia, Tecnología y Medio Ambiente, CITMA）取代科学院来领导全国的科技和环保工作，并领导全国原子能委员会。为适应经济恢复和发展的需要，政府集中人力和物力，重点发展能够创汇的生物工程、药品制造和医疗器械生产等优势科技产业。

据统计，1998 年古巴全国共有 218 个科研机构，从事科技工作的人员共达 62935 人（自 1994 年起，将科技中心的人员都统计在内），其中具有大学程度的有 27664 人，有博士学位者 5576 人。1998 年科研经费共 2.275 亿比索，占当年国内生产总值（147.541 亿比索）的 1.54%。2000 年科技经费共 2.9 亿比索，占当年国内生产总值（165.564 亿比索）的 1.75%。2004 年，古巴科技经费占 GDP 的 0.93%，研发经费占 GDP 的 0.56%。

2015 年，古巴科技活动总投入 6.224 亿比索，其中研发总投入 3.734 亿比索；科技活动年度总支出 4.979 亿比索，其中国家预算 2.738 亿比索，企业出资 1.992 亿比索。2015 年，古巴出版的科学技术系列出版物 182 种，纸质出版物 43 种，电子出版物 113 种，双介质出版物 26 种，其中医学、农学、科技、人文社科类出版物位居前列。2015 年，全球共受理 185 项专利申请，授予了 68 项专利权。其中古巴受理了 26 项专利申请，授予了 6 项专利权。2014～2015 年世界主要国家专利申请和授权情况见表 7 - 1。

表 7 - 1　2014～2015 年世界主要国家专利申请和授权情况统计

单位：项

	2014		2015	
	申请	授权	申请	授权
古　巴	27	17	26	6
美　国	15	6	53	10
中　国	2	2	2	2
西班牙	3	2	3	1
巴　西	3	3	3	2
墨西哥	1	0	2	—
……				
总　计	150	95	185	68

资料来源：ONEI，Anuario Estadístico de Cuba 2015，Capítulo 16；Ciencia Y Tecnología，Edición 2016，p. 10。

当前古巴主要的科技方针和政策是：

（1）广泛和深刻地培养和发掘人的潜能；

（2）迅速掌握世界先进知识；

（3）坚持一体化的劳动原则；

（4）科技支持国家经济、社会和环境的发展；

（5）为国民经济创造新的资金来源。

目前，古巴负责领导全国科技发展的最高机构是科技与环境部，其主要职能是负责起草全国科技发展战略和政策，并提交部长会议批准；负责起草全国科技和环保计划，经批准后，领导并监督计划的实施和执行。该部下设科技署（Agencia de Ciencia y Tecnologia）、环境署（Agencia de Medio Ambiente）、情报署（Agencia de Informacion）和原子能署（Agencia Nuclear）。

古巴的科技和环保计划分为全国总计划、全国某部门或某方面计划、省或某地区计划等。为实施这些计划，全国组成了若干专业阵线（frentes temáticos）和 15 个科技中心（polos científicos），并组织了由全民参与的全国科技论坛（Forum Nacional de Ciencia y Tecnología）。现有的专业阵线有生物学阵线、生物农业阵线和蔗糖农工业阵线等。每个阵线都由各有关部委、研究机构和企业组成。现有的 15 个科技中心中，有 12 个是省级科技中心，另外 3 个中心分别为：哈瓦那西部科技中心，主要发展生物工程；工业科技中心，主要发展能源工业；人文科学研究中心。参加科技中心的有科研机构、大学、工厂和企业等。参加全国科技论坛活动的有工人、技术员、自由职业者、家庭妇女等全社会成员，大约有 100 万人。

目前，古巴科技发展的重点是：蔗糖业；食品业；农业生物工程、生物产品、药品、绿色医学；人和动物用的疫苗；能源持续发展；山区持续发展、旅游业；三项社会发展计划；全球变化与古巴环境发展；等等。

古巴科学网（La Red Cubana de la Ciencia）是古巴科学界交流科研动态、促进科研合作、提供科研服务的重要平台，介绍了古巴科学界在鸟类学、气象学、能源学等各领域的最新发展。

2015 年，古巴科技与环境部下属的科技创新人员共计 82471 人，其中女性 43709 人，受过高等教育的有 50340 人，研究员 3853 人，具有国家科学等级委员会注册资格和等级评定的科研人员有 14601 人。

古巴突出的科技成就体现在生物工程、药品制造和医疗器械生产等方面。进入 21 世纪以来，古巴开发了不少新产品，如干扰素、链激酶、表皮生长素、乙脑疫苗、乙肝疫苗、PPG（降胆固醇药）、egf/r3（治皮肤肿瘤药）、生物参数监视议、脑电图工作站、肌电图仪等。古巴生产的这些药品和医疗器械对诊断或治疗肝炎、脑膜炎、肿瘤、艾滋病等有很好的效用。此外，古巴在甘蔗综合利用方面也取得了突出的成就。

二 社会科学研究

古巴的社会科学研究在 1994 年前由古巴科学院领导和协调，1994 年

古巴

后至今由科技与环境部领导和协调，该部有一位副部长主管社会科学研究。2002 年 5 月，主管社会科学的副部长莉娜·多明格斯·阿科斯塔（Lina Domínguez Acosta）在访问中国社会科学院拉美所时做了《跨入 21 世纪的古巴社会科学》的报告。她介绍说，古巴有 50 多个社会科学研究所或研究中心，有近 1000 名专职社会科学研究人员。此外，在各大专院校中，还有 5000 多名从事社会科学教学和研究的教师和研究人员。

在上述 50 多个研究所（中心）中，直接隶属科技与环境部的有：社会心理研究中心、哲学研究所、文学和语言研究所、人类学研究中心、科学史和科研组织研究中心、国家档案局等。属于古共中央的有：历史研究所、欧洲研究中心、美洲研究中心、非洲和中东研究中心、亚洲和大洋洲研究中心①等。属于古巴国务委员会的有：世界经济研究中心等。属于文化部的有马蒂研究中心、古巴音乐研究和发展中心等。属于哈瓦那大学的有：人口研究中心、国际经济研究中心、古巴经济研究中心、美国研究中心、社会文化研究中心、完善高等教育研究中心等。

目前，古巴社会科学研究的主要领域和课题有以下几方面。①马列主义理论研究和社会主义研究：苏联、东欧社会主义失败的原因和教训；古巴社会主义的基础、古巴社会主义的模式及其特点、古巴领导人的思想及其历史渊源；马蒂思想研究；古巴思想史。②经济研究：世界经济发展趋势；世界经济全球化；对新自由主义和美洲自由贸易区的批判；特殊时期的古巴经济发展和改革；中国和越南经济改革的经验。③社会问题研究：特殊时期古巴社会结构的变化；青年、妇女和家庭问题；就业和失业问题；宗教问题等。④教育问题研究：古巴教育制度的完善和改革。⑤文化和民族特性研究。⑥国际问题研究：美古关系、古巴在美国的移民问题；古巴与欧盟、拉美地区、亚太地区、非洲和中东地区的关系等。

---

① 2010 年，古巴国际问题研究机构进行调整，欧洲研究中心、美洲研究中心、非洲和中东研究中心、亚洲和大洋洲研究中心停办，其部分研究人员合并到同年 11 月 25 日成立的隶属于"劳尔·罗亚·加西亚"古巴高级国际关系学院（Instituto Superior de Relaciones Internacionales Raúl Roa García, ISRI）的国际政治研究中心（Centro de Investigaciones de Política Internacional, CIPI）。

1995 年，古巴文化部下属的图书研究所、古巴社会科学与人文高级委员会及古巴科技和环境部，共同设立了古巴国家社会科学与人文奖（Premio Nacional de Ciencias Sociales y Humanísticas），以表彰在社会科学及人文领域发表过促进古巴经济、社会与文化发展相关成果的学者。2016 年，古巴国家社会科学与人文奖授予了古巴城市史学家尤塞比奥·雷阿尔（Eusebio Leal），以表彰他在保护和宣传哈瓦那历史遗迹、促进古巴民族认同等方面做出的贡献。2010～2016 年古巴国家社会科学与人文奖部分获奖名单见表 7-2。

表 7-2 2010～2016 年古巴国家社会科学与人文奖部分获奖名单

年份	获奖者	研究领域
2010	奥尔卡·波托多（Olga Portuondo Zúñiga,1944-），女	古巴当代史
2011	奥斯卡·扎奈提·勒措纳（Oscar Adolfo Zanetti Lecuona,1946-）	古巴历史
2012	奥古斯都·加西亚（Augusto César García del Pino,1921-）	考古学
2013	奥莱里奥·阿方索（Aurelio Alonso Tejada,1939-）	社会学、哲学
2014	胡安·瓦尔德斯·帕斯（Juan Valdés Paz,1938-）	社会学、政治学、史学、哲学
2015	安娜·开罗·巴莱斯特（Ana Andrea Cairo Ballester,1949-），女	语言文学
2016	尤塞比奥·雷阿尔（Eusebio Leal Spengler,1942-）	古巴城市史

资料来源：https://www.ecured.cu/Premio_Nacional_de_Ciencias_Sociales_y_Human%C3%ADsticas。

第三节 文学艺术

一 文学

古巴保存至今的最早的文学作品是出生于西班牙加那利群岛的西尔韦斯特雷·巴尔沃亚（Silvestre Balboa, 1564？～1634？）在 1608 年出版的八行一节的史诗《忍耐的镜子》（*Espejo de Paciencia*），史诗真实地反映了16 世纪古巴社会的生活。

1733 年前后，第一个古巴作家哈瓦那人圣地亚哥·德皮塔（Santiago de Pita）写的剧本《假王子园丁和乔装的花神》（*El Príncipe Jardinero y Fingido Cloridano*）出版。18 世纪末和 19 世纪初，出现了一些赞美古巴岛国秀丽风光和丰富物产的诗歌，这种克里奥精神在曼努埃尔·德塞凯拉 - 阿兰戈（Manuel de Zequeira y Arango，1760 - 1846）和曼努埃尔·胡斯托·德鲁瓦尔卡瓦（Manuel Justo de Rubalcava，1769 - 1805）的诗歌中得到充分体现。

　　1834 年成立的古巴文学研究院，成为反抗宗主国西班牙的克里奥人（土生白人）的活动中心。19 世纪三四十年代到 60 年代的文学作品主要有两个主题，一个是摆脱宗主国的殖民枷锁、争取古巴独立，主要代表作家有费利克斯·瓦雷拉（Félix Varela，1787 - 1853）、何塞·安东尼奥·萨科（José Antonio Saco，1797 - 1879）、何塞·德拉卢斯 - 卡瓦列罗（José de la Luz y Caballero，1800 - 1862）、多明戈·德尔·蒙特（Domingo del Monte，1804 - 1853）等。第一个在诗歌中明确表达独立愿望的是著名诗人何塞·马利亚·埃雷迪亚（José María Heredia，1803 - 1839）。另一个主题是反映个人反抗命运的捉弄。主要代表作家有加夫列尔·德拉孔塞普西翁·巴尔德斯（Gabriel de la Concepción Valdés，1809 - 1844），笔名普拉西多（Plácido）。这个时期其他有代表性的作家还有：风俗主义小说家西里洛·比利亚韦尔德（Cirilo Villaverde，1812 - 1894），其代表作是长篇小说《塞西利亚·巴尔德斯》（*Cecilia Valdés*）；浪漫主义诗人拉斐尔·马利亚·门迪维（Rafael María Mendive，1821 - 1886）；女诗人赫特鲁迪斯·戈麦斯·德阿韦利亚内达（Gertrudis Gómez de Avellaneda，1814 - 1873）；等等。

　　在古巴两次独立战争期间，著名作家、评论家恩里克·皮涅罗（Enrique Piñeiro，1839 - 1911）、曼努埃尔·桑吉利（Manuel Sanguily，1848 - 1925）和恩里克·何塞·巴罗纳（Enrique José Varona，1849 - 1933）创办刊物，宣传独立思想。19 世纪后期古巴文学史上成就最突出的是伟大的诗人、思想家和爱国者何塞·马蒂（José Martí，1853 - 1895）。

　　马蒂上中学时，受校长门迪维进步思想的影响，便立志为古巴独立而奋斗。第一次独立战争爆发后，马蒂撰文写诗反对西班牙殖民统治。1869年16岁时他在自己创办的《自由祖国》刊物上，发表了以古代非洲努比亚青年抗击入侵者为主题的诗剧《阿布达拉》，表达了他愿为祖国解放而献身的政治抱负。同年10月，西班牙殖民当局以"反叛"的罪名逮捕马蒂，并判处他6年徒刑。1871年初，马蒂被放逐到西班牙。在流放期间，马蒂边打工，边学习，边从事争取古巴独立的革命活动。1874年底马蒂乘船回国，但殖民当局禁止他上岸，他被迫到墨西哥与家人团聚。1877年初他曾化名回国，不久移居危地马拉，在大学任教。1878年马蒂再次回国，在国内组织革命委员会，支持起义军。1879年9月，马蒂又一次被捕并被流放西班牙。同年年底，马蒂经法国乘船于1880年初到达美国纽约。

马蒂在美国侨居了约15年。在此期间，他还到过委内瑞拉、多米尼加、哥斯达黎加、墨西哥、海地、牙买加等拉美国家。这是马蒂一生极其重要的阶段。这一时期马蒂主要从事两项活动：一是文学创作活动，他写下了大量不朽的诗篇和散文；二是为古巴人民新的起义奔走呼号，做各种准备工作，把古巴国内外的一切爱国力量团结起来，为共同争取独立的事业而奋斗。马蒂不辞辛劳地在古巴侨民中从事组织工作。1892年马蒂联合各古巴爱国侨民组织，创建古巴革命党，并当选为党代表（主席）。

1895年4月1日，马蒂同戈麦斯等一行7人，乘船离开多米尼加共和国，于4月11日在奥连特（东方）省普拉伊塔斯海滩登陆。5月5日，马蒂与马塞奥领导的起义军在圣地亚哥附近会师。5月19日，马蒂在多斯里奥斯与殖民军战斗中饮弹身亡，年仅42岁。

马蒂是一位杰出的诗人、散文家、文艺批评家、翻译家和新闻记者。马蒂的诗歌和散文在古巴、拉美乃至世界文学史上都占有一定的地位。马蒂是拉美现代主义的开路先锋和代表之一。他的诗篇《伊斯马埃利约》、《纯朴的诗》和《自由的诗》，以及散文《我们的美洲》、《美洲，我的母亲》、《玻利瓦尔》等在拉美脍炙人口。马蒂把他的一生完全献给了争取祖国独立和拉美自由的事业。用马蒂自己的话来说，他不仅是一个"写诗的诗人"，而且是一个"实践的诗人"。

1902年古巴独立后，一些作家沉醉于自我表现，另一些作家宣扬爱国主义，抨击腐败统治。小说家卡洛斯·洛韦拉（Carlos Loveira, 1882 - 1928）在《将军与博士》（*Generales y Doctores*）一书中谴责新贵族，反对教权。米格尔·德卡里翁（Miguel de Carrión, 1875 - 1929）以自然主义手法创作了两部小说《诚实的女性》和《不纯贞的女人》。作家何塞·安东尼奥·拉莫斯（José Antonio Ramos, 1885 - 1945）发表了谴责帝国主义干涉与种族歧视的小说和剧本《沼泽》、《科阿伊巴伊》等。

20 世纪 20 年代后，由于经济危机和马查多的独裁统治，古巴的社会矛盾日益尖锐。古巴一些诗人如雷希诺·佩德罗索（Regino Pedroso, 1896 - 1983）、纳瓦罗·卢纳（Manuel Navarro Luna, 1894 - 1966）、费利克斯·皮塔·罗德里格斯（Felix Pita Rodríguez, 1909 - 1990）和尼古拉斯·纪廉（Nicolás Guillén, 1902 - 1989）发表了不少抨击社会不公正的诗篇。

自 20 世纪 30 年代起，古巴出现了黑人派运动。古巴一些作家运用黑人民间歌舞的韵律或以黑人、穆拉托人（黑白混血种人）生活为题材进行创作。主要代表作家及其代表作有：诗人尼古拉斯·纪廉及其诗集《音响的主题》、《松戈罗·科松戈》；民俗学家费尔南多·奥尔蒂斯（Fernando Ortiz, 1881 - 1969），其代表作有《穷苦的黑人》、《黑奴》；诗人何塞·萨卡里亚斯·塔列特（José Zacarias Tallet, 1893 - 1989）及其诗集《拉·伦巴》；阿莱霍·卡彭铁尔（Alejo Carpentier, 1904 - 1980）及其小说《埃古·扬巴·奥》（*Ecue - Yamba - O*）；等等。

何塞·莱萨马·利马（Jose Lezama Lima, 1912 - 1976）于 1946 年创办《起源》杂志，主张寻求古巴民族艺术的特性，刊物团结了一批青年作家。

古巴革命胜利后，许多作家投身于革命的进程，发表了不少反映巨大变革的现实主义作品。老作家们继续进行创作，发表作品；新的有才华的作家不断涌现。

在诗歌方面，尼古拉斯·纪廉、皮塔·罗德里格斯、莱萨马·利马、纳瓦罗·卢纳、米尔塔·阿吉雷（Mirta Aguirre, 1912 - 1980）、埃里塞奥·迪戈（Eliseo Diego, 1921 - 1994）、辛迪奥·维蒂埃尔（Cintio Vitier, 1921 - 1990）、杜尔塞·玛丽亚·洛伊纳斯（Dulce María Loynaz,

1902 – 1997）、罗贝尔托·费尔南德斯·雷塔马尔（Roberto Fernández
Retamar，1930 – ）等诗人创作了大量优秀的作品。

尼古拉斯·纪廉生于古巴卡马圭。早年当过印刷厂学徒，从 17 岁起
开始发表诗歌。1921 年进哈瓦那大学学习法律，次年辍学。后从事新闻
工作和诗歌创作。1937 年加入古巴共产党。1937 ~ 1938 年西班牙内战期
间在西任《正午》杂志战地记者。1940 年任卡马圭市长。1945 ~ 1948 年
周游拉美各国。因反对巴蒂斯塔独裁政权，多次被捕入狱。1953 ~ 1958
年流亡国外。1954 年获"加强国际和平"列宁国际奖金。1959 年古巴革
命胜利后回国。1952 年、1953 年和 1959 年 3 次访问中国。1961 ~ 1989 年
任古巴作家和艺术家联合会主席。1975 年和 1980 年当选为古共中央委
员。其诗歌创作早期受现代主义影响，后吸收古巴黑人音乐的鲜明节奏。
主要作品有诗集《音响的主题》、《松戈罗·科松戈》等。

革命胜利后，短篇小说成为许多作家主要的创作形式。主要短篇小说
家有：奥内利奥·豪尔赫·卡多佐（Onelio Jorge Cardoso，1914 – 1986）、
皮塔·罗德里格斯、多拉·阿隆索（Dora Alonso，1910 – 2001）、何塞·
马利亚·卡瓦利托（José María Carballito）等。

优秀的中长篇小说不断涌现。主要作家及其代表作有：阿莱霍·卡彭
铁尔及其小说《这个世界的王国》、《光明世纪》、《方法的根源》；莱萨
马·利马及其小说《天堂》；吉列尔莫·卡夫雷拉·因方特（Guillermo
Gabriel Infante，1929 – 2005）及其小说《三只可怜的老虎》、《平时和战
时一个样》；何塞·索莱尔·普伊格（José Soler Puig，1916 – 1996）及其
反映反独裁斗争的小说《贝尔蒂雄 166》；达乌拉·奥莱马（Daura
Olema，1933）及其反映扫盲运动的小说《志愿女教师》；多拉·阿隆索
反映土改的小说《无刺的土地》；古巴作家和艺术家协会主席、古巴国务
委员、古共中央委员米盖尔·巴尔内特（Miguel Barnet，1940 – ）的证实
性小说《真实的生活》、《在纽约的一位古巴人》等；埃德蒙多·德斯诺
埃斯（Edmundo Desnoes，1930 – ）及其小说《不发达的回忆》等。

著名散文家和文学评论家有：胡安·马里内略（Juan Marinello，
1898 – 1977）、米尔塔·阿吉雷（Mirta Aguirre，1912 – 1980）、何塞·安

东尼奥·波图翁多（José Antonio Portuondo，1911－1996）、塞尔希奥·阿吉雷（Sergio Aguirre，1914－2013）、里内·雷阿尔（Riné Leal，1930－）、格拉西埃拉·波戈洛蒂（Graciella Pogolotti，1932－）等。

创立于1983年的古巴国家文学奖（Premio Nacional de Literatura de Cuba），是古巴最重要的文学奖项，由古巴文化部下属的古巴图书研究所负责年度评选工作，一般在哈瓦那国际书展期间进行颁奖。2010～2015年古巴国家文学奖获奖名单见表7－3。

表7－3　2010～2015年古巴国家文学奖获奖名单

年份	获奖者	代表作
2010	达尼尔·查瓦利亚（Daniel Chavarría，1933－），作家	《欢乐》（Joy，1978） 《佛兰德的长矛》（Una pica en Flandes，2004）
2011	奈西·费利佩（Nersys Felipe，1935－），女，诗人，儿童文学家	《瓜内故事》（Cuentos de Guane，1975，1995，1997，2014） 《罗曼·艾莱》（Román Elé，1983）
2012	里奥纳多·帕杜拉（Leonardo Padura，1955－），小说家	《马的狂热》（Fiebre de caballos，1988）
2013	雷伊娜·马丽亚·罗德里格斯（Reina María Rodríguez，1952－），女，作家，诗人	《黑森林》（Bosque negro，2005）
2014	埃杜尔多·埃拉斯（Eduardo Heras León，1940－），作家，诗人	《原则问题》（Cuestión de principio，1983）
2015	罗赫里奥·马蒂内兹·福雷（Rogelio Martínez Furé，1935－），民俗学家，人种学家	《古巴舞蹈二十年（1959～1979）》［Danza Nacional de Cuba XX Aniversario（1959－1979），1979］ 《古巴民谣集》（Conjunto Folklórico Nacional de Cuba，1982）
2016	玛格丽特·玛黛奥（Margarita Mateo Palmer，1950－）	代表作《天堂：神话冒险》（Paradiso：la aventura mítica，2002）

资料来源：http：//www.ecured.cu/Premio_ Nacional_ de_ Literatura_ de_ Cuba。

2016年，古巴国家文学奖授予了古巴著名散文家、大学教授玛格丽特·玛黛奥。玛格丽特是古巴2008年"阿莱霍·卡彭铁尔"（Alejo Carpentier）奖获得者，著有小说《白色精神病院》（2010）及散文集《天堂：神话冒险》（2002）等。

二　戏剧与电影

戏剧　古巴的第一个民族戏剧家是圣地亚哥·德皮塔。他的喜剧《假王子园丁和乔装的花神》具有西班牙黄金世纪袍剑剧的情节和风格。但是，长时期的殖民统治，使古巴的民族戏剧难以得到发展。

古巴独立后直到 20 世纪 40 年代，古巴舞台上经常上演的节目是商业性的闹剧和滑稽剧。严肃的民族戏剧，主要有何塞·安东尼奥·拉莫斯（José Antonio Ramos，1885－1946）的哲理剧和问题剧。其代表作是《沼泽》，反映土生白人地主反对外国帝国主义的渗透。其他反映土地问题的戏剧作品有：马塞洛·萨利纳斯（Marcelo Salinas）的《农民的灵魂》、《土地》，何塞·蒙特斯·洛佩斯（José Montes López）的《恰诺》和《干旱》，帕科·阿方索（Paco Alfonso）的《萨瓦尼马尔》等。

后一辈的剧作家何塞·路易斯·德拉托雷（José Luis de la Torre）创作有剧作《埃内昆》，卡洛斯·费利佩创作的《红色狂想曲》，比尔希略·皮涅罗（Virgilio Piñeiro）创作的《埃莱克特拉·加里戈》和《冷空气》等，这些剧作比较深刻地反映了古巴的社会问题。

古巴革命胜利后，涌现出一批新一代的剧作家。阿韦拉多·埃斯托里诺（Abelardo Estorino）的《被偷的猪》，以现实主义的手法反映了革命前农村生活中的重大问题。曼努埃尔·雷格拉·绍梅利（Manuel Reguera Saumell）的剧作《图利帕的回忆》描写了一个舞蹈家悲惨的一生。安东·阿鲁法特（Antón Arufat）和何塞·特里亚纳（José Triana）以多样的风格处理多样的题材，前者主要运用民间滑稽剧的技巧，后者则更多地运用欧美现代戏剧的技巧和手法。

其他重要剧作家还有：马蒂亚斯·蒙特斯·维多夫罗（Matías Montes Huidobro），代表是《母牛》；尼古拉斯·多尔（Nicolás Dorr），代表作为《雌鹦鹉》；罗兰多·费雷尔（Rolando Ferrer），代表作为《一杯咖啡》。帕科·阿方索的剧本《甘蔗田》曾译成中文，并由中国话剧演员演出过。

1999 年，古巴舞台艺术国家委员会设立了"国家戏剧奖"，以此表彰

在该领域做出杰出贡献的戏剧界人士。2010～2015 年古巴国家戏剧奖获
奖名单见表 7-4。

表 7-4　2010～2015 年古巴国家戏剧奖获奖名单

年份	获奖者	代表作
2010	阿曼多·苏亚雷斯·德尔维亚（Armando Suárez del Villar, 1936 – 2012）	戏剧导演、教授,古巴古典戏剧的研究者和复兴者
2011	内尔森·多尔（Nelson Dorr,1939 –）	导演、剧作家,代表作有《露西亚娜和屠夫》（*Luciana y el carnicero*, 1963）等
2012	弗朗西斯科·加西亚·卡斯特亚诺斯（Francisco García Castellanos,1943 –）	别名潘丘·加西亚（Pancho García）,演员、戏剧导演
2013	胡安·罗多福·阿曼·瓦加斯（Juan Rodolfo Amán Vargas,1932 – 2016）	别名琼尼（Jhonny）,戏剧导演、教育家,代表剧本《一杯咖啡》（*La taza de café*,1994）
2014	尼古拉斯·多尔（Nicolás Dorr,1947 –） 赫拉多·弗莱达·莱昂（Gerardo Fulleda León,1942 –）	剧作家、小说家,代表作《作者与天使间不安的官司》（*El agitado pleito entre un autor y un ángel*, 1972） 剧作家、戏剧导演,学者,导演过 70 余部戏剧和 2 部电影
2015	卡洛斯·迪亚兹（Carlos Díaz,1955 –）	戏剧导演,古巴公共剧团（Grupo de Teatro El Público）团长

资料来源：http：//www.ecured.cu/Premio_ Nacional_ de_ Teatro。

　　截至 2015 年,据古巴文化部统计,古巴共有剧团 173 家,成员 1816
人。2015 年,古巴全国共举办戏剧活动 31989 场,参与人数达 38598 人。

　　电影　1897 年,电影发明家卢米埃尔兄弟的影片由他们的代理人法
国人韦雷带到古巴放映。同年,韦雷在古巴拍摄了一部新闻片《扑灭火
灾》,记录了当年哈瓦那举行消防演习的实况。

　　20 世纪初,古巴相继拍摄了一些新闻片、广告片和风光片。1910 年,
古巴导演恩里克·迪亚斯·克萨达（Enrique Díaz Quesada）拍摄了两部艺
术短片《受蒙骗的犯人》和《胡安·何塞》。1913 年,他又拍摄了古巴
第一部故事片《曼努埃尔·加西亚》。被称为"古巴电影之父"的拉蒙·
佩翁（Ramón Peón）在 20 世纪 20 年代拍摄了故事片《现实》、《候鸟》、

《泽诺威亚妈妈》、《一吻之毒》、《爱情圣母》等。

1937 年，E. 卡帕洛斯拍摄了古巴第一部有声长故事片《赤蛇》。20 世纪 30 年代末，音乐风光片在古巴流行一时，J. 萨尔瓦多拍摄了《哈瓦那风光》和《古巴歌手》。

40～50 年代，古巴电影业受到美国好莱坞电影的冲击。为摆脱困境，古巴同墨西哥合作，合拍的影片有《街头天使》、《不该出生的人们》、《命运的打击》。1950 年，M. 阿隆索根据西里洛·比利亚韦尔德的同名小说拍摄了影片《塞西利亚·巴尔德斯》。但总的来说，在古巴革命胜利前，古巴拍摄的大部分影片是歌舞片、风光片、闹剧片。

1959 年 1 月 1 日古巴革命胜利后，古巴政府对发展电影业十分重视。同年 3 月 20 日成立了电影艺术和电影业委员会（Instituto del Arte e Industria Cinematográficos，1977 年后成为文化部下属的一个局），负责领导和管理古巴全国电影的制作、发行、进出口、电影人才的培养和电影资料的收集整理。

20 世纪 60 年代是古巴电影业的黄金时代。古巴拍摄了不少反映革命进程和社会现实的影片。古巴电影在拉美开始处于领先地位。如著名导演托马斯·古铁雷斯·阿莱亚（Tomás Gutiérrez Alea，1928 - 1996）执导的、反映土改运动的《我们的土地》（1959）、《革命的故事》（1961），讽刺资产阶级的《12 把椅子》（1962），讽刺官僚主义的《一个官僚主义者之死》（1966），以及根据埃德蒙多·德斯诺埃斯同名小说改编的故事片《不发达的回忆》（1968）；胡利奥·加西亚·埃斯皮诺萨（Julio García Espinosa）执导的讽刺巴蒂斯塔独裁统治的故事片《古巴在跳舞》以及《胡安·金金奇遇记》，纪录片《誓死保卫祖国》、《解放军》、《住房》；温贝托·索拉斯（Humberto Solas，1941 - 2008）执导的反映农村姑娘参加游击斗争的故事片《曼努埃拉》（1966）和故事片《卢西亚》（1968），《卢西亚》描写 3 个名为卢西亚但年龄和遭遇不同的妇女的故事；曼努埃尔·奥克塔维奥·戈麦斯（Manuel Octavio Gómez）执导的《相遇》（1964）、《新人》（1968）和《手执砍刀第一役》（1969）。1963 年，古巴同苏联合拍了由苏联著名导演米哈伊·卡拉多佐夫执导的影片《我是古巴》。这一时期还拍摄了大量的纪录片，如《飓风》（1963）、《现在》（1965）、《河内，星期二，13 日》（1967）、《79 春天》（1969）等。

70 年代，古巴电影的题材更加广泛，内容较为丰富，艺术创作手法趋向多样化。这一时期主要的故事片有：塞尔希尔·希拉尔（Sergio Giral）执导的反映黑奴起义的三部曲：《另一个弗朗西斯科》（1973）、《宿营地》（1975）和《马鲁亚拉》（1979）；托马斯·占铁雷斯·阿莱亚执导的《最后的晚餐》（1976）、《幸存者》（1978）；曼努埃尔·奥克塔维奥·戈麦斯执导的《水日》（1971）、《请你们发言》（1973）、《女人、男人、城市》（1978）；曼努埃尔·佩雷斯（Manuel Pérez）执导的《迈西尼库人》（1973）、《内格罗河》（1977）；表现现代生活题材的影片有：奥克塔维奥·科塔萨尔执导的《扫盲队员》（1977）；萨拉·戈麦斯（Sara Gómez）执导的《以某种方式》（1974）；帕斯托尔·维加（Pastor Vega）执导的《特蕾莎的肖像》（1979）；温贝托·索拉斯执导的《11 月的一天》（1972）；等等。70 年代古巴拍摄了大量纪录片，其中有不少是表现其他国家或地区人民解放斗争的影片，如温贝托·索拉斯执导的《智利之歌》（1976）、帕斯托尔·维加执导的《巴拿马》（1973）等。

80 年代是古巴电影业调整的年代。古巴涌现出一批年轻的导演和演员，他们思想比较解放，艺术手法新颖，注重反映社会现实生活。1980 ~ 1989 年，古巴总共拍摄了 60 部故事片。主要故事片有：奥尔兰多·罗哈斯（Orlando Rojas）执导的《次要角色》（1989）、《戴维的未婚妻》（1985）；恩里克·比内达·巴尔内特（Enrique Pineda Barnet）执导的《交换》（1983）、《普拉夫太害怕生活》（1989）；老导演托马斯·古铁雷斯·阿莱亚执导的《到一定程度》（1983）；温贝托·索拉斯执导的《情人》（1983）；罗兰多·迪亚斯（Rolando Díaz）执导的《鸟向猎枪发射》（1984）；费尔南多·佩雷斯（Fernando Pérez）执导的《地下工作者》（1987）；等等。80 年代所拍摄的纪录片大部分是表现古巴国内人物、历史事件和日常生活的。比较优秀的纪录片有：罗兰多·迪亚斯执导的《我有时关注我的生活》（1981）；米格尔·托雷斯（Miguel Torres）执导的《无耻的纪录》（1982）；玛丽索尔·特鲁希尔（Marisol Trujillo）执导的《照镜子的女人》（1984）；恩里克·科里纳（Enrique Colina）执导的《美学》（1984）、《邻居》（1985）、《马马虎虎》（1987）；等等。

90 年代，尽管古巴经济困难，但古巴电影业的发展并没有停止。从数量上来看，影片的数量有所减少，但质量有所提高。与此同时，古巴也想方设法通过合拍等办法集资继续拍摄影片。90 年代以来，古巴所拍摄的主要影片有：费尔南多·佩雷斯执导的《您好，海明威！》（1990）；温贝托·索拉斯执导的根据阿莱霍·卡彭铁尔同名小说改编的故事片《光明世纪》（1992）；赫拉尔多·奇霍纳（Gerardo Chijona）执导的《令人尊敬的谎言》（1991）；老导演托马斯·古铁雷斯·阿莱亚和胡安·卡洛斯·塔皮奥（Juan Carlos Tapío）联合执导的、反映同性恋问题的《草莓与巧克力》（1993）和《关塔那摩姑娘》（1995），这两部电影在国际上得到了好评，《草莓与巧克力》曾获奥斯卡奖提名，但在古巴国内引起了一番激烈的争论；胡安·卡洛斯·塔皮奥执导的《王后与国王》（1996）；等等。

据古巴官方统计，1959～1995 年古巴共拍摄了 180 部故事片、100 部纪录片、290 部动画片。自 1979 年起，古巴每年举行拉美新电影节，这是拉美电影界人士的盛会，对推动拉美电影业的发展起到了积极作用。1986 年，在哥伦比亚著名作家、诺贝尔文学奖得主加西亚·马尔克斯的支持下，古巴政府在哈瓦那近郊建立了国际电影学院，专门为发展中国家培养电影人才。

进入 21 世纪以来，古巴电影业大幅发展。据古巴文化部统计，2015 年古巴共拍摄电影长片 7 部、短片 78 部、动画片 66 部。2015 年，古巴全国共放映 35 毫米胶片电影 103801 场，观众达 404.19 万人次，放映 16 毫米胶片电影 15413 场，观众 23.54 万人次。

进入 21 世纪以来，在国际电影节上获奖的古巴电影主要有：胡安·卡洛斯·克雷马塔（Juan Carlos Clemata）执导的《古巴万岁》（2005）、

《你的面包和洋葱》（2014），莱斯特尔·汉姆莱特（Lester Hamlet）执导的《老房子》（2010），费尔南多·佩雷斯（Fernando Pérez）执导的《哈瓦那套间》（2003）、《在哈瓦那最后的日子》（2017），埃尔内斯托·达拉纳斯（Ernesto Daranas）执导的《行为》（2014），豪尔赫·路易斯·桑切斯（Jorge Luis Sánchez）执导的《自由古巴》（2015），等等。

表 7 - 5　古巴电影年产量情况

年份	长片	短片	动画片	新闻片
1960	28	30	—	—
1990	8	21	10	26
2000	6	15	—	—
2010	11	76	85	—
2015	7	78	66	—

资料来源：ONEI, Anuario Estadístico de Cuba 2015, Capítulo 20: Cultura, Edición 2016, p. 8。

2003 年，古巴文化部和古巴艺术与电影产业研究院共同设立了古巴国家电影奖（Premio Nacional de Cine），以此表彰为古巴电影事业做出过杰出贡献的古巴导演、演员、编剧、音乐人和摄影师。2010～2017 年古巴国家电影奖获奖名单见表 7-6。

表 7 - 6　2010～2017 年古巴国家电影奖获奖名单

年份	获奖者	简介
2010	劳尔·佩雷斯·乌莱塔（Raúl Pérez Ureta，1942 - ）	摄影导演
2011	埃斯林达·纽涅兹（Eslinda Núñez，1943 - ）	古巴著名女演员
2012	何塞·马西普（José Massip，1926 - 2014）	古巴电影艺术和电影业委员会创始人，电影导演，剧评人
2013	马努埃尔·佩雷斯·巴莱德斯（Manuel Pérez Paredes，1939 - ）	古巴电影艺术和电影业委员会创始人，电影导演
2014	胡安·卡洛斯·塔比奥（Juan Carlos Tapío，1943 - ）	编剧、电影导演

年份	获奖者	简介
2015	亨伯特·费尔南德斯·罗德里格斯（Humberto Hernández Rodríguez，1932 – ）	电影制片人
2016	伊万·拿破雷斯（Iván Nápoles，1932 – ）	摄影导演，文献学家
2017	劳尔·罗德里格斯·卡布雷拉（Raúl Rodríguez Cabrera，1939 – ）	摄影导演

资料来源：https：//www.ecured.cu/Premio_ Nacional_ de_ Cine。

三 音乐与舞蹈

音乐 古巴的音乐受到欧洲和非洲文化的双重影响，其中非洲文化的痕迹更为明显。古巴的民间音乐主要有两种类型，一种是瓜希拉（guajira）音乐（即乡村民间音乐），另一种是古巴非洲音乐。

瓜希拉音乐具有浓郁的西班牙安达卢西亚音乐的风格，其主要特色是重曲调变化，轻节奏变化；曲调结构均匀方整，三拍子较为多见。主要体裁有"瓜希拉"、"蓬托"（punto）、"萨帕台奥"（zapateo）等。其中"瓜希拉"最有代表性，这是一种民间歌曲，在广大农村流行，由前奏及两个分别为大、小调式的乐段构成。曲调平稳并略带忧伤，多结束于属音，节奏常为八分之六、四分之三拍的交替进行。歌词是 8 个音节为一行的十行诗，通常以吉他、三弦琴和"克拉韦斯"（claves，一种响棒）伴奏。源于西班牙的"博莱罗"（bolero）同样也由前奏和两段构成。抒情的曲调大多为小调式，在流行过程中，其曲调、节奏和风格等都融入了古巴音乐的特征，节拍从原来的四分之三拍变成了四分之二拍。后来，在节奏变化上又逐渐加进了非洲音乐的因素，成为一种混合性质的"博莱罗—松"（bolero – son）。在圣地亚哥等地还广泛流行源于西班牙的游吟歌谣（trova），在古巴许多城市都有"游吟歌谣之家"（Casa de la Trova）。古巴革命胜利后，在 20 世纪 60 年代，哈瓦那一些艺术家成立索诺拉试验小组，演唱新游吟歌谣。新游吟歌谣在原游吟歌谣的基础上加上美国的流行曲调和法国的印象派音乐，成为国际流行曲调。从内容来看，由过去主要叙述爱情和历史事件扩大到歌颂英雄业绩、抗议美国入侵越南，根据时事、人物轶事编写成歌，尽情歌唱。1967 年在哈瓦那举行了第一届抗议歌曲节，古巴歌手巴勃罗·米拉内斯（Pablo Milanés）和西尔维奥·罗德里格斯（Silvio Rodríquez）因唱新游吟歌谣而出名。

古巴非洲音乐有如下特点。一是节奏复杂、变化多端，很少有三拍子的乐曲；二是它的最典型的音型是"长短长短长"的五音列音型，这种音型是从邻国海地传入，被古巴的民间音乐体裁吸收，形成"松"（son）、"丹松"（danzón）、"伦巴"（rumba）等。

此外，古巴民间音乐中比较重要的体裁，也多属于古巴音乐的范畴，如"哈巴涅拉"（habanera）、"瓜拉查"（guaracha）、"康加"（conga）、"曼博"（mambo）、"恰—恰—恰"（cha–cha–cha）等。民间音乐体裁"丹松"是融合了欧洲和非洲音乐因素的典型形式，它的结构是回旋曲式，曲调中大量吸收了五音列音型，在尾声常以激越的节奏来结束全曲。

18 世纪前，在古巴的专业音乐中，宗教音乐起重要作用。18 世纪末海地爆发废除奴隶制的革命，大批法国殖民者和黑人奴隶移居古巴，他们将欧洲的音乐，特别是意大利的歌剧和沙龙音乐、法国的"对舞"（contradanza）传入古巴。

19 世纪后，欧洲古典乐派和浪漫乐派的作品相继传入古巴，从而更加促进了古巴作曲家的创作活动。19 世纪中叶，作曲家绍梅利·罗夫雷多（Saumell Robledo，1817 – 1870）致力于古巴民族音乐的创作，他创作的 50 多首钢琴曲具有浓郁的民族风格。另一个重要的民族乐派作曲家是钢琴家伊格纳西奥·塞万提斯（Ignacio Cervantes，1847 – 1905），他创作了 21 首《古巴舞曲》，在国际乐坛上产生了一定影响。

20 世纪以来，古巴民族乐派的创作活动更加繁荣。不少作曲家在黑人音乐中寻找创作灵感，因而在专业作曲家中形成了一种"古巴非洲音乐"的创作思潮。其代表作曲家有阿马德奥·罗尔丹（Amadeo Roldán，1900 – 1939）和亚历杭德罗·加西亚·卡图拉（Alejandro García Caturla，1906 – 1940）。

　　罗尔丹是古巴著名作曲家、指挥家，出生于巴黎。从 8 岁起在西班牙学习作曲和小提琴。1917 年获萨拉萨蒂小提琴奖，同年入马德里交响乐队。1921 年定居哈瓦那，先后担任哈瓦那爱乐管弦乐首席小提琴手、副指挥和常任指挥。从 1932 年起任哈瓦那音乐学院教授、院长。他运用古巴黑人民间音乐创作许多器乐曲、钢琴曲和声乐作品，显露出后期印象派的影响。主要作品有：《古巴主题序曲》，三首交响乐《东方》、《街贩》和《黑人的节日》，芭蕾舞曲《拉雷班巴兰巴》，管弦乐《松的主题》等。

　　卡图拉出生于古巴雷梅迪奥斯，1928 年去巴黎学习音乐，后回国从事创作。主要作品有管弦乐组曲《古巴舞曲三首》、古巴黑人组曲《本贝》、宗教交响诗《扬巴—奥》、《伦巴》等。

　　此外，著名的作曲家还有埃内斯托·莱库奥纳（Ernesto Lecuona，1896 – 1963），其代表作品有钢琴曲《黑人狂想曲》、风靡世界的流行歌曲《西波涅》等。爱德华多·桑切斯·德富恩德斯（Eduardo Sánchez de Fuentes，1874 – 1944），出生于艺术世家，曾就读于哈瓦那音乐学院。历任国立艺术和文学院院长、古巴作曲家协会会长。著有歌剧《尤穆里》、《沉船》，哈巴涅拉舞曲《你》，交响诗《安纳卡奥娜》，芭蕾舞剧《迪奥尼》；论著有《古巴音乐中的民间传统》、《非洲节奏在我国歌曲中的影响》等。其生日（4 月 5 日）被古巴政府确定为"古巴歌曲节"。

　　古巴著名作家、音乐学家阿莱霍·卡彭铁尔和音乐教育家、作曲家何塞·阿德沃尔（José Ardevol）的创作活动，对古巴音乐的理论建设和发展很有影响，他们分别著有《古巴音乐》和《音乐》。

　　当前风靡世界的古巴乐队和歌手有：1998 年获得"格莱梅"奖的 90 岁老人塞贡多（Compay Segundo）及其乐队；1969 年创建的、一直十分走红的由胡安·福尔梅尔（Juan Formell）率领的"洛斯·范范"（Los Van Van）乐队；1980 年创建的"马埃斯特腊山"乐队（Grupo Sierra Maestra）；1989 年创建的新一代乐队（Nueva Generación La Banda）；1988 年由钢琴家胡安·卡洛斯·阿方索（Juan Carlos Alfonso）创建的丹藤（Dan Den）长号乐队；等等。

1997 年，古巴音乐研究院设立了古巴国家音乐奖（Premio Nacional de Música）。截至 2015 年，古巴共有 41 位音乐人获此殊荣。2016 年，恩里克·波奈·卡斯蒂亚（Enrique Bonne Castillo）获此奖项。2013～2016 年古巴国家音乐奖获奖名单见表 7－7。

表 7－7　2013～2016 年古巴国家音乐奖获奖名单

年份	获奖者	简介
2013	安赫尔·罗德里格斯（Ángel Adriano Rodríguez Dolaños, 1924－2015）	古巴民乐家
2013	塞萨尔·佩德索（César Pedroso Fernández, 1946－）	钢琴家、编曲家、作曲家
2014	塞吉奥·维铁（Sergio Vitier García Marruz, 1948－2016）	作曲家、吉他演奏家
2014	里奥纳多·阿克斯塔（Leonardo Acosta Sánchez, 1933－2016）	音乐史学家、音乐家、作家、学者
2015	吉多·洛佩斯－加维兰（Guido López－Gavilán, 1944－）	指挥家、作曲家
2015	贝亚特里斯·马克斯（Beatriz Márquez Castro, 1952－）	歌唱家、作曲家、钢琴家
2016	恩里克·波奈·卡斯蒂亚（Enrique Bonne Castillo, 1926－）	作曲家、流行音乐家

资料来源：https://www.ecured.cu/Premio_ Nacional_ de_ Música。

截至 2015 年，据古巴文化部统计，古巴共有音乐团体 2927 家，成员 15916 人。2015 年，古巴共举办各类音乐活动 267069 场，参与人数达 5020.45 万人次。

舞蹈　在古巴，歌曲和舞蹈是很难分开的。几乎每一种节拍为 2/4 的歌曲经过轻微的节奏交替后，都能转换成各种舞蹈音乐，如"伦巴"、"博莱罗"、"康加"、"曼博"、"恰—恰—恰"、"丹松"、"哈巴涅拉"等。这里分别介绍一下古巴主要舞蹈的起源和特点。

"伦巴"是古巴黑人的一种舞蹈。早期的"伦巴"由非洲黑奴传入古巴，后在城市发展为以松舞为基础的交谊舞形式的伦巴。20 世纪 30～50 年代逐渐传入欧美各国。1930 年后，伦巴的节奏被爵士音乐吸收。"伦巴"舞曲多为 2/4 拍，中速，切分音突出。舞时男女舞伴互不接触，胯部和肩膀动作突出；舞步简洁，每小节跳三步，两下快侧步，一下慢进步。"伦巴"也是古巴岛上一切即兴的、无拘束的黑人歌舞的统称。

"哈巴涅拉"，古巴舞蹈，19世纪30年代在古巴形成。以首都哈瓦那命名。又名为"土生白人乡村舞蹈"，为对舞。关于"哈巴涅拉"的来历，有两种说法。一种认为由早期西班牙殖民者传入，另一种认为它是由非洲黑人传入的。19世纪下半叶"哈巴涅拉"在古巴盛行。后传到安的列斯群岛和欧洲。美西战争期间，在美洲极为流行。舞曲用2/4拍，中速，节奏多样。特点是手臂和臀部动作。后来不少古巴和拉美新的舞蹈形式都源于此，如阿根廷的探戈舞。法国作曲家拉威尔、比才和德彪西等都曾采用"哈巴涅拉"舞曲的旋律。

"曼博"最早是一种受到古巴马坦萨斯省"康加—伦巴"影响的歌舞，它为哈瓦那带来了一种新的、强烈节奏，1938年由奥雷斯特·洛佩斯（Orestes López）首创，20世纪50年代在美国十分流行。后来的"曼博"又受美国爵士音乐和摇摆乐的影响。"曼博"舞曲的节奏感强，气氛热烈。

"恰—恰—恰"，又译"查—查—查"，古巴舞蹈。20世纪40年代末由恩里克·霍林（Enrique Jorrin）首创。50年代末期，人们对"曼博"弱拍舞步进行节奏创新，并将其引入"恰—恰—恰"舞，使"恰—恰—恰"舞在小节的最后两拍中快速换步。该舞采用2/4拍或4/4拍，节奏感强。"恰—恰—恰"是一个拟声语，指的是舞蹈中的跺脚声。

"丹松"，起源于欧洲的一种土生白人舞蹈。1789年海地革命爆发后，不少法国殖民者和海地人移居古巴，带来了法国的舞蹈康特拉丹塞（contradanse）、小步舞等。古巴的"丹松"舞是将康特拉丹塞舞与古巴的舞蹈和节奏相结合而成的。第一首"丹松"舞曲是由米格尔·法伊尔德于1879年创作的，曲名是《辛普森的高度》。这是一种集体舞蹈，男女成对分别排成两行面对面跳。"丹松"舞曲一般由A、B两部分组成，每一部分大约为8小节，并加以反复，第一部分为慢速，第二部分节奏加快，十分活泼，体现了古巴本地的特色。

"康加"，既是一种起源于非洲的鼓，又是由"康加"鼓伴奏的一种舞蹈和舞曲。最早是在古巴的非洲黑奴在节日时跳的一种舞蹈，后来在20世纪初被引入古巴的狂欢节中。"康加"舞蹈队一边跳，一边随游行队伍行进。伴奏的乐器除"康加"鼓外，还有低音大鼓、小号、长号、萨克斯管和中国的唢呐（由华侨传入）等。

"博莱罗"最早从西班牙传入古巴，但古巴的"博莱罗"舞蹈和舞曲与西班牙的"博莱罗"有很大的不同。古巴的"博莱罗"最早于 19 世纪后期出现在圣地亚哥市，创始者是著名的游吟歌手何塞·桑切斯（Jose Sanchez，1856－1920）。西班牙的"博莱罗"一般为 3/4 拍，而古巴的"博莱罗"一般为 2/4 或 4/4 拍。古巴"博莱罗"的曲调一般比较忧伤、缓慢，主要用吉他或钢琴伴奏。古巴的"博莱罗"对墨西哥等拉美国家有较大的影响。

"松"是古巴最重要的音乐歌舞体裁，它对古巴和拉美一些国家的舞蹈音乐影响很大。"松"源于非洲和西班牙的舞曲，但具有古巴特色。最早出现在 18 世纪下半叶古巴的东部地区。这是一种热情欢快的歌舞曲，其音乐结构是：前奏；句子多少不等的歌曲或歌谣；叠歌和器乐过门的交替进行，同时穿插舞蹈；一段歌曲或歌谣；尾声。"松"多为大调式，曲调上、下行起伏较大，动力性强，多数结束在 do 音上。"松"的题材内容广泛，表演即兴性强。常用邦果鼓（bongo）、沙球（maracas）、吉他、曼多林、钢琴等乐器伴奏。

"萨尔萨"在西班牙语中，意即调味汁，这里是指火辣、火热的歌舞。正如古巴"萨尔萨"王后塞莉娅·克鲁斯（Celia Cruz）所说："'萨尔萨'是古巴音乐的另一个名称，它包括了'曼博'、'恰—恰—恰'、'伦巴'、'松'……也就是在同一名称下的各种古巴节奏。"因此，"萨尔萨"舞可以说是一种混合舞，它将古巴的各种舞蹈混在一起跳，显得有张有弛，有生气，又欢快。大约到 20 世纪 70 年代，"萨尔萨"才用来专指一种新的歌舞体裁。"萨尔萨"很快风靡许多拉美国家以及美国。

古巴有世界著名的芭蕾舞团。古巴著名的芭蕾舞家阿莉西娅·阿隆索（Alicia Alonso，1923－）于 1956 年创建阿莉西娅·阿隆索芭蕾舞团。古巴革命胜利后，该团于 1962 年改名为古巴国家芭蕾舞团。该团所演出的《吉赛尔》、《堂吉诃德》等剧具有古巴特色。1961 年、1964 年、2002 年和 2012 年，阿莉西娅·阿隆索曾先后四次率团到中国演出。古巴的国家民间舞蹈团也驰名国内外。

1998 年，古巴舞台艺术委员会设立了古巴国家舞蹈奖，以表彰为古巴舞蹈事业做出重大贡献的文艺工作者。2013～2017 年古巴国家舞蹈奖部分获奖名单见表 7－8。

表 7－8　2013～2017 年古巴国家舞蹈奖部分获奖名单

年份	获奖者	简介
2013	罗萨里奥·卡德纳斯（Rosario Cárdenas，1955－）	女，舞蹈家，古巴组合舞团（Danza Combinatoria）团长
2014	席维娜·法巴斯（Silvina Fabars，1944－）	女，古巴国家民间舞蹈团（Conjunto Folklórico Nacional）首席舞蹈家
2015	马丽娅·埃莱娜·约伦特（María Elena Llorente）	女，古巴国家芭蕾舞团首席舞蹈家、团长
2016	卡洛斯·莱比拉多（Carlos Repilado，1938－）	舞台艺术指导
2017	马诺罗·米克莱（Manolo Micler，1946－）	芭蕾舞表演家，艺术指导，古巴国家民间舞蹈团团长

资料来源：https：//www.ecured.cu/Premio_ Nacional_ de_ Danza。

截至 2015 年，据古巴文化部统计，古巴共有舞蹈团体 57 家，成员 1817 人。2015 年，古巴共举办各类舞蹈活动 17324 场，参与人数达 283.77 万人次。

四　美术

建筑　前殖民时期，印第安人的文化遗址很少保存下来。现在位于吉隆滩附近的瓜玛山谷的阿拉瓦克村是为发展旅游业而建设的。但古巴古代印第安人的主要建筑形式博伊奥—茅草屋一直保存到现在。

古巴至今仍保存不少殖民时期建造的各种欧洲风格的建筑。如 16 世纪文艺复兴时期建造的圣地亚哥市的迭戈·韦拉斯克斯的官邸、圣克拉拉省雷梅迪奥斯市的圣胡安包蒂斯塔教堂等。17 世纪在古巴流行的建筑样式为中心庭院、木屋顶、封闭的窗户、有栏杆的阳台等。18 世纪，古巴建造了一批具有巴洛克风格的教堂，如哈瓦那圣克里斯托瓦尔大教堂、哈瓦那市附近的罗萨里奥教堂、卡马圭市的索莱达教堂和拉梅塞特教堂、巴亚莫市的圣萨尔瓦多大教堂等。这一时期建造的巴洛克式建筑还有哈瓦那的都督府、圣卡洛斯德拉卡瓦尼亚城堡等。

19 世纪古巴建造了一批新古典式的建筑，如哈瓦那的神龛亭、特立尼达市的坎特罗故居、马坦萨斯市的圣卡洛斯博罗梅奥教堂和绍托剧院、西恩富戈斯市的康塞普西翁大教堂和托马斯特利剧院、卡马圭市的大剧院等。20 世纪初还建造了不少新古典主义风格的建筑，如哈瓦那大学以及在许多城市街道和广场上的高大的圆柱形建筑等。

古巴还有一些新哥特式建筑，如哈瓦那的圣安赫尔库斯托迪奥教堂等。20 世纪古巴建造了一些新巴洛克式的建筑，如哈瓦那的加利西亚中心（大厦）、现古巴外交部办公楼等。

在拉美现代建筑中，古巴占有重要地位。1950 ~ 1951 年设计的哈瓦那共和国广场（现称革命广场）是拉美现代大型设计新趋势的代表作。1952 年根据阿基莱斯·卡帕布兰卡设计而建成的审计院大厦被认为是拉美最优秀的公共建筑之一。同年马斯·博尔赫斯设计的"热带歌舞"夜总会巧妙地将现代的建筑造型和结构同热带繁茂的花木、园林结合起来。1957 年马里奥·罗马尼亚奇设计的阿尔瓦雷斯住宅区代表了 20 世纪 50年代古巴建筑的趋势，即把先锋派建筑风格同殖民时期古巴的建筑风格结合起来，如在小区建筑群修建一个大的庭院，这不仅是仿古，更重要的是根据古巴气候炎热的特点，建一个院子可以使风通过双曲线抛物面的钢筋混凝土屋顶同院子形成对流。

古巴革命胜利后，古巴政府鼓励建筑师继承和发扬古巴现代建筑的特色，设计并建成了一系列富有特色的建筑。如 1961 ~ 1962 年里卡多·波罗设计的美术学校；1965 年维托里奥·加拉蒂设计的戏剧学校，其呈曲线的穹顶别具一格。20 世纪 70 年代古巴兴建了东哈瓦那住宅区、"卡米洛·西恩富戈斯"学校城、"何塞·安东尼奥·埃切维里亚"大学城、国立艺术学校等；20 世纪 80 年代兴建了大会堂、泛美运动会体育场、运动员别墅等。20 世纪 90 年代兴建了圣地亚哥"安东尼奥·马塞奥"国际机场、巴拉德罗的"索尔·帕尔梅拉"宾馆、"梅利亚"宾馆等。

2003 年，古巴国家文化遗产委员会设立了国家历史建筑修复和维护奖（Premio Nacional de Restauración y Conservación de Monumentos）。截至 2008 年，共有 14 位相关人士获此殊荣。

绘画 古巴最早出名的画家是何塞·尼科拉斯·德埃斯卡莱拉（José Nicolás de Escalera，1734–1804）。19 世纪初最著名的是风俗主义画家比森特·埃斯科瓦尔（Vicente Escobar，1762–1834）。1818 年法国画家、哈瓦那神龛亭壁画的创作者让·巴蒂斯特·韦尔梅（Jean Baptiste Vermay，1786–1833）就任圣阿历杭德罗美术学院院长，该学院直到 20 世纪 20 年代仍对古巴的艺术产生决定性的影响。1878 年古巴画家米格尔·梅莱洛（Miguel Melero，1836–1907）担任该院院长。

19 世纪古巴的学院风景画明显分成两大派。一派是以埃斯特万·沙特朗（Esteban Chartrand，1840–1883）和何塞·华金·特哈达（José Joaquín Tejada，1867–1943）为代表的浪漫主义派；另一派是以巴伦廷·桑斯·卡尔塔（Valentin Sanz Carta，1849–1898）和吉列尔莫·科利亚索（Guillermo Collazo，1850–1896）为代表的现实主义派。

20 世纪初，许多古巴画家访问欧洲，学习绘画技巧并受欧洲风行的各种流派的影响。1925 年前后有不少人回国创作，他们放弃了学院派的风格，采用先锋派手法作画。他们的作品在欧洲受到好评。这一时期代表性的画家是埃德华多·阿韦拉（Eduardo Abela，1889–1965）、维克多·曼努埃尔·加西亚（Víctor Manuel García，1897–1969）、马塞洛·波戈洛蒂（Marcelo Pogolotti，1902–1988）和罗伯托·迪亚戈（Roberto Diago，1920–1957）等。他们用敏锐的眼光，模仿毕加索和法国画家高更的手法来进行创作，创作了一批以古巴为题材的绘画。他们是古巴现代绘画的开拓者。

20 世纪 40 年代和 50 年代，古巴的画家更富有个性，他们使用欧洲的各种艺术手法来反映古巴热带的自然风光、人物。这一时期最杰出的画家有雷内·波托卡雷罗（René Portocarrero，1912–1985）、阿梅利亚·佩拉埃斯（Amelia Peláez，1896–1968）、华裔著名画家维尔弗雷多·林（Wilfredo Lam，林飞虎，1902–1988）和马里亚诺·罗德里格斯

（Mariano Rodríguez，1912－1990）等。波托卡雷罗自学成才，其作品风格属几何派，他也尝试过抽象派，擅长海景画、肖像画、壁画和插画。佩拉埃斯擅长用马赛克拼成壁画。维尔弗雷多·林是久负盛名的华裔画家，先后在古巴、西班牙、法国等国学画和作画。1938～1941 年在巴黎结识毕加索，受其影响较大。作品大多具有超现实主义和抽象派的特点，梦幻、想象和诗意成分浓重。晚年趋于抒情的表现主义。代表作有《热带丛林》、《梦幻的商人》等。罗德里格斯、波托卡雷罗和路易斯·马丁内斯·佩德罗（Luis Martínez Pedro，1910－1989）三人被称为"哈瓦那画派"的三杰。

古巴革命胜利后，古巴党和政府一方面强调艺术要为革命、社会主义事业和人民服务，另一方面给予艺术家创作的自由。从 1959 年起，现实主义开始盛行，宣传画、招贴画、壁画成为宣传革命传统、歌颂英雄业绩、动员人民的重要手段。20 世纪 60 年代，劳尔·马丁内斯（Raúl Martínez，1927－1995）所画的巨幅卡斯特罗、格瓦拉、马蒂、马塞奥等领袖人物和民族英雄的肖像引人注目。曼努埃尔·门迪维（Manuel Mendive，1944－）则以古巴非洲裔黑人的民俗和神话为题材，其作品色彩鲜艳、想象力丰富。华裔女画家弗洛拉·冯（Flora Fung，中文名为邝秋云）将加勒比艳丽的色彩同东方清淡的笔法巧妙地结合在一起。

自 20 世纪七八十年代以来，古巴绘画以其独特的风格和创造力，在国际画坛产生了重要影响，其一贯的批判立场凸显了古巴绘画艺术的特质。罗伯特·法贝罗（Roberto Fabelo，1950－）、扎伊达·德尔里奥（Zaida del Río，1954－）、托马斯·桑切斯（Tomás Sánchez，1948－）和内尔森·多明格斯（Nelson Domínguez，1947－）是古巴画坛近几十年的重要代表。此外，何塞·贝蒂亚（José Bedia，1959－）、科蔻（Kcho，艺名，真名为亚历克西斯·莱瓦·马查多，Alexis Leyva Machado，1970－）和弗拉维奥·加西安迪亚（Flavio Garciandía，1954－）、华裔女画家弗洛拉·冯等艺术家在造型艺术①领域也取得了不斐的成绩。

---

① 造型艺术（plastic arts），艺术形态之一，主要包括绘画、雕塑、摄影艺术、书法艺术等，与"美术"互用。

1994 年，古巴国家造型艺术委员会设立了古巴国家造型艺术奖（Premio Nacional de Artes Plásticas），以此表彰在该领域贡献突出的艺术家。截至 2016 年，共有 24 位艺术家获此殊荣。2016 年，古巴国家造型艺术奖由古巴摄影师何塞·马努埃尔·弗斯（José Manuel Fors，1956 – ）获得。

五 文化设施

据古巴文化部统计，2015 年古巴有放映 35 毫米影片的影院 260 家，放映 16 毫米影片的影院 16 家，录像厅 383 家，博物馆 285 家，剧院 88 家，图书馆 392 座，书店 316 家，文化之家 343 家，民谣之家（Casas de la trova）19 家，艺术画廊 130 家，杂技团 2 家。

古巴主要的文化设施有以下一些。

"何塞·马蒂"国家图书馆是古巴国家图书馆，建于 1901 年。最初馆址在哈瓦那一古城堡内，后几经迁址，现在哈瓦那革命广场一座大楼内。馆藏图书 60 万册，其中包括殖民时期的版画、手抄本、手稿、古籍珍本等。设有文化艺术文献、历史文化遗产、科技、经济、管理等专题咨询服务。自 1960 年以来编辑出版《古巴国家书目》等。

"美洲之家"（Casa de las Américas）是古巴重要的文化设施和机构。1959 年建于哈瓦那，旨在建立和发展同美洲各国的文化关系。下设出版、造型艺术、音乐和对外联络等部。附设学术图书馆和艺术展览室。1964 年成立图书目录中心。1969 年成立文学研究中心。每年举行文学（颁发"美洲之家"文学奖）、绘画和音乐作品比赛。经常组织文学讲座、音乐节和艺术展览等活动。1960 年起出版文学艺术双月刊《美洲之家》以及其他书刊，传播美洲作家和艺术家的作品。

主要博物馆有以下几个。

教育博物馆：位于哈瓦那教堂广场，展示 20 世纪 60 年代初古巴扫盲运动的成就。

"蒙塔内"人类学博物馆：展示前哥伦布时期的文化。

音乐博物馆和档案馆：展示古巴各种音乐流派的历史发展进程。

殖民时期艺术博物馆：展示殖民时期的艺术作品。

装饰艺术博物馆：展示殖民时期的家具和装饰品。

哈瓦那城市博物馆：展示殖民时期哈瓦那市的发展历史。

国家美术博物馆：陈列古巴著名的雕刻家和画家的代表作以及古代希腊、埃及和罗马的艺术品。

拿破仑博物馆：陈列拿破仑的个人用品。

革命博物馆：设在原总统府内，展示卡斯特罗领导的古巴革命进程，陈列地图、武器、"格拉玛号"游艇、坦克以及个人用品等。

"费利佩·波埃"自然博物馆：展示古巴动植物标本。

"卡洛斯·芬莱"科学博物馆：展示古巴医学和其他科学成就。

"巴卡迪"博物馆：1899年由作家、圣地亚哥市市长埃米利奥·巴卡迪创建于圣地亚哥，陈列"巴卡迪"朗姆酒的蒸馏室、古代古巴印第安人的物品、殖民时期和独立战争时期的历史文物和外国文物、艺术品等。

主要剧院有以下几家。

"阿莉西娅·阿隆索"哈瓦那大剧院（原称"加西亚·洛尔迦"剧院）：位于哈瓦那普拉多大道，主要演出芭蕾舞、歌剧以及演奏交响乐。2015年9月10日，古巴国务委员会决定将该剧院命名为"阿莉西娅·阿隆索"哈瓦那大剧院，以表示对著名芭蕾舞演员阿莉西娅·阿隆索的敬意。

国家剧院：位于哈瓦那革命广场附近，全国最好的剧院之一，经常上演古典和现代剧。

"梅利亚"剧院：位于哈瓦那贝达多区，主要上演古典和现代舞剧、戏剧。古巴现代舞剧团经常在此演出。

主要艺术画廊有以下几个。

"维尔弗雷多·林"中心：陈列第三世界国家当代艺术作品。

老广场画廊：陈列古巴黑人艺术作品。

哈瓦那画廊：陈列青年艺术家作品。

福尔玛画廊：陈列古巴当代杰出的画家和雕刻家的作品。

"雷内·波托卡雷罗"丝网印刷工作室。

第四节 体育

一 体育制度和体育机构

革命胜利前，古巴的体育运动不普及，其特点是专业化、商业化，古巴全国只有2%的学校设有体育课，全国只有800名体育教师，仅少数有钱人能到体育俱乐部从事体育运动，只有少数职业运动员能参加国际国内比赛，广大群众很少能进行体育运动。

革命胜利后，政府十分重视发展群众性的体育运动，建立了义务的、由广大群众参与的、免费的体育制度。1961年2月23日，成立了全国运动、体育和娱乐委员会（Instituto Nacional de Deporte，Educacion Fisica y Recreacion，INDEFR），负责制订和执行有关运动、体育和娱乐的方针、计划，指导古巴全国的运动、学校体育活动，使体育运动普及到全国各地。古巴全国各省都设省运动、体育和娱乐委员会，负责领导本省的体育运动。

古巴体育运动的指导原则是：

（1）参加体育运动是全体国民的义务和权利；

（2）体育工作是促进健康全国计划的组成部分；

（3）只有在群众性基础上才能提高质量；

（4）为执行体育运动计划，必须提高专业技术；

（5）必须利用各种资金；

（6）体育是手段，而不是目的，其目的是培养身体好、懂得专业的人才，为国家服务。

自1959年古巴革命胜利到20世纪末，古巴共培养了31720名专业体育人员，平均每348名居民拥有1名专业人员；其中23196名专业人员（占73%）是从事群众性体育运动工作的。目前，体育运动已在全国得到普及。

二 体育水平和国际交流

古巴是世界体育强国之一，古巴的体育水平在拉美名列前茅。早在

1900 年在巴黎举行的第 2 届奥运会上，古巴的击剑运动员就获得了古巴第一块奥运会金牌。1904 年在美国圣路易斯举行的第 3 届奥运会上，古巴运动员夺得了 5 金、3 银、3 铜，列第 3 名。古巴选手何塞·劳尔·卡帕布兰卡（José Raúl Capablanca，1888－1942）早在 1921 年就获得世界国际象棋冠军，并称霸国际象棋棋坛长达十余年。

古巴革命胜利后，在广泛的群众体育运动基础上，古巴的体育运动水平不断提高。20 世纪 90 年代以来，尽管古巴经济遇到很多困难，但在体育方面取得了显著的成绩。1992 年在西班牙巴塞罗那举行的第 25 届奥运会上，古巴运动员夺得了 14 金、6 银、11 铜，列第 5 名。1996 年在美国亚特兰大举行的第 26 届奥运会上，古巴运动员夺得了 9 金、8 银、8 铜，列第 8 名。2000 年在澳大利亚悉尼举行的第 27 届奥运会上，古巴运动员夺得了 11 金、11 银、7 铜，列第 9 名。在 2004 年第 28 届雅典奥运会上，古巴运动员夺得了 9 金、7 银、11 铜，列第 11 名。在 2008 年第 29 届北京奥运会上，古巴运动员夺得了 2 金、11 银、11 铜，列第 28 名。在 2012 年第 30 届伦敦奥运会上，古巴运动员夺得了 5 金、3 银、7 铜，列第 16 名。在 2016 年第 31 届里约奥运会上，古巴运动员夺得了 5 金、2 银、4 铜，列第 18 名。

古巴在国际比赛中成绩突出的项目有棒球、拳击、排球、篮球、田径和柔道等。古巴国家棒球队是世界强队，曾 3 次夺得奥运会金牌、25 次获得世界杯棒球赛冠军。古巴拥有一批世界知名的运动员，如有"加勒比黑色旋风"之称的女排运动员米雷娅·路易斯·埃尔南德斯（Mireya Luis Hernandez）、田径运动员伊凡·拉萨罗·佩德罗索（Iva Lazaro Pedroso Soler）、哈维尔·索托马约尔（Javier Sotomayor Sanabria）、恩里克·菲格罗拉（Enrique Figuerola）、安娜·菲德莉亚·基罗特（Ana Fidelia Quirot）等。古巴每年都要举行多次全国性的体育项目比赛。2002 年古巴举行了首届全国运动会。2015 年，古巴举行了第 12 届全国残疾人运动会，共有 584 名运动员参赛。

古巴广泛开展国际体育交流。2003 年，古巴是 81 个国际体育组织的成员，向 17 个国际体育组织派出了 100 多名国际裁判，向一些国家派出了数以百计的排球、棒球、拳击等项目的教练和运动员。古巴积极参加各种国际体育比赛。古巴是泛美运动会和中美洲与加勒比运动会的积极参加者和组织者，在历届运动会上名列前茅。值得一提的是，1991 年 8 月，古巴作为东道国，在它主办的第 11 届泛美运动会上，以 140 块金牌的优异成绩，在参赛的 39 个美洲国家和地区中首次超过美国，获金牌总数第一名。1995 年 1 月 19 日，国际奥委会向菲·卡斯特罗主席授勋，以表彰他在发展古巴体育事业上所做出的贡献。

2014 年，古巴在 31 个国家、5707 名运动员参赛的第 22 届墨西哥维拉克鲁斯中美洲运动会上，夺得了 123 金、66 银、64 铜，连续十届居奖牌榜第 1 名。① 2017 年，古巴在 41 个国家、6132 名运动员参赛的第 16 届多伦多泛美运动会上，夺得了 36 金、27 银、35 铜，连续五届居奖牌榜第 2 名。

三 体育设施

古巴全国共有 1 万多个大小体育活动场所，其中有大型体育场馆 300 个，综合性体育设施 1000 多处，体育活动中心和场所遍布全国各地。古巴各级学校都重视体育教育，学校的体育设备比较完善。截至 2015/2016 学年，古巴全国共有体校（Escuelas de deporte）17 所，体校教员 3220 人，在职教员 2619 人。截至 2015 年，古巴体育院校教职员工总计 33547 人，体育专职人员 4618620 人，国家级运动员 7435 人，其中女运动员 1772 人，棒球、篮球、足球运动员数量居前三位。

第五节 新闻出版

一 报纸与通讯社

报纸 古巴的新闻出版事业比较发达。国内有报纸 18 种，其中全国性报纸有 3 种，即古巴共产党机关报《格拉玛报》（Granma）、共产主义青年

---

① http://www.inder.cu/Estadisticas.

联盟机关报《起义青年报》（*Juventud Rebelde*）和古巴工人中央工会机关报《劳动者报》（*Trabajadores*），其余多为省、市、地区或部门的报纸。

《格拉玛报》创办于 1965 年 10 月，由原人民社会党机关报《今日报》和原"七·二六运动"机关报《革命报》合并而成。除发行日报外，还用英语、法语、西班牙语、葡萄牙语、德语和意大利语等文字出版周报，名为《国际格拉玛报》。1990 年 10 月以来，由于经济困难，政府决定《格拉玛报》一周出版 5 天，星期一至星期五出版；另外两天由《起义青年报》（星期日）和《劳动者报》（星期六）各出一天，《起义青年报》和《劳动者报》改为周报。

通讯社　古巴有两家通讯社，即拉丁美洲通讯社（Prensa Latina）和国家通讯社（Agencia de Informacion Nacional）。拉丁美洲通讯社是拉美最大的通讯社，创建于 1959 年，在全世界设有 30 多个分社。国家通讯社创建于 1974 年，主要负责国内新闻报道。

古巴媒体和重要的机构都有网站，如古巴政府网站的网址是 http：//www. cubagob. cu/ 和 http：//www. cubaweb. cu/，《格拉玛报》的网址是 http：//granma. co. cu/，《国际格拉玛报》的网址是 http：//www. granma. cu/，《起义青年报》的网址是 http：//www. jrebelde. cubaweb. cu/，《劳动者报》的网址是 http：//www. trabajadores. cubaweb. cu/，等等。

二　广播与电视

古巴的广播电视事业由古巴电台和电视台委员会（Instituto Cubano de Radio y Television）领导。

广播　古巴有 5 家全国性广播电台，1 家国际电台，17 家省级电台和 32 家县级电台。5 家全国性广播电台是：起义电台（Radio Rebelde）、时钟电台（Radio Reloj）、进步电台（Radio Progreso）、解放电台（Radio Liberacion）和音乐电台（Radio Musical）。起义电台以播放新闻为主，时钟电台全天播放新闻节目，其余 3 家以播放文艺节目为主。

1 家国际电台是古巴哈瓦那电台（Radio Habana Cuba），创建于 1961 年，用 9 种语言对外广播，这 9 种语言是西班牙语、英语、法语、葡萄牙语、阿拉伯语、世界语、克丘亚语、瓜拉尼语和克里奥尔语。

电视　全国性的电视台有 5 家：古巴电视台（Cuba TV）、古巴新闻电视台（Cuba Información TV）、"要古巴"电视台（CubaSí TV）、古巴国际电视台（Cuba Visión Internacional TV）和古巴马蒂电视台（TV Martí Cubana）。古巴新闻电视台主要播放新闻节目，古巴国际电视台为面向海外播放节目的电视台。在多数旅游饭店里可看到旅游频道"太阳频道"（Canal del Sol），在一些高级涉外宾馆里可看到通过有线电视播放的外国电视节目。此外，一些重要城市还有地方电视台，如圣克拉拉的古巴那坎电视台（Tele Cubanacan）、奥尔金的克里斯塔尔电视台（Tele Cristal）、圣地亚哥的图尔基诺电视台（Tele Turquino）等。

三　图书与期刊

图书　古巴全国有 16 家出版社，其中包括两家政府出版社，其余为部级或地方出版社。两家政府出版社是：古巴书籍委员会和出版物办公室，其余 14 家出版社是：美洲之家出版社、联盟出版社、政治出版社、文艺出版社、四月出版社、科学院出版社、医学与全国医学信息中心出版社、社会科学出版社、科技出版社、新人出版社、何塞·马蒂出版社、古巴文学出版社、东方出版社和人民与教育出版社。

20 世纪七八十年代，古巴平均每年出版 4000 万册图书。90 年代以来，由于经济困难，图书年出版量大大减少。90 年代后期，图书年出版量有所增加，但尚未恢复到原有水平。图书年出版量 1993 年为 114.9 万册，1994 年为 369.13 万册，1995 年为 414.33 万册，1996 年为 524.77 万册，1997 年为 802 万册，1998 年为 420.52 万册，1999 年为 796.24 万册。据古巴文化部 2015 年统计，古巴当年共出版 1495 种不同题材的出版物，其中文学、教育、历史及医学类图书位居前列，各类图书总计 1528.45 万册，其中教材 1038.86 万册，儿童读物 85.47 万册，青年读物 69.08 万册。[①]

---

① ONEI, Anuario Estadístico de cuba 2015, Capítulo 20: Cultura, Edición 2016, p. 7.

古 巴

　　始于 1982 年的哈瓦那国际书展，于每年 2～3 月在古巴首都哈瓦那的莫罗城堡内举行。每届书展均设有一个特定主题、一位特邀作家和一个宾主国。哈瓦那国际图书展是目前古巴最隆重、最受民众欢迎的文化盛会，也是拉美乃至西班牙语世界重要的国际书展之一。2017 年第 26 届哈瓦那国际书展为期 10 天，吸引了 41.6 万名读者，售出 30.15 万本图书，成交额约合 13.2 万美元。中国为 2018 年第 27 届哈瓦那国际书展的主宾国。

　　期刊　苏东剧变前，古巴共有三四十种期刊，主要有《波希米亚（流浪者）》（*Bohemia*）周刊、《社会主义古巴》（*Cuba Socialista*）月刊、《全国小农协会》（*ANAP*）月刊、《橄榄绿》（*Verde Olivo*）月刊、《妇女》（*Mujeres*）月刊、《古巴国际》（*Cuba Internacional*）月刊、《蒙卡达》（*Moncada*）月刊、《共产党员》（*El Militante Comunista*）月刊、《美洲之家》（*Casa de las Americas*）月刊等。苏东剧变后，由于经济困难，刊物种类一度减少到十多种，有的刊物如《波希米亚》、《社会主义古巴》、《美洲之家》、《古巴国际》等虽然继续出版，但出版周期延长，版面减少。近年来，为发展旅游业、吸引外资以及扩大对外宣传，古巴又创办了一些新的刊物，如旅游刊物《多棱镜》（*Prisma*）、英语刊物《古巴贸易须知》（*Business Tips on Cuba*）、面向古巴侨民的《信使》（*Correo*）、宣传马蒂思想的《投石器》（*Honda*）等。

第一节　外交简史

自 1959 年革命胜利后至今，古巴的外交政策大体可分三个时期。第一个时期是自革命胜利至 20 世纪 80 年代末。1959 年 1 月 1 日古巴革命胜利后，美国虽然承认古巴革命政府，但随着古巴革命的深入发展，美国很快对古巴采取敌视政策，并于 1960 年年初宣布与古巴断交。因此，古巴不得不发展与苏联、中国和其他社会主义国家的关系。1962 年 1 月，美国又对美洲国家组织施加压力，迫使第 8 次美洲国家外长协商会议通过了关于把古巴排除出泛美体系的决议。1964 年美洲国家组织第 9 届外长协商会议又通过了对古巴进行“集体制裁”的决议。在美国的压力下，除墨西哥外，其余拉美和加勒比国家纷纷与古巴断交。在 20 世纪 60 ~ 70 年代，古巴同大部分亚洲和非洲国家建立了外交关系。70 年代，古巴领导人菲德尔·卡斯特罗和劳尔·卡斯特罗等多次出访亚非国家，亚非国家的领导人也纷纷访问古巴。古巴与中国于 1960 年 9 月 28 日正式建交。建交后至 60 年代中期，两国关系发展顺利。但自 60 年代后期至 80 年代中期，两国关系由于中苏分歧等原因，出现一些波折、发展缓慢。到 80 年代中期，两国关系逐渐改善。

第二个时期是从 20 世纪 80 年代末至 2006 年。20 世纪 80 年代末和 90 年代初，随着东欧剧变和苏联解体、冷战结束等国际形势的变化，古巴调整了对外政策和对外关系，改变了过去同苏联、东欧国家一体化的政策。外交的重点是打破美国的孤立和封锁政策，重新构筑对外关系，扩大生存空间，改善国际环境，拓展经贸合作。面对美国的封锁、敌视和孤立政策，古巴进行了针锋相对和有理、有利、有节的斗争。古巴注意利用西方国家之间的矛盾，努力发展同欧盟国家、加拿大和日本的关系，以打破美国的孤立政策。20 世纪 90 年代以来，古巴外交的重点之一是重返拉美、回归拉美大家庭。东欧剧变和苏联解体后，古巴尽力维持并发展与俄罗斯和中东欧地区国家的经贸关系。古巴高度重视恢复与发展同中国的关系及发展与越南等其他社会主义国家的友好合作关系，积极发展同亚太、中东和非洲等地区发展中国家的关系，古巴的外交转向更加平衡和务实的新格局。

第三个时期是从 2006 年至今。2006 年 7 月底，菲德尔·卡斯特罗主席因病将古巴最高领导职位让给劳尔·卡斯特罗。劳尔执政以来，古巴的外交关系发生了重要变化。古巴与所有拉美和加勒比国家都恢复或建立了外交关系。2014 年 1 月底，古巴作为拉美和加勒比共同体的轮值主席国，在哈瓦那召开了拉共体第 2 届首脑会议，几乎所有拉美和加勒比国家的领导人都出席了峰会。古巴与中国的关系进一步发展。2012 年 7 月，劳尔·卡斯特罗主席访华。2014 年 7 月，中国国家主席习近平访问古巴。这一时期，古巴外交关系的最大突破是 2015 年 7 月 20 日古巴与美国恢复了外交关系和 2016 年 3 月美国总统奥巴马访古，古美关系开始正常化并取得一定的发展。尽管 2017 年 1 月共和党人特朗普就任美国总统后，在某些方面对古巴采取了比奥巴马政府更加强硬的政策，但古美关系正常化的趋势已不可逆转。与此同时，古巴与欧盟及其他西方国家的关系也有明显改善。古巴与亚非拉发展中国家保持良好的互助合作关系。

古巴革命胜利后半个多世纪以来，古巴的对外关系取得明显进展。在革命胜利之初，与古巴建交的国家只有 50 个。到 2016 年年底，已增加到 194 个，① 古巴的朋友遍天下。

---

① http：//www. minrex. gob. cu/es/principales – resultados – de – la – politica – exterior – cubana – en – el – ano – 2016，2017 年 3 月 10 日查阅。

第二节　外交政策

　　1959 年 1 月古巴革命胜利后，古巴的外交政策随着国际形势的变化，不断有所调整。在 1959 年至 20 世纪 80 年代末这一时期，古巴的外交政策在 1976 年古巴宪法第 11 条和第 12 条中有如下表述："古巴共和国是世界社会主义大家庭的成员，这是古巴独立和各方面全面发展的基本保障"，"古巴共和国将无产阶级国际主义和同各国人民的战斗团结作为原则"，"同苏联和其他社会主义国家在社会主义国际主义原则的基础上建立的兄弟般的友谊、援助与合作"，"谴责帝国主义，它是所有法西斯主义、殖民主义、新殖民主义、种族主义表现的推动者和支持者，将其作为侵略和战争的主要起因和各族人民的最凶恶的敌人"。①

　　20 世纪 80 年代末至 2006 年，在东欧剧变和苏联解体后，古巴的外交政策在 1992 年 7 月修改后的古巴宪法第 12 条中做了较大的调整，不再提社会主义大家庭，具体表述如下："古巴共和国反对帝国主义，维护国际主义并且：（1）承认国家，无论大小、强弱，都有追求价值、正义和真正的和平的权利，尊重其人民独立、主权和自决权；（2）建立以权利平等、人民自决、领土完整、国家独立、合作和和谐、和平解决争议、平等和相互尊重地交往等为内容的《联合国宪章》和其他古巴加入的国际条约为原则的国际关系；（3）努力使拉丁美洲和加勒比各国成为共同体并相互合作，古巴同这些国家有着共同的认同和历史需求，通过推动政治和经济一体化取得真正独立，以获得正当的国际地位；（4）倡导全体第三世界国家团结起来反对妄图限制和打压我们主权、加剧剥削、压迫不发达国家经济造成经济恶化的帝国主义和新殖民主义政策；（5）谴责帝国主义、所有法西斯主义、殖民主义、新殖民主义、种族主义的推动者和支持者，将其作为侵略和战争的主要起因和各族人民的最凶恶的敌人；（6）反对对任何国家内部事务或外交政策的直接和间接干涉，并从而进

---

　　①　姜士林等主编《世界宪法全书》，青岛出版社，1997，第 1517～1538 页。

行武装侵略和经济封锁，或对居住于他国的公民进行人身攻击，或以其他形式干涉国家完整性及其政治、经济、文化基础的行为；（7）拒绝侵犯国家不可剥夺的主权，根据国际惯例和古巴签署的国际协议，国家在领土范围内规范和利用通讯设施；（8）认定侵略和掠夺战争为国际罪行；承认民族战争以及武装反抗侵略和占领的合法性，重视自己援助被侵略者及为争取解放和自决而斗争的人民的国际主义义务和权利；（9）根据建设新社会的共同目标，与社会主义国家建立兄弟般的友谊、合作和互助关系；（10）同与古巴采取不同政治、社会和经济制度的国家保持友好关系，尊重其主权，遵守国家之间和平共处和互利互惠原则。"[1]

第三节　与世界主要国家和地区的关系

一　与美国的关系

自 1959 年初古巴革命胜利至今，50 多年来，美国对古巴一直实行霸权主义和强权政治。在经济上，进行经济封锁和贸易禁运；在军事上，组织雇佣军武装入侵并不断进行威胁和挑衅；在外交上，千方百计企图孤立古巴；在政治上，扶植反对派，搞各种颠覆、破坏活动，处心积虑阴谋杀害卡斯特罗等古巴领导人；在意识形态方面，进行"电波侵略"，加强"和平演变"和颠覆性宣传攻势；在移民问题上，鼓励非法移民，煽动"筏民潮"。从艾森豪威尔到特朗普，美国总统更换了 12 个，美国历届总统都对古巴采取经济、贸易和金融封锁的政策。尽管 2015 年 7 月 20 日，在奥巴马任内，美国与古巴恢复了外交关系，但美国对古巴的这一政策并没有改变。

然而，古巴人民在菲德尔·卡斯特罗和劳尔·卡斯特罗的先后领导下，同美国的霸权主义和强权政治的种种行径进行了针锋相对、不屈不挠

---

① 《世界各国宪法》编辑委员会编《世界各国宪法·美洲大洋洲卷》，中国检察出版社，2012，第 484 页。

的斗争，迫使奥巴马总统在其第二届任内不得不调整对古巴的政策，与古巴恢复了中断 54 年的外交关系。

古巴革命胜利初期，美国同古巴仍保持正常关系。1959 年 1 月，美国承认古巴临时政府。同年 4 月，卡斯特罗以私人身份访美，同尼克松副总统进行了会谈。随着古巴革命的深入发展，美国开始对古巴采取敌对态度，美国对古巴的干涉逐步升级。艾森豪威尔政府就古巴惩处战犯和杀人犯一事发动了污蔑古巴革命的毁谤运动，怂恿多米尼加共和国和危地马拉独裁政府干涉古巴。接着，美国又对古巴施加压力，要求古巴对土改中被没收的美国企业的土地进行高价赔偿。美国还派飞机轰炸古巴城乡，收买特务轰炸军火库和往古巴运送军火的外国轮船，策动和唆使古巴反革命分子进行破坏和颠覆活动。

在外交方面，美国竭力通过美洲国家组织孤立古巴，企图进行"集体干涉"。1959 年 8 月在智利圣地亚哥和 1960 年 8 月在哥斯达黎加圣何塞召开的第 5 次和第 7 次美洲国家外长协商会议上，美国竭力拼凑反古阵线。同年 9 月 2 日，古巴全国人民代表大会通过第一个《哈瓦那宣言》，针锋相对地谴责美国对古巴和拉美国家的干涉和侵略。

1960 年 7 月 6 日，美国取消 95%的对古巴糖的采购定额。同年 10 月 24 日，古巴政府决定将美国在古巴的总资产达 12 亿美元的企业全部收归国有。同年年底，美国取消了对古巴糖采购的全部定额，并停止对古巴的一切援助，对古巴实行贸易禁运。1961 年 1 月 3 日，艾森豪威尔政府宣布同古巴断绝外交关系。同年 4 月 17 日，肯尼迪总统下令执行艾森豪威尔总统在任时批准的通过雇佣军武装入侵古巴的计划，1500 多名雇佣军在美国飞机和军舰掩护下，在拉斯维亚斯省的吉隆滩（又称"猪湾"，现属马坦萨斯省）登陆，对古巴进行武装侵略，企图颠覆和扼杀古巴革命。古巴人民在卡斯特罗的亲自指挥下，经过 72 小时的激战，全歼入侵者，胜利地保卫了革命的成果。美国雇佣军对古巴的入侵遭到了可耻的失败。

美国在吉隆滩登陆失败后，仍不甘心，千方百计地孤立古巴并企图扼杀古巴革命。在美国的压力下，1962 年 1 月 22～31 日在乌拉圭埃斯特角举行的第 8 次美洲国家外长协商会议，通过了关于把古巴排除出泛美体系的决议。同年 10 月，发生加勒比海危机，美国出动飞机和军舰对古巴实行军事封锁。1964 年 5 月 14 日，约翰逊总统决定禁止向古巴销售药品和食品。同年，美洲国家组织第 9 次外长协商会议通过了对古巴进行"集体制裁"的决议。1966 年约翰逊政府批准了《古巴适调法》，从法律角度规定对古巴移民和"难民"给予特殊待遇。这一法律规定，古巴人不管以何种途径（所谓"旱脚和湿脚"，即不管通过海上、空中或陆上途径）抵达美国，均可在接受移民归化局的简短调查后，由他们在美国的亲友照顾，抵美头 6 个月每人均可得到津贴，一年后便有权获得住房和就业机会，便可自动获得永久居留权。这一针对古巴移民的特殊政策唆使不少古巴人铤而走险，不择手段地逃往美国。美国的目的在于利用移民制造事端，煽动古巴内乱，挖走古巴技术和专业人才，以破坏古巴的政局稳定和经济社会正常发展。

1973 年 2 月，尼克松执政期间，古美签订反劫持飞机和船只及其他犯罪行为的协定；1975 年 7 月，美洲国家组织第 19 次外长协商会议通过决议，授权成员国以各自认为适当的级别和方式处理同古巴的关系，美国投了赞成票。同年 8 月 21 日，美国福特政府宣布部分取消对古巴的禁运，允许美国公司在国外的子公司向古巴出售货物。1976 年 10 月，一架古巴大型客机在巴巴多斯近海坠毁，古巴认为这是美国中央情报局所为，并宣布停止实施关于反劫持飞机和船只及其他犯罪行为的协定。

1977～1981 年卡特任内，美古关系略有松动。1977 年 3 月，卡特政府取消对美国公民去古巴旅行的禁令。同年 9 月 1 日，古美两国分别在对方的首都互设了利益代表处。10 月，古巴外贸部部长应美国 75 家公司邀请访美。12 月，古美之间开辟了一条旅游航线。1979 年 10 月 1 日，卡特总统以苏联在古巴驻有作战旅为由，宣布对古巴采取 4 项强硬措施。1980 年 4 月至 7 月间，在美国的煽动下，古巴发生了 12 万多人大批逃亡到美国和一些拉美国家的难民事件，即"马里埃尔港大逃亡"事件。

里根政府和乔治·赫伯特·沃克·布什（即老布什）政府期间，美国又强化了对古巴的经济封锁和贸易禁运。卡斯特罗多次指责里根政府（1981～1988）是 1959 年古巴革命胜利以来美国最"残暴和凶恶的政府"，是"极右的反动集团"，"执行公开好战和法西斯的外交政策"。
1983 年 10 月，美国军队入侵格林纳达，古巴驻格人员在同美军交火时有
24 人死亡。1984 年 12 月 14 日，古美在纽约签订了两国关于移民问题的
协议，协议规定古巴接纳 1980 年逃亡美国的移民中美国要求遣返的 2740
名古巴人，而美国则同意开始向古巴移民发放签证，每年接纳古巴合法移
民 2 万人。1985 年由于美国开设反古的"马蒂电台"，引起古巴的强烈不
满，古巴政府决定中止执行 1984 年古美移民协议。直到 1987 年 11 月，
两国才恢复此协议。

1990 年老布什政府又建立了反古的"马蒂电视台"，开始了对古巴蓄
谋已久的"电视侵略"。美国不断对古巴进行各种颠覆破坏、暗杀等活
动。1992 年 10 月老布什总统签署了《托里切利法》，加强对古巴的封锁。
其主要内容是：禁止设在第三国的美国公司的子公司同古巴做生意；禁止
任何进入古巴港口的船只在 6 个月内进入美国港口；对任何向古巴提供经
援和同古巴开展贸易的国家进行制裁。

1993 年 1 月克林顿执政后，1994 年夏天，古美之间出现一场移民风
波。在美国的煽动下，有三四万古巴人乘自制的木筏、橡皮筏和其他渡海
工具，冒险向美国佛罗里达州南岸漂划。这些古巴人，被媒体称作"筏
民"，这一事件被称作"筏民潮"或"筏民事件"。由于美国未废除《古
巴适调法》，"筏民潮"之后，仍不断有古巴人乘船筏冒险驶向美国。

1996 年 2 月 24 日，古巴击落了两架美国海盗飞机。同年 3 月 19 日，
克林顿以此为理由，签署了美国国会通过的《赫尔姆斯—伯顿法》（即
《古巴自由和民主声援法》，简称《赫—伯法》），加强对古巴的封锁。
《赫—伯法》的主要内容是：要求古巴赔偿 1959 年革命胜利后被没收的、
后加入美国国籍的古巴人的企业和财产；不给购买或租借被古巴没收的美
国企业和财产的外国公司发赴美签证；禁止海外的美国公司向上述公司提
供信贷；美国有权拒绝向与古巴有信贷关系的国际金融机构支付债务；美
国公民有权向法庭起诉与古巴没收其财产有牵连的外国政府或个人；美国
政府必须定期向国会报告对外经贸关系的状况；等等。

1997 年 2 月，美国允许在古巴设立美国新闻机构分部。1998 年 3 月

和 1999 年 1 月，克林顿政府宣布采取措施，放松对古巴的制裁，这些措施包括：准许在美国的古巴人每人每年向古巴国内汇回 1200 美元；扩大美古两国民间交往和体育往来；允许同古巴直接通邮；允许向古巴提供人道主义援助；等等。1999 年 3 月，美国职业棒球队访古。同年，美国商会主席、伊利诺伊州州长、参议院民主党领袖等访古。1999 年 11 月 22 日，有 14 名古巴人乘船离开古巴北部海岸，企图偷渡去美国。11 月 25 日凌晨小船遇到风浪，14 人全部翻船落水，11 人葬身大海，3 人被救起，其中包括年仅 6 岁的小男孩埃连。小埃连的母亲和继父落水身亡。小埃连在古巴的生父根据古美移民协议和其他有关法律，要求美国归还小埃连。但是看管小埃连的远房亲戚在美国右翼政客和古巴流亡分子极右组织的操纵下，拒不执行美移民局和司法部关于埃连应归还其在古巴的生父、允许埃连回国的决定，美国反古势力利用美国复杂的法律程序拖延时间，阻止埃连回国。围绕着埃连返回古巴的问题，古美之间掀起了一场外交风波。2000 年 6 月，这场风波以古巴的胜利告终，埃连最后终于回国。但这一事件充分说明，要解决非法移民问题，必须首先废除《古巴适调法》。2000 年 10 月 11 日和 18 日，美国众、参议院先后通过允许向古巴出口基本食品和药品的议案，克林顿总统于 10 月 28 日签署此法案。但此法案同时又附加苛刻条件，不允许美国向古巴提供任何公共或私人贸易信贷，即只能用现金支付，不允许古巴同时向美国出口任何产品。

　　2001 年年初乔治·沃克·布什（即小布什）总统上台后，美国对古巴采取了更为敌视的态度。美国重申要严厉打击未经许可到古巴访问的美国人，小布什还表示拒绝放宽对古巴的制裁。"9·11"事件发生后，古巴政府旗帜鲜明地谴责恐怖主义，并表示愿向美国人民提供医护救援、血浆和其他所有可能需要的帮助。11 月 7 日，美国政府向古巴递交外交照会，对古巴遭受飓风袭击表示慰问，并愿意提供人道主义援助。这是美国第一次以政府名义向古巴表示愿意提供人道主义援助。对于这一不寻常的善意举动，古巴表示赞赏，同时作为积极的回应，也主动建议由古巴国营公司用美元现金购买美国的食品和药品，并由古巴派船承运。美国政府对古巴的建议表示同意。于是，2001 年 12 月 16 日，40 年来第一次由美国船满载美国的出口货（价值 300 万美元的 500 吨冻鸡和 2.4 万吨玉米）抵达哈瓦那。这是自美国对古巴实行贸易禁运以来，美国货轮首次将古巴购买的美国食品直接运往古巴。

2002 年 1 月 3 日，卡斯特罗在会见美国两名共和党参议员时重申古巴将同美国在扫毒方面进行合作，同时还表示古巴不反对美国使用关塔那摩基地关押塔利班和"基地"组织战俘。同年 1 月 11 日，古巴政府发表声明指出，古巴不会对美国将塔利班及"基地"组织部分战俘移送到关塔那摩基地设置障碍，古巴不会对美国转移上述俘虏采取阻挠行动。据古巴政府声明，美国事先向古巴政府通报了美国准备转移俘虏的决定和详细行动方案。应卡斯特罗的邀请，美国前总统卡特于 2002 年 5 月 12～17 日对古巴进行了为期 6 天的私人访问。卡特是古巴革命胜利以来，到访古巴的最高级别的美国政界人士。卡特的古巴之旅，对恢复两国正常关系起一定的促进作用。美国国务院自 2002 年起，在每年公布的《世界恐怖主义形势》报告中，一直无端地指责古巴为"支持恐怖主义的国家"之一，直到 2015 年 5 月奥巴马政府在美古复交前夕，才宣布将古巴撤出"支持恐怖主义的国家"的名单。

2003 年，美古之间长期存在的紧张关系呈现加剧势头。3、4 月间，在美国怂恿下，接连发生古巴飞机和渡船被劫持事件。古巴对被逮捕的劫船分子进行了审判和制裁，处决了其中 3 名罪犯。卡斯特罗表示，接连发生的古巴飞机和渡船被劫持事件是美国当局纵容犯罪分子、鼓励非法移民的结果。5 月 13 日，美国下令驱逐 14 名古巴外交官，其中包括 7 名常驻联合国总部代表团成员和 7 名古巴利益代表处官员，原因是他们从事了"不恰当和不可接受的"活动。古巴强烈谴责美国政府的这一举动，指出这是美国对古巴"采取敌视态度的进一步升级"。与此同时，古巴方面还谴责美国资助并支持古巴国内的反革命活动，逮捕和审判了数十名背叛祖国的反革命分子。美国政府就古巴处决 3 名罪犯和逮捕、审判反革命分子一事，在国际上掀起一股反古浪潮，并采取一系列措施，进一步制裁古巴政府。

奥巴马上台伊始，2009 年 4 月 17 日，他在西班牙港第 5 届美洲首脑会议开幕式发言中表示，美国将寻求与古巴关系的"新开端"。奥巴马宣布，解除古巴裔美国人前往古巴探亲及向古巴亲属汇款的限制。自 2013 年春开始，美古两国高级代表在加拿大进行了长达 18 个月共 9 轮的秘密谈判。2013 年 12 月 10 日，美国总统奥巴马与古巴国务委员会主席劳尔·卡斯特罗在南非共同出席曼德拉葬礼时罕见握手。2014 年 12 月 17 日，奥巴马总统与劳尔·卡斯特罗主席同时在各自的首都宣布"开启两国关系正常化进程"。2015 年 4 月 11 日，劳尔主席与奥巴马在巴拿马举行的第 7 届美洲峰会上实现历史性会晤。同年 5 月底，美国宣布将古巴撤出"支恐"名单。7 月 20 日，古巴外长罗德里格斯赴美出席古巴驻美国大使馆重新开馆升旗仪式，美古恢复正式外交关系。8 月 14 日，美国国务卿克里出席美国驻古巴大使馆重开升旗仪式。美古关系正常化全面启动。古美建立了双边委员会，两国多位部长实现互访，两国政府代表讨论了两国的"三通"（通航、通邮和通商）问题和环保、扫毒、反恐、移民和赔偿等问题，并就通航、通邮、扫毒、环保等问题达成了协议。2016 年 3 月 20 日至 22 日，奥巴马总统访问古巴，奥巴马是 88 年来第一个访问古巴的美国总统，也是 1959 年古巴革命胜利以来第一个访问古巴的美国总统。2017 年 1 月 12 日，奥巴马在结束其第二个任期前宣布，为推动美国和古巴双边关系正常化进程，美国即刻起终止对古巴偷渡者的特殊移民政策优待，即执行长达 20 多年的"干脚湿脚"政策。但是，美古复交只是美古关系正常化的开始，奥巴马政府并没有取消对古巴的经济、贸易和金融封锁，没有归还所霸占的古巴关塔那摩海军基地，也没有停止反古电台、电视台的宣传和赔偿因封锁给古巴造成的巨额经济损失。

2017 年 1 月 20 日，共和党人特朗普就任美国总统后，对古巴采取了比其前任奥巴马更加强硬的政策。6 月 16 日，特朗普在迈阿密发表了一篇对古巴现政府充满敌意的演说，颁布了他对古巴的"新政"。特朗普在讲话中，明目张胆地支持古巴国内外的反古分子，要求古巴政府释放所有的政治犯、尊重集会和言论自由、开放党禁和在国际监督下举行自由选举。在发表演说后，特朗普签署了《关于加强美国对古巴政策的总统国家安全备忘录》，宣布废除奥巴马 2016 年 10 月 14 日颁布的《古美关系正常化》政策的总统指示。特朗普对古巴的"新政"，主要有两点：一是限制美国企业与古巴军队、情报和安全部门相关的企业，特别是军队经营的"企业管理集团"（Grupo de Administración Empresarial, GAESA）的经贸往来，以切断古巴政府的收入来源；二是加强对美国人到古巴旅行的限制和监控。美国政府将不再允许"个人"对"个人"的教育和学术交流，教育和学术交流必须以团组形式来进行，政府将严格按照上届政府的规定，允许 12 类人到古巴进行访问，不准美国人自由地到古巴去旅游。所有去古巴的人都须出示相关的证据证明其去古巴旅行的动因。特朗普宣布美国不会取消对古巴的禁运（古巴称之为"封锁"），美国将反对联合国或其他国际机构要求美国取消对古巴封锁的提案和决议。但特朗普表示，美国不会与古巴断交，不会再恢复已被奥巴马废除的"干脚湿脚"政策，继续允许美国商业飞机和游轮与古巴通航。6 月 16 日，古巴政府发表了措辞强烈的声明，声明表示，特朗普宣布的美国对古巴新政策使古美关系"倒退"，任何希望通过外部压力改变古巴政治、经济和社会制度的企图注定会失败。声明表示，古巴政府愿意与美国在尊重分歧的基础上进行对话、和平相处和友好合作，但古巴政府在主权和独立问题上决不让步，也不会接受任何附加条件，古巴人民将自主决定本国发展的方向。因此，古美两国关系的正常化仍会继续下去，但两国关系全面正常化仍然长路漫漫。

二 与苏联/俄罗斯和东欧国家的关系

苏东剧变前古巴与苏联和东欧社会主义国家的关系 古巴于 1942 年 10 月同苏联建交。1952 年 4 月，巴蒂斯塔独裁政府与苏联断交。古巴革命胜利后，1960 年 5 月 8 日，古巴与苏联复交。从 20 世纪 60 年代初到 80 年代末，总的来说，古苏关系十分密切，苏联一直是古巴的最主要的经济贸易伙伴，两国党政军领导人互访频繁。古巴主要领导人菲德尔·卡斯特罗和劳尔·卡斯特罗等曾多次访苏，先后访问古巴的苏联领导人有：部长会议第一副主席米高扬（1960、1961）、部长会议副主席柯西金

（1960）、苏共中央总书记勃列日涅夫（1974）、苏共中央总书记和最高苏维埃主席戈尔巴乔夫（1989）等。

1960 年 2 月，米高扬访古，两国建立贸易关系，苏联向古巴提供 1 亿美元的贷款。不久，两国复交。古苏之间也存在一些分歧和矛盾，如 1962 年加勒比海危机后期，苏联在美国的压力下，未征得古巴同意就单方面宣布从古巴撤走导弹和接受美国提出的让联合国派人到古巴"现场监督"和核实导弹撤走情况，遭到古巴的断然拒绝。但随后，苏联于 1963 年和 1964 年邀请古巴总理卡斯特罗两次访问苏联。在第二次访苏期间，古苏签署食糖长期贸易协定。在一些重大问题上，古巴常常支持苏联的立场，如 1968 年古巴公开支持苏联侵占捷克斯洛伐克，在联大多次投票反对要求苏从阿富汗撤军等。

古巴革命胜利后不久，东欧社会主义国家也陆续同古巴建交。从那时起直至 20 世纪 80 年代末，古巴与东欧国家保持了密切关系，既是政治上的盟友，又是经济上重要的伙伴。1972 年，古巴确定了依靠经互会的支援建设社会主义的战略方针，成为经互会的成员，在经济上与苏联、东欧实现一体化。从此，古巴的国内生产按照经互会的分工进行，它的对外经贸关系也被纳入经互会体系，这不仅加深了古巴同经互会国家的关系，也加深了它在经济上对经互会国家的依赖。1976 年古巴宪法规定，古巴是世界社会主义大家庭的组成部分。卡斯特罗在古共"三大"上指出，同经互会的经济关系已成为古巴"经济持续发展的一个决定性因素"。

在美国长期禁运和封锁下，古巴自革命胜利后直至 80 年代末，经济上一直依赖于苏联和经互会。苏联、东欧国家，特别是苏联在经济、军事上给予古巴大量援助，以优惠价格向古巴提供石油，高价购买古巴食糖，平均每年要向古巴提供 30 亿美元以上的援助。在苏东剧变前，古巴外贸的 85% 是同苏联和东欧社会主义国家进行的，其中东欧约占 10%。在 1988 ~ 1989 年古巴的出口商品中，有 63% 的糖、73% 的镍、95% 的酸性水果和 100% 的电器零配件是向经互会市场出口的；在古巴的进口商品中，则有 63% 的食品、86% 的原料、98% 的燃料、80% 的机器设备、72% ~ 75% 的制成品来自经互会国家。这说明，在 80 年代后期，古巴在经济上对苏联、东欧国家的依赖是很深的。80年代末,古巴积欠苏联、东欧国家的债务为260亿美元。在古巴的苏联专家和顾问一度超过1万人,驻军约1.2万人。苏联在古巴的援建项目达1000多项,其中有100多个项目是大型工业企业,如莫阿镍联合加工厂、奥尔金联合收割机厂、圣地亚哥纺织联合加工厂等。与此同时,古巴的糖、柑橘、烟草和镍等产品满足了苏联的需要,其中,糖和柑橘分别占苏联总消费量的25%和29.7%。

1985年3月戈尔巴乔夫就任苏共中央总书记至1991年12月苏联正式解体前,在"新思维"指导下,苏联调整了总的外交政策,苏联对古巴的政策也做了调整。苏联逐渐疏远同古巴的关系,削减对古巴的援助,减少对古巴的贸易优惠,压低购买古巴糖的价格。1989年4月戈尔巴乔夫访古期间,与卡斯特罗签署了为期25年的古苏两国友好与合作条约。但不久,由于苏联国内形势的急剧变化,上述条约成了一纸空文。

东欧剧变、苏联解体、冷战结束后,1993年3月和1994年9月,古巴国务委员会和部长会议第一副主席劳尔·卡斯特罗曾对报界发表过两次谈话,在谈到过去30年的古苏关系时,他认为苏联欠古巴的更多。劳尔说:"我们过去从苏联无偿得到的武器装备是对我们国家的援助,对此,我们是永远感激的。但是,应该指出的是,在社会主义和资本主义两种制度对抗的情况下,苏联和古巴的军事关系对苏联是非常上算的,这才是公正的评价。其次才是互惠互利的。当存在着两个超级大国、两个世界和永久对抗时,应该了解这个小岛的战略意义……从这个意义上看,如果我们所给予苏联的援助以及我们所经历的风险能够用物质的价值来计算的话,那么对苏联来说,应该是他们欠古巴的,而不是古巴欠他们的。"[①]

苏联解体以来古巴与俄罗斯、独联体其他国家和东欧国家的关系

1991年12月苏联的解体对古巴来说是一个沉重的打击。苏联解体后,俄罗斯宣布停止对古巴的援助,撤走援古技术人员,贸易关系仅限于按照国际市场价格用石油交换古巴的糖,而糖和石油的交易额也大幅度下降。俄

---

① Granma Internacional, 12 de mayo, 1993;另见徐世澄《冲撞:卡斯特罗与美国总统》,东方出版社,1999,第157~158页。

罗斯向古巴提供的石油从苏联时期 1989 年的 1200 万吨降至 1992 年的 600
万吨，致使古巴能源供应短缺。古巴的能源主要靠苏联的原油，石油的短
缺，使古巴发电量显著下降，大批工厂被迫关闭或减产，大批农机闲置，
客运货运大幅度减少，居民生活用电经常中断。由于燃料短缺和缺少外汇
进口化肥、除虫剂等，蔗糖产量和收入锐减。由于俄罗斯不再向古巴出口
粮食，古巴政府不得不一再降低居民的食品配给定量。据估计，苏联解体
使古巴遭受的直接经济损失约 40 亿美元。东欧剧变和苏联解体使古巴在
政治上失去了重要的战略依托，经济上陷入危机，1990～1993 年古巴国
内生产总值累计下降 34%。1993 年俄罗斯与古巴的贸易额仅为 5.39 亿美
元。古巴同东欧国家的经贸关系几乎不复存在。

苏联解体后，古巴竭力维系同俄罗斯、独联体其他国家及东欧国家的
正常关系。与此同时，俄罗斯为了自身的民族利益和经济利益，逐渐扭转
向西方"一边倒"的方针，恢复和发展同古巴的关系。从 1992 年下半年
开始，古俄经贸关系有所改善。1992 年 11 月，两国在莫斯科签署了政府
间经济、贸易和航运合作协议，成立了政府间经贸和科技合作委员会，并
签订了俄罗斯以 310 万吨石油换取古巴 150 万吨食糖的贸易和支付协议
书。1993 年 5 月，俄罗斯部长会议副主席舒梅科出访古巴。同年 7 月，
古巴部长会议副主席索托回访俄罗斯。俄罗斯答应协助古巴完成 12 项未
完成的工程，向古巴提供燃料、零配件、化肥，向胡拉瓜核电站提供
3000 万美元的贷款。古俄还签订了关于建立合资企业的备忘录。同年 12
月，两国共同建立了俄古国际经济联合会，吸纳了双方众多公司企业。

在军事关系方面，1992 年 9 月 16 日，古巴同俄罗斯就俄罗斯撤出原
驻古巴的苏联军队达成协议。根据协议，原苏联军事教练旅军事人员及其
家属于 1993 年上半年全部撤出古巴。

20 世纪 90 年代后期，古巴同俄罗斯的关系逐步恢复。1995 年 5
月，古巴外长罗瓦伊纳在苏联解体后第一次访问俄罗斯。古俄签署了古巴
用 100 万吨食糖换取俄罗斯 300 万吨石油的协议。俄罗斯还决定向古巴提
供贷款，恢复古巴核电站的建设。同年 10 月，俄罗斯第一副总理索斯科
韦茨出访古巴，两国签署了 1996～1998 年贸易议定书，规定 1996 年俄罗

斯以450万吨石油换取古巴150万吨食糖，签署了关于延长俄罗斯向古巴胡拉瓜核电站提供的3000万美元贷款期限的议定书。此外，还签署了关于加深两国企业在旅游、运输和轻工业方面合作的议定书。古俄贸易1993年为5.39亿美元，1995年降为4.67亿美元。1996年一度增加到8.77亿美元，这一年，俄罗斯再次成为古巴的第一大贸易伙伴。① 1996年5月，俄罗斯外长普里马科夫访古，这是苏联解体后俄外长首次出访古巴。普里马科夫访古期间，古俄两国签署了相互关系准则声明和文化、教育与科技合作协定。1998年3月、1999年1月，古巴外长再次访俄。1999年1月，当时已任总理的普里马科夫对到访的古外长表示，俄罗斯同古巴的关系是俄罗斯在拉美地区的重点之一。

2000年12月13～17日，俄罗斯总统普京访问古巴。这是苏联解体后，第一位访问古巴的俄罗斯总统。普京访古期间，古俄两国签署了5项合作协议，两国国防部还签署了一项技术—军事合作计划。古俄两国关系有所升温。然而，2001年10月17日，普京总统单方面宣布俄罗斯将关闭在古巴的洛尔德斯电子监听站，使两国刚升温的关系再次降温。这一监听站由苏联建于1964年并为苏古共同使用，冷战结束后交俄罗斯使用，俄方向古巴每年付2亿美元租金。2002年1月底，监听站正式关闭。

21世纪初，俄古关系逐步发展。2006年9月，俄罗斯总理米哈伊尔·弗拉德科夫访问古巴。2008年11月，俄罗斯总统梅德韦杰夫访问古巴，与古巴签署了10项合作协议，承诺向古巴提供2000万美元贷款，两国关系逐步升温。2009年1月底，劳尔·卡斯特罗就任古巴国务委员会主席和部长会议主席后不久，就访问俄罗斯，这是自冷战结束后，古巴主要领导人对俄罗斯的首次访问。访问期间，两国确定建立"战略伙伴关系"，签署了9项合作协议。2012年7月和2015年5月，劳尔·卡斯特罗又访问了俄罗斯。2016年5月，古巴国务委员会和部长会议第一副主席米格尔·迪亚斯－卡内尔访问俄罗斯。2013年2月，俄罗斯总理梅德韦杰夫访古。2014年7月，普京总统再次访古。访问前夕，俄罗斯宣布

---

① 1997年古俄贸易额为6.37亿美元，1998年降为5亿美元，1999年降为4.81亿美元。

免除古巴所欠（主要为苏联时期古巴所欠）350 亿美元债务的 90%，其余 10% 约 35 亿美元将作为俄罗斯的投资分 10 年投给古巴。访问期间，俄古两国签署了 12 项合作协议，俄罗斯承诺向古巴提供 16 亿美元的贷款用于建设 4 家火力发电厂。然而，最近几年，俄古双边贸易额只有二三亿美元，俄罗斯在古巴对外贸易中只居第九或第十位。2007 年双边贸易额为 3.63 亿美元，2011 年只有 2.24 亿美元，2012 年为 2.72 亿美元。

与独联体其他国家和东欧国家的关系　1992 年古巴先后同独联体各国建交。1992 年 1 月 1 日，古巴外贸部部长卡布里萨斯访问塔吉克斯坦和吉尔吉斯斯坦，并同两国分别签署贸易合作协定。同年 2 月，卡布里萨斯又访问白俄罗斯，两国签署为期 5 年的经贸合作协议。同年 3～4 月，古巴副外长先后访问了乌克兰、摩尔多瓦、吉尔吉斯斯坦、土库曼斯坦、塔吉克斯坦、亚美尼亚、阿塞拜疆、哈萨克斯坦、白俄罗斯和格鲁吉亚，并分别同上述各国签署建交协议。3 月，古巴经济合作委员会主任访问乌克兰。古巴尽力同所有的苏联加盟共和国维持并发展关系。1997 年，白俄罗斯武装部队总参谋长访问古巴。2012 年 6 月，白俄罗斯总统卢卡申科访问古巴。2016 年 4 月，哈萨克斯坦总统努尔苏丹·纳扎尔巴耶夫访古。5 月，古巴国务委员会和部长会议第一副主席米格尔·迪亚斯－卡内尔访问白俄罗斯。

东欧剧变后，经互会解散，古巴同东欧的经贸关系几乎不复存在。1990 年 10 月德国统一后撤销了过去民主德国同古巴签订的一切协议，使古巴失去了民主德国这个仅次于苏联的重要经贸伙伴。20 世纪 90 年代后半期以来，古巴同东欧有些国家，如捷克、斯洛伐克、匈牙利等在一定程度上恢复了往来。1997 年匈牙利外长访问古巴。2015 年 5 月，塞尔维亚总统托米斯拉夫·尼科利奇访古。同年 10 月，斯洛伐克总理罗贝尔特·菲佐访问古巴。

三　与欧盟国家、加拿大和日本的关系

与欧盟国家的关系　古巴革命胜利后，古巴和大多数西欧国家都保持外交和经贸关系。在西欧国家中，同古巴交往比较多的有西班牙、法国、

德国、英国、意大利、荷兰、比利时等。1967 年《布鲁塞尔条约》生效，欧洲共同体正式成立。1986 年西班牙、葡萄牙加入欧共体。1988 年 9 月 29 日，欧共体与古巴正式建立外交关系。[①] 古巴与欧共体[②]建交后不久，东欧剧变，苏联解体。古巴适时调整其外交政策，注意利用西方国家之间的矛盾，努力发展同欧共体（欧盟）国家、加拿大、日本的关系，以打破美国的孤立政策。20 世纪 90 年代以来，菲德尔·卡斯特罗主席先后访问了西班牙、丹麦、意大利、梵蒂冈、法国、瑞士、葡萄牙等西欧国家并参加在其中一些国家举行的重要国际会议。1992 年 7 月，卡斯特罗出席了在马德里召开的第 2 届伊比利亚美洲首脑会议。1995 年 3 月，卡斯特罗应邀访问法国。20 世纪 90 年代以来，欧盟同古巴的接触和对话也有所增加。1995 年 4 月，时任欧盟首席代表的曼努埃尔·马林访问古巴。1996 年 2 月，已任欧洲委员会副主席的曼努埃尔·马林再次访问古巴。

欧盟国家反对美国对古巴的封锁政策，继续同古巴保持经贸关系。苏东剧变后，欧盟一直是古巴最主要的投资者、最重要的贸易伙伴和最主要的游客来源地。自 1992 年起，欧盟国家在联合国一直投票赞成要求美国解除对古巴封锁的决议。欧盟国家反对美国先后通过的加强对古巴经济封锁的《托里切利法》和《赫尔姆斯—伯顿法》。1996 年 10 月，欧盟 15 国以《赫—伯法》违背世界贸易组织的自由贸易为由，向世贸组织提起诉讼，要求仲裁，并通过了一项针锋相对的立法，禁止欧洲公司或个人服从美国的诉讼条例，允许欧洲公司或个人提出反诉讼。1997 年 4 月 11 日，欧盟与美国就由《赫—伯法》引起的贸易争端达成谅解协议。美国同意暂停执行《赫—伯法》中具有域外立法性质的条款，欧盟则暂时中止要求世贸组织就此进行仲裁。同年 4 月 14 日，欧盟成员国决定暂不向世贸组织仲裁机构提出正式起诉，欧盟与美国关于《赫—伯法》之争暂时告

---

① IRELA（Instituto de Relaciones Europeo – Latinoamericanas），*Cuba Apertura Económica y Relaciones con Europa*，Madrid，1994，p. 247.

② 1991 年 12 月，欧共体 12 国首脑在马斯特里赫特会议上达成了建立欧洲货币联盟和政治联盟的条约，统称《马斯特里赫特条约》（简称《马约》）。1993 年 11 月 1 日，该条约生效，欧共体正式易名为欧洲联盟（简称欧盟）。

一段落。

　　1998 年 5 月在布鲁塞尔召开的欧盟发展部长会议上，欧盟 15 国部长一致认为，与古巴重新对话的时刻已经到来。1998 年 5 月，古巴作为观察员参加了在巴巴多斯召开的欧盟及非洲、加勒比和太平洋地区集团的部长级会议；6 月 29 日，欧盟外长理事会同意古巴以观察员资格参加欧盟和非加太集团的谈判。

　　1999 年 9 月，卡斯特罗出席了在里约热内卢召开的第一届欧盟—拉美首脑会议，这次会议通过的《里约热内卢声明》不指名地谴责美国强化对古巴封锁的《赫—伯法》。会议期间，卡斯特罗会晤了德国、法国、西班牙、意大利等欧盟国家领导人。

　　欧盟虽然反对美国对古巴的经济封锁，支持古巴对外开放，但它不断向古巴施加政治压力，要求古巴"开放民主"、"改善人权状况"。古巴方面则对欧盟这种干涉古巴内政的做法表示不满。因此，古巴同欧盟国家关系的发展常常出现波折。1996 年 2 月，欧盟坚持要求古巴就"推进民主化进程"等问题做出承诺为先决条件，致使同古巴关于经贸合作协议的谈判陷入僵局。同年 5 月，欧盟委员会以所谓古巴政府未采取积极行动为由，取消了原定向 15 个成员国提交的一项有关欧盟和古巴谈判方针的议案。同年 12 月 2 日，欧盟正式通过文件，确定对古巴实行将合作与民主开放相联系的政治策略。自 1996 年起，欧盟与古巴的政治对话中断。1999 年 3 月 17 日，欧盟轮值主席国德国发表声明，谴责古巴将 4 名持不同政见者判刑。2000 年 4 月 28 日，古巴撤回了加入非加太集团的申请，并取消了欧盟一个代表团对古巴的访问。

　　2001 年 3 月，欧盟向古巴提供了 800 万欧元的人道主义援助。同年 8 月 29 日，欧盟轮值主席、比利时外长米歇尔访古。同年 12 月，古巴与欧盟恢复中断了 4 年多的政治对话。2002 年 11 月 4 日，古巴副外长在丹麦首都哥本哈根会见欧盟当局。2003 年 1 月，古巴再次正式提出加入非加太集团（《科托努协定》，原称《洛美协定》）的申请。2003 年 3 月，欧盟在古巴设立常设办事处。据欧盟统计，自 1993 年至 2001 年，欧盟共向古巴提供了 1.45 亿欧元的援助，其中 0.9 亿欧元为人道主义援助。

2003 年 5 月，由于欧盟国家批评古巴处决 3 名劫船罪犯和逮捕、审判 70 多名 "持不同政见者" 并决定无限期推迟审议古巴关于加入非加太集团的申请，古巴被迫再次撤回加入非加太集团的申请。同年 6 月，欧盟又以同样理由，宣布对古巴采取减少双边高层往来、降低文化交流规格、邀请古巴 "持不同政见者" 参加欧盟国家驻古使馆官方招待会等外交制裁措施。古巴对此反应强烈，宣布古巴将不邀请欧盟国家参加古巴举行的任何官方活动。古巴还组织上百万人在西班牙和意大利驻古使馆前举行大规模的游行示威，以示抗议，古巴与欧盟关系恶化。2014 年 4 月，欧盟与古巴开始正式谈判。经过 7 轮谈判后，双方终于在 2016 年 3 月 11 日在哈瓦那签署了旨在推动双边关系正常化的《政治对话与合作协议》，为欧盟与古巴全面合作打开了通道。2016 年 3 月，欧盟外交与安全政策高级代表莫盖里尼出访古巴，成为有史以来访问古巴的最高级别的欧盟官员。3 月 11 日，古巴和欧盟签署了旨在推动双边关系正常化的框架协议，为欧盟及其成员国与古巴开展全面合作打开了通道。同年 12 月 12 日，欧盟与古巴在布鲁塞尔签署首份双边关系框架协议，推动关系全面正常化，为欧盟及其成员国与古巴开展全面经贸合作扫清障碍。欧盟外交与安全政策高级代表莫盖里尼以及欧盟 28 个成员国代表与古巴外长罗德里格斯共同签署了这份名为《政治对话与合作协议》的双边框架协议。2017 年 7 月 5 日，欧盟议会全体会议以 567 票同意、65 票反对和 31 票弃权通过了欧盟与古巴对话和合作协议。

在欧盟国家中，西班牙同古巴的关系最为密切。西班牙是欧盟成员国中，古巴最主要的贸易伙伴和最主要的投资来源国。古巴革命胜利后，古巴和西班牙一直保持外交和贸易关系。即使在佛朗哥独裁统治时期，西班牙仍是古巴在西欧最重要的贸易伙伴。1963 年 11 月，西班牙不顾美国的禁令、打破美国对古巴的封锁，在西欧国家中率先同古巴签订双边贸易条约。同年 12 月，古巴贸易代表团访问西班牙。1964 年 1 月，西班牙贸易代表团回访古巴。1971 年 12 月，古西两国签订了长期贸易协定。

1975 年佛朗哥去世后，古巴与西班牙的政治、经贸关系得到进一步发展。1982～1996 年执政的西班牙工人社会党政府反对孤立古巴，发展同古巴的贸易关系。1984 年 2 月，卡斯特罗在结束对苏联访问后，途经马德里机场时，同冈萨雷斯首相进行会晤。同年 11 月，古西两国签订了运输、通信和旅游方面 3 项合作议定书。1986 年 11 月，冈萨雷斯首相访问古巴。1987 年，西班牙向古巴提供了 5000 万美元的经济合作贷款。1990 年因一些古巴人在哈瓦那闯入西班牙驻古使馆、要求政治避难事件，两国关系出现波折，西班牙中断了与古巴的合作计划。1991 年，在墨西哥出席第 1 届伊比利亚美洲首脑会议期间，卡斯特罗会见了卡洛斯国王和冈萨雷斯首相。1992 年，卡斯特罗到马德里出席第 2 届伊比利亚美洲首脑会议。1993 年，西班牙经济部长访问古巴，两国合作计划部分得到恢复。

1996 年人民党阿斯纳尔执政后，古西两国关系因阿斯纳尔政府坚持要求古巴"开放民主"，而出现波折。1998 年 5 月，古巴外长访问西班牙，两国关系逐步恢复正常。同年 10 月，卡斯特罗在葡萄牙出席第 8 届伊比利亚美洲首脑会议期间，两次会见西班牙首相阿斯纳尔。11 月，西班牙外长马图德斯回访古巴。1999 年 11 月，卡洛斯国王和阿斯纳尔首相到古巴哈瓦那出席第 9 届伊比利亚美洲首脑会议，卡斯特罗主席亲临机场迎接卡洛斯国王。但阿斯纳尔首相到古巴后，立即会见古巴持不同政见者组织的头目。

由于在 20 世纪 90 年代后期以来，阿斯纳尔政府（1996～2004）在外交方面奉行亲美政策，对古巴采取强硬政策，积极参与欧盟对古巴的外交制裁，以及由于设在古巴的"西班牙文化中心"从事支持古巴持不同政见者反对古巴政府的活动，古巴外交部于 2003 年 6 月 14 日宣布中止古西两国 1995 年达成的有关在古巴成立"西班牙文化中心"的议定书。2007 年 4 月，西班牙外交大臣米格尔·安赫尔曼·莫拉蒂诺斯访问古巴，西班牙决定恢复同古巴政府间的官方发展合作，双方同意建立两国高级别磋商机制，就人权问题开展对话，并就债务问题以及重开西班牙在哈瓦那文化中心等事宜进行谈判。2009 年 10 月，莫拉蒂诺斯再次访问古巴，宣布两国关系已经完全恢复正常。2014 年 11 月，西班牙外交大臣何塞·曼努埃尔·加西亚－马尔加略访问古巴。2015 年 7 月,古巴部长会议副主席里卡多·卡普利萨斯和外贸外资部部长罗德里戈·马尔米埃卡访问西班牙。2015 年 12 月,古巴政府同巴黎俱乐部古巴债权国集团在哈瓦那就古巴债务达成协议,对古总额为 111 亿美元(含逾期利息)的债务提出了最终解决方案。古巴共欠巴黎俱乐部有关成员国 100.8 亿欧元(合 110.8 亿美元)债务,其中 77.3 亿欧元(合 85 亿美元)为利息。巴黎俱乐部将免除利息部分。古方则承诺将在未来 18 年内偿还剩余 25.8 亿美元逾期债务。在此次免除的债务中,17.01 亿欧元(合 18.8 亿美元)为西班牙免除的古巴债务利息。至此,古巴所欠西班牙的债务减为 5.3 亿欧元(合 5.9 亿美元)。

古巴努力发展与法国、意大利、英国等欧盟其他国家的关系。1995 年卡斯特罗访问法国。1998 年 5 月,法国夏尔·若斯兰部长访问古巴,成为 10 年来对古巴进行正式访问的第一位法国部长级官员。同年 9 月,古巴国务委员会副主席拉赫访问法国和意大利,法国与古巴签署了近 22 亿美元的补偿贸易协定,意大利则同意恢复对古巴的出口信贷保险,重新就古巴的短期外债进行谈判。1998 年 10 月 18 日,英国和古巴签署了一项航空协议,英国航空公司将正式开通伦敦至哈瓦那的航线;古英双方还同意在反毒方面加强合作,英国海关和税务署的麻醉剂专家从 20 世纪 90 年代中期以来一直在培训古巴的缉毒人员和向古巴提供技术帮助。

2015 年以来,随着欧盟与古巴关系的逐渐恢复和美国与古巴恢复关系,欧盟成员国德国、法国、西班牙、意大利、荷兰和英国等多国政要和官员接踵访问古巴。2015 年 5 月和 2016 年 2 月,劳尔·卡斯特罗先后访问了意大利和法国。

1996 年,卡斯特罗访问梵蒂冈。1998 年 1 月,罗马教宗若望·保禄二世(又译约翰·保罗二世)应邀访古。若望·保禄二世访古期间,严厉地谴责美国对古巴实施的封锁是"不公正的,从道义上说,是不能接受的",他表示"愿古巴向世界开放,也愿世界向古巴开放"。他对古巴的访问,对古巴打破美国的封锁、开拓国际生存空间和发展同欧盟国家关系产生了积极影响。2012 年 3 月,教宗本笃十六世访问古巴。2015 年 5

月，劳尔·卡斯特罗访问梵蒂冈，同年9月，教宗方济各访问古巴。

与加拿大的关系 自1959年古巴革命胜利后，加拿大一直与古巴保持外交关系。1976年加拿大总理特鲁多应邀访问古巴，两国关系进一步发展。20世纪70年代后期，古巴已成为加拿大在拉美的第四大贸易伙伴和在加勒比地区的第一大贸易伙伴。加拿大对古巴奉行接触政策。1994年6月，加拿大恢复向古巴提供中断了16年的援助。20世纪90年代以来，加在古巴投资增加。1997年，加外长访古，同古巴签署联合声明，确定两国将在司法、人权等14个领域加强合作。这是古巴第一次与一个西方国家在人权、政府管理等敏感领域进行合作。加拿大公开谴责1996年美国国会通过的旨在加强对古巴经济封锁的《赫—伯法》。1998年4月，加拿大总理克雷蒂安应邀访问古巴，就贸易、投资、共同打击恐怖主义和扫毒等问题同古巴国务委员会主席卡斯特罗广泛交换了意见，克雷蒂安呼吁美国放弃孤立古巴的政策。卡斯特罗感谢加拿大同古巴的合作，赞扬加拿大从未加入美国对古巴的封锁。1998年加拿大在古巴的投资金额达6亿美元，成为古巴主要的外国投资来源国。加古贸易1996年达6.81亿美元，1998年增加到18.45亿美元，2010年为10亿美元，2015年为7.26亿美元。2015年，加拿大是古巴第四大贸易伙伴，仅次于委内瑞拉、中国和西班牙。加拿大还是古巴旅游业的第一大客源地，2015年到古巴旅游的加拿大游客达130万人次，占外国旅游者总数的40%。

自2013年春至2014年12月，加拿大为美古两国高级代表在加拿大进行的长达18个月共9轮的关于恢复两国关系的秘密谈判提供了方便条件。对此，古美两国都对加拿大表示感谢。2016年5月，古巴外长布鲁诺·罗德里格斯访问加拿大。同年11月，加拿大总理贾斯廷·特鲁多访问古巴。

与日本的关系 早在一百多年前，日本就有移民到达古巴。古巴与日本于1902年建交。二战期间，两国曾断交，1957年复交。1959年古巴革命胜利后，两国一直保持外交关系和贸易往来。在20世纪70年代和80年代前半期，日本是除社会主义国家外古巴最主要的贸易伙伴，日古年均贸易额达2.5亿美元左右。后由于国际市场上蔗糖价格下跌，古巴欠日本债务增加，两国贸易额下降。2016 年双边贸易额只有 970 万美元。

1995 年卡斯特罗曾对日本作短暂访问。随后，两国企业界通过古日经济委员会签署了关于重新安排古巴所欠日本外债的协议。2000 年古日两国达成短期外债重新安排协议，古巴偿还所欠日本的第一笔债款，日本政府重新给向古巴的出口进行担保，但 1999 年双边贸易额只有 1700 万美元。2000 年到古巴旅游的日本游客达 9300 人次，比 1999 年增加了一倍。同年，古巴全国人大主席、国务委员会副主席、外长等访日。2001 年日本众议院议长访古。2003 年 3 月，卡斯特罗再次对日本进行了非正式访问。2015 年 5 月，日本外务相岸田文雄访古，受到劳尔·卡斯特罗主席的接见，并会见了菲德尔·卡斯特罗。同年 12 月，日本宣布免除古巴所欠日本约 9.97 亿美元的债务。2016 年 6 月，古巴国务委员会和部长会议第一副主席迪亚斯－卡内尔访问日本，会见了安倍首相。同年 9 月，安倍首相访问古巴。

四 与拉美国家的关系

古巴革命胜利初期，古巴同大多数拉美和加勒比独立国家建立外交关系。1960 年 8 月 22～29 日，在美国支持下，美洲国家组织召开了第 7 次美洲国家外长协商会议，会议讨论了所谓古巴和苏联对美洲大陆的干涉问题，会议通过了《圣何塞宣言》，不点名地谴责"大陆外强国对美洲共和国事务的干涉或干涉威胁"，反对和拒绝"任何美洲国家接受任何大陆外的威胁"。为反击《圣何塞宣言》，1960 年 6 月 2 日，100 万古巴人民在哈瓦那举行第一次全国人民大会，通过了《哈瓦那宣言》。

1962 年 1 月 22～31 日，在乌拉圭埃斯特角市召开了第 8 次美洲国家外长协商会议。会上，美国国务卿腊斯克要求与会各国"采取行动"以实现以下 4 个目标：宣布古巴政府"同泛美体系的宗旨和原则不相容"；把古巴完全排除在美洲国家组织及其各项机构之外；停止拉美国家同古巴之间的贸易往来，特别是军火的运输；要求在泛美防务委员会下设一个特别机构，向美洲各国政府提出"单独的或集体的措施"，以对古巴采取进一步军事干涉行动。

古巴

古巴代表团团长、古巴总统多尔蒂科斯在 1 月 25 日的全体会议上谴责美国对古巴的各种侵略罪行，并且宣读了古巴对美洲国家组织的立场的正式声明。这一声明的要点是：一切国家都拥有根据它们自己人民的愿望选择其社会经济制度和司法制度的不可让与的权利；古巴革命对拉丁美洲其他各国人民所产生的影响是古巴革命政府所无法避免的；古巴加强军事力量仅仅是为了自卫，绝不意味着对任何国家的领土和边疆的任何威胁，永远不会危及任何国家的安全；古巴既不接受也不会容忍古巴革命的社会主义内容成为在美洲国家组织这个区域性组织里限制一个主权国家权利的借口。会议在美国的操纵下，通过了把古巴"排斥"出"泛美体系"的决议。古巴投了反对票，墨西哥、巴西、厄瓜多尔、阿根廷、智利和玻利维亚投了弃权票。由于一些国家的反对，美国并没有完全达到上述 4 个目标，但还是达到了把古巴排除出泛美体系的主要目标。会议所通过的决议的主要内容是：任何美洲国家组织成员国依附马克思主义都是与泛美主义不相容的，这样的一个政府与共产党集团的联系会破坏本半球的团结一致；古巴现政府已经正式声明自己是一个马克思列宁主义的政府，它与泛美体系的原则和宗旨是不相容的。因此，古巴现政府不得参加泛美体系。美洲国家组织理事会和泛美体系的其他机构和组织应立即采取必要的措施来实施这项决定。墨西哥、巴西和厄瓜多尔外长在表决上述决议后先后在会议上发表声明，指出会议通过的决议是没有法律根据的，因为外长协商会议没有开除或停止任何会员国会籍的法律权利。

美国在埃斯特角会议强调通过反对和干涉古巴的决议，激起了古巴人民的严正抗议。为了直接反击埃斯特角会议通过的反古巴决议，古巴人民于 1962 年 2 月 4 日在哈瓦那举行了有一百多万人参加的第二次古巴人民全国大会，并且通过了由卡斯特罗总理宣读的第二个《哈瓦那宣言》。[①]

1964 年 7 月 21 日至 26 日，在华盛顿召开了第 9 次美洲国家外长协商会议。会议在美国的指示下，由委内瑞拉出面，指责古巴给委内瑞拉游击队提供武器、训练游击队、干涉委内瑞拉内政。在美国的压力下，会议通

---

① 全文请见《哈瓦那宣言》，世界知识出版社，1962 年，第 8 ~ 37 页。

过了对古巴进行"集体制裁"的决议。决议的主要内容是：美洲国家政府不保持同古巴政府的外交和领事关系；美洲国家政府中断同古巴进行的一切贸易往来，食品、医药和医疗设备除外；美洲国家政府中断它们和古巴之间的一切海运，出于人道主义的必要运输除外。

在投票表决时，这项决议遭到玻利维亚、智利、墨西哥和乌拉圭4国的反对。当时，在美洲国家中，只有这4国仍同古巴保持外交关系。会议后不久，智利、玻利维亚和乌拉圭3国迫于美国的压力先后同古巴断交，到同年9月，拉美国家中只剩下墨西哥一国同古巴保持外交关系，这种状况一直延续到20世纪70年代初。

针对华盛顿会议所通过的对古巴进行"集体制裁"的决定，古巴人民在1964年7月26日在奥连特省省会圣地亚哥市举行的群众集会上通过了《圣地亚哥宣言》。宣言指出，"美洲国家组织没有任何理由和权利来审判和处罚古巴"。宣言列举大量具体事实指控美国和拉美一些独裁寡头政府是该地区颠覆活动和战争危险的罪魁祸首。

1970年11月，智利社会党领袖阿连德就任总统后，推行独立自主的对外政策，率先同古巴恢复外交关系。1972年5月，秘鲁代表在美洲国家组织会议上建议，允许该组织成员同古巴恢复或建立外交关系，这一提案虽未获通过，但得到7个赞成票（3票弃权，13票反对）。同年6月，秘鲁同古巴恢复外交关系。1973年7月11日智利发生军事政变，政变后上台的军政府宣布同古巴断交。

1972年巴巴多斯、圭亚那、特立尼达和多巴哥、牙买加（均在1972年12月），阿根廷（1973年6月）、巴拿马（1974年8月）、委内瑞拉（1974年12月）、哥伦比亚（1975年3月）先后同古巴建交或复交。

1974年9月，哥伦比亚、哥斯达黎加和委内瑞拉联合提议美洲国家组织撤销对古巴的制裁。同年11月，美洲国家外长协商会议在厄瓜多尔首都基多举行，会议对上述3国的提议进行表决，美国代表投了弃权票，提议虽以2票之差未能通过，但拉美国家同古巴改善关系的趋势，已不可阻挡了。

1975年7月，在美洲国家组织特别会议上，美国福特政府的代表同意一些拉美国家的提案，同意修改《里约热内卢条约》，把通过提案必须达到2/3多数票的规定改为简单多数票。随后，7月底在圣何塞举行的第16次美洲国家外长协商会议上，以15票赞成、3票反对、2票弃权，通过了墨西哥等11国的提案，授权美洲国家组织成员国以各自认为适当的级别和方式处理同古巴的关系，从而取消了对古巴的集体制裁。在表决时，美国代表投了赞成票。

20世纪70年代后期及80年代，古巴又同格林纳达、苏里南、尼加拉瓜、厄瓜多尔和圣卢西亚（1979年）、玻利维亚（1983年）、乌拉圭（1985年）、巴西（1986年）等国建交或复交。

东欧剧变和苏联解体后，古巴调整了外交政策。重返拉美、回归拉美大家庭成为古巴外交的重点之一。绝大多数60年代在美国压力下同古巴断交的拉美国家先后同古巴复交。90年代以来，古巴先后同哥伦比亚（1981年哥伦比亚指责古巴干涉其内政而与古巴断交）、智利、海地、危地马拉、多米尼加共和国、巴拉圭等拉美国家复交。到2009年古巴与萨尔瓦多复交后，古巴已同所有其他32个拉美和加勒比国家建立了正式外交关系。

1993年古巴被接纳为加勒比共同体的观察员，同年成立了古巴—加勒比共同体委员会。1994年7月，古巴正式加入新成立的加勒比国家联盟，卡斯特罗主席参加了在哥伦比亚卡塔赫纳市举行的联盟成立纪要签字仪式。1995年3月25日，古巴签署了《拉丁美洲禁止核武器条约》。1998年卡斯特罗访问了牙买加、巴巴多斯、格林纳达、巴西和多米尼加共和国等国，并作为特邀观察员参加了在多米尼加共和国首都圣多明各举行的加勒比论坛首脑会议。1999年卡斯特罗访问委内瑞拉并再次到多米尼加共和国，参加了在圣多明各举行的加勒比国家联盟首脑会议。2002年卡斯特罗主席访问了厄瓜多尔；2003年1月，卡斯特罗主席到巴西、厄瓜多尔参加了巴西新总统卢拉、厄瓜多尔新总统古铁雷斯的就职仪式。2004年12月，委内瑞拉总统查韦斯访问古巴期间，与卡斯特罗主席共同发表关于创立"美洲玻利瓦尔替代计划"组织的联合声明并签署实施协定。2009年，"美洲玻利瓦尔替代计划"第六届特别峰会宣布该组织更名为"美洲玻利瓦尔联盟"。2005年6月,卡斯特罗到委内瑞拉拉克鲁斯港参加关于加勒比石油计划的第一次加勒比国家政府首脑会议。同年12月8日,卡斯特罗到巴巴多斯乔治敦参加第2届古巴—加勒比共同体首脑会议。2006年7月20~21日,卡斯特罗到阿根廷科尔多瓦市参加南方共同市场首脑会议,并代表古巴与南方共同市场签署了经济互补协定。7月22日,卡斯特罗与委内瑞拉总统查韦斯一起拜访了位于阿根廷小城格拉西亚的格瓦拉故居。

古巴自1991年起连续参加先后在墨西哥等拉美国家和西班牙、葡萄牙召开的伊比利亚美洲首脑会议。1999年11月,哈瓦那成功地主办了第9届伊比利亚美洲首脑会议,15个拉美国家元首、西班牙国王和首相、葡萄牙总统和总理参加了这次重要会议。同年8月,古巴被接纳为拉美一体化协会的成员。

2010年2月,劳尔·卡斯特罗到墨西哥参加在坎昆市举行的第2届拉美和加勒比国家一体化和发展首脑会议,会议决定成立拉美和加勒比共同体。2011年12月2~3日,劳尔·卡斯特罗又到委内瑞拉首都加拉加斯参加第3届拉美和加勒比国家一体化和发展首脑会议以及第22届里约集团首脑会议,正式宣告拉美和加勒比共同体(简称"拉共体")成立。2014年1月29日,作为拉共体轮值主席国,劳尔·卡斯特罗主席在首都哈瓦那主持召开了第2届拉共体首脑会议,会议宣布拉美和加勒比地区为"和平区",并一致通过《关于支持建立中国—拉共体论坛的特别声明》。2014年12月8~14日,在哈瓦那举行第5届古巴—加勒比共同体首脑会议和第13届美洲玻利瓦尔联盟首脑会议。2016年6月3~4日,第7届加勒比国家联盟会议在哈瓦那举行,劳尔·卡斯特罗在开幕式和闭幕式上发表讲话。同年9月,劳尔·卡斯特罗出席在委内瑞拉召开的第17届不结盟国家首脑会议。

过去一直由美国控制和操纵的美洲国家组织,已不再对美国唯命是从。1996年6月5日,美洲国家组织大会以23票赞成、美国1票反对的压倒性多数通过决议,谴责《赫—伯法》,要求美洲法律委员会对此做出裁决。2009年6月3日,第39届美洲国家组织大会在全体会议上通过决议，同意废除该组织于 1962 年通过的驱逐古巴的决议。

古巴和墨西哥一直保持着友好关系。墨西哥是 1959 年古巴革命胜利后唯一没有屈服于美国压力与古巴断交的拉美国家，是古巴突破外交孤立、扩大与外部世界经贸联系的重要门户，其重要性和影响力远非其他拉美国家可比。1959 年古巴革命胜利后，从 1975 年路易斯·埃切维利亚总统访古开始，先后有 7 位墨西哥总统访古。然而，自 2000 年 12 月原墨西哥反对党国家行动党福克斯总统执政后，墨西哥政府对古巴的政策发生了较大的变化。如福克斯在 2002 年 2 月访古时亲自会见古巴持不同政见者、墨西哥在联合国人权会议上投票支持要求古巴改善人权状况的提案等，这些做法遭到古巴的谴责，致使两国关系一度跌入历史低谷，出现前所未有的紧张局面。国家行动党卡尔德龙执政期间（2006～2012），墨古关系略有改善。2008 年两国达成协议，重新安排古巴所欠墨西哥 4 亿美元的债务。2012 年 4 月，卡尔德龙总统访问古巴。墨西哥是古巴第八大贸易伙伴，古巴则是墨西哥在加勒比地区的第一大贸易伙伴，两国双边贸易额徘徊在 3 亿～4 亿美元。2012 年墨西哥革命制度党培尼亚·涅托执政后，两国关系进一步改善。2013 年 9 月墨西哥外长访古。11 月，两国达成协议，墨西哥免除古巴所欠墨西哥外债 4.87 亿美元的 70%，即免除 3.409 亿美元，其余 30% 的外债 1.461 亿美元，古巴将分 10 年偿还。2014 年 1 月底，培尼亚·涅托总统到古巴参加第二届拉共体峰会，并会见了劳尔·卡斯特罗主席和菲德尔·卡斯特罗。2015 年 11 月，劳尔·卡斯特罗主席访问墨西哥，在梅里达市会见培尼亚·涅托总统。访问期间，两国签署了 5 项合作协议和文件，包括农业、食品、教育、旅游、移民等方面。2015 年墨古贸易额增加到 5 亿美元，墨西哥在古巴共有 30 项投资项目，其中有 9 项位于古巴新设的马里埃尔发展特区。

古巴与委内瑞拉有着特殊的关系。1959 年 1 月 23 日，古巴革命胜利后不久，菲德尔·卡斯特罗访问委内瑞拉。1961 年 11 月 11 日，委内瑞拉与古巴断交。1974 年 12 月 29 日，委古恢复外交关系。1992 年，时任伞兵中校的查韦斯发动兵变企图推翻奉行新自由主义政策的佩雷斯政府。兵变失败后，查韦斯锒铛入狱。1994 年查韦斯被大赦释

放，同年 12 月 13～14 日，查韦斯作为玻利瓦尔革命运动—200 组织的
负责人应邀首次访问古巴，受到菲德尔·卡斯特罗主席的破格欢迎。
四年后，1998 年 12 月 6 日，查韦斯当选总统。1999 年 1 月 16～17 日，
查韦斯以当选总统身份第二次访古，同卡斯特罗主席会晤。同年 2 月 2
日，查韦斯首次就任总统，卡斯特罗主席应邀赴加拉加斯参加查韦斯
的就职典礼。查韦斯的上台使古巴在国际上有了一个地缘政治和经济
的战略伙伴。

2000 年 10 月底，卡斯特罗再次访委，与查韦斯签署了"石油换医
生"的双边协议，委以优惠价格向古巴供应原油，而古巴向委派遣大批
医生、教员和军队、银行、警察、农业方面的专家，这标志着委古两国联
盟的开始。2004 年 12 月，查韦斯再次访古，与卡斯特罗发表了关于创立
"美洲玻利瓦尔替代计划"组织的联合声明并签署实施协定。委古两国宣
布建立战略联盟，委内瑞拉以优惠价格向古巴出售石油，其供应量从
2000 年的每天 5.3 万桶增加到 10 万桶；与此同时，古巴向委内瑞拉派遣
的医生和教师人数也由原来的 2 万人增至 4 万人。2005 年 4 月 28 日，查
韦斯再次访古，委古两国签署了一体化计划，内容包括贸易、能源、农
业、通信、医疗卫生、教育等领域的 49 项合作协定。委古双边贸易（包
括商品和劳务）额 20 世纪 90 年代末为 3000 万美元，2003 年增至 9.45 亿
美元，2006 年达 12 亿美元，2008 年增至 52.8 亿美元。委内瑞拉已成为
古巴的第一大贸易伙伴。

2008 年 2 月 24 日，劳尔·卡斯特罗当选并就任古巴国务委员会主席
和部长会议主席后，于当年 12 月对委内瑞拉进行了国事访问，这是劳尔
就任主席后的首次出国访问。访问期间，委古双方共签署了 173 项准备在
2009 年全面合作的协议和计划，涉及资金达 20 亿美元。2010 年 4 月，劳
尔再次访委，出席了庆祝委内瑞拉独立战争开始 200 周年的庆典，并参加
了在加拉加斯举行的第 9 届美洲玻利瓦尔联盟首脑会议。委内瑞拉查韦斯
总统生前曾几十次访问古巴。2013 年 3 月 5 日，查韦斯因病去世后，继
任的马杜罗总统与古巴继续保持密切的关系，委古高层往来不断。2014
年 3 月，劳尔访问委内瑞拉。2016 年 3 月 18 日，委内瑞拉总统马杜罗在

奥巴马访古前，应邀访问古巴。4 月 3 日，委古两国签署了价值 14.28 亿美元的 10 项新的合作协议。

根据美国著名古巴问题专家梅萨－拉戈统计，自 21 世纪初到 2014 年，委内瑞拉每天向古巴提供约 10.5 万桶廉价原油，满足古巴 60% 的能源消费的需要，古巴还将部分在古巴提炼加工的委石油转出口以挣外汇；委平均每年向古巴提供 16.4 亿美元的援助。在委有 4 万多名古巴专业人才（医生、护士、教师等），每年委向古巴支付 51.47 亿美元的劳务费。2012 年委内瑞拉占古巴进出口的 44%，2013 年减少到 35%。① 但是，2014 年以来，由于国际市场上原油价格大幅度下降等原因，委内瑞拉经济发生严重危机，不得不减少对古巴的原油出口和所提供的援助，古巴经济发展受到较大的影响。2016 年 7 月 8 日，劳尔在第 8 届古巴全国人大第 7 次会议上所做的报告中承认，"2015 年古巴国内生产总值只增长了 1%，为原计划 2% 的一半。其原因是出口外汇收入减少，古巴主要贸易伙伴委内瑞拉减少了对古巴的石油供应"。②

五　与亚洲和非洲国家的关系

在 20 世纪 60～70 年代，古巴同大部分亚洲和非洲国家建立了外交关系。70 年代以后，古巴领导人菲德尔·卡斯特罗和劳尔·卡斯特罗等多次出访亚非国家，亚非国家的领导人也纷纷访问古巴。

古巴于 1960 年 9 月同朝鲜民主主义人民共和国建立外交关系。古巴一直支持朝鲜统一祖国的斗争。1982 年朝鲜政务院总理李钟玉访古。1986 年，菲德尔·卡斯特罗率党政代表团对朝鲜进行正式友好访问，双方签订了友好合作条约。1993 年，古朝签署贸易协定和科技合作协定，朝鲜向古巴提供 7500 万美元贷款，用于修建两个水电站。2015 年 3 月，朝鲜外务相李洙墉访古。同年 6 月，朝鲜劳动党中央国际部部长姜锡柱访

---

① http：//www.cubanalisis.com/CUBA，2017 年 1 月 10 日查阅。

② http：//www.cubadebate.cu/opinion/2016/07/08/raul － castro － la － velocidad － de － los － cambios － seguira － estando － condicionada － por － nuestra － capacidad － de － hacer － las － cosas － bien，2017 年 1 月 10 日查阅。

古。同年 9 月，古巴国务委员会和部长会议第一副主席迪亚斯 - 卡内尔访问朝鲜。2016 年 1 月 28 日，两国签署贸易和科技合作协议。同年 5 月 24日，朝鲜劳动党政治局委员金英哲率领劳动党代表团访古。

古巴和越南关系密切。古巴于 1960 年 12 月同越南社会主义共和国建立外交关系。在越南抗美救国战争中，古巴曾给予了全力的支援。1973年，菲德尔·卡斯特罗访问越南。1973 年越南总理范文同访问古巴。1976 年越南统一后，古越关系更加密切。1982 年，越南国务委员会主席长征访古，双方签订了为期 25 年的友好合作条约。1985 年越南国会主席阮友寿访古。1995 年和 2003 年，菲德尔·卡斯特罗主席两次访问越南。2005 年劳尔·卡斯特罗第一副主席访问越南。1999 年越南共产党总书记黎可漂访古。2000 年越南国家主席陈德良访问古巴并出席了在哈瓦那举行的南方国家首脑会议。2002 年 10 月越南总理潘文凯访古，两国签订了两项合作协议。2009 年 9 月，越南国家主席阮明哲访古。2014 年 3 月，越南总理阮晋勇访古。同年 4 月，越南共产党总书记阮富仲访古。2015年 9 月，越南国家主席张晋创访古。2016 年 11 月，越南国家主席陈大光访古。2012 年 7 月，劳尔主席访问越南。2015 年 9 月，迪亚斯 - 卡内尔第一副主席访问越南。最近两年，越古年贸易额已超过 5 亿美元，越南是古巴在亚洲的第二大贸易伙伴。

自 20 世纪 80 年代以来，古巴积极发展同亚洲其他国家的关系。1985年斯里兰卡总统贾亚瓦德纳、印度总理拉吉夫·甘地访古。1997 年马来西亚总理马哈蒂尔、老挝总理西沙瓦·乔本潘访古。同年，古巴外长访问文莱、新加坡、印度、马来西亚和日本，同文莱、新加坡签署建交公报。2000 年，中国、越南、柬埔寨、马来西亚、印尼、菲律宾、斯里兰卡等亚洲国家领导人出席在古巴举行的南方国家首脑会议。2003 年卡斯特罗出席在马来西亚举行的不结盟运动第 13 次首脑会议。2015 年 10 月，老挝人民民主共和国国家主席朱马里·赛雅颂访古。2016 年 6 月 4 ~ 5 日，韩国外交部长官尹炳世出席在哈瓦那召开的第七届加勒比国家联盟（ACS）首脑会议并访问古巴。同年 9 月蒙古国总统查希亚·额勒贝格道尔吉访古。2016 年 5 月，古巴部长会议副主席穆里略访问新加坡。

与中东和非洲国家的关系　1972 年以来，卡斯特罗曾多次出访非洲和中东国家。非洲和中东国家领导人也频繁出访古巴。20 世纪 70 年代中期至 80 年代后期，古巴曾先后派数十万正规部队及作战部队到安哥拉、埃塞俄比亚等非洲国家。1988 年 12 月，古巴、安哥拉和南非在美国调解下达成协议。根据协议，南非于 1989 年 11 月从纳米比亚撤出全部驻军，1990 年 3 月 21 日纳米比亚正式宣布独立。古巴则于 1991 年 5 月 25 日从安哥拉撤出全部军队，结束了对非洲的军事卷入。1994 年 5 月 10 日，卡斯特罗参加了新南非总统曼德拉的就职仪式，5 月 11 日古巴与新南非建交。1998 年 9 月，卡斯特罗参加在南非德班举行的不结盟运动第 12 次首脑会议并对南非作正式访问。1997 年博茨瓦纳总统，1999 年尼日尔、冈比亚、尼日利亚等国总统，2000 年南非、阿尔及利亚、尼日利亚、佛得角、安哥拉、贝宁、布隆迪、加纳、几内亚比绍、赤道几内亚、莱索托、马里、马达加斯加、莫桑比克、斯威士兰、津巴布韦、刚果等非洲国家领导人出席了在古巴举行的南方国家首脑会议。2002 年，莫桑比克总理、津巴布韦等非洲国家总统访古。2011 年 9 月，伊朗副总理访古。2015 年，纳米比亚总统、佛得角总统访古。2016 年 9 月，伊朗总统哈桑·鲁哈尼访古。同年 10 月，阿尔及利亚总理阿卜杜勒·马利克·塞拉勒访古。2009 年 7 月，劳尔·卡斯特罗作为国务委员会主席出访阿尔及利亚、埃及和纳米比亚。2015 年 5 月，劳尔再次访问阿尔及利亚。

六　与中国的关系

古巴同中国的友好关系源远流长，其历史最早可追溯到 19 世纪中叶。一个半世纪以来，古中两国的关系总的说来是友好相处、互助合作、共同发展。

古巴革命胜利前的古中关系　19 世纪中叶，西方殖民者为了掠夺拉丁美洲的自然资源，需要大量劳动力，而鸦片战争后贫穷落后、人口众多的中国成为他们掠卖苦力的重要场所。当时古巴仍处在西班牙殖民统治之下，西方殖民者和西班牙甘蔗种植园主相互勾结，开始掠卖契约华工。1847 年 6 月 3 日，从厦门装船的 571 名华工被运抵哈瓦那，这是第一批抵达古巴的契约华工。此后，契约华工被源源不断地运进古巴。据统计，1847～1874年被贩运到古巴的华工达12.6万人。这些华工大多数被安排到甘蔗种植园从事奴隶般的苦役。契约华工在当地受到残酷的虐待和奴役，实际上处于奴隶的地位。古巴于1875年停止输入华工。19世纪末至20世纪初，中国劳工为古巴甘蔗种植园经济的繁荣和制糖业的迅速发展做出了贡献。

在古巴两次独立战争期间，广大华工与当地人民一起，积极参加了当地解放斗争，华工们英勇作战，不怕牺牲，受到古巴人民的称赞。1931年，古巴各界在哈瓦那建立了一座"旅古华侨协助古巴独立纪功碑"。纪功碑上刻着何塞·马蒂的战友贡萨洛·德格萨达将军的题词："没有一个古巴华人是逃兵，没有一个古巴华人是叛徒。"

古巴是拉美地区华工最集中之地。当时古巴尚处于西班牙殖民统治之下。清政府为了解决华工受虐问题，多次与西班牙进行交涉。中国清政府与西班牙于1864年（清同治三年）建交。同年10月10日，清政府与西班牙在天津签订了《和好贸易条约》，条约主要涉及古巴输入华工问题，条约的第10款规定要"保全华工"："凡有华民情甘出口，在日斯巴尼亚（即西班牙）所属各处（包括古巴等殖民地）承工，俱准与日斯巴尼亚国民人立约为凭，无论单身或愿携带家属，一并由通商各口前往。该处官员与日斯巴尼亚官员查照各口地方情形，会定章程，为保全此华工之意。但不得收留中国逃人及另有拐卖不法情事。如有前项情弊，一经地方官知会领事官，即行查出送还中国究办，不得肯留。"[1]

华工在古巴和拉美其他国家的悲惨遭遇引起了国内外人民的广泛同情。在国内外舆论强烈呼吁给予华工保护和救援的压力下，清政府自19世纪70年代中期开始，就华工问题与西班牙殖民当局进行交涉。1873年10月22日，清政府和西班牙又签订了中西《古巴华工条款》。1874年，清政府派陈兰彬为专使去古巴实地调查华工状况。陈兰彬回国后向清政府报告了古巴华工遭受迫害的详细情况。根据这一报告，清政府于1877年

---

[1] 王铁崖编《中外旧约汇编》，三联书店，1982，第1册，第220页。

11 月 17 日与西班牙重订《古巴华工条款》。该条款于 1878 年 12 月 6 日正式生效。条约规定：（1）古巴停止输入新的契约华工，原来的契约华工期满后发给自由证书，并给予资遣回国及其他侨居合法权利；（2）中国允许古巴在华招募自由移民，古巴对移入的华侨给予最惠国条约待遇；（3）中国在哈瓦那设立总领事馆，负责保护华侨及其他事宜。基于华工问题的交涉，以及发展贸易往来的考虑，1879 年 10 月，清政府在古巴首府哈瓦那设立总领事馆，由刘亮源任首任总领事。另派陈霭廷任驻古巴马坦萨斯市的领事。1902 年占巴宣告独立。清政府于同年 9 月 16 日宣布承认古巴为独立国，并同意正式建立公使级外交关系，由中国驻美公使兼任驻古公使，使馆事务由总领事兼参赞周自齐代办。从此，中古两国开始发展国家关系，促进了双方的友好往来。

古巴虽自独立时起，就与当时中国清政府正式建立外交关系，但双方不曾签约。直到民国时期，1942 年 11 月 12 日，当时国民党政府驻古巴公使李迪俊与古巴外交部部长马定内在哈瓦那签订了中古第一个条约——《友好条约》。

古巴革命胜利后的古中关系 1959 年 1 月 1 日，古巴革命取得胜利。中国领导人和人民高度评价古巴革命的伟大意义。1959 年 1 月 21 日，毛泽东主席在会见墨西哥前总统卡德纳斯时说："我们认为古巴事件是当前一个重大事件，亚洲人应该支援他们反抗美国。"① 为了声援革命胜利的古巴，中国政府率先承认古巴革命政府。1959 年 1 月 25 日，北京各界一万人隆重集会，支持古巴人民的反帝斗争，谴责美国企图进行干涉的行为。同日，中国人民保卫世界和平委员会发表了支持古巴人民反对美国干涉的声明。中华全国总工会、妇女联合会、青年联合会等单位致电古巴有关单位，热烈庆贺古巴人民革命的胜利。

古巴革命政府建立初期，台湾当局仍在古巴驻有"大使馆"。1959 年 4 月，经古巴政府同意，新华社派记者常驻古巴，并在哈瓦那建立了分社。同年 7 月 13 日，古巴革命武装部部长劳尔·卡斯特罗在会见中国新

---

① 裴坚章主编《毛泽东外交思想研究》，世界知识出版社，1994，第 297 页。

闻工作者代表团团长时提出：希望中国派一位比较重要的干部来哈瓦那领导新华社分社，把分社作为非正式的官方代表机构，进行各种联系，逐步代替台湾当局的"大使馆"，等到水到渠成时，再正式建交，开设新的使馆。中国领导人对古巴领导人的建议很重视，决定派曾涛任新华社驻哈瓦那分社社长。1960 年 3 月曾涛正式赴任。[①]

这一时期，两国关系发展迅速，双方代表团互访络绎不绝。古巴人民社会党总书记布拉斯·罗加、著名诗人尼古拉斯·纪廉、军队总监罗德里格斯少校、哈瓦那市市长、圣地亚哥市市长以及法律、新闻、文化等代表团相继访华。由伍修权率领的中国共产党代表团参加了古巴人民社会党第八次全国代表大会。中国方面访问古巴的还有妇女、青年、工会等代表团。由 100 多人组成的艺术团在古巴巡回演出了一个多月。1960 年 9 月29 日，古巴—中国友好协会成立，巴尔多梅罗·阿尔瓦雷斯任会长。

当时，古巴的处境很困难。美国在经济上对古巴实行封锁，军事上进行威胁，外交上实行孤立。中国政府除在政治上、道义上支持古巴以外，在物质上也给予古巴有效的援助。1959 年 12 月，中国同古巴签订了贸易合同，向古巴购买 5 万吨原糖。1960 年 7 月，由外贸部副部长卢绪章率领的中国政府贸易代表团访古，双方签订了为期 5 年的贸易协定、贸易支付议定书、文化合作协定和科技合作协定，还签订了总额为 1300 万英镑的贸易合同。根据达成的协议，中国方面购买 50 万吨古巴原糖，古巴则从中国进口大米和日用消费品。

1960 年 9 月 2 日，在哈瓦那举行的有百万人参加的古巴全国人民大会上，卡斯特罗高声对与会者说："古巴革命政府愿意提请古巴人民考虑：是否同意古巴同中华人民共和国建立外交关系？"会场上近百万人举起双手，回答："同意！同意！"卡斯特罗拉着曾涛同志的手向全场介绍说："中国的代表已经在这里了！"全场欢声雷动，经久不息。大会通过了著名的《哈瓦那宣言》。宣言庄严宣告："古巴全国人民大会批准和全

---

① 王泰平主编《中华人民共和国外交史》，第二卷（1957～1969 年），世界知识出版社，1998，第 489 页。

世界人民友好的政策，重申它同一切社会主义国家建立外交关系的意愿，并从现在起，运用它的主权和自由意志，向中华人民共和国表示愿意在两国之间建立外交关系。因此，要断绝到今天为止仍同福摩萨（台湾）的美国第七舰队支持下的傀儡政权保持着的关系。"① 9 月 24 日，古巴政府通过了关于同中国建交并互派大使的决定。28 日，中古双方发表了建交公报，宣布："两国政府已经决定在尽可能短的时间内互换大使级外交代表。"古巴成为拉丁美洲第一个与新中国建交的国家，中国与拉丁美洲的关系翻开了新的　页。

建交以后，两国之间的关系发展更加迅速。1960 年 11 月 17 日至 12 月 1 日，埃内斯托·切·格瓦拉率古巴经济代表团访华。毛泽东、周恩来、陈毅分别会见了格瓦拉。李先念副总理与格瓦拉举行会谈并发表了联合公报。双方签订了中古经济合作协定、贸易和支付协定以及科技合作议定书。协定规定，中国向古巴提供 6000 万美元的无息贷款，用于帮助古巴建设 24 个工农业项目。议定书规定，中国购买古巴原糖 100 万吨及对 200 名古巴技术人员进行培训。这些协定和协议书的签订标志着中古之间的经济合作和贸易关系进一步扩大。1961 年 9～10 月，古巴总统奥斯瓦尔多·多尔蒂科斯率古巴政府代表团访华。多尔蒂科斯总统是第一位访问新中国的拉美国家元首。与此同时，中国高层代表团也频频出访古巴。1961 年初，全国人民代表大会常务委员会副委员长郭沫若等率领中国人民友好代表团出访古巴。不久，中国国际贸易促进会主席南汉宸率贸易代表团访问古巴，并同时举办了中国经济建设成就展览会。通过这些活动，两国人民增进了相互了解和友谊。

中国政府和人民与古巴站在一起，支持古巴反对美国对古巴的侵略和封锁政策。1961 年初，毛泽东主席亲自出席了古巴驻华使馆举行的国庆招待会。毛泽东主席对古巴大使说："你们会胜利的，中国人民决心从各方面采取一切必要的措施来支持古巴人民的正义斗争。"② 吉隆滩事件发

---

①　《人民日报》1960 年 9 月 5 日。

②　王泰平主编《中华人民共和国外交史》，第二卷（1957～1969 年），第 193 页。

生后，中国政府强烈抗议美国对古巴的侵略行径。首都北京和全国各地举行群众集会，支持古巴人民反对美国武装入侵。1962 年加勒比导弹危机时，中国政府连续发表声明，支持卡斯特罗提出的保卫国家主权的五项要求，反对任何形式的损害古巴独立、主权和尊严的检查。1963 年 10 月，古巴遭飓风袭击，中国立即提供了价值 7000 万元人民币的援助。

两国建交后，古巴政府和人民也从各个方面支持中国。在联合国历届大会上，古巴始终坚持一个中国的立场，反对美国旨在阻挠中国返回联合国的提案。古巴慷慨地向中国提供了炼油、制糖、纺织、建筑等方面的尖端技术资料以及奶牛、牛蛙良种和饲养技术。20 世纪 60 年代，古巴还为我国培养了 100 多名西班牙语留学生，派出了多名西班牙语专家来华工作。

1960 年 9 月中古两国建交以后，60 年代前半期，两国经贸关系进一步扩大（见表 8 - 1）。

表 8 - 1　1961 ~ 1965 年中古双边贸易额

单位：百万比索

年度	中国对古巴的出口	古巴对中国的出口	双边贸易总额
1961	108.00	98.00	206.00
1962	62.00	80.00	142.00
1963	77.61	70.77	148.38
1964	95.11	81.11	176.22
1965	127.00	97.00	224.00

资料来源：《人民日报》1966 年 1 月 30 日。

1963 年 2 月，古巴再次派经济代表团访华，双方于 2 月 22 日签订了当年的贸易议定书、两国贷款协定和两国对外贸易机构交货共同条件议定书。中国政府决定将 1962 年和 1963 年中方的贸易盈余作为对古巴的长期无息贷款。[1] 1964 年 12 月，中古两国政府在北京签订了第二个五年贸易和支付协定（1965 ~ 1970 年）以及 1965 年年度贸易议定书。协定规定中

---

[1]　《中华人民共和国对外关系文集》（第 10 集），世界知识出版社，1965。

国将长期向古巴提供大米、大豆、油脂、肉类罐头、化工产品及机器设备等商品，古巴向中国出口食糖、镍矿砂、铜矿砂等。1965年，双边贸易额创历史纪录，达到2.24亿美元。在双边贸易中，中国政府在粮价和贸易差额方面给古巴以照顾。当时国际市场糖价十分波动。而中古达成协议，按苏联与古巴议定的每磅4.11美分的固定价格作价。后来国际市场糖价上涨，超过固定价格，中国立即向古巴表示可以加价。经协商，固定糖价上升到每磅6.11美分。由于古巴可供出口的商品十分有限，双边贸易中，古巴年年都有逆差。为了解决这一问题，中国同意将古方的贸易逆差转为中国对古巴的商品贷款。

20世纪60年代后半期起，中国同苏联两党在意识形态方面的分歧日益严重，国家关系恶化，也使古巴处于困难境地，中国同古巴的关系出现了曲折。

起初，古巴对中苏论战采取不介入态度。中国也体谅古巴的处境，继续在政治和经济上给予古巴支持。1964年中期，古巴政府要求中国驻古使馆缩小发放宣传品的范围。1964年底，古巴社会主义革命统一党全国领导委员会委员卡洛斯·拉斐尔·罗德里格斯率领拉美9国共产党代表团访问苏联和中国，要求"停止公开论战"，"反对派别活动"。当时，毛泽东认为这场争论"要进行一万年"。停止论战的建议自然不能被中国接受。1965年3月13日，卡斯特罗总理在哈瓦那群众大会上讲话时，批评中国的内外政策。同年9月，古巴最高领导人召见中国驻古大使馆代办黄文友，对中国大使馆散发宣传品提出抗议，声称"侵犯了古巴的主权"。这一指责遭到中国的拒绝。1965年底，在每年一度的贸易谈判时，双方产生分歧。贸易方面的分歧进一步加深了政治上的误解。1966年1月2日，卡斯特罗总理在庆祝古巴革命胜利7周年的群众大会上就中古贸易谈判中的意见分歧对中国进行公开批评。1月9日，中国对外贸易部负责人就此发表谈话，给予答复。于是，中古关系趋于紧张，双方在意识形态领域的不同看法导致国家间政治关系的恶化。①

① 李明德主编《拉丁美洲和中拉关系——现在与未来》，时事出版社，2001，第476页。

1967 年以后，中国政府为了排除国内极"左"势力对外交工作的干扰，在对外关系方面，采取了一些积极的措施，改善与各国的关系。中国对古巴也采取了积极改善关系的态度。一度紧张的古中关系开始有所缓和。两国友协代表团实现了互访，科技合作中的某些项目开始恢复。中国根据平等互利原则，继续同古巴进行贸易。但是 20 世纪 70 年代，中苏矛盾十分尖锐，虽然古苏在政治、经济、军事方面都保持着密切的关系，但是这不能不影响到中古关系。再加上中古双方存在一些原则性的分歧，两国之间除了有少量体育、文化、科技方面的交流之外，政治往来处于停顿状态，双边关系很难有实质性的改善。在经济方面，中国改变了过去过多照顾古巴的做法，坚持实行当年贸易平衡、适当留有余地的方针。自 1974 年起，双方供货价格也改为按国际市场价格决定。

自 80 年代初起，中国同古巴的关系开始逐步改善。古巴表示愿意使两国关系走向正常，中国做出了积极的回应。经过双方的共同努力，两国重要官员不断接触，增进了相互了解和友谊，在国际事务中相互配合和支持，经贸、科技、文化方面的关系不断发展。1988 年 1 月，古巴政府部长、卡斯特罗主席的高级顾问组组长纳兰霍率古巴政府代表团访华，双方就国际形势和双边关系交换了看法，双方还就恢复两国共产党的党际关系达成了一致。

1989 年 1 月，古巴外交部部长马尔米耶卡访华。同年 6 月，中国外交部部长钱其琛访问古巴。卡斯特罗主席在会见钱其琛外长时表示，古巴将同中国一起为进一步发展两国间的友好合作关系而努力。至此，中古两国关系已完全恢复并进入一个全面发展的新阶段。

与此同时，中国同古巴的贸易关系也有了迅速发展。1986 年双边贸易额为 1.2 亿美元，1989 年上升为 4.413 亿美元。90 年代以来，尽管由于苏东剧变，古巴经济困难加重，但古中两国贸易仍保持了较高的水平。中古贸易方式长期以来为记账贸易，双方交换的商品通过签订年度贸易议定书确定。自 1996 年起改为现汇贸易，同时开展部分企业间协调易货贸易。

90 年代以来，古巴调整了外交政策，主动改善和加强同中国的关系。

两国恢复了全方位的往来，双方高层往来频繁。1992年和1993年古巴国务委员会副主席兼部长会议执行秘书拉赫、古巴全国人民政权代表大会主席阿拉尔孔先后访问中国。1993年11月21～22日，中国国家主席江泽民对古巴进行了短暂访问，这是中古建交后中国国家元首首次访问古巴。1995年11月，应江泽民主席的邀请，古巴国务委员会主席兼部长会议主席菲德尔·卡斯特罗对中国进行了正式访问，这是古巴革命胜利后，卡斯特罗主席对中国的首次访问，对推动两国关系的进一步发展具有重要意义。1997年，古巴国务委员会副主席兼部长会议副主席劳尔·卡斯特罗访问中国。20世纪90年代，两国党政主要领导人都实现了互访。

随着古中两国高层的频繁互访，两国在贸易、经济合作、科技和文化方面的往来不断加强。1996年，两国贸易额为2.38亿美元，1997年为2.55亿美元；1999年增加到2.887亿美元。据中国海关统计，2000年双边贸易总额为3.14亿美元，其中中方出口额为2.33亿美元，进口额为0.81亿美元。2001年双边贸易总额增加到4.46亿美元，其中中方出口额为3.32亿美元，进口额为1.14亿美元。两国政府签订了新的贸易协定、科学技术合作协定和经济技术合作协定、文化合作协定和新闻交换协定等。两国经济合作重新起步，中国援建的古巴自行车厂、电风扇厂已经交付生产。第一个工业合资企业国际经济联合公司也已开始运行。

进入21世纪以来，古中两国关系取得进一步发展。双方高层往来频繁。中方访古的主要领导人有：江泽民主席（2001年4月）、全国人大常委会委员长李鹏（2001年11月）、胡锦涛主席（2004年11月、2008年11月）、全国政协主席贾庆林（2005年5月）、全国人大常委会委员长吴邦国（2009年9月）、习近平主席（2014年7月，曾于2011年6月以国家副主席身份访古）、李克强总理（2016年9月）等。2014年习近平主席访古时，两国共签署了29项合作协议，涉及经贸、农业、能源、矿业、融资、生物技术、通信、基础设施建设、卫生、文化、教育等领域。2014年7月24日，习近平主席在与劳尔·卡斯特罗举行会谈时指出，建交54年来，中古志同道合，始终坚持共同理想信念，在建设社会主义道路上同舟共济、休戚与共；始终真诚相待、相互尊重，平等互利地开展合作，促进共同发展；始终顺时应势、与时俱进，为中古关系注入新动力。习近平主席指出，中方珍视中古传统友谊，不论国际形势怎么变，坚持中古长期友好是中方的既定方针。我们要坚定不移深化肝胆相照的友谊，坚定不移开展互利双赢的合作，坚定不移做改革发展的伙伴。中方坚定支持古巴走社会主义道路，将一如既往支持古巴人民维护国家主权的正义斗争，支持古巴进行经济社会政策调整，愿意继续向古巴提供力所能及的帮助。中方愿意同古方继续保持高层交往，加强党际交流，密切各层级对话磋商，在涉及对方核心利益和重大关切问题上继续相互支持，就治国理政、社会主义建设加强交流，在各自改革进程中相互借鉴、相互支持。

2016 年 11 月 25 日，古巴革命领袖菲德尔·卡斯特罗逝世后，中共中央总书记、国家主席习近平向古共中央第一书记、国务委员会主席兼部长会议主席劳尔·卡斯特罗致唁电，前往古巴驻华使馆吊唁，并派中共中央政治局委员、国家副主席李源潮作为特使赴古巴出席悼念活动。国务院总理李克强也向劳尔·卡斯特罗主席致唁电。

古方到中国访问的主要领导人有：全国人民政权代表大会主席阿拉尔孔（1993 年 11 月、2007 年 6 月、2010 年 11 月），古共中央第一书记、国务委员会主席兼部长会议主席菲德尔·卡斯特罗主席（2003 年 2 月），古共中央第一书记、国务委员会主席兼部长会议主席劳尔·卡斯特罗（2012 年 7 月，2005 年 4 月以国务委员会第一副主席兼部长会议第一副主席身份访华），国务委员会第一副主席兼部长会议第一副主席迪亚斯 - 卡内尔（2013 年 6 月访华，2015 年 9 月来华出席中国人民抗日战争暨世界反法西斯战争胜利 70 周年纪念活动），古巴全国人民政权代表大会主席拉索（2017 年 6 月）。

近年来，中古双边贸易保持良好发展势头。目前，中国是古巴第二大贸易伙伴，古巴是中国在加勒比地区的第一大贸易伙伴。据中国海关统计，2016 年，中古贸易额为 20.6 亿美元，其中中方出口 17.8 亿美元，进口 2.8 亿美元，同比分别下降 7.2%、5.5% 和 17.1%。中国主要出口机电产品、钢材、高新技术产品、汽车等，主要进口镍、食糖、酒类等。

进入 21 世纪以来，两国签署的主要合作协定有：关于对所得避免双重征税和防止偷漏税的协定（2001年），两国教育交流协议（2001年），海运协定（2001年），体育交流和体育合作协议（2001年），关于中国公民组团赴古巴旅游实施方案的谅解备忘录（2003年），科技与环保合作谅解备忘录（2005），双边经济合作规划谅解备忘录（2011年），关于数字电视技术发展合作谅解备忘录（2011年），2014～2017年文化交流执行计划（2014年），关于中古进一步加强生物技术领域合作的谅解备忘录（2014年），关于可再生能源和能源节约领域合作的谅解备忘录（2014年），关于进一步加强数字电视及产业合作的谅解备忘录（2014年），2014～2017年年度教育交流协议（2014年），关于信息产业、工业、农业、卫生领域合作的谅解备忘录（2014年），中国国家发展改革委和古巴外贸外资部关于开展产能与投资合作的框架协议（2016年9月），中国国家发展改革委和古巴通信部关于促进信息互联互通的谅解备忘录（2016年9月），中国国家质量监督检验检疫总局与古巴科技和环境部关于国家质量技术基础领域合作协议（2016年9月），等等。

古巴同中国的科技合作　1960年7月23日，中国同古巴签订了第一个科学技术合作协定，当时两国尚未正式建立外交关系。1966年7月，两国签订了第二个科技合作协定。1989年11月17日，两国签订了第三个政府间科学技术合作协定。1990年3月，在北京召开了中国和古巴科技合作混合委员会第一次会议，签订了1991～1992年科技合作计划。20世纪90年代以来，两国在科技方面的主要合作领域为农业、轻工业、食品、化工、养殖、冶金、纺织、生物技术、核能和平利用、烟草和畜牧业信息等。

中国同古巴的经济技术合作已经取得了良好的效果。在已经执行的项目中涉及的内容包括：沼气生产技术、水稻品种资源和绿肥、大豆和高粱种植技术、甘蔗良种和种质资源交换、地震预测、人体微型螺旋体疫苗生产技术、太阳能开发和利用、单克隆抗体共同开发和研究、木麻黄种子采集和病虫治理、血液制品技术合作等。

中古科技合作与交流，不仅促进了两国关系的发展，也为两国经济、科技的发展与进步做出了积极贡献。如古巴的医疗技术和设备、生物技术的开发和利用、甘蔗渣的综合利用等，都对中国同类领域的发展具有促进和借鉴作用。中国的鱼苗繁殖、水库捕捞和对虾育肥技术、蔬菜种植等在古巴也取得了较好的效果。

古巴同中国文化交流情况　1960 年 7 月 23 日，中国同古巴签订了第一个文化合作协定。27 年后，1987 年 9 月，两国签订了第二个政府文化合作协定。20 世纪 90 年代以来，两国多次签署文化交流执行计划，文化交流顺利发展。

80 年代后期以来，中国访问古巴的文化代表团有：政府文化代表团、体育代表团、文学艺术界联合会代表团、广播电视代表团、教育代表团、新闻出版代表团、电影代表团等，有的代表团还访问过几次。古巴访华的有：政府文化代表团、文联代表团、电影艺术代表团、图书委员会主席、国家体委主任和第一副主任、文化部部长和副部长、教育部副部长等。中国赴古巴访问演出的艺术团组有：中国民族艺术团（1987）、沈阳杂技团（1989）、烟台京剧团（1989）、大连少年杂技团（1993）、中国民间歌舞团（1996）、天津京剧团（1997）等。中国还多次参加了古巴政府举办的"新拉美电影节"。从 2009 年开始，中方先后派出龙江剧团、浙江婺剧团、重庆艺术团、河南艺术团到古巴进行演出。此外，由中古双方相关部门共同努力，在古巴亚洲之家博物馆成功举办了中国著名诗人及画家芒克的个人画展和"新中国 60 年版画展"。2011 年 8 月，深圳福永杂技团到古巴参加第十届哈瓦那夏季国际杂技节并获得杂技节大奖以及最佳女演员奖。2011 年 10 月，广电总局副局长张丕民率团访古并出席了在哈瓦那举办的"中国电影周"开幕式。在此次电影周上，共有 9 部题材多样、风格各异的中国优秀国产故事片在哈瓦那卓别林电影院展映，引起古巴观众的极大兴趣。11 月，由中国音乐学院教授组成的"紫禁城"民乐队赴古演出，在圣弗朗西斯科教堂音乐厅举办了中国经典民乐专场，并与古巴音乐学校师生进行专业交流。2012 年 4 月，在古巴林飞龙当代艺术中心举办了中国当代著名艺术家杨福东的个人艺术展；5 月，古巴第十一届哈瓦那国际双年展邀请中国艺术家金石的作品参展；7 月，西安音乐学院四重奏乐队应邀访古。

古巴访华的艺术团组有：古巴卡马圭芭蕾舞团（1986）、钢琴家费尔南德斯（1989）、三重奏小组（1990）、艺术家小组（1991）、国家艺术团（1992、1993）、7人音乐组（1993）、古巴杂技团（1993）、古巴歌舞团（1996）、古巴国家芭蕾舞团（2002）等。近年来，古巴的优秀艺术团体也频频应邀赴华访演。2010年，古巴RAKATAN现代舞蹈团赴华参加由中国文联主办的第八届中国国际民间艺术节。古巴国家芭蕾舞团于2012年4月赴华参加"2012相约北京"国际艺术节开幕式演出，并在北京、上海、广州进行巡演，这是古巴国家芭蕾舞团的第四次访华演出。古巴国家民间舞蹈团应邀于2012年8月赴内蒙古鄂尔多斯参加那达慕国际艺术节。这些艺术团的互访极大地促进了两国间的文化交流。2016年6月，为了庆祝古巴革命领袖菲德尔·卡斯特罗90岁生日，由中国文化部和古巴驻华大使馆共同主办的《古巴革命领袖——菲德尔·卡斯特罗纪实图片展》在北京举行。

自2001年始，每年6月，古巴文化部和中国驻古巴大使馆在古巴会展中心共同举办"哈瓦那中国文化节"，该文化节得到哈瓦那华人区、哈瓦那大学孔子学院的大力支持。2016年6月4日，成功地举办了第16届"哈瓦那中国文化节"。为纪念华人抵达古巴170周年，自2017年5月30日起的一周时间里，古巴各界在哈瓦那举办了武术表演、画展、研讨会、图书会等多种文化活动。

中古两国文化部门和机构之间的互访也十分频繁。2010年，古巴文化部部长普列多访华，并签署了两国政府2011～2013年文化交流执行计划。2016年古巴文化部副部长巴耶斯特尔访华。近年来，中国文联副主席冯远、中国社会科学院代表团、中国国家博物馆馆长吕章中、故宫博物院院长郑欣森、国家文物局局长单霁翔、中国文化部副部长欧阳坚、中国新闻出版署副署长蒋建国、国家广播电视电影总局副局长张丕民、中国作家协会副主席张健、中国五洲传播出版社、人民日报出版社等先后率团访问古巴，有力地推动了两国在文化各领域的交流合作。

第四节　与国际组织的关系

古巴是联合国创始成员国，1945年10月24日加入联合国。古巴是绝大多数联合国组织的成员，如国际劳工组织，联合国粮食及农业组织，联合国教育、科学及文化组织，以及世界卫生组织、国际民用航空组织、国际电信联盟、世界气象组织等的成员。但是，古巴不是世界银行和国际货币基金组织的成员。

古巴是联合国拉美和加勒比经济委员会的成员国。古巴原是美洲国家组织创始成员国。但是在美国的压力下，1962 年 1 月 22～30 日，在乌拉圭埃斯特角召开的第 8 次美洲国家外长协商会议，以"任何成员国信奉马列主义同泛美体系不相容"为由，以勉强的三分之二多数（古巴反对，墨西哥、巴西、阿根廷、智利、厄瓜多尔和玻利维亚弃权）通过关于将古巴政府开除出美洲国家组织的决议。1964 年第 9 次外长协商会议要求成员国断绝同古巴的外交、领事、贸易关系。2009 年 6 月 3 日，在洪都拉斯圣佩德罗苏拉市召开的第 39 届美洲国家组织大会通过决议，宣布废除该组织在 1962 年通过的中止古巴成员资格的决议。但古巴多次表示拒绝重返该组织。因此，到目前为止，尽管名义上古巴是美洲国家组织的成员国，但实际上，古巴没有参加美洲国家组织及其所属一系列组织的活动。古巴也不是美洲开发银行的成员。

古巴是 1964 年成立的拉丁美洲议会组织的成员国。古巴于 1976 年加入拉丁美洲经济体系组织。古巴是 1994 年成立的加勒比国家联盟的创始成员国。2016 年 6 月 4 日，该联盟第 7 届首脑会议在哈瓦那召开，劳尔·卡斯特罗主席主持了会议并讲话。古巴于 1999 年加入拉丁美洲一体化协会。2004 年 12 月 14 日，委内瑞拉总统查韦斯与古巴菲德尔·卡斯特罗主席一起创建了美洲玻利瓦尔替代组织（2009 年改名为美洲玻利瓦尔联盟）。2005 年古巴加入加勒比国家石油组织。古巴是拉丁美洲和加勒比共同体的创始成员国，2014 年 1 月在哈瓦那召开了拉共体第 2 届首脑会议，劳尔·卡斯特罗主席主持会议并讲话。2015 年 4 月，劳尔·卡斯特罗主席参加了在巴拿马召开的第 7 届美洲国家首脑会议，这是古巴领导人首次参加美洲国家峰会。

古巴是不结盟运动组织 1961 年成立时的创始成员国，也是该组织唯一的拉美和加勒比地区国家的创始成员国。1979 年第 6 届不结盟运动首脑会议在古巴哈瓦那召开，菲德尔·卡斯特罗主席主持了会议并讲话。2009 年第 14 届不结盟运动首脑会议在古巴哈瓦那召开，劳尔·卡斯特罗主持了会议并讲话。古巴是 1964 年成立的 77 国集团的创始成员国。古巴是 1991 年成立的伊比利亚美洲首脑会议（组织）的创始成员国。1999 年 11 月，在哈瓦那召开了第 9 届伊比利亚美洲首脑会议，菲德尔·卡斯特罗主持会议并讲话。古巴派领导人参加了自 1999 年第 1 届至 2010 年第六届欧洲与拉美加勒比峰会的会议，以及自 2013 年起改为欧盟与拉共体峰会的第 1 届峰会（2013 年在智利）和第 2 届峰会（2015 年在比利时）。

附　　录

一　中古政府关于鼓励和相互保护投资协定

古巴共和国政府和中华人民共和国政府（以下称"缔约双方"），为缔约一方的投资者在缔约另一方领土内的投资创造有利条件。认识到相互鼓励，促进和相互保护此种投资将有助于促进投资者投资的积极性和增进两国的繁荣。愿在平等互利原则的基础上，加强两国间的经济合作，达成协议如下。

第一条

本协定内：

一、"投资"一词系指缔约一方投资者依照缔约另一方的法律和法规在缔约另一方领土内所投入的各种财产。特别是，但不限于：

（一）动产、不动产及其他财产权利，如抵押权、质押权；

（二）公司的股份、股票和任何其他形式的参股；

（三）金钱请求权或其他具有经济价值的行为请求权；

（四）著作权、工业产权、专有技术和工艺流程；

（五）依照法律授予的特许权，包括勘探和开发资源的特许权。

二、"投资者"一词，在古巴共和国方面，系指：

（一）依照古巴共和国法律具有古巴共和国国籍的自然人。

（二）在古巴共和国领土内设立并被其承认的实体，如公共机构、合伙、公司、基金会和社团，而不论其责任是否有限。

在中华人民共和国方面系指：

（一）依照中华人民共和国法律具有中华人民共和国国籍的自然人。

（二）依照中华人民共和国的法律设立、其住所在中华人民共和国领土内的经济组织。

三、"受益"一词系指由投资所产生的款项，如利润、股息、利息、提成费和其他合法收入。

四、"领土"一词系指缔约各方法律所确定的领土及根据国际法缔约各方行使主权权力或管辖权的毗邻区域。

第二条

一、缔约一方应鼓励缔约另一方的投资者在其领土内投资，并依照其法律和法规接受此种投资。

二、缔约一方应为在其领土内从事与投资有关活动的缔约另一方国民获得签证和工作许可提供帮助和便利。

第三条

一、缔约任何一方的投资者在缔约另一方的领土内的投资和与投资有关的活动应受到公正与公平的待遇和保护。

二、本条第一款所述的待遇和保护不应低于其给予任何第三国投资者的投资及与投资有关的活动的待遇和保护。

三、本条第一款和第二款所述的待遇和保护，不应包括缔约另一方依照关税同盟、自由贸易区、经济联盟、避免双重征税协定和为了方便边境贸易而给予第三国投资者的投资的任何优惠待遇。

第四条

一、缔约任何一方不应对缔约另一方的投资者在其领土内的投资采取征收、国有化或其他类似措施（以下称"征收"）。除非符合下列条件：

（一）为了公共利益；

（二）依照国内法律程序；

（三）非歧视性的；

（四）给予补偿。

二、本条第一款（四）所述的补偿，应等于宣布征收前一刻被征收的投资财产的价值，应是可以兑换的和自由转移的。补偿的支付不应无故延迟。

第五条

缔约一方的投资者在缔约另一方领土内的投资，如果由于战争、全国紧急状态、暴乱、骚乱或其他类似事件而遭受损失，缔约另一方应采取补偿等有关措施，其给予该投资者的待遇不应低于给予任何第三国投资者的待遇。

第六条

一、缔约任何一方应在其法律和法规的管辖下，保证缔约另一方投资者转移在其领土内的投资和收益。包括：

（一）利润、股息、利息及其他合法收入；

（二）投资的全部或部分清算款项；

（三）与投资有关的贷款协议的偿还款项；

（四）本协定第一条第一款第（四）项的提成费；

（五）技术援助或技术服务费、管理费；

（六）在关承包工程的支付；

（七）在缔约一方的领土内从事与投资有关活动的缔约另一方国民的收入。

二、上述转移应依照转移之日接受投资缔约一方通行的汇率进行。

第七条

如果缔约一方或其代表机构对其投资者在缔约另一方领土内的某项投资的非商业性风险做了担保，并据此向投资者做了支付，缔约另一方应承认该投资者的权利或请求权转让给了缔约一方或其代表机构，并承认缔约一方或其代表机构对上述权利或请求权的代位。代位的权利或请求权不得超过原投资者的原有权利或请求权。

第八条

一、缔约双方对本协定的解释或适用所产生的争端应尽可能通过外交途径协商解决。

二、如在六个月内通过协商不能解决争端，根据缔约任何一方的要求，可将争端提交专设仲裁庭。

三、专设仲裁庭由三名仲裁员组成。缔约双方应在缔约一方收到缔约另一方要求仲裁的书面通知之日起的两个月内各委派一名仲裁员。该两名仲裁员应在其后的两个月内共同推举一名与缔约双方均有外交关系的第三国的国民为第三名仲裁员，并由缔约双方任命为首席仲裁员。

四、如果在收到要求仲裁的书面通知后四个月内仲裁庭尚未组成，缔约双方向又无其他约定，缔约任何一方可提请国际法院院长任命尚未委派的仲裁员。如果国际法院院长是缔约任何一方的国民，或由于其他原因不能履行此项任命，应请国际法院中非缔约任何一方国民的资深法官履行此项任命。

五、专设仲裁庭应自行制定其程序规则。仲裁庭应依照本协定的规定和缔约双方均承认的国际法原则做出裁决。

六、仲裁庭的裁决多以多数票做出。裁决是终局的，对缔约双方具有约束力。应缔约任何一方的请求，专设仲裁庭应说明做出裁决的理由。

七、缔约双方应负担各自委派的仲裁员和出席仲裁程序的有关费用。首席仲裁员和专设仲裁庭的有关费用由缔约双方平均负担。

第九条

一、缔约一方的投资者与缔约另一方之间就在缔约另一方领土内的投资产生的任何争议应尽量由当事方友好协商解决。

二、如争议在六个月内未能协商解决，当事任何一方有权将争议提交接受投资的缔约一方有管辖权的法院。

三、如涉及征收补偿款的争议，在诉诸本条第一款的程序后六个月内仍未能解决，可应任何一方的要求，将争议提交专设仲裁庭。如有关的投资者诉诸了本条第二款所规定的程序，本款规定不应适用。

四、该仲裁庭应按下列方式逐案设立：争议双方应各任命一名仲裁员，该两名仲裁员推选一名与缔约双方均有外交关系的第三国的国民为首席仲裁员。头两名仲裁员应在争议任何一方书面通知另一方提出仲裁后的两个月内任命，首席仲裁员应在四个月内推选产生。如在上述规定的期限内，仲裁庭尚未组成，争议任何一方可提请国际法院院长委任。

五、仲裁庭应自行制定其程序。但仲裁庭在制定程序时可以参照联合国国际贸易法委员会仲裁规则。

六、仲裁庭的裁决以多数票做出。裁决是终局的，对争议双方具有约束力。缔约双方根据各自的法律应对强制执行上述裁决承担义务。

七、仲裁庭应根据接受投资缔约一方的法律（包括其冲突法规则）、本协定的规定以及缔约双方均接受的普遍承认的国际法原则做出裁决。

八、争议各方应负担其委派的仲裁员和出席仲裁程序的费用，首席仲裁员的费用和仲裁庭的其余费用应由争议双方平均负担。

第十条

如果缔约一方根据其法律和法规给予缔约另一方投资者的投资或与投资有关的活动的待遇较本协定的规定更为优惠，应从优适用。

第十一条

本协定适用于在其生效之前或之后缔约任何一方投资者依照缔约另一方的法律和法规在缔约另一方的领土内进行的投资。

第十二条

一、缔约双方代表为下述目的应不时进行会谈：

（一）审查本协定的执行情况；

（二）交换法律情报和投资机会；

（三）解决因投资引起的争议；

（四）提出促进投资的建议；

（五）研究与投资有关的其他事宜。

二、若缔约任何一方提出就本条第一款所列的任何事宜进行磋商，缔约另一方应及时做出反应。磋商可轮流在哈瓦那市和北京举行。

第十三条

一、本协定自缔约双方完成各自国内法律程序并以书面形式相互通知之日起下一个月的第一天开始生效，有效期为五年。

二、如缔约任何一方未在本条第一款规定的有效期期满前一年书面通知缔约另一方终止本协定，本协定将继续有效。

三、本协定第一个五年有效期满后，缔约一方可随时终止本协定，但至少应提前一年书面通知缔约另一方。

四、第一至第十二条的规定对本协定终止之日前进行的投资应继续适用十年。

由双方政府正式授权其各自代表签署本协定。一式两份，每份都用西班牙文、中文和英文写成。三种文本同等作准。若解释上发生分歧，以英文本为准。

古巴共和国政府代表　中华人民共和国政府代表（签名）

1995 年 4 月

二　外国投资法（第 118 号法）

古巴共和国第八届全国人民政权代表大会第一次特别会议于 2014 年 3 月 29 日通过决议如下。

鉴于：我们国家在取得可持续发展方面面临挑战，通过外国投资，可以获得外部融资、技术和新市场，使古巴的产品和服务融入全球价值链，并对国内产业产生其他积极影响，借此对国家经济增长做出贡献。《党和革命经济社会政策纲要》引导下的古巴经济模式更新给国家经济所带来的变化，促使我们检视和规范 1995 年 9 月 5 日颁布的第 77 号法令《外国投资法》规定的外国投资法律框架，为外国投资提供更多优惠，确保在保护和合理使用人力资源和自然资源、尊重国家独立及主权的基础上，吸引外国资本，对国家经济恢复和可持续发展做出贡献。

《共和国宪法》规定了不同类型的所有制，包括合资企业、公司和经济联合体，并且表明，只要对国家有益且是必需的，作为特例，国有资产可部分或全部转让以利于其发展。

为此，全国人民政权代表大会根据《共和国宪法》第 75 款 b 条所赋予的职权，颁布以下法令。

特此公布

古巴共和国全国人民政权代表大会主席

胡安·埃斯特万·拉索·埃尔南德斯

第一章　宗旨和内容

第一条

1. 本法的宗旨是在尊重法律、国家主权和独立及互利的基础上，建立古巴境内外国投资法律框架，为国家经济发展做出贡献，以建设繁荣和可持续的社会主义社会。

2. 本法及其配套法规为外国投资者确立一个提供便利、信用和法律保障的体制，以利于吸引和利用外资。

3. 引导在我国的外国投资面向出口市场多样化，扩大出口，引进先进技术，替代进口（食品行业优先），获取外部融资，创造新的就业渠道，学习管理方法并将其与发展产业链条化相结合，以及通过利用可再生能源，改变我国的能源主体结构。

4. 本法有关规定包括：给予投资者的保障；可接受外国投资的领域；外国投资的方式及各种出资形式；不动产领域的投资；出资及评估；外资谈判及审批程序；适用于外资的银行制度、进出口制度、劳工制度、税收制度、不可预见储备金及保险制度、工商登记注册及财务报告制度；关于环境保护、合理使用自然资源、保护科技创新的相关规定；以及建立针对外国投资的管控措施及争端解决机制。

第二章　术语

第二条　本法及其实施条例所使用的术语及含义如下。

A. 国际经济联合体：指由国内投资者与一个或几个外国投资者在国境内建立的联合体，分别或同时从事生产、服务、以合资企业或签订国际经济联合体合同方式进行盈利性活动。

B. 批准书：指由部长会议或国家中央管理机构负责人颁发的准许本法规定的各种外国投资以某种方式经营的证书。

C. 外国资本：指来自国外的资本，也可以是外国投资者依照本法进行再投资的分红和收益部分。

D. 高级管理职务：指合资企业及外商独资企业中的领导机构和管理机构的成员职务，以及国际经济联合体合同中各合约方的代表。

E. 特许管理经营：指由部长会议授权，在规定的条款和条件下，临时性地从事公共服务管理、公共工程实施或公共资产开发的权利（证书）。

F. 国际经济联合体合同：一个或多个国内投资者与一个或多个外国投资者为共同实施国际经济联营行为而订立的协议，但并不新建一个有别于各合约方的法人。

G. 外商独资企业：指没有任何国内投资者或拥有外国资本的自然人参加的，完全由外国资本参与的企业实体。

H. 合资企业：指以记名股份有限公司形式组成的古巴商业公司，即一个或几个国内投资者与一个或几个外国投资者作为股东投资参股组成的公司。

I. 劳务派遣机构：指具有法人地位的古巴机构。它有权与合资企业或外商独资企业签订合同，应其请求提供所需的各类工作人员。这些人员与该机构签订劳动合同。

J. 报酬：指除奖励基金外，古巴劳动者和外国劳动者所得到的工资、收入及其他报酬，以及加薪、补偿和其他额外支付。

K. 外国投资：指外国投资者在授权的期限内、以本法规定的任何形式所进行的投入。这些投入要自行承担商业风险和预期收益，并对国家发展有所贡献。

L. 外国投资者：指成为合资企业的股东、外国独资企业的投资者或国际经济联合体合同合约方的，居住或注册地址在国外、拥有外国资本的自然人或法人。

M. 国内投资者：指成为合资企业的股东或国际经济联合体合同合约方的，具有古巴国籍且注册地址在古巴境内的法人。

N. 发展特区：指实行特殊的制度和政策，通过吸引外国投资、技术创新、产业集中等方式，着眼于扩大出口、有效替代进口、创造就业机会，与国内经济保持紧密联系，以促进经济可持续发展为目标的特定区域。

第三章　投资者保障

第三条　古巴政府保证外国投资者在批准的投资期限内获得的利益以及所做投资得到维护。

第四条

1. 在古巴境内的外国投资享受充分的保护和法律保障。外国投资不能被征用，除非根据共和国宪法、现行法律及古巴签署的有关投资国际协定的相关规定，部长会议宣布将其用于社会公益目的。这种征用须按双方商定的商业价值以可自由兑换货币进行应有的赔偿。

2. 如未就商业价值达成一致，则由一家经财政和价格部批准、具备国际声誉且由双方共同聘请的商业评估机构进行定价。如各方在选定上述机构上存在不同意见，将通过抽签或司法途径确定。

第五条　在古巴境内的外国投资根据古巴法律或古巴法院裁决受到保护，不受第三方根据其他国家法律治外法权提出的申诉的约束。

第六条

1. 合资企业、国际经济联合体合同合约方、外商独资企业在其获准开展业务的期限到期之前，可向原批准机构提出延期申请。原批准机构可同意给予延长。

2. 如到期不延，将根据其成立文件及现行法律规定，对合资企业、国际经济联合体合同或外商独资企业进行清算。除非合同另有约定，属于外国投资者的资产将以可自由兑换货币支付。

第七条

1. 经各方商定并经政府批准，国际经济联合体合同的外国合约方，可以任何方式将其全部或部分权利以等值的可自由兑换货币出售或转让给古巴政府、第三方或国际经济联合体合同的其他合约方，合同另有约定的除外。

2. 经政府批准，外商独资企业的外国投资者，可以任何方式将其全部或部分权利以等值的可自由兑换货币出售或转让给古巴政府或第三方，合同另有约定的除外。

第八条 本法上述第六、七条所涉及的属于外国投资者的资产金额将由相关各方协商确定。如有必要，可随时在相关进程中选定经财政和价格部批准且具备国际声誉的商业评估机构作为第三方来确定金额。

第九条

1. 国家保证外国投资者不需要缴纳汇出税或其他与汇款有关的捐税便可以自由兑换货币将以下所得向境外汇出：

A. 投资开发所得的分红、收益；

B. 本法第四、六、七条所规定的款项。

2. 在合资企业、国际经济联合体合同合约方、外商独资企业工作的外国人，只要不是古巴永久居民，均有权将其所得财产收入根据古巴中央银行的相关规定汇出境外。

第十条 合资企业、国际经济联合体合同合约方中的国内投资者和外国投资者，在他们被批准的（经营）期限内，均应缴纳本法规定的各种捐税。

第四章 外国投资的行业范围和机会目录

第十一条

1. 除国民医疗卫生、教育和武装机构（军队企业系统除外）以外，外国投资可获准进入其他各行业。

2. 部长会议批准鼓励外国投资的领域及相关的整体政策和行业政策，外贸外资部负责颁布《投资机会目录》。

3. 国家中央行政管理部门和机构、获得外国投资的国有单位，有义务根据已批准的政策确定并向外贸外资部提交外国投资项目方案建议。

4. 外贸外资部应每年向部长会议报告为国家中央行政管理部门和机构、获得外国投资的国有单位所编写的《投资机会目录》的结构和更新情况。

第五章　关于外国投资

第一部分　外国投资方式

第十二条　本法所定义的外国投资为：

A. 直接投资，是指外国投资者以股东身份向合资企业或外商独资企业参股，或向国际经济联合体合同出资，实际参与业务管理。

B. 在没有直接投资的条件下，以股票或其他公募、私募有价证券方式进行的投资。

第十三条

1. 外国投资可采取下列方式：

A. 合资企业；

B. 国际经济联合体合同；

C. 外商独资企业

2. 国际经济联合体合同包括不可再生自然资源的风险勘探合同，建筑合同，农业生产合同，酒店管理、生产管理或服务管理合同，以及专业服务提供合同。

第二部分　关于合资企业

第十四条

1. 合资企业是指由合资各方组成一个不同于各方的股份公司法人，股份采用记名方式且符合现行法律。

2. 外国投资者与本国投资者的出资比例由各股东方协商达成一致意见，并在（合资企业）批准书内予以规定。

3. 合资协议由各股东方签署，包括拟开发业务的基本管理条款。

4. 合资企业的成立须经过公证方可生效。公证时应附上订立的公司章程、成立批准书和合资协议。

5. 公司章程包含企业的组织和运营方面的条款规定。

6. 合资企业进行工商注册后即获得法人资格。

7. 合资企业成立后，经各股东方同意，并经原（成立）批准部门批准后，可变更股东。

8. 合资企业可在境内外建立办公室、代表处、分公司和子公司，也可在国外的机构参股。

9. 合资企业的解体和清算按公司章程相关规定办理，并须遵守现行法律。

第三部分　国际经济联合体合同

第十五条

1. 国际经济联合体合同具有且不限于以下特点：

A. 不涉及新建一个有别于各合约方的法人；

B. 可开展批准书中规定的任何活动；

C. 各合约方可在不违背已获批准的宗旨、批准书相关规定及现行法律前提下，自行制定符合其利益的所有契约及条款；

D. 各合约方出资额不同，形成一笔始终属于各方所有的股本积累，虽然不构成注册资本，也可形成一笔共同基金，只要各合约方出资比例明确。

2. 国际经济联合体合同中的酒店管理、生产管理、服务管理或专业服务提供合同，不需积累股本或设立共同基金，但具有本条第3款、第4款的特点。

3. 国际经济联合体合同中的酒店管理、生产管理、服务管理合同，致力于为客户提供最佳服务或高质量产品，通过使用国际知名品牌及其广告，以及从外国投资者的国际市场营销推广中获益。这些合同具有且不局限于以下特点：

A. 外国投资者以（古巴）本国投资者的名义，代表本国投资者开展业务，须遵守签订的管理合同；

B. 不分享所得收益；

C. 外国投资者根据其经营结果获取报酬；

4. 国际经济联合体合同中的专业服务提供合同，具有且不局限于以下特点：

A. 与国际知名的外国咨询公司签订；

B. 提供包括审计服务、会计咨询、估价服务、企业融资、（企业）组织重组服务、市场营销、经营管理及保险中介服务等在内的各项服务。

5. 国际经济联合体合同须经过公证，且完成工商注册后方可生效。

6. 国际经济联合体合同一经批准，未经各合约方达成一致并经原批准单位核准，任何合约方不可修改。

7. 国际经济联合体合同的终止，按照合同有关规定办理，且须符合现行法律规定。

第四部分　外商独资企业

第十六条

1. 外商独资企业中，外国投资者行使领导权，享有批准书上规定的一切权利并承担所规定的一切义务。

2. 工商注册登记后，外商独资企业的外国投资者可在（古巴）境内建立：

A. 作为自然人，以其个人名义开展活动；

B. 作为法人，经公证设立其所拥有的外国机构在古巴的子公司，子公司以记名股份公司的形式出现；

C. 作为法人，设立一家外国机构在古巴的分公司。

3. 以子公司形式设立的外商独资企业，可在古巴境内外设立办公室、代表处、分公司或子公司，也可在国外的机构参股。

4. 以古巴子公司形式设立的外商独资企业，其解体和清算，须按照公司章程的有关规定办理，且符合现行法律规定。

5. 作为自然人和以分公司形式设立的外商独资企业，其被批准的经营活动的终止须按照批准书的相关规定办理，且符合现行法律规定。

第六章　　不动产投资

第十七条

1. 按照本法规定的投资方式，可投资于不动产，并取得该不动产的产权或其他财产权利。

2. 上述提及的不动产投资可投于：

A. 用于私人居住或旅游目的的住房及其他建筑物；

B. 外国法人的住宅及办公处所；

C. 以旅游业开发为目的的不动产项目。

第七章　　出资与评估

第十八条

1. 根据本法，出资包括以下形式：

A. 以货币出资，对外国投资者来讲为可自由兑换的货币；

B. 以机械、设备或其他有形资产；

C. 以知识产权及其他无形资产的产权；

D. 以动产、不动产的产权及其他权利，包括使用权和地上权；

E. 其他资产和权益。未以可自由兑换货币形式的出资，要以可自由兑换货币进行评估作价。

2、出资如涉及国有资产的产权或其他权利向国内投资者转移的，须遵守共和国宪法确定的原则，事先得到财政和价格部的认可，听取相关部门、机构或单位的意见后，经部长会议或其执行委员会批准，方可按程序进行。出资如涉及知识产权及其他无形资产的产权，须遵照相关法律规定执行。

3. 以可自由兑换货币出资的，按其国际市场价值定价，如要将其兑换成古巴比索则按古巴中央银行汇率牌价折算。作为外国投资者出资的可自由兑换货币须根据现行法律规定通过获准在（古巴）国内从事相关业务的银行机构进入古巴，并存放于该银行机构。

4. 外国投资者以非货币形式出资，作为合资企业、外商独资企业注册资本金或构成国际经济联合体合同出资的，投资各方根据国际通行的评估标准自由协商确定评估方法以后，由财政和价格部授权的机构颁发权威证书证明其价值，并同时进行公证。

第八章　外资的谈判与批准

第十九条

1. 建立一个国际经济联合体，国内投资者应同外国投资者商谈投资所涉及的各个方面，包括经济可行性、各自相应的出资额、联合体的领导和管理形式，以及组成联合体所需的法律文件。

2. 如果为外商独资企业，外贸外资部将告知投资者，古巴负责该投资行业、分支行业或经济活动的单位，该单位对外资项目申请进行评估并出具书面批准。

第二十条　古巴政府准许不损害国防与国家安全、国家遗产和环境的外国投资。

第二十一条

1. 对于在境内进行的外国投资，根据不同的投资行业、方式及其特点，由以下国家机关批准：

A. 国务委员会；

B. 部长会议；

C. 获得授权的国家中央行政管理机构的负责人。

2. 以下领域的外国投资，不管采取何种投资方式，须由国务委员会批准：

A. 涉及不可再生的自然资源勘探或开发，但本条第三款 D 中同意并批准的国际经济联合体风险合同除外。

B. 涉及公共服务管理，例如交通、通信、供水、供电、公共工程建设或公共资产开发，上述领域的外国投资经国务委员会批准后，由部长会议签发批准书。

3. 涉及以下情况的外国投资，由部长会议批准并签发批准书：

A. 不动产开发；

B. 外商独资企业；

C. 古巴国有资产或者国有资产其他权益的转让；

D. 不可再生的自然资源开采和生产的国际经济联合体风险合同；

E. 有（外国）国家资本参与的外国公司投资；

F. 可再生能源的利用；

G. 医疗卫生、教育和军队机构的企业系统；

H. 其他不需国务委员会批准的情况。

4. 部长会议可根据外国投资的不同方式和行业领域，授权相关国家中央行政管理机构的负责人审批所负责领域的外国投资。

第二十二条

1. 成立合资企业、外商独资企业以及签订国际经济联合体合同，应根据本法配套实施条例的有关规定，向外贸外资部提出相关申请。

2. 根据现行法律规定，涉及公共服务管理、公共工程建设或公共资产开发的投资，经国务委员会批准后，部长会议颁发给投资者在规定的条款和条件下特许管理经营（证书）。

3. 主管机关须在申请提出之日起 60 个自然日内做出拒绝或允许外国投资的决定，并告知申请人。由国家中央行政管理机构负责人审批的外国投资，须在受理之日起 45 个自然日内做出决定。

第二十三条 对批准书条款的任何修改须由相关主管机关根据本法第二十一条之规定批准同意。

第二十四条 应投资者要求，外贸外资部可对批准书规定的条件做出解释。

第九章 银行制度

第二十五条

1. 合资企业、国际经济联合体合同各合约方中的国内外投资者及外商独资企业，可根据现行货币制度，在国家银行系统内的任何一家银行开立账户，通过上述账户进行业务开展所需的收款和支付，还可享受古巴境内的各金融机构提供的各项服务。

2. 合资企业及国际经济联合体合同中的国内投资者，根据现行法律法规，并经古巴中央银行事先批准，可在境外银行开立可自由兑换货币账户并进行交易。同时还可根据现行的相关法规，与外国金融机构商讨信贷业务。

第十章 进出口制度

第二十六条

1. 合资企业、国际经济联合体合同各合约方中的国内外投资者及外商独资企业，有权按照相关规定直接出口和进口其经营所需的物资。

2. 合资企业、国际经济联合体合同各合约方及外商独资企业，在与国际市场同质、同价和交货期限相同的情况下，应优先在（古巴）国内市场采购相关商品和服务。

第十一章 劳工制度

第二十七条

外国投资活动须遵守古巴共和国现行的劳动法和社会保障法，以及本法及其实施条例的相关规定。

第二十八条

1. 为外国投资经营活动工作的劳动者，一般应为古巴人或持有古巴常住身份的外国人。

2. 尽管如此，合资企业、外商独资企业或国际经济联合体合同各合约方的领导和管理机构，有权决定某些高级领导职务或某种技术性工作岗位可由无常住古巴身份的外国人担任。在这种情况下，应制定相应的劳工制度及确定此类劳动者的权利及义务。

3. 被雇用的非常住古巴的劳动者应遵守国家现行的移民和外国人管理规定。

第二十九条

1. 合资企业、国际经济联合体合同各合约方及外商独资企业，经外贸外资部批准，可设立激励基金，用以激励为其工作的古巴人和常住古巴的外国人。激励基金款可从盈利中提取。

2. 酒店管理、生产管理或服务管理合同及专业服务提供合同，无须创建前一条款所提及的激励基金。

第三十条

1. 在合资企业任职的古巴人或常住古巴的外国人，除领导和管理机构成员以外，应与由外贸外资部提议并经劳动和社会保障部批准的劳务派遣机构签订劳动合同。合资企业的领导和管理机构成员由股东大会任命，并与合资企业建立劳动关系。只有在合资企业批准书另有规定的特殊情况下，合资企业的所有人员可直接与企业签订劳动合同，但必须符合现行的劳动聘用相关法律法规。

2. 为国际经济联合体合同各合约方工作的古巴劳动者或常住古巴的外国人，应由古巴合约方根据现行的劳动聘用法律法规与其签订劳动合同。

3. 除高级领导和管理机构成员以外，外商独资企业如需古巴劳动者或常住古巴的外国人为其工作，应与由外贸外资部提议并经劳动和社会保障部批准的劳务派遣机构签订劳动派遣合同。外商独资企业的领导和管理机构成员由独资企业任命，并与独资企业建立相应劳动关系。

4. 古巴劳动者和常住古巴的外国人的劳动报酬以古巴比索支付。

第三十一条

1. 上一条款中提到的劳务派遣机构，根据现行相关法律与古巴劳动者和常住古巴的外国人签订劳动合同，建立劳动关系。

2. 如合资企业或者外商独资企业认为某员工不能满足工作需要，可向劳务派遣机构要求更换人员。任何劳工索赔均根据具体法律规定的程序在劳务派遣机构解决。

第三十二条

尽管有本章上述条款规定，但作为例外，在批准外国投资的批准书中，可制定特别的劳动规定。

第三十三条

根据现行法律规定，古巴劳动者有参与获取可产生经济、社会或环境效益的技术创新和组织创新成果的权利。

第十二章　特别税收体制

第三十四条

合资企业、国际经济联合体合同各合约方中的国内外投资者，其纳税义务和纳税人权利遵循现行相关法律规定，并适用下述条款。

第三十五条

合资企业及国际经济联合体合约方中的外国投资者自股息和经营盈利所获得的收入，免交个人所得税。

第三十六条

1. 合资企业、国际经济联合体合同各合约方中的国内外投资者按应税净收入的15%缴纳企业所得税。

2. 合资企业、国际经济联合体合同各合约方自成立起的八年内免征企业所得税。部长会议可批准延长免税期限。

3. 经主管部门批准，用于古巴境内再投资的净收入或其他收入免缴企业所得税。

4. 对于从事可再生或不可再生自然资源开发，部长会议可决定提高其企业所得税税率，最高可至50%。

第三十七条

1. 从事批发的合资企业、国际经济联合体合同各合约方中的国内外投资者，享受销售税税率减免50%的优惠。

2. 合资企业、国际经济联合体合同各合约方中的国内外投资者在投资经营的第一年免缴销售税。

第三十八条

1. 合资企业、国际经济联合体合同各合约方中的国内外投资者，享受服务税税率减免50%的优惠。

2. 合资企业、国际经济联合体合同各合约方中的国内外投资者在投资经营的第一年免缴服务税。

第三十九条

合资企业、国际经济联合体合同各合约方中的国内外投资者免缴劳动力使用税。

第四十条

合资企业、国际经济联合体合同各合约方中的国内外投资者应缴纳海滩开发使用税、河流排污税、港湾开发使用税、林业资源和野生动物资源开发使用税、地下水资源使用税，投资回收期内可享受税率减免50%的优惠。

第四十一条

合资企业、国际经济联合体合同各合约方中的国内外投资者，在投资过程中按照古巴财政和价格部相关规定进口设备、机械和其他器具，免缴关税。

第四十二条

合资企业、国际经济联合体合同各合约方中的国内外投资者及外商独资企业应缴纳地方发展土地贡献金。在投资回收期内，合资企业、国际经济联合体合同各合约方中的国内外投资者免缴地方发展土地贡献金。

第四十三条

1. 从事酒店管理、生产管理、服务管理及提供专业服务的国际经济联合体合同各合约方中的国内外投资者不适用上述条款，应按照《税法》及其配套法规纳税。

2. 前一条款提及的国际经济联合体合同各合约方中的外国投资者，免缴销售税和服务税。

第四十四条

外商独资企业在其经营期限内应按照现行法律纳税，不得损害财政和价格部规定的符合国家利益的财政收益。

第四十五条

根据本法宗旨，古巴共和国海关可根据现行法律规定，在报关手续和海关管理制度方面给予本章提及的自然人和法人特殊便利。

第四十六条

关税及其他海关税费的缴纳适用现行相关法律，但部长会议在批准投资方式时另有规定的除外。

第四十七条

财政和价格部根据外贸外资部的意见，考虑到投资的收益和数额、资本的回收、部长会议关于经济优先发展领域的指示及其对国民经济带来的收益，按照现行税法规定，可给予本法认可的任何形式的外国投资全部或部分的、临时或长期的免税，或给予其他财政优惠。

第十三章　储备金和保险

第四十八条

1. 合资企业、国际经济联合体合同各合约方中的国内外投资者、外商独资企业须用其盈利设立一笔储备金，以应对运营过程中可能发生的突发事件。

2. 前一款提及的储备金建立、使用及结算的程序，由财政和价格部制定。

第四十九条　在不影响前款所述储备金的情况下，合资企业、国际经济联合体合同各合约方中的国内外投资者、外商独资企业可根据财政和价格部的相关规定自愿设立其他储备金。

第五十条

1. 合资企业、国际经济联合体合同各合约方中的国内外投资者、外商独资企业必须购买一切类型及责任的财产保险。在国际同等竞争条件下，应优先考虑选择古巴保险公司。

2. 国有企业和本国其他组织以租赁形式提供的工业设施、旅游设施或其他种类的设施或土地，由承租人根据前一款提及的条件以出租人为受益人投保。

第十四章 财务登记与报告制度

第五十一条

在开展业务之前，合资企业、国际经济联合体合同各合约方中的国内外投资者、外商独资企业自接到批准书之日起 30 个自然日内取得所需的公证文件，并应在此后的 30 个自然日内完成工商注册登记。

第五十二条

合资企业、国际经济联合体合同各合约方、外商独资企业应执行财政和价格部颁布的古巴财务报告规定。

第五十三条

1. 上一条所述的合资企业、国际经济联合体合同各合约方、外商独资企业应根据本法配套实施条例的相关规定，向外贸外资部提交年度经营报告及其他要求提交的信息。

2. 前款提及的年度报告还应分别向财政和价格部、相关税务管理部门、国家统计信息办公室提交，国家经济计划编制和管控办法要求的信息也应同时提交。

第十五章 科学技术、环境和创新

第五十四条

鼓励并授权外国投资在促进国家可持续发展的背景下开展业务活动，在所有阶段都应关注技术引进、环境保护和自然资源的合理利用。

第五十五条

外贸外资部应将收到的投资建议方案提交科技和环境部从环保的角度

审议评估。科技和环境部应根据现行法律规定，决定是否需要进行环境影响评估、授予环境许可证，以及建立监控和检查制度。

第五十六条

1. 科技和环境部应制定相应措施，以妥善应对环境及自然资源的合理利用所受到的损害、危险或风险。

2. 造成损失或损害的自然人或法人，必须恢复原有的环境状况，并根据具体情况给予修复或相应赔偿。

第五十七条

外贸外资部将收到的投资建议方案提交科技和环境部进行审议。科技和环境部将对其技术可行性、必要的知识产权保护和管理措施进行评估，以保障古巴的技术主权。

第五十八条

在各种外国投资方式内取得的应受到知识产权保护的科研成果，须根据外国投资成立文件的规定办理，并遵守现行法律的相关规定。

第十六章　管控措施

第五十九条

1. 各种方式的外国投资须遵守现行法律规定的管控措施。相关管控由外贸外资部、国家其他中央行政机关和机构、各相关领域国家职能单位负责。

2. 管控的目的是评估以下且不局限于以下要求的完成情况：

A. 现行法律法规；

B. 批准各项业务设立及实施的要求条件。

第十七章　争端解决机制

第六十条

1. 合资企业合伙人之间、国际经济联合体合同各合约方中的国内外投资者之间及以记名股份公司形式出现的外商独资企业合伙人之间产生的纠纷，应根据公司或联合体成立文件之规定解决，但本章中另有规定的情况除外。

2. 当一名或多名合伙人与他或他们所属的合资企业或外商独资企业发生纠纷时，按同样规定处理。

3. 本法规定的各类外国投资方式中，因古巴国家机构的不作为而产生的纠纷，以及各类外国投资形式的解体、倒闭及清算，一律由相关省的人民法院经济庭裁决。

4. 除非批准书另有规定，合资企业合伙人之间、以记名股份公司形式出现的外商独资企业合伙人之间或从事自然资源开发、公共服务和公共工程的国际经济联合体合同各合约方中的国内外投资者之间产生纠纷，应由相关省的人民法院经济庭裁决。上述规定也适用于一名或多名合伙人与他或他们所属的合资企业或外商独资企业产生的纠纷。

第六十一条

本法规定的各类外国投资方式之间，或它们与古巴法人或自然人之间，因履行经济合同而产生的诉讼，可由相关省的人民法院经济庭裁决，但这不影响当事人根据古巴法律通过仲裁途径来解决。

特别规定：

第一：合资企业、国际经济联合体合同各合约方中的国内外投资者、外商独资企业应遵守有关防灾减灾的现行法律规定。

第二：只要不与发展特区运营相抵触，本法及其配套实施条例和补充规定均适用于发展特区内的外国投资，并按照发展特区相关特别规定予以调整。在与上述规定不冲突的前提下，如本法的特别规定可使特区内的投资获得更多优惠则可适用本法。

临时规定：

第一：本法适用于国际经济联合体、现存的及本法生效时已经运营的外商独资企业。根据1982年2月15日颁布的50号法令《古巴机构和外国机构建立的经济联合体》及1995年9月5日颁布的77号法《外国投资法》给予国际经济联合体和外商独资企业的优惠将在其营业期限内受到保护。

第二：本法生效时处于审批过程中的外国投资申请，适用本法。

第三：为更好地实施 1995 年 9 月 5 日所颁布的 77 号法而由国家中央行政管理部门制定的配套补充规定，只要不与本法相悖，将继续实行。相关部门须在本法生效之日起的三个月内，对这些规定进行检查，并根据外贸外资部的意见进行相应修订以与本法相协调。

第四：合资企业、国际经济联合体合同各合约方、外商独资企业，经部长会议特别批准，可使用古巴比索进行某些特定款项的收支。

第五：为了根据本法第三十条第 4 款规定支付古巴比索，应事先以可兑换比索兑换上述所需金额的古巴比索。

第六：尽管关税及其他海关税费可能以古巴比索计价，投资者也应以可兑换比索缴纳。

第七：上述第四条、第五条和第六条规定，在古巴实现货币并轨之前保持有效。货币并轨后，本法的义务主体将适用相应的法规。

最后规定：

第一：部长会议将制定本法配套实施条例，并在本法批准后的 90 天内颁布。

第二：1995 年 9 月 5 日颁布的第 77 号法《外国投资法》，1996 年 6 月 3 日颁布的第 165 号法令《保税区和工业园区法》，部长会议执行委员会 2004 年 10 月 18 日颁布的第 5279 号决议、2004 年 11 月 11 日颁布的第 5290 号决议、2008 年 6 月 9 日颁布的第 6365 号决议以及其他与本法相抵触的各项法规，均予以废除。

第三：本法自批准通过 90 天后生效。

第四：本法连同其实施条例及其他补充规定将一并在共和国官方公报上予以公布。

2014 年 3 月 29 日于哈瓦那会议宫古巴全国人民政权代表大会会议厅。

胡安·埃斯特万·拉索·埃尔南德斯

三 古巴马里埃尔发展特区法（第 313 号法令）

（古巴共和国）国务委员会考虑到：

为促进基础设施建设，扩大出口，替代进口，实施高新技术，增加就业渠道，促进国家进步，作为古巴经济模式更新进程的一部分，有必要设立马里埃尔发展特区；古巴共和国宪法第 10 条和第 15 条规定，在不影响国家政治、经济和社会基础的情况下，国家对其领土行使主权，并可批准将社会主义国有财产的部分或全部转让用于国家发展。因此，国务委员会根据古巴共和国宪法第 90 条 C 款赋予的权力，特颁布以下法令。

特此公布

古巴共和国国务委员会主席

劳尔·卡斯特罗·鲁斯

第一章 总则

第一条

本法令的目的是设立马里埃尔发展特区（以下称为特区）并规定其职能。有关特区的面积和位置方向说明详见本法令附件。只要有利于更好地实现特区有关目标，部长会议可决定是否将特区的毗邻区域纳入特区范围。

第二条

特区内实行本法令、相关补充法规及与特区法不相违背的其他现行法规。

第三条

特区的目标是：

a）促进国家发展；

b）增加出口和促进进口替代；

c）有助于先进技术、专有技术及管理经验的转让；

d）吸引外国投资；

e）获得新的就业渠道和长期融资渠道；

f）有利于环境的可持续发展；

g）开发有利于经济发展的基础设施；

h）建立高效的进出口及货物集散物流系统；

i）鼓励内外资企业入驻；

j）保障其与国家经济其他组成部分的联系。

第四条

为保证经济目标的一致性、关联性及可兼容性，特区内实施由部长会议批准的《土地及城市规划》。特区内的居民安置、设施、自然环境和资源，应重视社会发展及对自然环境和文化遗产的保护。特区鼓励并保护所有企业，鼓励发展工业、农牧业、机械制造、旅游业及古巴法律允许的所有使用清洁技术、以知识创新为基础、能增加附加值的货物和服务生产活动。

第五条

本国机构单位或法律所允许的任何外国投资方式，自其在特区注册为特许经营人或承租人之时起，均可在特区内投资。

第二章　关于（特区）办公室

第六条

设立马里埃尔发展特区办公室（以下简称特区办），负责管理特区，管控特区内有关活动，自《土地及城市规划》批准之时起制订并实施《特区发展和经营规划》。特区办为现行法律准许的国家机构，由部长会议批准其组织结构，并隶属于部长会议。

第七条

特区办职能如下：

a）就特区主要经营发展政策同国家中央行政管理机关、机构及相关单位进行协调，并向部长会议提交《特区发展和经营规划》；

b）对以特许经营人或承租人身份入驻特区的申请进行评估，保证其符合《特区发展和经营规划》，且保证根据其申请、环境和社会影响具有技术、经济、环境及法律可行性；

c）就以特许经营人或承租人身份入驻特区的申请同国家中央行政管理机关、机构及相关单位进行协调；

d）实行必要的登记注册以保证履行管理与管控职能，将经批准的特许经营人和承租人相应登记入册；

e）协调外资整体发展，对生产链进行分析并对外资进行管控工作；

f）对特许经营人和承租人是否从事与批准证书相符合的经营活动，以及是否符合本法令、实施条例及其他有关现行法规进行系统性检查；

g）构建一个独立高效的一站式窗口服务系统，联系国家中央行政管理机关、机构及相关单位和特区办相关单位，为入驻特区的特许经营人和承租人办理执照、许可和批准手续提供服务；

h）建立向外资推介并吸引其对特区投资的体系，并采取行动以在尽可能短的时间内达到相关目标；

i）推动特区基础设施建设投资项目及其他有益于特区良好运行的项目；

j）关注科技和环境部针对特区内批准项目所做的《战略性环境评估》相关结果的落实情况；

k）重视特区内公共基础服务的质量和多样性及教育、文化、体育活动，帮助构建特区良好环境；

l）必要时向国际组织和机构进行咨询；

m）在职权范围内采取系统性管控措施；

n）与国土规划局一起进行评估，并向部长会议建议是否将毗邻区域纳入特区；

o）在职权范围内协调国家中央行政机关及其他单位在特区内实施各项管控措施并提供便利；

p）本法令及其实施条例以及其他不与本特区法冲突的法规所明确的其他职能。

第八条

特区办须与相应的国家中央行政机关、机构及其他国内单位建立合作关系并进行协调，以便行使职能。上述关系应为稳定的、系统性的合作关系。

第三章　特许经营人和承租人申请的
提交、评估、批准及拒绝

第九条

向特区办申请入驻需提交以下文件：

a）由申请人代表签字的书面申请，阐明申请成为特许经营人或承租人的原因；

b）申请人成立公司的文件、最近一个财政年度的财务报表复印件及银行担保；

c）申请人营业执照或其他可以用来证明申请人有效注册身份的证明文件，证明文件签发日期须为申请提交之日前的六个月内；

d）申请人代表的授权书，以备在必要时出示；

e）项目建议书，包括项目实施目的、采用的技术、如获批准拟开展的项目内容，对基础设施、人力资源及其他服务的预期需求；

f）项目的技术、金融、经济可行性研究报告及预期市场分析报告；

g）所需的执照、许可及批准的申请；

h）特区办要求的其他材料。

第十条

特区办主任在由国家中央行政机关、机构及其他单位代表组成的委员会的协助下，评估申请人所提交的材料，向部长会议提交需由其批准的外国投资申请，并对其余申请予以批准或拒绝。上述委员会全称为"马里埃尔发展特区特许经营人及承租人申请评估委员会"（以下简称评估委员会），由下列机构代表永久组成：经济和计划部、外贸外资部、财政和价格部、劳动和社会保障部、科技和环境部、司法部、革命武装力量部、内务部、古巴中央银行、国土规划局及阿特米萨省政府。特区办主任可根据需要决定评估委员会是否需增加其他部门代表。特区办主任任命评估委员会秘书长，

并可根据需要予以更换。组成评估委员会的各国家中央行政机关、机构及其他单位的领导向特区办主任通报其代表任命。根据具体情况，特区办主任可邀请其他国家中央行政机关、机构及其他单位派代表参与项目评估。

第十一条

特区内的外国投资视情况分别由部长会议及特区办主任批准。下列情况的外国投资只可由部长会议批准：

a）不可再生自然资源的勘探；

b）自然资源的开发；

c）与可再生能源使用相关的；

d）涉及国有资产或其他国有不动产转让的投资；

e）投资公共服务的，如交通、电信、水利、电力或用于公共项目的建设与开发；

f）房地产开发；

g）外商独资企业；

h）投资涉及外国国家资本参与；

i）投资于卫生、教育及武装部队所属的企业。

第十二条

第十一条未提及的外国投资及其他申请由特区办主任批准。

第十三条

部长会议在收到特区办主任提交建议材料之日起 30 个自然日内出具意见予以批准或拒绝。

第十四条

特区办主任在（评估委员会）完成评估之日起 10 个自然日内通过发布特区办令对于其职权范围内的申请予以批准或拒绝。

第十五条

根据古巴中央银行许可开展经营的国内金融机构，其作为承租人的申请，由中央银行行长在收到特区办主任提交材料之日起 10 个自然日内通过发布行令予以批准或拒绝。

第十六条

特区内现有的各种形式外国投资、古巴全资公司和单位，有意作为特许经营人或承租人入驻特区，须依本章上述条款提交申请、进行评估及获得批准。

第四章 关于特许权

第十七条

居住在国外且拥有外国资本的外国自然人和法人及本国法人经批准可获得特许权。

第十八条

特许权由部长会议批准授予。

第十九条

根据本法令，特许权是指暂时性授予特定人从事提供公共服务、实施公共工程或开发公共资产的资格。授权文件应包含如下信息：

a）特许经营人的身份信息；

b）授权区域的位置和范围；

c）特许活动对象；

d）特许经营人的权利和义务；

e）投资方案；

f）业务经营活动所需的条件；

g）特许权期限；

h）其他需明确的。

第二十条

特许权期限最长为50年，期满后经原批准机构批准可延期，期限不得长于上一授权期。延期申请须在上期授权到期前至少6个月提交，以便相关机构进行评估。

第二十一条

特许权在以下情况下失效：特许权期满；双方协商同意；经相关机构批准放弃特许权；特许权被吊销；特许权无效。

第二十二条

存在下列原因时，可吊销特许权：

a）特许经营人为自然人时，突然死亡或丧失工作能力；

b）特许经营人丧失法人资格；

c）特许经营人无力偿还债务；

d）除属于可证明的突发情况或不可抗力，特许经营人无法完成其基本义务；

e）决定由政府接管该经营活动时，特许权将被收回；

f）因公共秩序或国家安全原因；

g）因社会利益或公共利益原因；

h）其他特许权法规或特许文件中明确规定的原因。

第五章　关于承租人授权

第二十三条

居住在国外且拥有外国资本的外国自然人和法人及在本国居住的自然人和法人经批准可在特区进行生产、贸易或服务活动。

第二十四条

外国投资项目属于古巴《贸易机会清单》，且项目预可研报告已经古巴相关机构批准，部长会议可授权特区办主任批准其承租人申请。

第二十五条

对以承租人身份在特区开展经济活动的授权文件应包含以下内容：

a）承租人身份信息；

b）如为法人，须包含公司名称及其他公司成立文件；

c）授权经营范围；

d）业务经营活动所需的条件；

e）投资方案；

f）授权经营期限；

g）其他所需资料。

第二十六条

授权修改机构与授权批准机构须为同一机构，依照本法令实施条例规定，对申请进行受理、评估、批准或拒绝。

第二十七条

存在下列原因时，可吊销使用权：

a）承租人为自然人时，突然死亡或丧失工作能力；

b）承租人丧失法人资格；

c）承租人无力偿还债务；

d）除属于可证明的突发情况或不可抗力，承租人无法完成其基本义务；

e）因公共秩序或国家安全原因；

f）因社会利益或公共利益原因；

g）批准文件中列明的其他原因。

第六章　关于特殊制度

第一部分　特殊制度范畴

第二十八条

自特许经营人及承租人在特区办注册登记簿中完成备案登记时起，适用本章规定的特殊制度。

第二部分　海关特别规定

第二十九条

古巴共和国海关总署须采用信息技术，为特许经营人及承租人建立一套特殊程序，以简化海关登记、申请及批准的手续及期限，作为特区的一项优惠措施。

第三十条

古巴共和国海关总署须对货物及国际交通工具的入港、存储及离港明确管控、手续及期限要求。

第三部分 劳工特别规定

第三十一条

在特区内工作的人员原则上应为持有古巴永久居留权的古巴人或外国人。特许经营人及承租人雇用持有古巴永久居留权的古巴籍或者外籍员工，须通过与古巴指定机构签订劳务合同来进行。

第三十二条

经相关部门批准，特许经营人及承租人可直接雇用无古巴永久居留权的外国自然人担任管理职务或某些技术岗位。上述外国人在古巴居留及工作，须遵守现行移民法、税法和劳动法之规定。

第三十三条

特许经营人及承租人须遵守古巴劳动和社会保障部相关规定。

第四部分 管控特别规定

第三十四条

特许经营人及承租人受特别制度管控。这一制度保障特许经营人和承租人授权条件及特区适用法律法规能得到遵守。

第五部分 关于违约行为和所采取措施特别规定

第三十五条

根据本法令实施条例，对特许经营人及承租人的违约及相应处罚措施适用特别规定。

第六部分 移民管控及内部秩序特别规定

第三十六条

特区内的移民规定和内部秩序规定按照内政部相关规定执行。

第七部分　税收特别规定

第三十七条

根据本法令实施条例，特许经营人及承租人适用特别税收规定，以促进特区发展，推动环保技术的运用。

第八部分　保险特别规定

第三十八条

特许经营人及承租人须购买各类保险。

第三十九条

在保险条件具有国际竞争力的情况下，古巴保险公司享受优先被选择权。若古巴保险公司无法承保，则由保险总局批准外国保险公司实施。具体规定由财政和价格部发布。

第九部分　货币及银行特别规定

第四十条

根据国家现行法律明确的不同适用情况，特许经营人及承租人之间的交易可使用古巴可兑换比索、双方商定的可自由兑换货币或古巴比索来结算。特许经营人及承租人同古巴本国经济单位的交易适用国家现行货币规定。

第四十一条

特许经营人及承租人须在特区内设立的银行机构开设账户，交易收支通过该账户结算。

第四十二条

具有特许经营人身份或承租人身份的外国投资者，一旦入驻特区，均有权支配其资金，并可通过国家银行系统，以可自由兑换货币的形式，将其经营活动所得的净利润或红利及撤资情况下的资本金转移出境，无须缴纳与汇款相关的税赋。无古巴永久居留权的外国公民在特区工作，可依照古巴中央银行明确的比例和相关规定将其所得转移出境。

第四十三条

获准在特区内提供金融中介服务的承租人，须事先获得古巴中央银行颁发的执照，并接受古巴中央银行监管。古巴中央银行在执照中对承租人服务范围、等级及其他应遵守的法规都予以明确规定。

第七章　关于特区发展基金

第四十四条

特许经营人和承租人须缴纳资金来设立特区发展基金。该基金用于特区办的日常运转及特区公共区域的维护，由特区办管理。根据财政和价格部相关规定，特许经营人和承租人按照其收入的一定比例缴纳上述资金，如无收入，则按一固定数额缴纳。

第八章　关于纠纷解决的规定

第四十五条

特许经营人及承租人之间，或特许经营人/承租人与古巴其他经济单位之间发生经济纠纷，应由辖区内的人民法院裁定和解决。但是，这不影响当事人通过协商或通过合同中约定的任何其他方式来解决（纠纷）的权利，包括接受古巴国际贸易仲裁法庭的仲裁。

第四十六条

承租人与特许经营人或特区外古巴经济单位之间发生行政纠纷，由特区办主任解决。如对决定有异议，可在决定公布翌日起的 30 个工作日内向阿特米萨省人民法院有关法庭提起上诉。

特别规定：

自特区办获准实施《特区发展和经营规划》时起，国家中央行政机关、机构及相关单位在向特区内的法人或自然人授予执照、许可或批准时，涉及房屋所有权转让、建造、修复、分隔、扩建和改建以及闲置和其他类似性质的土地交付的事项，须事先征得特区办同意。

最后规定：

第一：由部长会议发布本法令实施条例。

第二：由特区办主任公布"马里埃尔发展特区特许经营人和承租人申请评估委员会"规章制度。

第三：在本法令生效 30 天内，由特区办主任向部长会议提交特区办组织章程提案供其审批。

第四：国家中央行政机关、机构及有关单位领导可在其职权范围内发布实施本法令所需的规定。

第五：1997 年 10 月 31 日颁布的第 224 号《马里埃尔保税区促进开发特许经营条例》及其他同本法令有关规定相抵触的法规同时废止。

第六：本法令自 2013 年 11 月 1 日正式生效。

本法令在古巴共和国官方公报上公布。

2013 年 9 月 19 日于哈瓦那革命宫

劳尔·卡斯特罗·鲁斯

古巴共和国国务委员会主席

附件：（略）

四　古巴马里埃尔发展特区法实施条例

（古巴共和国）部长会议第 316 号令

鉴于 2013 年 9 月 19 日发布的第 313 号法令《马里埃尔发展特区法》最后规定的第一条规定，由古巴部长会议发布此实施条例。因此，部长会议根据古巴共和国宪法第 97 条及第 98 条 K 款赋予的职责，决定发布如下。

第一章　总则

第一条　根据本条例规定，特许经营人和承租人在被批准范围内开展

（商务）活动时，可享受相关的优惠和激励政策。

第二条 马里埃尔发展特区（以下简称特区）特许经营人和承租人及其他有意入驻特区的企业，凡是需要在国家中央行政机关、部门和有关单位办理的手续，可通过马里埃尔发展特区办公室（以下简称特区办）一站式服务窗口完成。

第三条 根据前述，特区办须与国家中央行政机关、部门及有关单位建立合作关系。

第二章 关于马里埃尔发展特区办公室

第一部分 关于特区办主任的职权及义务

第四条 特区办主任具有以下职权及义务：

a）代表特区办；

b）对履行 2013 年 9 月 19 日发布的第 313 号《马里埃尔发展特区法令》（以下简称法令）、本条例及其他法规中规定的特区办职能负责；

c）领导制定并实施《特区发展和经营短、中、长期规划》；

d）领导马里埃尔发展特区特许经营人和承租人申请评估委员会（以下简称评估委员会）的工作；

e）根据评审结果，在职权范围内批准或否决经营申请；

f）根据实际情况和各自的职责范围，分别向部长会议及古巴中央银行提交应审批的经营申请文件（包含评估委员会各委员意见的书面决定意见和决议草案）；

g）向部长会议汇报特区办的工作进展；

h）在职权范围内为下属官员、员工及工人制定工作纪律；

i）对下属官员、员工及工人进行考评；

j）在职权范围内发布特区内部运行所需的决议、指示、通知及其他必要的规定；

k）履行部长会议授予的其他职能。

第二部分　关于手续管控登记簿

第五条　为实施相应手续管控，特区办须建立以下登记簿：

a）文件收发登记簿：登记特许经营人和承租人的所有申请文件和签发文件；

b）特许经营申请登记簿：登记所有已完成申请程序、需要给予审批的行政特许经营申请；

c）承租人申请登记簿：登记所有已完成申请程序、需要给予审批的承租人申请；

d）特许经营人注册行政管理登记簿：记录部长会议批准特许经营权的法律文件、对批准文件的修改意见、对特许经营权授予的延期时间及其他相关内容；

e）承租人注册行政管理登记簿：记录相关机构批准使用权的法律文件、对批准文件的修改意见、对使用权授予的延期时间及其他相关内容。

第六条　行政管理登记簿须进行公证。

第七条　登记簿负责人按时间顺序对特许经营人及承租人申请进行登记。

第八条　文件收发登记簿中应包含负责人对内容的简单描述。申请及文件的提交可由申请人本人或具有合法授权的代理办理。

第九条　特许经营人和承租人的申请在所提交材料满足启动评估程序有关要求后方可在相应登记簿中登记，以便开始评审，否则予以退回。

第三章　关于特区办与国家机关单位之间的关系

第一部分　关于同外贸外资部之间的关系

第十条　外贸外资部须向特区办通报与特区开展经营活动相关的外

贸、外资及经济合作方面的政策。

第十一条 外贸外资部负责以下事务：

a）参与对申请入驻特区的特许经营人及承租人的申请的授权评估；

b）对外资项目的评估提供咨询意见；

c）提供外资外贸方面的经验；

d）同特区办协调特区外资促进计划；

e）采取其他有必要的相关措施。

第二部分 关于同科技和环境部之间的关系

第十二条 特区办与科技和环境部之间的关系，旨在保证特区环境的可持续性，以及在特区内落实环境、科技、计量、标准及工业产权方面的政策和法规。

第十三条 特区内开展的经营活动须遵守战略发展、技术标准、环境及科技法规等方面的规定，同时要考虑风险评估报告、对特区发展带来的破坏性及风险，以及应对气候变化应采取的措施。

第十四条 特区对相关违法的处罚须符合科技、环境、计量和标准化方面的立法规定以及科技和环境部所颁布的相关条例。

第三部分 关于同其他机构之间的关系

第十五条 特区办须就特区内的经营活动向有关国家中央行政机关和单位进行通报，必要时召开会议协商研究。

第四部分 关于同国土规划局之间的关系

第十六条 特区办与国土规划局之间的关系，旨在保证《特区发展和经营规划》与《土地和城市规划》协调一致。

第十七条 特区内实施的工程应该符合《土地和城市规划》关于土地使用和用途的规定。

第五部分　关于同阿特米萨省政府及有关市政府之间的关系

第十八条　特区办与阿特米萨省及相关市政府之间的关系，主要应该考虑以下方面：

a）支持特区内经济、社会、文化、环境等活动的开展；

b）处理好与特区内居民的各种关系；

c）通过特区办来处理要与特区合作或者要为特区捐款捐物的申请；

d）在职权范围内，通过特区办递交外国代表团提出的、与特区发展有关的各类申请。

第四章　关于特许经营人和承租人

第一部分　申请的提交、评估与通过

第十九条　有关申请须向特区办主任提交，并附上本法令第 9 条中规定的文件。

第二十条　文件提交后，特区办须分析申请是否符合法令所规定的要求，并于 5 个工作日内决定是否受理或退回。

第二十一条　特区办接收有关申请后开始评估，评估时间最长不超过 30 个工作日。

第二十二条　特区办主任接收的申请在评估委员会内进行评估。

第二十三条　在评估过程中，如特区办认为需要提交补充文件，可要求申请人在一定期限内提供。补充文件提交之前评估过程暂时停止。如（申请人）在规定期限内未提供有关补充文件，可视为放弃申请，（有关申请文件）将存档。

第二部分 特许经营人的权利与义务

第二十四条 所出让区块的建设、(设备) 安装及运营等工作均由特许经营人负责实施。为此，特许经营人被授权进行以下活动：

a) 修整土地并建设办公楼、工厂、仓库、配套服务设施及任何其他开发所受让区块所需的设施，用于 (特许经营人) 自用或第三方即承租人租赁；

b) 以授权经营为日的的土地出租；

c) 为支持承租人的经营提供厂房开工及部分或全部运营服务；

d) 建设、规划并开发训练中心、培训中心、娱乐中心及其他服务设施，包括特许经营人、承租人及其员工所需要的交通中心；

e) 根据特许经营协议，在所选择的合适区块建设住房、酒店及其他保证特区良好运转的居住设施；

f) 根据现行法律法规，经营机场、直升机机场、港口、码头、装货和卸货区、车站、铁路、陆地货场等；

g) 提供或接受一般或专业服务。

第二十五条 特许经营人的义务如下：

a) 根据习惯做法，对其生产、服务及其他经营活动进行登记；

b) 按照已批准的可行性研究，在受让的区块进行投资开发；

c) 自在特许经营人行政管控登记簿登记之日起 180 个自然日内须开始进行上述投资；

d) 向特区发展基金缴纳相应的份额；

e) 根据特许经营协议有关规定和国际惯例，确保基础设施 (包括绿地、隔离带等区域) 可提供合适的工作条件和基本必不可少的服务条件，并对其进行维护；

f) 推动和发展对员工进行专业技术培训的训练计划；

g) 与承租人一起确保受让区块设施的效率，具备开展相关经营活动所需的条件；

h) 执行和监督执行环境保护、消除或减少污染、水土保持、水资源保护、海洋保护、动植物保护及动植物检疫等方面的法规；

i）执行劳动与社会保障方面的规定；

j）采取必要措施保证相关主管部门对其受让区块进行有效的检查；

k）在每个财年结束的 90 个自然日内，向特区办提交一份年度经营报告及财政和价格部、税务局及其他统计部门要求提供的信息；

l）采用清洁技术，杜绝或减少废弃物，尤其是危险废弃物；

m）根据有关特许经营协议规定开展业务活动。

第二十六条　向承租人出租基础设施及提供服务，特许经营人可自由定价。

第三部分　承租人的权利与义务

第二十七条　承租人经批准可开展下列活动：

a）原材料或半成品的加工；

b）通过组装和加工零部件、组件，生产成品或半成品；

c）对包括零部件、组件在内的成品及半成品通过必要的流程进行加工处理，使其可以销售或投入使用；

d）贸易管理及商品的包装、分装、仓储及买卖；

e）与机场、直升机场、港口、码头、装卸货场、车站、铁路、陆地货场及其他类似区域的使用有关的经营活动；

f）特区内的银行、金融中介及保险等服务；

g）向特区内的特许经营人和承租人提供经营、审计、管理、信息技术、咨询等服务；

h）向特许经营人、承租人及其员工提供一般或专业服务；

i）开发清洁技术及科技调查研究服务；

j）海产养殖；

k）农牧业（包括种植及养殖）。

第二十八条　承租人的义务如下：

a）按照一般惯例，对其生产、服务及其他活动进行登记；

b）按照已批准的可行性研究，在承租的区块进行投资开发；

c）自在承租人行政管控登记簿登记之日起 180 个自然日内须开始进行上述投资；

d）向特区发展基金缴纳相应的份额；

e）推动和发展员工可进行专业技术培训的训练计划及根据需要对员工进行重新上岗的培训；

f）在每个财年结束后 90 个自然日内，向特区办提交一份年度经营报告及财政和价格部、税务局及其他统计部门要求提供的信息；

g）采取必要措施保证相关主管部门对其受让区域进行有效的检查，对批准书中确定的（工作）条件进行必要的控制；

h）执行和监督执行环境保护、消除或减少污染、水土保持、水资源保护、海洋保护、动植物保护及动植物检疫等方面的法规；

i）遵守劳动与社会保障方面的规定；

j）根据有关授权规定开展业务活动。

第五章　关于特别规定

第一部分　海关特别优惠规定

第二十九条　古巴海关总署为开展有关经主管部门批准的相关经营活动而必须从外国进口的货物办理相关海关报关和清关手续提供便利，并执行本条例及其他财政和价格部颁布的规定所规定的特别税务规定。

第三十条　享受海关特别规定的特许经营人及承租人在下文中简称为特殊规定受惠人。

第三十一条　申请享受海关特别规定需由申请人提交至特区办，由特区办转交至海关总署，其中包括申请内容和理由。如需在已享受最初获得的优惠待遇基础上补充或扩大优惠待遇、在特区内转让优惠待遇，特殊规定受惠人须通过特区办提交申请。

第三十二条　古巴海关总署向特许经营人和承租人提供与其获准的经营活动相关的优惠待遇，为其商品在特区被授权人之间的储存、加工、成品、销售，以及进口、出口、再出口提供便利。

第三十三条　本条例中未包含的特许权及海关优惠待遇，适用其他相应海关制度及本条例的补充、修订规定。

第三十四条　可在海关中心登记处快速登记注册。

第二部分　劳工特别规定

第三十五条　具有古巴永久居留权的古巴籍或外籍劳动者向特区特许经营人或承租人提供劳动服务，须事先同指定的古巴机构建立劳务关系。

第三十六条　关于劳工雇用、劳动纪律、劳动纠纷解决、劳动集体合同、内部规定、社会保障、带薪年假、加班、假期薪酬、劳动保护、安全与卫生、财物责任等问题适用现行相关法律规定。

第三十七条　特许经营人和承租人同指定的古巴机构签订劳务派遣合同，应当包括下列内容：

a）合同双方代表的姓名、家庭住址、身份等信息；

b）特许经营人或承租人及指定的古巴机构的名称和地址；

c）雇用合同对象，包括所需工种、用工数量等；

d）薪酬；

e）劳工的辞退及替换；

f）本条例及现行劳动法规定的合同双方代表的义务；

g）合同的期限及修订；

h）合同生效日期；

i）合同双方代表的签字；

j）其他合同双方认为必需的。

第三十八条　签订用工合同时，特许经营人或承租人必须提供以下材料：特许经营人或承租人获准开展经营活动的法律批准文件、代表授权证明及符合现行法规的工作许可。

第三十九条　劳工薪酬由指定的古巴机构同特许经营人或承租人议定。

第四十条　特许经营人或承租人可在正当理由情况下辞退无法满足工

作要求的劳动者，并应向（劳务派遣）机构提供赔偿。必要时可申请更换工人。

第四十一条 上一条款中提及的赔偿须一次性支付给（劳务派遣）机构，并遵照以下规定：

a）若派遣的劳动者服务期限在 9 年以内（含），支付相当于一个月薪酬的赔偿；

b）若派遣的劳动者服务期限为 10 ~ 19 年（含），支付相当于两个月薪酬的赔偿；

c）若派遣的劳动者服务期限为 20 ~ 25 年（含），支付相当于三个月薪酬的赔偿；

d）若派遣的劳动者服务期限为 26 ~ 30 年（含），支付相当于四个月薪酬的赔偿；

e）若派遣的劳动者服务期限为 30 年以上，支付相当于五个月薪酬的赔偿。

第四十二条 若辞退行为是基于劳动者自愿，则无须支付赔偿。

第四十三条 辞退至（劳务派遣）机构的劳动者适用现行法规中关于待岗工人的相关规定。

第四十四条 （劳务派遣）机构以古巴比索向劳动者支付工资。

第三部分 特殊管理规定

第四十五条 特许经营人及承租人必须遵守古巴现行法规及本条例的相关规定。

第四十六条 经与特区办事先协调，国家中央行政机构及其他相关职能单位对特许经营人及承租人在特区内开展经营活动进行定期检查，并通过特区办对所发现的违规行为进行通报。

第四部分 违规行为与处罚特别规定

第四十七条 特区办可要求特许经营人或承租人接受违规委员会的检查。

第四十八条 特许经营人和承租人对其自身及其员工（包括通过指

定古巴机构雇用的工人）的违规行为负责。

第四十九条　除特区法明确的违规行为外，以下行为也被视为违规：

a）从事超出授权经营内容或经营范围的经营活动；

b）未履行有关特许经营书或批准文件中规定的义务、规定和条件；

c）制假贩假。

第五十条　特区办可对特许经营人和承租人处以下处罚：

a）罚款 5000～100000 货币单位（以其违法经营使用货币计算）。如再犯，罚款金额可提高至 3 倍；

b）吊销最多一年内享受财政优惠政策及其他优惠的资格；

c）撤销特许经营权或取消授权。

第五十一条　特区办主任、国家中央行政机构及其他主管单位通过颁布行政命令来采取相应的措施。也可通过法律途径解决各种申诉。

第五十二条　特区办主任在知悉（企业）违规行为之日起 20 个工作日内，通知违规者在其职权范围内所采取的处罚措施，或其他主管部门对违规者采取的处罚措施。

第五十三条　被处罚者可在接到处罚通知的 7 个工作日内向特区办主任提出申诉。

第五十四条　特区办主任在接到申诉的 3 个工作日内向国家中央行政机构及其他单位转交应由其处理的申诉。国家中央行政机构及其他单位在接到申诉的 20 个工作日内给予答复，并通知特区办将答复告知申诉方。接到国家中央行政机构及其他单位决定的 3 个工作日内，特区办主任将决定告知申诉方。对国家中央行政机构及其他单位做出的（处罚）决定有异议的，可依现行法律解决。

第五十五条　对在其职权范围内采取的处罚，特区办主任在接到被处罚者申诉的 20 个工作日内予以解决。接到申诉处理结果后，申诉方可在 7 个工作日内向特区办主任提出复议要求。

第五十六条　特区办主任须在 30 个工作日内处理上述复议要求。

第五部分 税收特别规定

第五十七条 特许经营人和承租人享受以下免税优惠:

a) 免交劳动力使用税;

b) 10 年内免交企业所得税。在有利于国家利益的特殊情况下,财政和价格部可延长此期限;

c) 免交与在特区内投资有关的生产资料、设备及货物的进口关税;

d) 免交开业后第 1 年的销售税或服务税;

e) 免交地方发展税。

第五十八条 特许经营人和承租人需缴纳以下经调整的税费:

a) (自第 11 年起) 缴纳税率为 12% 的企业所得税;

b) (自开业后第 2 年起) 缴纳税率为 1% 的销售税或服务税;

c) 聘用劳务的法人单位缴纳税率为 14% 的社会保险。

第六部分 货币及银行特别规定

第五十九条 获准从事金融中介服务的承租人,除须遵守特区法和本实施条例外,还须遵守古巴中央银行颁布的相关规定,包括预防洗钱及资助恐怖主义等。

最后规定

第一:国家中央行政机关、机构及其他相关单位的负责人负责在其职权范围内颁布实施本条例必需的有关规定。

第二:本条例自 2013 年 11 月 1 日起生效。

发布于古巴共和国官方公报

> 劳尔·卡斯特罗·鲁斯
> 古巴共和国部长会议主席
> 2013 年 9 月 10 日于革命宫

大事纪年

1492 年	克里斯托弗·哥伦布到达古巴
1510 年	西班牙开始对古巴的征服
1764 年	西班牙在哈瓦那设立都督辖区
1774 年	古巴进行第一次人口普查
1868～1878 年	古巴第一次独立战争
1886 年	古巴取消奴隶制
1895～1898 年	古巴第二次独立战争
1898 年	美西战争爆发，美国占领古巴
1901 年	古巴宪法宣布政教分离
1902 年	古巴共和国成立
1906～1909 年	美国第二次占领古巴
1925～1933 年	马查多独裁统治
1940 年	巴蒂斯塔执政古巴
1953 年	古巴革命者攻打"蒙卡达"兵营
1956 年	"格拉玛号"登陆
1959 年	古巴革命胜利，颁布《1959 年根本法》
1961 年	猪湾事件（吉隆滩之战）
1961 年	卡斯特罗宣布古巴为社会主义国家
1962 年	古巴导弹危机，古巴退出美洲国家组织
1963 年	古巴革命政府颁布第二次土地改革法
1965 年	古巴共产党成立

1968 年	古巴政府发动"革命攻势"
1972 年	古巴加入经济互助委员会
1975 年	古巴共产党召开第一次代表大会，实行新的经济领导和计划体制
1976 年	古巴颁布新宪法
1976～1980 年	古巴实行第一个五年计划
1977 年	古巴政治结构体制化进程基本结束，开始实行经济核算制
1980 年	古巴共产党召开第二次代表大会
1985 年	古巴共产党召开第三次代表大会
1986 年	古巴发起"纠偏进程"
1990 年	古巴宣布进入"和平时期的特殊阶段"
1991 年	古巴共产党召开第四次代表大会
1992 年	古巴进行宪法改革
1997 年	古巴共产党召开第五次代表大会
1998 年	罗马教皇约翰·保罗二世访问古巴
2002 年	古巴进行全民公决和宪法改革
2004 年	古巴和委内瑞拉共同创立"美洲玻利瓦尔替代计划"
2008 年	劳尔接替卡斯特罗就任古巴国务委员会主席兼部长会议主席
2011 年	古巴共产党召开第六次代表大会，正式启动社会经济模式更新进程
2012 年	古巴共产党召开第一次全国代表会议
2015 年	古巴与美国恢复外交关系
2016 年	古巴共产党召开第七次代表大会
2016 年	菲德尔·卡斯特罗逝世
2017 年	美国特朗普政府强化对古巴的封锁措施
2018 年	迪亚斯－卡内尔当选古巴新一届国务委员会主席

参考文献

一　中文文献

姜士林等主编《世界宪法大全》，青岛出版社，1997。

宗教研究中心编《世界宗教总览》，东方出版社，1993。

王泰平主编《中华人民共和国外交史》，第二卷（1957～1969年），世界知识出版社，1998。

李春辉、杨生茂主编《美洲华侨华人史》，东方出版社，1990。

李春辉、苏振兴、徐世澄：《拉丁美洲史稿》，第三卷，商务印书馆，1993。

李明德主编《简明拉丁美洲百科全书》，中国社会科学出版社，2001。

李明德主编《拉丁美洲和中拉关系——现在与未来》，时事出版社，2001。

苏振兴主编《拉丁美洲的经济发展》，经济管理出版社，2002。

曾昭耀主编《现代化战略选择与国际关系——拉美经验研究》，社会科学文献出版社，2002。

毛相麟等：《中美洲加勒比国家经济》，社会科学文献出版社，1987。

徐世澄：《冲撞：卡斯特罗与美国总统》，东方出版社，1999。

徐世澄主编《帝国霸权与拉丁美洲——战后美国对拉美的干涉》，世界知识出版社，2002。

古巴驻华使馆旅游代表处、中国旅游出版社编《古巴旅游指南》，中国旅游出版社，2000。

〔古〕希门尼斯:《古巴地理》,黄鸿森等译,商务印书馆,1962。

〔古〕波尔图翁多:《古巴文学简史》,王央乐译,作家出版社,1962。

〔古〕菲德尔·卡斯特罗:《卡斯特罗言论集》(第一、二册),人民出版社,1963。

〔美〕菲·方纳:《古巴史和古巴与美国的关系》,第一卷,涂光楠、胡毓鼎译,三联书店,1964。

〔古〕艾·罗依格·德·卢其森林:《古巴独立史》,张焱、王怀祖译,三联书店,1971。

〔英〕休·托马斯:《卡斯特罗和古巴》(上、下册),斯禾译,上海人民出版社,1975。

〔古〕埃内斯托·切·格瓦拉:《古巴革命战争回忆录》,复旦大学历史系拉丁美洲研究室译,上海人民出版社,1975。

〔美〕卡梅洛·梅萨-拉戈:《七十年代的古巴——注重实效与体制化》,丁中译,商务印书馆,1980。

〔古〕菲德尔·卡斯特罗:《在古巴共产党第一、二、三次全国代表大会上的中心报告》,王玫、张小强、韩晓雁、王志平译,人民出版社,1990。

〔古〕何塞·坎东·纳瓦罗:《古巴历史——枷锁与星辰的挑战》,王玫译,当代世界出版社,1999。

〔古〕菲德尔·卡斯特罗:《全球化与现代资本主义》,王玫等译,社会科学文献出版社,2000。

二 外文文献

A. Bekarevich y L. Poskonina, *Cuba en el sistema del socialismo mundial: Critica a las concepciones no marxistas*, Editorial Nauka, Moscu, 1989.

Academia de Ciencias de Cuba, *Ciencia y Tecnologia en Cuba*, Editorial Academia, La Habana, 1989.

Al Campbell, *Cuban Economists on the Cuban Economy*, University Press of Florida, July 16, 2013.

Alberto Recarte, *Cuba: economia y poder (1959 – 1980)*, Alianza

Editorial, Madrid, 1980.

Alberto Salazar Gutierrez y Victor Perez Galdos, *Vision de Cuba*, Edtora Politica, La Habana, 1987.

Andrew Coe, *Cuba*, Odyssey Passport, Hong Kong, 1997.

Banco Central de Cuba, *El Sistema Bancario y Financiero de Cuba*, Tercera Edicion, 1999.

Carmelo Mesa Lago, *Cuba en la era de Raul Castro. Reformas economico sociales y sus efectos* (*Spanish Edition*), Editorial Colibri, December 3, 2012.

Carmelo Mesa-Lago, *Breve Historia Economica de la Cuba Socialista Politicas*, resultados y perspectives, Alianza Editorial, Madrid, 1994.

Carmelo Mesa-Lago, *Cuba after the Cold War*, University of Pittsburgh Press, 1993.

Carmelo Mesa-Lago, *The Economy of Socialist Cuba*, *A Two-Decade Appraisal*, University of New Mexico Press, Albuquerque, 1981.

Centro de Investigaciones Psicologicas y Sociorreligiosos del Ministerio de Ciencias, Tecnologia y Medio Ambiente, *Panorama de la Religion en Cuba Editora Politica*, La Habana, 1998.

Christopher P. Baker, *Cuba Handbook*, Moon Publications, Chico, USA, 1997.

Cole Blasier, *The Giant's Rival The USSR and Latin America*, Revised Edition, University of Pittsburgh Press, Pittsburgh, 1987.

Cole Blasier, *The Hovering Giant U. S. Responses to Revolutionary Change in Latin America 1910 – 1985*, Revised Edition, University of Pittsburgh Press, Pittsburgh, 1985.

Comision Economica para America Latina y el Caribe (CEPAL), *La Economia Cubana Reformas estructurales y desempeno en los noventa*, Fondo de Cultura Economica, Mexico, 2000.

Constitución de la República de Cuba (Actualizada según la Ley de Reforma Constitucional aprobada el 12 de Julio de 1992), Editorial de Ciencias Sociales,

La Habana, Cuba, 1996.

Constitución de la República de Cuba, Editora Politica, La Habana, 1992.

Danny Aeberhard y Emily Hatchwell, *Cuba*, Oceano Grupo Editorial, Barcelona, 2000.

Darío L. Machado Rodríguez, *¿Es Posible Construir el Socialismo en Cuba?* Editora Política, La Havana, 2004.

David Stanley, *Cuba a Lonely Plannet travel survival kit*, Lonely Planet Publications, Australia, 1997.

Direccion de Politica Cientifica y Tecnologica, CITMA, *Indicadores de Ciencia*, *Tecnologia y Medio Ambiente*, Editorial Academia, 2001.

Economic Office Embassy of the Republic of Cuba, *Cuba Investment Oportunities*, 1999.

Fernando Portuondo del Prado, *Historia de Cuba*, Editorial Nacional de Cuba, 1965.

Fidel Castro, *Independientes hasta siempre Discursos de inauguracion y en el acto de masas*, Santiago de Cuba, IV Congreso del Partido Comunista de Cuba, 10 y 14 de octubre de 1991, Editora Politica, Cuba, 1991.

Fidel Castro, *Por el camino correcto. Compilacion de textos*, Editora Politica, La Habana, 1987.

Fidel Castro, *Sobre el proceso de rectificación en Cuba 1986 – 1990*, Selección Tematica. Editora Politica, La Habana, 1990.

Francisco López Segrera, *Cuba*: *Capitalismo dependiente y subdesarrollo (1510 – 1959)*, Editorial Diogenes, S. A., Mexico, 1973.

Gonzalo Rodriguez Mesa, *El Proceso de Industrialización de la Economia Cubana*, Editorial de Ciencias Sociales, La Habana, 1985.

Graciela Chailloux Laffita, *Globalizacion y conflicto Cuba-Estados Unidos*, Editorial de Ciencias Sociales, La Habana, 1997.

H. Michael Erisman, *Cuba's International Relations*, *The Anatomy of a Nationalistic Foreign Policy*, Westview Press, Boulder, 1985.

Helio Orovio, *Diccionario de la musica cubana*, Editorial Letras Cubanas, La Habana, 1981.

Herbert S. Dinerstein, *The Making of a missile crisis*: *October 1962*, The Johns Hopkins University Press, Baltimore, 1976.

Instituto Cubano de Geodesia y Cartografia, *Atlas de Cuba*, La Habana, 1978.

Instituto de Historia del Movimiento Comunista y de la Revolucion Socialista de Cuba anexo al Comite Central del PCC, *El Pensamiento de Fidel Castro*, seleccion tematica, Tomo I, Vol. 1, Vot. 2, Editora Politica, La Habana, Cuba, 1983.

IRELA (Instituto de Relaciones Europeo-Latinoamericanas), *Cuba Apertura Economica y Relaciones con Europa*, Madrid, 1994.

Irving Louis Horowitz, Jaime Suchlicki, *Cuba Communism*, Ninth Edition, Transaction Publishers, New Brunswick, USA, 1995.

Jorge I. Dominguez, Omar Everleny Pérez Villanueva, Mayra Espina Prieto, *Cuban Economic and Social Development Policy Reforms and Chanllenges in the 21st Centrury*, Lorena Barberia Boston, 2012.

Jorge I. Dominguez and Rafael Hernandez, *U. S. -Cuba Relations in the 1990s*, Westview Press, Boulder, 1989.

Jose A. Moreno y Otros, *Cuba*: *Período Especial*, *Perspectivas*, Editorial de Ciencias Sociales, La Habana, 1998.

Jose Antonio Portuondo, *Bosquejo histórico de las letras cubanas*, Editora del Ministerio de Educacion, Editorial Nacional de Cuba, 1962.

Jose Luis Luzon Benedicto, *Cuba*, Biblioteca Iberoamericana, Ediciones Anaya, Madrid, 1988.

Juan Jimenez Pastrana, *Los Chinos en las luchas por la liberacion cubana* (*1847 – 1930*), Instituto de Historia, La Habana, 1963.

Julio Le Riverend, *Historia Economica de Cuba*, 2a. Edicion, Editorial Nacional de Cuba, La Habana, 1965.

Kumaraswami Par, *Rethinking the Cuban Revolution Nationally and Regionally*: *Politics, Culture and Identity*, Wiley-Blackwell, March 19, 2012.

Louis A. Perez, Jr. , *Cuba and United States*: *Ties of Singular Intimacy*, The University of Singular Intimacy, The University of Georgia Press, 1990.

Luis Emiro Valencia, *Realidad y Perspectivas de la Revolucion Cubana*, Casa de las Americas, La Habana, 1961.

Mauricio de Miranda Parrondo, Omar Everleny Pérez Villanueva, *CUBA*: *Hacia una estrategia de desarrollo para los inicios del siglo XXI*, Cali, 2012.

Ministerio de Relaciones Exteriores, Dirección de información, Perfil de Cuba, 1966.

Ofcina de Publicaciones del Consejo de Estado, Con honor, valentia y orgullo, alegatos presentados en las vistas de sentencia por los cinco patriotas cubanos injustamente condenados por un tribunal federal de la ciudad de Maimi, La Habana, 2002.

Oficina Nacional de Estadisticas, Anuario Estadistico de Cuba 1999, Edicion 2000.

Oficina Nacional de Estadisticas, Cuba en cifras 1999, septiembre del 2000; Panorama Economico y Social Cuba 2000, enero de 2001.

Oscar Pino-Santos, *Historia de Cuba, aspectos fundamentales*, Editorial Nacional de Cuba, La Habana, 1964.

Partdo Comunista de Cuba, *Lineamientos de la Política Económica y social del Partido y la Revolución*, http: //www. granma. cubaweb. cu/secciones/6to-congreso-pcc/Folleto% 20Lineamientos% 20VI% 20Cong. pdf , 4 de Abril de 2010.

Ramiro Guerra y Sanchez, *Manuel de Historia de Cuba, Consejo Nacional de Cultura*, La Habana, Cuba, 1962.

Raúl Castro, *Informe Centralal VI Congreso Del Partido Comunista De Cuba*, http: //www. pcc. cu/no/congresos _ asamblea/vi _ congreso/informe _ central_ 6to_ congreso. pdf, 2011. 4.

Resolución sobre el Programa del Partido Comunista de Cuba, Este es el Congreso más democrático, Editora Politica, Cuba, 1991.

Salvador Bueno, *Figuras Cubanas*, *Union de Escritores y Artistas de Cuba*, La Habana, 1980.

Sociedad Cubana de Derecho Internacional, *Agresiones de Estados Unidos a Cuba Revolucionara*, Editorial de Ciencias Sociales, La Habana, 1989.

Thalia M. Fung Riveron, *En torno a las regulaciones y particularidades de la revolucion socialista en Cuba*, Editorial de Ciencias Sociales, La Habana, 1986.

三 主要网站

古巴官方门户网站 http：//www. cuba. cu/

古巴百科全书搜索网 http：//www. ecured. cu/EcuRed：Enciclopedia_cubana

古巴政府网站（由古巴国家统计与信息办公室维护）http：//www. cubagob. cu/

古巴外交部 http：//www. cubaminrex. cu

古巴国家统计与信息办公室 http：//www. one. cu/

古巴农业部 http：//agricultura. minag. cu

古巴通信部 http：//www. mincom. gob. cu

古巴建设部 http：//www. micons. cu

古巴文化部 http：//www. min. cult. cu

古巴教育部 http：//www. rimed. cu

古巴高等教育部 http：//www. mes. edu. cu

古巴财政和价格部 http：//www. mfp. cu

古巴基础工业部 http：//www. minbas. cu

古巴司法部 http：//www. minjus. cu

古巴官方公报（由古巴司法部负责维护）http：//www. gacetaoficial. cu/

古巴公共卫生部 http：//www. sld. cu

古巴劳动和社会保障部 http：//www. mtss. cu

古巴交通部 http：//www. transporte. cu

古巴旅游部 http：//www. cubatravel. cu

古巴审计与监察部 http：//www. minauditoria. cu

古巴中央银行 http：//www. bc. gov. cu

古巴民航研究院 http：//www. iacc. gov. cu

古巴广播电视研究院 http：//www. radiocubana. cu

古巴电视网 http：//www. tvcubana. cu

古巴共产党网站 http：//www. pcc. cu/

古巴历史研究所 http：//www. ihc. cu/

古巴网络空间安全中心（Centro de Seguridad del Ciberespacio，CSC）http：//www. cscuba. cu/

古巴青年电脑俱乐部 https：//www. jovenclub. cu/

古巴健康门户 ［由古巴国家医学信息中心（la red Infomed）协办］http：//www. sld. cu/

古巴科学网 http：//www. redciencia. cu/

古巴文化门户 http：//www. cubarte. cult. cu/

古巴文化信息中心 http：//www. centrocubarte. cult. cu/

映像——古巴家庭博客（Reflejos，blogs de la familia cubana）http：//cubava. cu/

古巴全国经济学家与会计联合会 http：//www. anec. cu/

古巴世界经济研究所（CIEM）http：//www. ciem. cu/

古巴国家经济研究所（INIE）http：//www. inie. cu/index. php/es/

《格拉玛报》（*Granma Diario*）http：//www. granma. co. cu

《起义青年报》（*Juventud Rebelde*）http：//www. juventudrebelde. cu

《劳动者报》（*Trabajadores*）http：//www. trabajadores. cu

拉美新闻社（APL）http：//www. prensa-latina. cu/

古巴争论网 http：//www. cubadebate. cu/

《古巴经济学家报》（*El Economista de Cuba*，*ANEC*）http：//www. eleconomista. cubaweb. cu

索　引

后　记

自 2006 年劳尔·卡斯特罗主席主政古巴以来，古巴经济与社会领域的变革不断推进，古巴各界对社会主义建设与改革的认识和思考也日益深入。2011 年，古共六大颁布了《党和革命的经济与社会政策纲要》，并正式开启了社会经济模式更新进程。2016 年，古共七大在总结模式更新阶段性成果与问题的基础上，试图寻求古巴社会主义理论化与制度化的新发展。2018 年 4 月 19 日，古巴第九届全国人民政权代表大会选举米格尔·迪亚斯－卡内尔为新一届国务委员会主席，从而开启了古巴社会主义后卡斯特罗时代的历史新征程。

鉴于古巴社会主义近年来发生的巨大变化，列国志《古巴》（第一版于 2003 年出版）的修订工作也因此成为一项重要而紧迫的任务。2015 年6 月，我荣幸地接到了《古巴》原作者徐世澄老师的邀请，着手开展修订工作。根据徐老师的建议，概览、历史、政治、外交、附录部分的修订，由徐世澄老师负责；经济、军事、社会、文化、大事纪年、索引的修订及全书统稿和审校工作，由本人负责。

尽管修订工作较为繁琐，其间也迫于各种原因多次中断，但作为一名从事古巴问题研究的青年学者，我始终把这项任务视为一次难得的学习和积累机会，尽我所能地做好这项工作。本书绝大部分数据截至 2017 年 9月底初稿完成的时间，其中个别数据更新至 2018 年 4 月。由于本书涉及的年代和领域跨度较大，而本人的学识和经验颇为有限，疏漏谬误在所难免，恳请读者不吝指正。

本书的修订工作历时较长，这其中离不开许多人的智慧与辛劳。衷心感谢《古巴》的原作者徐世澄老师在百忙之中亲力亲为，为本书的再版做出了无可替代的重要贡献。衷心感谢古巴驻华大使为本书撰写了热情洋溢的序言。衷心感谢徐世澄老师和古巴驻华大使馆为本书提供了宝贵的图片资料。此外，由于本书的审校阶段正值本人在美国访学，因此还要特别感谢我的家人和同事为本书付梓提供的大量具体帮助。

　　最后诚挚感谢伟大的古巴人民为人类文明和进步做出的无私奉献！衷心祝愿古巴社会主义的未来更加美好！中古友谊长青！

贺　钦

2018 年 4 月 19 日于美国

新版《列国志》总书目

越南

非洲

阿尔及利亚
埃及
埃塞俄比亚
安哥拉
贝宁
博茨瓦纳
布基纳法索
布隆迪
赤道几内亚
多哥
厄立特里亚
佛得角
冈比亚
刚果共和国
刚果民主共和国
吉布提
几内亚
几内亚比绍
加纳
加蓬
津巴布韦
喀麦隆
科摩罗
科特迪瓦
肯尼亚
莱索托
利比里亚
利比亚

卢旺达
马达加斯加
马拉维
马里
毛里求斯
毛里塔尼亚
摩洛哥
莫桑比克
纳米比亚
南非
南苏丹
尼日尔
尼日利亚
塞拉利昂
塞内加尔
塞舌尔
圣多美和普林西比
斯威士兰
苏丹
索马里
坦桑尼亚
突尼斯
乌干达
西撒哈拉
赞比亚
乍得
中非

欧洲

阿尔巴尼亚
爱尔兰

爱沙尼亚

安道尔

奥地利

白俄罗斯

保加利亚

比利时

冰岛

波斯尼亚和黑塞哥维那

波兰

丹麦

德国

俄罗斯

法国

梵蒂冈

芬兰

荷兰

黑山

捷克

克罗地亚

拉脱维亚

立陶宛

列支敦士登

卢森堡

罗马尼亚

马耳他

马其顿

摩尔多瓦

摩纳哥

挪威

葡萄牙

瑞典

瑞士

塞尔维亚

圣马力诺

斯洛伐克

斯洛文尼亚

乌克兰

西班牙

希腊

匈牙利

意大利

英国

美洲

阿根廷

安提瓜和巴布达

巴巴多斯

巴哈马

巴拉圭

巴拿马

巴西

玻利维亚

伯利兹

多米尼加

多米尼克

厄瓜多尔

哥伦比亚

哥斯达黎加

格林纳达

古巴

圭亚那

海地

洪都拉斯

加拿大

美国

秘鲁

墨西哥

尼加拉瓜

萨尔瓦多

圣基茨和尼维斯

圣卢西亚

圣文森特和格林纳丁斯

苏里南

特立尼达和多巴哥

危地马拉

委内瑞拉

乌拉圭

牙买加

智利

大洋洲

澳大利亚

巴布亚新几内亚

斐济

基里巴斯

库克群岛

马绍尔群岛

密克罗尼西亚

瑙鲁

纽埃

帕劳

萨摩亚

所罗门群岛

汤加

图瓦卢

瓦努阿图

新西兰

GUIDE to the WORLD 列国志 数据库
NATIONS DATABASE
国别国际问题研究资讯平台

全部　图书　文章　文献资料　知识点　图表　图片　音频　视频

全部数据库 ▼ ［　　　　　　　　　　　　　　　］ 检索　高级检索
对比检索

热词推荐： 韩国　自然资源　对外贸易　美国　外交关系　欧洲　经济　昆明

当代世界发展问题研究的权威基础资料库和学术研究成果库

国别国际问题研究资讯平台

列国志数据库 www.lieguozhi.com

列国志数据库是以"十二五"国家重点图书出版规划项目、中国社会科学院创新工程学术出版资助项目《列国志》丛书为基础，全面整合国别国际问题核心研究资源、研究机构、学术动态、文献综述、时政评论以及档案资料汇编等构建而成的数字产品，是目前国内唯一的国别国际类学术研究必备专业数据库、首要研究支持平台、权威知识服务平台和前沿原创学术成果推广平台。

从国别研究和国际问题研究角度出发，列国志数据库包括国家库、国际组织库、世界专题库和特色专题库4大系列，共175个子库。除了图书篇章资源和集刊论文资源外，列国志数据库还包括知识点、文献资料、图片、图表、音视频和新闻资讯等资源类型。特别设计的大事纪年以时间轴的方式呈现某一国家发展的历史脉络，聚焦该国特定时间特定领域的大事。

列国志数据库支持全文检索、高级检索、专业检索和对比检索，可将检索结果按照资源类型、学科、地区、年代、作者等条件自动分组，实现进一步筛选和排序，快速定位到所需的文献。

列国志数据库应用范围广泛，既是学习研究的基础资料库，又是专家学者成果发布平台，其搭建学术交流圈，方便学者学术交流，促进学术繁荣；为各级政府部门国际事务决策提供理论基础、研究报告和资讯参考；是我国外交外事工作者、国际经贸企业及日渐增多的广大出国公民和旅游者接轨国际必备的桥梁和工具。

数据库体验卡服务指南

※100元数据库体验卡目前只能在列国志数据库中充值和使用。

充值卡使用说明：

第1步 刮开附赠充值卡的涂层；

第2步 登录列国志数据库网站（www.lieguozhi.com），注册账号；

第3步 登录并进入"会员中心"→"在线充值"→"充值卡充值"，充值成功后即可使用。

声明

最终解释权归社会科学文献出版社所有。

数据库服务热线：400-008-6695

数据库服务QQ：2475522410

数据库服务邮箱：database@ssap.cn

欢迎登录社会科学文献出版社官网（www.ssap.com.cn）

和列国志数据库（www.lieguozhi.com）了解更多信息

社会科学文献出版社 列国志系列
SOCIAL SCIENCES ACADEMIC PRESS (CHINA)

卡号：6863207524973148

密码：

图书在版编目（CIP）数据

古巴 / 徐世澄，贺钦编著. -- 2 版. -- 北京：社
会科学文献出版社，2018.8
（列国志：新版）
ISBN 978 - 7 - 5201 - 3160 - 5

Ⅰ. ①古…　Ⅱ. ①徐…　②贺…　Ⅲ. ①古巴 - 概况
Ⅳ. ①K975.1

中国版本图书馆 CIP 数据核字（2018）第 168927 号

·列国志（新版）·
古巴（Cuba）

编　　著 / 徐世澄　贺　钦

出 版 人 / 谢寿光
项目统筹 / 张晓莉
责任编辑 / 叶　娟

出　　版 / 社会科学文献出版社·国别区域与全球治理出版中心（010）59367200
　　　　　　地址：北京市北三环中路甲 29 号院华龙大厦　邮编：100029
　　　　　　网址：www.ssap.com.cn
发　　行 / 市场营销中心（010）59367081　59367018
印　　装 / 三河市尚艺印装有限公司

规　　格 / 开　本：787mm × 1092mm　1/16
　　　　　　印　张：27.75　插　页：1　字　数：414 千字
版　　次 / 2018 年 8 月第 2 版　2018 年 8 月第 1 次印刷
书　　号 / ISBN 978 - 7 - 5201 - 3160 - 5
定　　价 / 89.00 元